中国政法大学法商精品教材
会计学专业系列
新企业会计准则教材

Internal Control and Risk Management

内部控制与风险管理

夏宁 编著

机械工业出版社
CHINA MACHINE PRESS

本书共分为基础知识、行业特色、发展前沿、案例研究和学术研究五篇，全面详细地介绍了内部控制与风险管理的相关内容。第一篇介绍了内部控制的产生发展、五大要素以及设计实施，风险管理的发展、概念、分类，金融风险管理以及学术界相关学者关于内部控制与公司治理和风险管理三个概念的辨析；第二篇通过选取特定行业为案例，重点为读者介绍了不同行业因自身特殊性而在内部控制与风险管理上的不同做法，帮助读者从多元化角度来理解内部控制与风险管理；第三篇将一些先进的科学技术与内部控制及风险管理相结合，使得这些管理方法能够更好地运用到现实的企业管理中；第四篇通过案例与理论相结合的方法，帮助读者更好地理解理论知识并运用到实际工作当中；第五篇旨在通过介绍内部控制与风险管理的学术研究成果，帮助读者建立内部控制与风险管理研究的思路和逻辑框架，为读者在未来进行更深一步的探索做理论铺垫。

本书适合作为高等院校会计学、财务管理相关专业本科生、研究生教材，以及 MBA 和 EMBA 参考书，同时也适合作为企事业单位管理者的培训用书。

图书在版编目（CIP）数据

内部控制与风险管理 / 夏宁编著. —北京：机械工业出版社，2023.9

会计学专业新企业会计准则系列教材

ISBN 978-7-111-73584-7

I. ①内… Ⅱ. ①夏… Ⅲ. ①企业内部管理 – 风险管理 – 高等学校 – 教材　Ⅳ. ① F272.35

中国国家版本馆 CIP 数据核字（2023）第 137087 号

机械工业出版社（北京市百万庄大街 22 号　邮政编码 100037）
策划编辑：吴亚军　　　　　责任编辑：吴亚军　李晓敏
责任校对：丁梦卓　李　婷　责任印制：李　昂
河北鹏盛贤印刷有限公司印刷
2023 年 10 月第 1 版第 1 次印刷
185mm×260mm・19 印张・455 千字
标准书号：ISBN 978-7-111-73584-7
定价：59.00 元

电话服务　　　　　　　网络服务
客服电话：010-88361066　机　工　官　网：www.cmpbook.com
　　　　　010-88379833　机　工　官　博：weibo.com/cmp1952
　　　　　010-68326294　金　书　网：www.golden-book.com
封底无防伪标均为盗版　机工教育服务网：www.cmpedu.com

序 言

在经济全球化的背景下,企业面临着空前激烈的全球竞争与日新月异的技术变革,企业的生存环境正处在一个由相对稳定向相对不稳定转变的过程之中。企业自身必须做出相应的调整,否则就会遭到无情的淘汰。众多企业在各个层面上寻求提升自身核心竞争力的方法,并且将目光瞄准了企业的内部控制与风险管理。

加强企业内部控制与风险管理是企业实现经营管理目标的客观需要。内部控制(简称"内控")制度的完善能够客观地提升企业会计信息的可靠性和真实性,进而帮助企业管理者做出正确、高效的管理决策,更好地应对企业外部环境的变化。我国相关法律规范(如《中央企业合规管理办法》《关于加强中央企业内部控制体系建设与监督工作的实施意见》《中华人民共和国会计法》等)对企业内部控制都做了指导性的规定。通过研读这些规定,我们发现,企业内控管理的目标与意义十分明确,实质上就是保障企业资产的完整、安全,以及督促会计部门保证其信息的真实性。因此,企业完善内部控制制度不仅能够提升国内整个行业内商业活动的合理性,更是合乎我国相关法律法规的规定。

然而,近年来,国际、国内某些企业内部治理结构混乱,风险评估存在漏洞,内外审计监督形同虚设,没有建立起一套完备的内部控制制度,导致诸如安然、世通、万福生科等企业财务舞弊案件的发生。同时,国内关于内部控制的教科书缺乏前沿性,形式上多数基于理论和案例,且内容较为陈旧,这也是国内学术界在内部控制与风险管理研究和教学中的难点与痛点。

本书主要内容如下。

本书分为五篇,第一篇为基础知识,涵盖从内部控制的起源与发展至内部控制实施的全链条的理论内容;在风险管理的介绍中剖析了各类金融风险的含义、防范措施等理论内容,并介绍了当前学术界颇有争论的话题——"内部控制与公司治理和风险管理的辨析"。第二篇为行业特色,通过对银行业、保险业、电力行业等市场主要行业内部控制建设理论的介绍,帮助读者更好地了解内控差异。第三篇是发展前沿,本篇选取了国内外新近的内控相关规范要件,并针对合规管理、智慧国资、数字化时代下的公司治理之道等热点知识话题展开详细的介绍,带领读者走进内控的前沿。第四篇为案例研究,本篇选取了中国联通、康美药业等企业为研究对象,剖析了内部控制和财务舞弊行为的内在联系,同时扩充了预算管理、国有企业混合所有制改革等典型案例,为"大风控"体系建设开拓了新思路。第五篇为学术研究,本篇按照内部控制管理五大要素梳理了国内外的内部控制研究现状,帮助读者了解内部控制的研究发展进程与成果，启发更深层次的学术研究。

本书主要特点如下。

复合内控知识学习体系。本书在传统的内控学习体系——"理论＋案例"的基础上复合"行业特色、发展前沿、学术研究"，设计出"理论＋行业""理论＋前沿""理论＋学术研究"三大特色学习体系，同时极大地丰富了内控的教学模式，增加了教学过程中的趣味性。

融入思政元素。本书通过章前引例、新政策解读等多种形式融入思政的基本元素，用以培养读者的法治思维、社会责任、职业道德、反舞弊等高尚的品质与正确的人生价值观。

内容上推陈出新。本书采用最新且具有操作性、可读性的案例，突出实用性，讲好中国故事，展现中国形象；引入《中央企业合规管理办法》《ISO 37301 合规管理体系 要求及使用指南》等政策文件的内容，带领读者领略国内外内部控制相关的新政策、新法规，与时俱进。

凸显"大风控"体系。本书在内部控制基本理论之上增添了"风险管理""合规管理""预算管理""国有企业混合所有制改革"理论，为"大风控"体系建设开拓了新思路。

适用于多元化场景。本书在基础知识、发展前沿、学术研究等内容的论述模式上层层深入，非常适合作为高等院校会计学、财务管理相关专业本科生、研究生教材，以及 EMBA 和 MBA 参考书。基于内控基础理论，本书增设了电力行业、保险业等特色行业的内部控制建设理论章节，并通过实用性案例来增强内容的可读性，非常适合作为企事业单位管理者的培训用书。

最后，本书在编写的过程中得到了中国政法大学科研创新引导专项项目（21ZFY63001）和国家社会科学基金（项目批准号 19BGL068）的资助。本书是创新内部控制与风险管理学科的第一步，内部控制与风险管理是一项动态变化的管理体系，期待使用这本书的同人能够提出反馈意见和建议，以便我们不断地更新本书的知识，扩充新的内容，提升内部控制与风险管理的价值。

夏宁　中国政法大学教授

2023 年 4 月

目 录

序 言

第一篇 基础知识

第一章 内部控制概论 2
  第一节 内部控制的起源与发展 3
  第二节 我国企业内部控制规范化进程 6
  第三节 内部控制的目标 9
  第四节 内部控制的基本原则 11
  第五节 内部控制的局限性 13

第二章 内部控制基本规范 15
  第一节 内部环境 16
  第二节 风险评估 19
  第三节 控制活动 23
  第四节 信息与沟通 25
  第五节 内部监督 28

第三章 内部控制的设计与实施 31
  第一节 组织架构 32
  第二节 发展战略 35
  第三节 人力资源 36
  第四节 社会责任 39
  第五节 资金活动 41

第六节	资产管理	45
第七节	研究与开发	47
第八节	财务报告	48

第四章 金融风险管理 ... 51

第一节	财政与产业风险	52
第二节	信用风险	53
第三节	操作风险	54
第四节	流动性风险	55
第五节	内部控制与公司治理和风险管理的辨析	56

第二篇 行业特色

第五章 银行业内部控制 ... 68

第一节	银行业概述	69
第二节	银行业总体层面内部控制	72
第三节	银行业业务层面内部控制	74
第四节	银行业内部控制监督与纠正	81

第六章 保险业内部控制 ... 84

第一节	保险业概述	85
第二节	保险业总体层面内部控制	87
第三节	保险业业务层面内部控制	88
第四节	保险业内部控制评价与监督	95

第七章 电力行业内部控制 ... 98

第一节	电力行业概述	99
第二节	电力行业总体层面内部控制	103
第三节	电力行业业务层面内部控制	105
第四节	电力行业内部控制评价与监督	110

第八章 医药行业内部控制 ... 113

第一节	医药行业概述	114
第二节	医药行业总体层面内部控制	115

第三节 医药行业业务层面内部控制 …………………………………… 117
   第四节 医药行业内部控制评价与监督 …………………………………… 121

第九章 石油石化行业内部控制 …………………………………………… 123
   第一节 石油石化行业概述 ………………………………………………… 124
   第二节 石油石化行业总体层面内部控制 ………………………………… 127
   第三节 石油石化行业业务层面内部控制 ………………………………… 136
   第四节 石油石化行业内部控制的评价与监督 …………………………… 149

第三篇 发展前沿

第十章 企业的合规管理之路 ……………………………………………… 152
   第一节 中央企业合规管理办法 …………………………………………… 153
   第二节 ISO 37301 合规管理体系 ………………………………………… 156

第十一章 中央企业内部控制体系 ………………………………………… 160
   第一节 央企内部控制建设 ………………………………………………… 161
   第二节 央企资金内部控制管理 …………………………………………… 164

第十二章 智慧国资监管 …………………………………………………… 172
   第一节 智慧国资的发展历程 ……………………………………………… 173
   第二节 智慧国资监管平台建设 …………………………………………… 175

第十三章 企业风险管理框架 ……………………………………………… 179
   第一节 新框架的主要内容 ………………………………………………… 180
   第二节 新框架五要素 ……………………………………………………… 182
   第三节 《ISO 31000 风险管理指南》的主要内容 ……………………… 184
   第四节 COSO 新框架与 ISO 31000 的区别与联系 ……………………… 187

第十四章 数字化时代下的公司治理之道 ………………………………… 188
   第一节 企业数字化转型的概念 …………………………………………… 189
   第二节 企业数字化转型的重点 …………………………………………… 192
   第三节 "阿米巴"经营模式 ……………………………………………… 195

第四篇 案例研究

案例一 獐子岛财务造假案 …………………………………………………………… 202

案例二 中国联通的混合所有制改革 ………………………………………………… 208

案例三 康美药业财务造假案 ………………………………………………………… 219

案例四 万科的预算管理 ……………………………………………………………… 224

案例五 瑞幸咖啡财务造假案 ………………………………………………………… 231

案例六 行政事业单位内控建设案例 ………………………………………………… 237

第五篇 学术研究

文献综述一 内部环境建设 …………………………………………………………… 246

文献综述二 风险评估 ………………………………………………………………… 258

文献综述三 控制活动 ………………………………………………………………… 266

文献综述四 信息与沟通 ……………………………………………………………… 274

文献综述五 内部监督 ………………………………………………………………… 281

参考文献 ………………………………………………………………………………… 289

后 记 …………………………………………………………………………………… 294

第一篇

基础知识

第一章　内部控制概论
第二章　内部控制基本规范
第三章　内部控制的设计与实施
第四章　金融风险管理

第一章

内部控制概论

> **引 例**
>
> ### 银河证券的"五个坚持"
>
> 企业的文化理念建设、人才管理能力建设、组织管理能力建设等无一不渗透着内部控制理念。中国银河证券股份有限公司（简称"银河证券"）是一家国有金融企业，在企业文化建设中始终坚持党的领导，加强党的建设，着力实施国家战略，维护金融安全，支持实体经济发展，服务居民财富管理，践行企业社会责任。
>
> 公司党委书记、董事长陈共炎认为，坚持党的领导，加强党的建设，是国有企业的"根"和"魂"。银河证券坚持以党的建设引领公司改革发展，将党的领导与完善公司治理有机结合，实现党委领导作用与管理层级行使职权的有机统一，确保党和国家的政策以及党的最高委员会的主要决定和规定得到有效执行。
>
> 在服务实体经济方面，银河证券通过探索和参与大湾区先进生产基金、海南自贸港建设投资基金等主题基金的创建和运作，服务创新型国家战略的实施；全面确保科技创新板成功开市，积极支持创业板和"新三板"改革，打造"厦门模式"和"德清模式"，加强与四板市场的战略合作，为私营、中小微企业提供股权、债务融资和股权质押融资。通过收购联昌公司与马来西亚业务，公司不断推进国际化业务，成为亚洲特别是东盟布局最完善的证券公司，有效提升服务"一带一路"建设的能力。
>
> 如何高效地完成最初的使命，成为有责任、有担当的国有金融企业？陈共炎说，要做到"五个坚持"。一是坚持政治要求，加强党的领导。二是坚持服务实体经济的总体需求。公司党委坚决回归主业，全面落实金融工作"三项任务"，帮助做好"六稳"和"六保"，充分发挥企业投融资的带动优势，创新金融产品和服务，加强对各类市场主体特别是中小微企业和产业链核心企业的支持，不断提高实体经济金融服务的精准度。三是坚持为国家战略服务的总要求，紧紧围绕为实体经济提供更高效、更优质的金融服务，更加主动地与国家重大战略对接。四是

坚持为科技创新服务的根本要求，充分利用股权投资、债务融资、上市挂牌等工具，满足科技创新企业多元化的投融资需求，支持科技创新企业在不同成长阶段的发展壮大。五是坚持防范和化解金融风险的基本要求，不断完善风险管理体系建设，提高综合风险管理能力。

资料来源：彭江. 党建引领国有金融企业"根"和"魂"[N]. 经济日报，2021-06-21（10）.

银河证券在文化建设、服务建设、经济建设、科技创新、风险管理方面的"五个坚持"，无一不蕴含着企业内部控制的理念与要求，那么究竟什么是内部控制？它是如何发展的，基本原则有哪些？本章将一一介绍。

第一节　内部控制的起源与发展

现代意义上的内部控制是在长期的经营实践过程中，随着组织（单位）对内加强管理和对外满足社会需要而逐渐发展起来的自我检查、自我调整和自我制约的系统，其中凝聚了世界上古往今来的管理思想和实践经验。一般认为，内部控制起源于内部牵制。在20世纪40年代"内部控制"这一概念被提出来之前，内部控制的思想早已有所体现。具体来说，内部控制的起源与发展大致经历了五个发展阶段，分别是内部牵制阶段、内部控制制度阶段、内部控制结构阶段、内部控制整体框架阶段、风险管理框架阶段。

一、内部牵制阶段

人类社会早就出现了内部控制的思想，当时的内部控制主要体现在对公共财物的管理上，以职务分离和账目核对为手段，比如，古埃及的运钞官、库外记录官和库内记录官的"三官牵制"，古罗马帝国宫廷房的"双人记账制"，古希腊任用官员控制制度，我国西周时期的分权控制方法、九府出纳制度和交互考核制度。这些制度的设立目的比较单一，即通过提供有效的组织和经营方式，保证资产安全和完整，防止任何人或组织单独控制资产。这是早期内部控制制度的雏形，也被称为内部牵制。

《柯氏会计辞典》对内部牵制的解释是，以提供有效的组织和经营方式，防止错误和非法业务发生的业务流程设计。它的主要特点是以任何个人或部门不能单独完成任何一项业务从计划、执行到监督这一全过程的方式进行组织上的责任分工，每项业务通过正常发挥其他个人或部门的功能进行交叉检查（cross-checked）或交叉控制（cross-controlled）。设计有效的内部牵制以使各项业务能完整、正确地通过规定的处理程序，而在这些规定的处理程序中，内部牵制机能永远是一个不可缺少的组成部分。由此可见，内部牵制是以不相容职务分离为主要内容的流程设计，这是内部控制的最初形式和基本形态。

二、内部控制制度阶段

内部控制（internal control）是近代提出来的，最原始的控制思想的雏形是内部牵制（internal

check)。牵制思想的起源可以追溯到古文明时期，从美索不达米亚到古埃及、波斯、古罗马等地的国库管理职能分工，都体现了内部牵制的思想。

"内部会计控制系统"概念最早出现在 1934 年美国政府出台的《证券交易法》中。该法规定，证券发行人应设计并维护一套能为下列目的提供合理保证的内部会计控制系统：①交易依据管理部门的一般和特殊授权执行；②交易的记录必须满足公认会计准则或其他适当标准编制财务报表和落实资产责任的需要；③接触资产必须经过管理部门的一般和特殊授权；④按适当时间间隔，核对资产的账面记录与实物资产，如有差异，需查询原因并及时调整。

1936 年，美国注册会计师协会（AICPA）在其发布的《注册会计师对财务报表的审查》文告中，首次正式使用"内部控制"这一专业术语。1949 年，AICPA 所属的审计程序委员会（CPA）发表题为《内部控制：系统协调的要素及其对管理部门和独立公共会计师的重要性》的专题报告，正式提出了内部控制的权威定义，即"内部控制包括组织机构的设计与企业内部采取的所有互相协调的方法和措施。这些方法和措施都用于保护企业的资产，检查会计信息的准确性，提高经营效率，推动企业坚持执行既定的管理方针。"该定义明确提出了内部控制的四个目标，即保护资产、检查会计信息的准确性和可靠性、提高经营效率、促进既定管理政策的贯彻执行，不再仅仅局限于与财务会计部门直接相关的控制，而是从组织结构、内部控制方法与措施等方面完善内部控制。

1958 年，AICPA 审计程序委员会针对上述内部控制定义涉及范围过于宽广的局限性，又发布了审计程序公告第 29 号《独立审计人员评价内部控制的范围》，根据审计责任的要求，将内部控制划分为"内部会计控制"和"内部管理控制"，即与资产安全和会计记录准确性、可靠性直接相关的控制归为会计控制；与贯彻管理方针、提高经营效率相关的控制归为管理控制。这就是内部控制"制度二分法"的由来。

在实际的经营活动中，内部管理控制与内部会计控制的界限很难划分清楚。为了明确二者之间的关系，1972 年，AICPA 在第 1 号审计准则公告中重新阐述了内部管理控制和内部会计控制的定义：内部管理控制包括但不限于组织机构的计划，以及与管理部门授权核准经济业务的决策过程有关的程序和记录。这种对事项核准的授权活动是管理部门的职责，它直接与管理部门执行该组织的经营目标有关，是对经济业务进行会计控制的起点。同时，这个定义明确阐述了内部会计控制制度的重要内容，包括组织规划、保护资产安全，以及与财务报表可靠性有关的机构计划、程序和记录。经过不断地发现问题和严谨地修订，内部控制的定义较以前更具科学性、规范性，并在全世界范围内得到广泛的认可和推广，内部控制制度由此而生。

三、内部控制结构阶段

进入 20 世纪 80 年代，资本主义进一步发展，进入黄金阶段，内部控制制度也进入成熟期。

这一时期有了新的管理理念，即系统管理理论。它认为：世界上任何事物都是由要素构成的系统，由于要素之间存在复杂的非线性关系，系统必然具有要素所不具有的新特性，因此，应立足于整体来认识要素之间的关系。系统管理理论将企业组织看成是人们建立起来的相互联系并共同运营的要素（子系统）所构成的系统。顺应公司现实管理需求的变化和系统管理理论的发展，1988年，AICPA发布了第55号审计准则公告。这个公告首次以"内部控制结构"一词取代原有的"内部控制制度"一词，明确"企业的内部控制结构"，包括为达成企业特定目标提供合理保证而建立的各种政策和程序。该公告认为，企业内部控制在结构上分为控制环境、会计制度和控制程序三个要素。

控制环境是指对建立、加强或削弱特定政策与程序的效率有重大影响的各种因素，包括管理者的经营作风、组织结构及其职能等。会计制度是指与各项经济业务的确认、归集、分类、分析、登记和编报等有关的方法。控制程序是指企业为保证目标的实现而建立的政策和程序，如明确各个员工的职责分工、经济业务和活动的批准权等。在这一阶段，内部控制被看成是由这三个要素组成的有机整体，内部控制的定义进一步得到发展和完善，使内部控制从"制度二分法"向内部控制结构转变，初步完成了从实践到理论的升华。

四、内部控制整体框架阶段

1992年9月，美国反虚假财务报告委员会下属的发起人委员会（The Committee of Sponsoring Organizations of the Treadway Commission，COSO）发布了著名的《内部控制——整合框架》，并于1994年进行了修订。COSO在《内部控制——整合框架》中进一步完善了内部控制的定义，"内部控制是由企业董事会、管理层和其他人员实施的，为经营的效果和效率、财务报告的可靠性、相关法规的遵循等目标的实现提供合理保证的过程"。

COSO报告提出了内部控制的三大目标和五大要素。三大目标是经营目标、信息目标和合规目标。其中，经营目标是指内部控制要确保企业经营的效果和效率；信息目标是指内部控制要保证企业财务报告的可靠性；合规目标是指内部控制要遵守相应的法律法规和规章制度。在这一报告中，内部控制要素被分为控制环境、风险评估、控制活动、信息与沟通、监控五个方面，它们既相互独立又相互联系，强调了内部控制的整体性、全面性和以人为本的特点，是内部控制发展历程中一座重要的里程碑，已成为内部控制领域最为权威的文献之一，被国际和各国审计准则制定机构、银行监督机构等采纳。

五、风险管理框架阶段

21世纪初，安然、世通等财务舞弊和会计造假案件的发生，严重冲击了美国乃至国际资本市场的正常秩序，暴露出企业内部控制监管上的许多漏洞和不足。研究结果表明，内部控制存在缺陷是导致企业经营失败并最终铤而走险、欺骗投资者和社会公众的重要原因，此后国际资本市场大力强化内部控制。

2004年，COSO在前人对内部控制科学、严谨的研究基础上，结合《萨班斯—奥克斯利法案》（简称SOX法案）在财务报告方面的具体要求，发布了新的研究报告，即《企业风险管理——整合框架》。这个报告的发布，预示着COSO对内部控制的认识和态度有了新的变化，即更加倾向于在风险管理的背景下研究内部控制问题。

与1992年的报告相比，《企业风险管理——整合框架》更加关注企业风险管理这一更加宽泛的领域，增加了战略目标，扩大了报告目标的范围；在五个要素的基础上增加了目标设定、事项识别和风险应对三个风险管理要素。至此，内部控制的要素进一步扩展为内部环境、目标设定、事项识别、风险评估、风险应对、控制活动、信息与沟通、监控八个要素，并提出战略目标、经营目标、报告目标和合规目标四类目标。

第二节　我国企业内部控制规范化进程

尽管我国企业内部控制规范化建设起步较晚，但在政府的高度重视和全面支持下，我国企业内部控制规范逐渐形成了一定的体系。

一、内部控制规范初次出现

20世纪90年代后，我国开始实行社会主义市场经济，出台了一系列有关公司规范的法律法规，我国政府开始大力倡导建立健全内部控制。

1996年，中国注册会计师协会发布了《独立审计具体准则第9号——内部控制与审计风险》，明确要求注册会计师在审计过程中必须了解被审计单位的内部控制。随着该准则的出台，注册会计师在之后的审计业务中逐渐将目光覆盖到内部控制层面，包括了解被审计单位内部控制环境、风险评估流程及结果、信息技术风险应对措施、财务报告相关监督活动内容等。作为我国现代历史上第一个与内部控制相关的规定，它的发布为我国现代内部控制建设揭开了新的篇章。

1999年修订的《会计法》，第一次以法律的形式对建立健全内部控制提出原则性要求。财政部根据《会计法》的有关精神，于2001年6月发布了《内部会计控制规范——基本规范》和《内部会计控制规范——货币资金》，明确了单位建立与完善内部会计控制体系的基本框架和要求，以及货币资金内部控制的要求。2002年9月，财政部又发布了《内部会计控制规范——采购与付款》《内部会计控制规范——销售与收款》《内部会计控制规范——担保》等专项规范，对企业内部控制进行了更详细的规范。上述规范的发布也标志着我国内部控制规范建设进入一个更新、更高的境界。

二、内部控制规范的发展

我国政府高度重视内部控制制度建设，在第十届全国人大四次会议上的《政府工作报告》中，指出要"完善公司治理，健全内控机制"。2004年底和2005年6月，国务院连续两次就强化企业内部控制问题做出重要批示。其中，2005年6月，时任国务院总理在财政部、国资委和证监会联合上报的《关于借鉴〈萨班斯法案〉完善我国上市公司内部控制制度的报告》上做出批示，同意"由财政部牵头，联合证监会及国资委，积极研究制定一套完整的公认的企业内部控制指引"。

2006年6月6日，国资委发布了《中央企业全面风险管理指引》，对内部控制、全面风险管理工作的总体原则、基本流程、组织体系、风险评估、风险管理策略、风险管理解决方案、监督与改进、风险管理文化、风险管理信息系统等进行了详细阐述，这是我国第一个全面风险管理的指导性文件。2006年7月15日，财政部、国资委、证监会、审计署、银监会、保监会[①]联合发起成立企业内部控制标准委员会，许多监管部门、大型企业、行业组织、中介机构、科研院所的领导和专家学者积极参与，为构建我国企业内部控制标准体系提供了组织和机制保障；与此同时，按照科学民主决策精神，公开选聘了86名咨询专家，组织开展了一系列内部控制科研课题，为构建我国内部控制标准体系提供技术支撑和理论支持。

2008年6月28日，财政部、证监会、审计署、银监会、保监会五部委联合发布了《企业内部控制基本规范》，要求自2009年7月1日起在上市公司范围内施行，鼓励非上市的其他大中型企业执行，事实上国有企业必须执行。《企业内部控制基本规范》的发布，标志着我国企业内部控制规范体系建设取得重大突破，有业内人士和媒体甚至称之为中国版的"萨班斯法案"。

三、内部控制规范体系的形成

2010年4月15日，为确保企业内部控制规范体系能够顺利实施、平稳运行，财政部、证监会、审计署、银监会、保监会五部委联合发布了《企业内部控制配套指引》。该配套指引包括《企业内部控制应用指引》（18项）、《企业内部控制评价指引》和《企业内部控制审计指引》，要求自2011年1月1日起首先在境内外同时上市的公司中施行；自2012年1月1日起扩大到在上海证券交易所、深圳证券交易所主板上市的公司中施行；在此基础上，择机在中小板和创业板上市的公司中施行；同时，鼓励非上市大中型企业提前执行。至此，《企业内部控制应用指引》《企业内部控制评价指引》和《企业内部控制审计指引》三项配套指引连同此前发布的《企业内部控制基本规范》，标志着我国企业内部控制规范体系基本建成（见图1-1）。

图1-1 我国企业内部控制规范体系

根据财政部、证监会、审计署、银监会和保监会联合发布的《企业内部控制基本规范》及其配套指引，以及财政部、证监会发布的《关于2012年主板上市公司分类分批实施企业内部控制规范体系的通知》（财办会〔2012〕30号）要求，在分类分批实施的基础上，我国所有主板上市公司应当在2014年实施企业内部控制规范体系。

2021年2月，财政部与证监会组织专家工作组对沪深两市上市公司公开披露的2019年度内部控制报告进行了系统分析，分析对象共计3 794家，并以专家工作组名义发布《上市公司2019年执行企业内部控制规范体系情况蓝皮书》。该蓝皮书显示，2019年度共有3 642家上市

[①] 2018年3月，银保监会设立，不再保留银监会、保监会；2023年3月，组建国家金融监督管理局，不再保留银保监会。

公司披露了内部控制评价报告，总体披露占比 95.99%，其中 3 513 家内部控制评价结论为"整体有效"，占比 96.46%；共有 2 827 家上市公司披露了内部控制审计报告，占比 74.51%，其中 2 677 家审计意见为"标准无保留意见"，占比 94.69%。总体来看，企业内部控制规范体系在上市公司范围内实施情况良好。当然，部分上市公司仍存在披露内容要素不完整，披露信息不一致，内部控制缺陷整改不到位，内部控制缺陷标准缺失或不恰当等问题。

四、内部控制规范体系的完善

财政部、银保监会等部门近年来针对国内重点管控行业发布了一系列的内部控制操作指南。2010 年 8 月 10 日，保监会发布了《保险公司内部控制基本准则》，以加强保险公司内部控制建设，提高保险公司风险防范能力和经营管理水平，促进保险公司合规、稳健、有效经营；2013 年 12 月 28 日，财政部出台了《石油石化行业内部控制操作指南》，指引不同规模、不同产业链中的石油石化行业企业，开展企业内部控制体系的建立、实施、评价与改进工作；2014 年 9 月 12 日，银监会发布了《商业银行内部控制指引》，促进商业银行建立和健全内部控制，有效防范风险，保障银行体系安全稳健运行；2014 年 12 月 23 日，财政部出台了《电力行业内部控制操作指南》，供电网企业、发电企业、电力建设企业、电力设计企业和其他辅助性电力企业在开展内部控制体系的建立、实施、评价与改进工作中参考使用。

2019 年 10 月，国务院国资委发布了《关于加强中央企业内部控制体系建设与监督工作的实施意见》，文件开宗明义阐释了目的，即充分发挥内部控制体系对中央企业强基固本作用，进一步提升中央企业防范化解重大风险能力，并在文件第一部分明确提出实现优化内控体系的目标是"强内控、防风险、促合规"。

银保监会 2021 年 6 月 2 日发布了《银行保险机构公司治理准则》（银保监发〔2021〕14 号，以下简称《治理准则》）。《治理准则》第十章第二节是"内部控制"，指出银行保险机构董事会应当持续关注本公司内部控制状况，建立良好的内部控制文化……银行保险机构应当建立健全内部控制制度体系，对各项业务活动和管理活动制定全面、系统、规范的制度，并定期进行评估。紧接着在 6 月 7 日，关于"内控合规管理建设年"活动的 17 号文正式发布，提出了"内控体系更加健全、内控效能持续提升、合规意识更加牢固、合规文化持续厚植"的建设目标，明确了保险机构建立内控合规体系的十大工作要点。这两个监管文件尽管目的不同，但均进一步明确了保险机构在加强内部控制中的主体责任，强调了良好的内部控制在公司治理和合规管理中的重要性。

2021 年 10 月，国务院国资委发布《关于进一步深化法治央企建设的意见》（以下简称《意见》），着力健全领导责任体系、依法治理体系、规章制度体系、合规管理体系、工作组织体系，持续提升法治工作引领支撑能力、风险管控能力、涉外保障能力、主动维权能力和数字化管理能力，不断深化治理完善、经营合规、管理规范、守法诚信的法治央企建设，为加快建设世界一流企业筑牢坚实的法治基础。《意见》还规定了央企要加强构建集法律、合规、内控、风险管理于一体的协同运作机制，加强统筹协调，提高管理效能，推动合规要求向各级子企业延伸，加大基层单位特别是涉外机构合规管理力度，到 2025 年中央企业基本建立全面覆盖、有效运行的合规管理体系。

2022年3月2日，国务院国资委印发《关于中央企业加快建设世界一流财务管理体系的指导意见》，确定了中央企业加快建设世界一流财务管理体系的目标，同时也吹响了更换新一代智能财务管理系统的号角。5年左右央企整体财务管理水平明显跃上新台阶，10～15年绝大多数央企建成与世界一流企业相适应的世界一流财务管理体系。推动四个变革，即推动财务管理理念变革、组织变革、机制变革、功能手段变革，系统阐述新时期中央企业财务管理工作的底层逻辑，这是推进财务管理转型升级的"思想开关"和理论基础。完善五大体系，即全面预算、合规风控、财务数字化、财务管理能力评价、财务人才队伍建设体系，这是支撑财务管理职能落地、实现财务管理体系有效运行的根本保障，也是推进财务管理转型升级的主线和重点。

由此可见，企业内部控制越来越受到重视，理解并运用好内部控制，对于强化企业内部监督、及时有效应对风险有着重要意义。

第三节 内部控制的目标

根据2008年6月28日五部委颁布的《企业内部控制基本规范》的规定，内部控制是指由企业董事会、监事会、经理层和全体员工实施的、旨在实现控制目标的过程。

这个概念强调了内部控制的实质是一种"过程"，是实现目标的手段。这个过程有三层基本含义：一是企业生产经营管理活动的全过程；二是企业实施风险控制的全过程；三是信息采集传递、财务报告编制及披露等实施的全过程。这个过程是受"人"影响的动态过程，是由企业董事会、监事会、经理层和全体员工执行，涵盖了企业经营管理的各个层级、各个方面和各项业务环节，具有全面、全员和全过程的特征。

按照《企业内部控制基本规范》的内容，内部控制的目标是合理保证企业经营管理遵循国家法律法规和有关监管要求、资产的安全完整、财务报告及管理信息的真实可靠和完整、提高企业的经营效率和效果、促进企业实现发展战略，具体可以分为战略目标、经营目标、报告目标、资产安全目标和合规目标。

一、战略目标

内部控制的战略目标是这个目标体系中最高层次的目标，其他目标都应建立在战略目标的基础之上，并为战略目标服务。企业也日益意识到，构建内部控制体系的目标，不仅仅局限于满足监管部门对于信息提供和披露方面的需求，更重要的是，内部控制制度对实现组织目标、提升企业经营效果和效率有重大作用。它要求企业将短期利益与长远利益相结合，从战略的高度对企业进行管理，保证企业能够持续稳定地发展，提升企业的整体价值。

二、经营目标

内部控制的经营目标是企业实现战略目标的核心和关键。战略目标是与企业使命有关的总括性目标，它的实现需要通过分解和细化为经营目标才能得以落实，没有经营目标，战略目标制定得再好也没有任何意义。

经营目标,是指通过合理的内部控制,提高企业的效率和效果。其主要有以下三种方式。

(1) 内部控制要求组织各岗位分工明确、权责清楚,组织结构精简高效,使各部门和人员密切配合,沟通顺畅,提升经营效率和绩效。

(2) 内部控制要求企业建立及时有效的信息和沟通机制,能够保证相关信息准确、及时地在企业内部各层级之间传递,从而提高经济决策和反应的效率。

(3) 内部控制有着与岗位职责相一致的业绩考评制度,旨在对员工的绩效进行清楚的掌握和评估,根据不同的绩效做出不同的奖励或惩罚措施,以此达到激励的效果。

企业应根据自身所处的内外部环境的不同,建立健全有效的内部控制,提高企业的经营效率和效果。

三、报告目标

企业报告包括对内报告和对外报告。如果说战略目标和经营目标是从企业自身的视角提出的,那么报告目标则更多地服务于企业外部的需求。财务报告是外部使用者了解企业财务状况和经营成果的重要方式,而真实可靠的财务报告有利于企业的管理者、投资人、债权人等相关信息使用者进行决策。

内部控制的报告目标,是指通过有效的内部控制,对财务报告及管理信息的真实性、可靠性和完整性提供合理保证。为了实现财务报告的真实性、可靠性和完整性目标,内部控制在运行过程中必须达到如下要求。

(1) 保证财务报表的编制符合会计准则和相关会计制度的规定。

(2) 保证所有交易和事项都能在正确的会计期间内及时地记入适当的账户。

(3) 保证定期核对账面资产与实物资产。

(4) 保证会计信息经过有关人员复核,保证会计信息的真实性、准确性,并确认有关记录正确无误。

企业应当严格执行会计法律法规和国家统一的会计准则制度,注重对财务报告编制、对外提供和分析利用全过程的管理,明确相关工作流程和要求,落实责任制,确保财务报告合法合规、真实完整和有效利用。

四、资产安全目标

内部控制的资产安全目标是指通过合理的内部控制,保证资产的安全性、完整性。想要实现这一目标,内部控制必须达到如下要求。

(1) 资产的记录与保管一定要彻底分开。

(2) 任何资产以任何方式的流动都必须进行详细的记录。

(3) 需要建立完善的资产管理制度,包括岗位职责制度、惩罚制度及激励制度等。

(4) 需要对资产进行定期和不定期的盘点,并确保资产的账面记录与实有数量一致。

COSO 在《企业风险管理——整合框架》中将内部控制目标划分为战略目标、经营目标、报告目标和合规目标四类,而我国的《企业内部控制基本规范》将资产安全目标作为内部控制目标之一是有其实际意义的。作为一个产权多元化的国家,保护资产安全与完整是我们义不容辞的责任，何况我国国有资产存在流失的现象和风险，资产安全对资产所有者而言具有十分紧迫的现实意义。

五、合规目标

内部控制的合规目标是指企业在经营管理过程中贯彻执行国家的政策和法律法规、各经济发展时期的方针政策，以及在此基础上建立的企业方针与计划，保证企业经营管理目标的实现，提高企业的经济效益。

上述五个目标构成了一个完整的内部控制法规体系（见表1-1），即通过有效的内部控制，保证企业在遵守相关法律法规的前提下，能够做到企业资产的安全完整，保证财务报告及其他信息的真实可靠，提升企业的经营效果和效率，从而实现其战略目标。

表1-1 中国内部控制法规体系概览

发布主体	法律法规
国务院	国务院批转证监会《关于提高上市公司质量意见》的通知
	国务院法制办发布《上市公司监督管理条例（征求意见稿）》
财政部等五部委	《企业内部控制基本规范》
	《企业内部控制评价指引》
	《企业内部控制应用指引》
	《企业内部控制审计指引》
证券交易所	《上海证券交易所上市公司内部控制指引》
	《深圳证券交易所主板上市公司规范运作指引》
	《深圳证券交易所中小板上市公司规范运作指引》
	《深圳证券交易所创业板上市公司规范运作指引》
行业监管机构	《商业银行内部控制指引》
	《证券公司内部控制指引》
	《保险公司内部控制基本准则》等

第四节 内部控制的基本原则

内部控制的基本原则是企业建立和实施内部控制都应遵循的、具有普遍性和指导性的法则与原则，具体包括全面性原则、重要性原则、制衡性原则、适应性原则和成本效益原则五个方面。

一、全面性原则

内部控制的全面性原则是指内部控制应当贯穿决策、执行、监督、反馈等各个环节，覆盖企业及其所属单位的各项业务和管理活动，包括内部控制设计的全面性和实施过程的全面性。内部控制设计的全面性是指企业在内部控制制度设计过程中要考虑与企业运行相关的各个方面、避免内部控制出现空白和漏洞。它既包括与内部控制直接相关的一系列业务流程，还包括组织架构、人力资源、发展战略、企业文化和社会责任等非财务因素的企业层面内部控制。内部控制实施过程的全面性是指内部控制制度运行过程中要全面推行，而不是部分运行。内部控制是一个有机整体，是一项系统工程，需要企业董事会、管理层及全体员工共同参与并承担相应的职责，而不仅仅是部分职能部门参与。

二、重要性原则

内部控制的重要性原则是指内部控制应当在兼顾全面性的基础上突出重点，针对重要业务与事项、高风险领域与环节采取更为严格的控制措施，确保不存在重大缺陷。重要性原则在实务中一般从业务事项的数量因素和性质因素两方面来考虑。在内部控制过程中，重要性水平是必须考虑的数量因素，通常用某基数的一定比例来表示，如资产、收入或净利润的百分比等。在业务事项的性质方面，如果某一笔经济业务性质特殊，不单独披露就会影响使用者做出判断，甚至遗漏重要事实，不利于所有者及其他利益相关者对企业的实际情况做出正确认识，这时就应当严格核算、单独反映、重点提示，从而确保经济业务活动安全和有效运行。

三、制衡性原则

内部控制的制衡性原则是指企业的机构、岗位设置和权责分配应当科学合理并符合内部控制的基本要求，确保不同部门和岗位之间权责分明、相互制约、相互监督。企业应当科学界定决策、管理、执行、监督各层面的地位、职责与任务，形成有效的分工和制衡机制，切实发挥相关机构的职能作用，为企业内部控制的建立和实施提供强有力的组织结构保障与工作机制保障。履行内部控制监督检查职责的部门应当具有良好的独立性，任何人不得拥有凌驾于内部控制之上的特殊权力。

四、适应性原则

内部控制的适应性原则是指内部控制应当合理体现企业经营规模、业务范围、业务特点、风险状况及所处具体环境等方面的要求，并随着企业外部环境的变化、经营业务的调整、管理要求的提高等不断改进和完善。适应性原则要求在内部控制的设计上必须与我国企业所处的具体环境相协调，必须与国家有关法律法规相协调，必须与企业经营管理实践相协调。同时，企业应当建立畅通的信息与沟通渠道、合理的监督机制，适时地对企业的内部控制进行评估，发掘潜在的问题并采取相应的措施。

五、成本效益原则

内部控制的成本效益原则是指内部控制应当在保证内部控制有效性的前提下，合理权衡成本与效益的关系，争取以合理的成本实现更为有效的控制。这就要求企业在资源有限的情况下，必须要结合实际情况，抓住重点，将控制成本花在会对企业经营成果甚至企业成败有重大影响的环节，保证内部控制精简高效。在内部控制的设计中，如果片面强调内部控制的完整性，直接借鉴成熟企业现成的内部控制制度，反而会严重脱离企业实际，不但会在一定程度上降低企业的经营管理效率，甚至还可能会给企业造成一定程度的损失。

总之，企业应当遵照内部控制的上述基本原则，将内部控制的基本要素与企业内部的各个层级、各项业务和各个环节有机结合，以确保有效实现内部控制的基本目标。

第五节 内部控制的局限性

内部控制不是万能的，并不是有了内部控制就可以规避所有的经营风险，高枕无忧，企业也不一定会持续、稳定地发展。健全内部控制体系只是企业持续发展的必要条件，就算企业有健全的内部控制体系，企业也不能百分之百地保证持续健康发展。但是，如果企业缺失了健全的内部控制体系，就一定不会健康发展。内部控制无论在多大程度上有效，都只能为被审计单位实现财务报告目标提供合理保证。内部控制目标受到自身固有限制的影响，再加上经济环境的变化和人为因素的影响，内部控制体系必然存在局限性。

一、成本限制

内部控制的设计和实施要受到企业人力、物力、财力等各方面的影响与制约，同时由于企业资源有限，内部控制要受到成本效益原则的制约，不可能对所有的经济业务实施内部控制，这就要求管理层在设计和实施某项内部控制时权衡利弊得失，同时满足内部控制的有效性和高效性。

二、人员素质

内部控制在贯彻决策、执行、监督、反馈等各个环节都会受到人员素质的影响。内部控制的决策会因领导层的人为判断失误而失效；内部控制的设计因设计人员的能力、工作经验的限制而存在缺陷；同时，内部控制的实施也可能由于执行人员的自身能力或外部原因、状态不佳等情形，造成执行失效。

三、滥用职权

内部控制作为企业管理的一种手段和工具，势必会按照管理人员的计划和方法运行。但是，任何控制程序都不能避免负责执行和监督控制的管理人员自身的舞弊行为。许多重大舞弊行为发生和财务报告失真的一个重要原因就是管理层的干预。一旦有担任控制职能的管理人员滥用职权、权责不当等类似情况发生，即使内部控制的设计是科学合理的，它的结果也是无效的。

四、串通舞弊

内部控制制度要想达到控制目的，前提是公司员工要遵守公司章程，按规定办事，但当员工合伙舞弊或内外串通共谋时，内部控制也是无效的。例如，当保管员和资产记录人员合伙造假窃取公司资产，出纳和会计合伙非法挪用公司资金，业务人员同顾客、采购人员同供应商串谋时，无论多么完善的内部控制制度都难以防范舞弊行为的发生。

根据《企业内部控制基本规范》的规定，企业应当建立反舞弊机制，坚持惩防并举、重在预防的原则，明确反舞弊工作的重点领域、关键环节和有关机构在反舞弊工作中的职责权限，规范舞弊案件的举报、调查、处理、报告和补救程序。

企业至少应当将下列情形作为反舞弊工作的重点：

（1）未经授权或采取其他不法方式侵占、挪用企业资产，牟取不当利益；
（2）在财务会计报告和信息披露等方面存在虚假记载、误导性陈述或重大遗漏等；
（3）董事、监事、经理及其他高级管理人员滥用职权；
（4）相关机构或人员串通舞弊。

五、非经常性事项

内部控制一般针对经常或重复发生的常规业务而设计，因而一旦发生异常或未预计的经济业务，内部控制有可能因企业内外环境的变化、不正常的业务类型或特殊的业务性质而影响自身的有效性。

▶本章小结

内部控制作为企业重要的管理制度之一，在企业的生产经营中发挥着越来越重要的作用。本章先从内部控制的起源开始，介绍内部控制的发展历程和我国内部控制的规范化进程。结合我国的《企业内部控制基本规范》给出内部控制的定义，并由定义引出内部控制的目标体系及基本原则。当然，内部控制并不是万能的，本章最后介绍了内部控制的缺陷，希望读者可以全面看待内部控制的作用。

▶复习与思考

1. 内部控制的发展经历了哪几个阶段？
2. 结合所学知识和周围实际情况，谈谈你对内部控制的理解。
3. 内部控制的目标有哪些？
4. 内部控制有哪些基本原则？
5. 内部控制存在哪些缺陷？

第二章

内部控制基本规范

> **引 例**
>
> **规范治理提升上市公司质量**
>
> 　　建立健全企业内部控制制度是提升企业综合质量的必要保证，也奠定了资本市场健康发展的基石。2022年《政府工作报告》提出："促进资本市场平稳健康发展。"并且，来自企业界的全国人大代表、政协委员也一致认为，进一步提高上市公司质量，是资本市场平稳健康发展不可或缺的基础。
>
> 　　李寅代表说，"对于企业而言，重点是规范公司治理和内部控制，提升信息披露质量；完善公司治理制度规则，提高公司治理水平，保障公司和投资者的合法权益；提高信息透明度，增强信息披露针对性和有效性"。
>
> 　　全国人大代表、森马服饰股份有限公司董事长邱光和也曾表示，"作为上市公司，需要通过聚焦公司主业、规范公司治理、强化企业管理、打造持续创新能力、承担更多的社会责任等来推动企业高质量发展。未来公司将围绕企业发展战略，聚焦主业，整合产业资源，强化平台建设，以资本为纽带，加强组织建设，鼓励员工创业创新，促进公司业务稳健发展"。
>
> 　　王晶委员认为，从企业角度来说，提升公司质量的本质在于把公司"做好"。首先效益要好，上市公司要坚守主业，不断把细分产业做优做强，实现产业带动。其次公司治理能力要好，要坚守上市公司合规治理底线，不断提升企业透明度，完善企业自身数字化治理能力，坚持对广大投资者负责。最后要成长空间好，企业不仅要有存量做优做强的产业，还要有增量不断开拓的新型业务。"上市公司要基于企业核心竞争力不断开拓新技术、新产品、新生态来实现效益增收，回馈社会。"
>
> 　　王晶委员也曾在建议中指出，"在落实新《证券法》的基础上，要通过强化和创新监管手段和方式，健全事前、事中、事后全链条监管机制，推进科学监管、分类监管和精准

> 监管；同时加强监管各方的协作，建立各类监管信息的公开制度，引入市场监管力量，不断强化监管措施，提升上市公司质量"。
>
> 资料来源：彭江. 规范治理提升上市公司质量：筑牢资本市场健康发展基石 [N]. 经济日报，2022-03-10（12）.

《政府工作报告》中关于上市公司质量提升的规范再一次向各企业敲响了加快构建和完善内部控制制度的警钟。内部控制的基本规范包含内部环境、风险评估、控制活动、信息与沟通、内部监督五个要素，究竟这五个要素是如何规定的，本章将做详细阐述。

第一节 内部环境

内部环境是影响、制约内部控制建立与执行的各种因素的总称，是实施内部控制的基础，一般包括组织架构、内部审计机制、人力资源、企业文化等。

一、组织架构内部控制

根据《企业内部控制应用指引第1号——组织架构》的定义，组织架构是指企业按照国家有关法律法规、股东（大）会决议和企业章程，结合本企业实际，明确股东（大）会、董事会、监事会、经理层和企业内部各层级机构设置、职责权限、人员编制、工作程序和相关要求的制度安排。科学合理的组织架构能够为企业内部控制的有效实施创造良好条件。反之，一旦企业的组织架构存在不合理的情形甚至缺陷，那么有可能会影响一系列生产、经营、管理活动。

一般来说，企业的组织架构分为公司治理结构和内部机构两个层面。

（一）公司治理结构

公司治理结构指的是企业治理层面的组织架构，是与外部主体发生各项经济关系的法人所必备的组织基础，又称法人治理结构。它是根据权力机构、决策机构、执行机构和监督机构相互独立、权责明确、相互制衡的原则来实现对公司的治理的。治理结构是由股东（大）会、董事会、监事会和管理层组成的，决定公司内部决策过程和利益相关者参与公司治理的办法，主要作用在于协调公司内部不同产权主体之间的经济利益矛盾，从而减少代理成本。

企业应当依据国家相关法律法规的规定，结合企业章程和实际发展状况，建立规范的法人治理结构，促进企业内部控制的有效运行。根据规定，公司股东（大）会享有法律法规和企业章程规定的合法权利，依法行使企业经营方针、筹资、投资、利润分配等重大事项的表决权；董事会对股东（大）会负责，依法行使企业的经营决策权；监事会对股东（大）会负责，监督企业董事、经理和其他高级管理人员依法履行职责；经理层负责组织实施股东（大）会、董事会决议事项，主持企业的生产经营管理工作。《企业内部控制基本规范》也明确了董事会、监事会和经理层在内部控制中的职责，规定了董事会是决策机构，主要负责内部控制的建立健全和有效实施；监事会是监督机构，负责对董事会建立与实施的内部控制进行监督；经理层是日常管理机构，负责组织领导企业内部控制的日常运行。

(二) 内部机构

公司制企业中股东（大）会、董事会、监事会和经理层这四个法定刚性机构为内部控制机构的建立、职责分工与制约提供了基本的组织框架，但并不能满足内部控制对企业组织结构的要求，内部控制机制的运作还必须在这一组织框架下设立满足企业生产经营所需要的职能机构。

按照《企业内部控制基本规范》的规定，企业应当结合业务特点和内部控制的要求来设置内部机构，明确职责权限，将权利与责任落实到各责任单位。设置科学合理的内部机构，能够适应企业经营管理的实际需要和外部环境的变化，有利于减少管理层级和提高管理效能，避免机构重叠和效率低下，促进内部控制的有效实施。同时，企业应当通过编制内部管理手册，使全体员工掌握内部机构设置、岗位职责、业务流程等情况，明确权责分配，正确行使职权。企业应当根据经营目标、职能划分和管理要求，通过内部管理制度汇编、员工手册、组织结构图、业务流程图、岗位描述、权限指引等适当方式，明确高级管理人员、各职能部门和分支机构及基层作业单位的职责权限，将权利与责任分解到具体岗位，形成科学有效的职责分工和制衡机制。

二、内部审计机制内部控制

健全内部审计机构、加强内部审计监督是营造守法、公平、公正的内部环境的重要保证。企业应当加强内部审计工作监督，在企业内部形成有权必有责、用权受监督的良好氛围。

(一) 审计委员会

企业应当在董事会下设立审计委员会。审计委员会成员应具备良好的职业操守和专业胜任能力，审计委员会及其成员应当具有相应的独立性。审计委员会应当直接对董事会负责。上市公司的审计委员会主席一般应由独立董事担任，非上市公司的审计委员会主席应由独立于企业管理层的人员担任。

企业应当赋予审计委员会监督企业内部控制建立和实施情况中相应的职权。审计委员会在企业内部控制制度建立和实施中承担的职责一般包括：审核企业内部控制及其实施情况，并向董事会做出报告；指导企业内部审计机构的工作，监督检查企业的内部审计制度及其实施情况；处理有关投诉与举报，督促企业建立畅通的投诉与举报途径；审核企业的财务报告及有关信息披露内容；负责内部审计与外部审计之间的沟通和协调。

(二) 内部审计机构

按照《第 2302 号内部审计具体准则——与董事会或者最高管理层的关系》的规定，内部审计机构应当接受董事会或最高管理层的领导，同时要保持好与董事会或最高管理层的关系，协助董事会或最高管理层履行职责，实现董事会、最高管理层与内部审计机构在组织治理中的协同作用。

内部审计机构依照法律规定和企业授权开展审计监督，其工作范围不应受到人为限制。内部审计机构对审计过程中发现的重大问题，视具体情况分析，也可以直接向审计委员会或者董事会报告。当然，内部审计人员应当具备内审人员从业资格，拥有与工作职责相匹配的道德操守和专业胜任能力。

企业应当加强内部审计工作，保证内部审计机构设置、人员配备和工作的独立性。内部审计机构应当结合内部审计监督，对内部控制的有效性进行监督检查。内部审计机构对监督检查过程中发现的内部控制缺陷，应当按照企业内部审计工作程序进行报告；对监督检查中发现的内部控制重大缺陷，有权直接向董事会及审计委员会、监事会报告。

三、人力资源内部控制

根据《企业内部控制应用指引第 3 号——人力资源》的定义，人力资源是指企业组织生产经营活动而录（任）用的各种人员，包括董事、监事、高级管理人员和全体员工，其本质是企业组织中各种人员所具有的脑力和体力的总和。

人力资源政策是影响企业内部环境的关键因素。企业的人力资源政策应当做到科学、规范、公平、公开、公正，这有利于调动员工在内部控制和经营管理活动中的积极性、主动性和创造性。

（一）人力资源的组建

企业应当根据人力资源总体规划，结合生产经营实际需要，制订年度人力资源需求计划，完善人力资源引进制度，规范工作流程，按照计划、制度和程序组织人力资源引进工作。同时，根据人力资源能力框架要求，明确各岗位的职责权限、任职条件和工作要求，遵循德才兼备、以德为先和公开、公平、公正的原则，并通过公开招聘、竞争上岗等多种方式选聘优秀人才，重点关注选聘对象的价值取向和责任意识，避免因人设事或设岗，确保选聘人员能够胜任岗位职责要求。企业应当重视并加强员工培训，制订科学、合理的培训计划，提高培训的针对性和实效性，进而不断提升员工的道德素养和业务素质。

（二）人力资源的管理

企业应当建立和完善人力资源的激励约束机制，设置科学的业绩考核指标体系，对各级管理人员和全体员工进行严格考核与评价，以此作为确定员工薪酬、调整职级和解除劳动合同等的重要依据，以确保员工队伍处于持续优化状态；制定与业绩考核挂钩的薪酬制度，切实做到薪酬安排与员工贡献相协调，着重体现效率优先，兼顾公平；制定各级管理人员和关键岗位员工定期轮岗制度，明确轮岗范围、轮岗周期、轮岗方式等，形成相关岗位员工的有序持续流动，全面提升员工素质。

四、企业文化内部控制

根据《企业内部控制应用指引第 5 号——企业文化》的定义，企业文化是指企业在生产经营实践中逐步形成的、为整体团队所认同并遵守的价值观、经营理念和企业精神，以及在此基础上形成的行为规范的总称。企业文化主要包括企业的整体价值观，高级管理人员的管理理念和经营风格，以及员工的职业操守与行为守则等。

(一) 企业的整体价值观

高级管理人员有责任在企业范围内塑造一种积极向上的整体价值观，培养员工的社会责任感和遵纪守法意识，培养员工形成爱岗敬业、进取创新、团结协作和遵规守纪的精神。

(二) 高级管理人员的管理理念和经营风格

高级管理人员应当树立有利于实现企业内部控制目标的管理理念和经营风格，强化风险意识，避免因个人风险偏好可能给企业带来的不利影响和损失。

(三) 员工的职业操守与行为守则

企业应当根据高级管理人员、中层管理人员和一般员工的职责权限，结合不同层级人员对实现企业内部控制目标的影响程度和不同要求，分别制定适合不同层级人员的职业操守与行为守则，并明确相应的监督约束机制。

高级管理人员应当恪守以诚实守信为核心的职业操守，高管有责任制定并完善信息披露管理制度，明确重大信息披露事项的判定标准和报告程序，确定信息披露事项的收集、汇总和披露程序，也应当不断强化为投资者、债权人和社会公众提供真实、可靠、完整的会计信息，同时也应当依法披露其他信息的法治意识和责任意识，不得损害投资者、债权人、客户、员工和社会公众的利益。

企业员工应当遵守员工行为守则，加强职业道德修养和业务学习，自觉遵守企业内部控制有关的各项规定，勤勉尽责。

企业高级管理人员有责任加强员工职业道德宣传引导、教育培训和监督检查，为建立与实施内部控制营造良好的氛围和环境。

总之，企业应当采取切实有效的措施，积极培育具有自身特色的企业文化，进而不断引导和规范员工行为，打造出以主业为核心的企业品牌，形成整体团队的向心力，促进企业长远发展。

第二节 风险评估

一、风险评估概述

(一) 风险的概念

"风险"一词来自意大利语"rischio"，主要是指冒险。风险因不同原因而异，对风险的理解也应该是相对的，因为它既可以是积极的概念，也可以是消极的概念，一方面是可能性、不可预测性和偶然性，另一方面，它们也与危险、损失和破坏相互结合。

通过对风险的不同理解可以得出，风险由两个相互结合的因素构成，一个是这种风险发生的可能性，另一个是事件发生后产生的后果。

（二）风险的分类

风险分为非系统风险和系统风险两类，其中，非系统风险又可以分为经营风险和财务风险。非系统风险也被称为企业风险或不可分割风险，这种风险可以通过证券投资组合来分散，最终可以通过增加集团内的资产数量来进行清算。经营风险是指由于企业生产活动而对企业原定目标产生不好影响的可能性。财务风险也被称为金融风险，因为金融风险是通过偿还债务情况对企业目标的潜在影响的反应，这种风险影响范围很广，可能对所有资产的风险或多或少有作用，但是无法通过资产组合来消除。而系统风险的影响因素包括宏观经济形势的变化、国家经济政策的变化、税收改革、企业会计准则的改革、世界能源状况、政治因素等。

如果细致地划分，还可以按照风险产生原因，将风险分为政治风险、社会风险、经济风险、自然风险、技术风险；按照风险来源，将风险分为内部风险、外部风险；按照经营活动，将风险分为人力资源风险、财务风险、市场风险、审计风险、信息披露风险；按照风险的后果，将风险分为纯风险、投机风险；按照影响范围，将风险分为基本风险、特殊风险等。

（三）风险评估的概念

企业在生产经营活动中，面临着诸多风险，如果没有妥善处理好这些风险，就可能给企业带来不同程度的损失。风险评估就是对某一事件或事物带来的影响或损失的可能程度进行量化测评。按照《企业内部控制基本规范》中的定义，风险评估是指单位及时识别、科学分析经营活动中与实现控制目标相关的风险，合理确定风险应对策略。它是实施内部控制的重要环节。

在风险评估过程中，企业需要考虑目标设定、风险识别、风险分析和风险应对四个方面，首先，确定保护的对象或者资产，明确它们的直接和间接价值，识别企业资产可能面临的潜在威胁，分析导致威胁的原因及威胁发生的可能性、资产中存在的可能会被威胁所利用的弱点等。其次，一旦威胁事件发生，企业会遭受怎样的损失或者面临怎样的负面影响。最后，企业应该采取怎样的安全措施才能将风险带来的损失降到最低程度。

二、目标设定

《企业内部控制基本规范》第二十条规定，企业应当根据设定的控制目标，全面系统持续地收集相关信息，结合实际情况，及时进行风险评估。

风险评估的先决条件是组织各个层级的目标的确立。管理层应根据既有的战略目标制定相关的业务经营目标、财务报告目标、合规目标，以及资产安全与完整性目标，明确相应的具体目标，以便识别和分析相关的风险。管理层也要考虑这些目标对于组织的可持续性。

目标设定是企业风险评估的起点，也是风险识别、风险分析和风险应对的前提。企业应当根据设定的目标，合理地确定企业整体风险承受能力和具体业务层次上的可接受的风险水平，并努力将风险控制在这个水平范围内。而目标设定是否科学、有效，取决于它是否符合企业的风险偏好和风险承受度。

(一)风险偏好

风险偏好是指企业在实现其目标的过程中愿意接受的风险水平。可以从定性和定量两个角度对风险偏好加以度量。

(二)风险承受度

风险承受度是指企业在目标实现的过程中对差异的可承受风险限度,是企业在风险偏好的基础上设定的对相关目标实现过程中所出现的差异的可接受水平,也被称作风险承受能力。风险承受度包括整体风险承受能力和业务层面的可接受风险水平。

三、风险识别

风险识别是指对企业面临的尚未发生的潜在的各种风险进行系统的归类分析,并对风险性质进行鉴定的过程。

(一)风险识别的特征

(1)风险识别是一个重复的过程。风险识别需要针对企业内外部环境的变化而持续进行,是一个动态的过程。随着主体活动的增加,新的风险也会不断出现,这需要企业时刻保持警惕,识别企业当前或未来所面临和潜在的风险。

(2)风险识别是一个复杂、全面的过程。风险识别过程不可能局限在某一部门或某一个环节,因此这需要企业自上而下各个部门全面参与并积极配合。不同层次的员工看待同一项风险的角度不同,他们所感受到的风险水平并不相同,因此对企业风险进行评估必须是一个全面系统的过程。

(3)风险识别是一个科学系统的过程。企业在进行风险识别时,可以采取座谈讨论、问卷调查、案例分析、咨询专业机构的意见等方法,科学地识别相关的风险因素,并注意总结、吸取企业过去的经验教训和同行业的经验教训,加强对高危性、多发性风险的关注。在充分调研和科学分析的基础上,企业应准确识别影响内部控制目标实现的内部风险因素和外部风险因素(见表2-1)。

表2-1 企业识别风险关注的因素

风险因素	具体内容
内部风险因素	(1)人员素质因素:高级管理人员的职业操守、员工的专业胜任能力、团队精神等 (2)管理因素:经营方式、资产管理、业务流程设计、财务报告编制与信息披露等 (3)基础实力因素:财务状况、经营成果、现金流量等 (4)技术因素:研究开发、技术投入、信息技术运用等 (5)安全环保因素:营运安全、员工健康、环境污染等
外部风险因素	(1)经济因素:经济形势、产业政策、资源供给、利率调整、汇率变动、融资环境、市场竞争等 (2)法律因素:法律法规、监管要求等 (3)社会因素:文化传统、社会信用、教育基础、消费者行为等 (4)科技因素:技术进步、工艺改进、电子商务等 (5)自然环境因素:自然灾害、环境状况等

（二）风险识别的方法

目前使用频繁的风险识别方法都是从宏观和微观两个角度出发，具体的方法在实际应用过程中应当交互使用。以下是一些具体的识别方法。

（1）风险因素分析法。风险因素分析法是对可能导致风险的因素进行分析，从而确定风险发生概率低的风险评估方法。总体思路是：调查风险源→确定风险转化条件→确定是否具备转换条件→评估风险影响→评估风险。

（2）内部控制评价法。内部控制评价法是通过对企业内部控制结构的评价，确定内部风险的方法之一。

（3）分析性复核法。分析性复核是注册会计师对被审计单位的基本比率或趋势进行分析，包括调查反常的变化以及重要比率或趋势与预期金额和相关信息之间的差异，以推断会计报表中是否存在重大错报或漏报的可能性。最常用的方法有比较分析法、比率分析法、趋势分析法。

（4）定性风险评价法。定性风险评价法是通过观测、调查和分析，能够对审计风险进行评估，并借助注册会计师的经验、专业标准和司法判决进行定性评估的方法。它具有简单有效的优点，可以评估各种审计风险。主要方法包括观察法、调查法、逻辑分析法、类似估计法。

（5）风险率风险评价法。其基本思路是先计算风险发生率，然后与风险安全指标进行比较，如果风险发生率高于风险安全指标，则系统处于风险状态，两个数据相差越大则风险越大。风险安全指标能够考虑到已经确定了科学技术水平、社会经济条件、法律和心理因素等最低限度的公认风险。而风险率风险评价法可用于会计服务，也可用于注册会计师行业的风险管理。

四、风险分析

在风险识别的基础上，企业应当根据实际情况，针对不同的风险类别确定科学合理的定性、定量分析标准。根据风险识别的结果，依据风险的重要性水平，运用专业判断，采用定性与定量相结合的方法，按照风险发生的可能性大小及其对企业影响的严重程度进行风险排序，确定应当重点关注和优先控制的风险。

五、风险应对

企业应当根据风险分析的结果，结合风险承受度，综合运用风险规避、风险降低、风险分担和风险承受等风险应对策略，进而实现对风险的有效控制。

（1）风险规避。风险规避是指企业对超出整体风险承受能力或者具体业务层次上的可接受风险水平的风险，通过放弃或者停止与该风险相关的业务活动，以避免和减轻损失的策略。风险规避是四种风险应对策略中最为简单也最为消极的一种策略。它是通过远离风险源和潜在风险来规避风险，虽然规避了风险，但某种程度上也规避了潜在的获得收益的可能性。此外，在采取此策略的同时还应该考虑企业规避风险所花费的成本。

（2）风险降低。风险降低是指企业对在整体风险承受能力和具体业务层次上的可接受风险水平之内的风险，在权衡成本效益之后愿意单独采取进一步的控制措施以降低风险、提高收益或者减轻损失的策略。风险降低策略可以积极改善风险的特性，使风险可以被企业接受，同时又不丧失获得收益的机会。常见的风险降低途径有预防风险和减少风险两种，主要是通过与预防措施、控制措施和补救措施相衔接，实现事前、事中和事后的风险降低。

（3）风险分担。企业通过对风险的分析、评估，确定风险类别及危害，进而确定合作主体，以便风险发生时共同抵御。常见的合作主体有投资者之间、投资者与创业投资家之间、创业投资家内部、创业投资公司之间、创业投资家与创业企业家之间、创业企业家内部、外部机构与各创业投资主体之间等。分担风险的合作主体按照约定的合同条款，在风险发生时，分别履行各自的义务，共同承担风险，从而实现风险的现实分担。

（4）风险承受。风险承受是指企业对在整体风险承受能力和具体业务层次上的可接受风险水平之内的风险，在权衡成本效益之后不准备采取进一步控制措施的，可以自行进行风险承担。

风险应对策略的制定是一个持续、连续的过程，应该与企业的具体业务或者事项相联系，针对不同的业务、不同的发展阶段，持续收集与风险变化相关的各种信息，定期或者不定期地开展风险评估，及时调整风险应对策略。

第三节 控制活动

一、控制活动概述

根据《企业内部控制基本规范》中的定义，控制活动是指企业应当结合风险评估结果，通过采取手工控制与自动控制、预防性控制与发现性控制相结合的方法，运用相应的控制措施，将风险控制在可承受范围之内。

控制活动是企业内部控制的最重要、最主要的组成部分，它在内部控制中处于核心地位。企业应当根据内部控制目标，结合风险应对策略，综合应用控制措施，对各种业务和事项实施有效控制。

二、控制活动的措施

控制活动的措施一般包括不相容职务分离控制、授权审批控制、会计系统控制、财产保护控制、预算控制、运营分析控制和绩效考评控制等。

（一）不相容职务分离控制

不相容职务分离控制要求企业全面系统地分析、梳理业务流程中所涉及的不相容职务，实施相应的分离措施，明确各部门、各岗位的职责权限，形成各司其职、各负其责、相互制约的工作机制。

所谓的不相容职务，是指需要两人或两人以上的职务，以此达到相互制约、相互监督的目的。不相容职务通常包括授权、批准、业务经办、会计记录、财产保管、稽核检查等。企业应当根据各项经济业务与事项的流程和特点,系统、完整地分析、梳理执行该经济业务与事项涉及的不相容职务,并结合岗位职责分工采取分离措施。有条件的企业,可以借助计算机信息技术系统,通过权限设定等方式自动实现不相容职务的相互分离。

(二) 授权审批控制

授权审批控制是在职务分工控制的基础上,由企业权力机构或上级管理者明确规定有关业务经办人员的职责范围和业务处理权限与责任,使所有的业务经办人员在办理每项经济业务时都能事先得到适当的授权,并在授权范围内办理有关经济业务,承担相应的经济责任和法律责任。

授权批准的形式通常包括常规授权和特别授权两类。常规授权是指企业在日常经营管理活动中按照既定的职责和程序进行的授权。特别授权是指企业在特殊情况、特定条件下进行的授权,这种授权通常是临时性的、应急性的。企业应当编制常规授权的权限指引,规范特别授权的范围、权限、程序和责任,严格控制特别授权。

(三) 会计系统控制

会计系统控制要求企业依据《中华人民共和国会计法》、国家统一规定的会计制度,制定适合本企业的会计制度,明确会计凭证、会计账簿和财务报告及相关信息披露的处理程序,规范会计政策的选用标准和审批程序,建立、完善会计档案保管和会计工作交接办法,实行会计人员岗位责任制,充分发挥会计的监督职能,确保企业财务报告真实、可靠和完整。

(四) 财产保护控制

财产保护控制要求企业建立财产日常管理制度和定期清查制度,采取财产记录、实物保管、定期盘点、账实核对等措施,确保财产安全。企业应当加强各项资产管理,全面梳理资产管理流程,及时发现资产管理中的薄弱环节,切实采取有效措施加以改进,并关注资产减值迹象,合理确认资产减值损失,不断提高企业资产管理水平。

(五) 预算控制

预算控制要求企业实施全面预算管理制度,明确各责任单位在预算管理中的职责权限,规范预算的编制、审定、下达和执行程序,进而强化预算约束。企业应当加强全面预算工作的组织领导,明确预算管理体制及各预算执行单位的职责权限、授权批准程序和工作协调机制。企业在实行预算控制时,应当关注企业是否存在下列风险:不编制预算或预算不健全,可能导致企业经营缺乏约束或盲目经营;预算目标不合理、编制不科学,可能导致企业资源浪费或发展战略难以实现;预算缺乏刚性、执行不力、考核不严,可能导致预算管理流于形式。对待上述风险,企业应当及时发现,并尽早加以规避。

(六) 运营分析控制

运营分析是指以真实可靠的会计信息和其他资料为依据,采用科学的分析方法对一段时期内的经营管理活动情况进行系统的分析研究，旨在全面地了解经营情况，及时地发现和解决经营过程中的问题，并按照客观规律指导和控制企业经营活动。运营分析控制要求企业建立运营情况分析制度，经理层应当综合运用生产、购销、投资、筹资、财务等方面的信息，通过因素分析、对比分析、趋势分析等方法，定期开展运营情况分析，发现存在的问题，及时查明原因并加以改进。

（七）绩效考评控制

绩效考评包括绩效考核和绩效评价，企业应当了解各项经营活动和相关职能部门当期业绩的实际情况，通过将它们与预算目标、计划目标等进行对比，完成对其经营业绩的考核和评价工作。绩效考评控制要求企业建立和实施绩效考评制度，科学设置考核指标体系，对企业内部各责任单位和全体员工的业绩进行定期考核和客观评价，并将考评结果作为确定员工薪酬及职务晋升、评优、降级、调岗、辞退等的依据。

第四节　信息与沟通

一、信息与沟通概述

COSO发布的《企业风险管理——整合框架》在谈到"信息交流与报告"要素时指出，风险管理工作需要建立在信息对称的条件之上，无论是内部信息还是外部信息都需要持续不断地传递到风险管理工作中。风险管理信息要及时地反馈给利益相关者，使信息流通更加顺畅，风险管理结果更加准确。这一表述与国内关于"信息与沟通"的表达有异曲同工之妙。

（一）信息的定义与分类

信息对于组织而言，以及对于推进内控、促进企业目标实现是非常重要的。企业应当准确识别、全面收集来源于企业外部及内部、与企业经营管理相关的财务及非财务信息，并且使用相关的有质量的信息为内部控制的有效运行提供信息支持。

信息按照来源不同，可以分为内部信息和外部信息。

（1）内部信息。内部信息主要包括会计信息、生产经营信息、资本运作信息、人员变动信息、技术创新信息、综合管理信息等。企业可以通过会计资料、经营管理资料、调查研究报告、会议记录纪要、专项信息反馈、内部报刊网络等渠道和方式获取所需要的内部信息。

（2）外部信息。外部信息主要包括政策法规信息、经济形势信息、监管要求信息、市场竞争信息、行业动态信息、客户信用信息、社会文化信息、科技进步信息等。企业可以通过立法监管部门、社会中介机构、行业协会组织、业务往来单位、市场调查研究、外部来信来访、新闻传播媒体等渠道和方式获取所需要的外部信息。

（二）沟通的定义与分类

沟通是一个持续地、不断重复地提供、分享和获得必要的信息的过程。在一个组织中，沟通主要是指组织内部以及组织和外部进行信息交换的过程。

沟通按照对象不同，可以分为内部沟通和外部沟通。

（1）内部沟通。内部沟通是一种手段，目的是确保信息可以在整个组织向上、向下、横向扩散，使得信息在管理层、各个部门和企业员工之间及时流动。

企业可以通过互联网、电子邮件、电话、传真、信息快报、例行会议、专题报告、调查研究、员工手册、教育培训、内部刊物等多种方式，获取所需的内部信息、外部信息并在企业内部准确、及时地传递和共享，确保董事会、管理层和企业员工之间能够进行有效沟通。

（2）外部沟通。外部沟通主要包括两个部分，即将外部的相关信息传入组织内部，然后根据其要求和期望，提供信息给外部的相关方。企业有责任建立良好的外部沟通渠道，对外部有关方面的建议、投诉和收到的其他信息及时进行记录，并及时加以处理、反馈。

外部沟通应当重点关注以下6个方面。

1）与投资者和债权人的沟通。企业应当根据《中华人民共和国公司法》《中华人民共和国证券法》等法律法规、企业章程的规定，通过股东（大）会、投资者会议、定向信息报告等方式，及时向投资者报告企业的战略规划、经营方针、投融资计划、年度预算、经营成果、财务状况、利润分配方案，以及重大担保、合并分立、资产重组等方面的信息，并积极听取投资者的意见和要求，妥善处理好企业与投资者之间的关系。

2）与客户的沟通。企业可以通过客户座谈会、走访客户等多种形式，定期听取客户对消费偏好、销售政策、产品质量、售后服务、货款结算等方面的意见和建议，收集客户需求和客户的意见，妥善解决可能存在的控制不当问题。

3）与供应商的沟通。企业可以通过供需见面会、订货会、业务洽谈会等多种形式与供应商就供货渠道、产品质量、技术性能、交易价格、信用政策、结算方式等问题进行沟通，及时发现可能存在的控制不当问题。

4）与监管机构的沟通。企业应当及时向监管机构了解监管政策和监管要求及其变化，并相应完善自身的管理制度；同时，认真了解自身存在的问题，积极反映诉求和建议，努力加强与监管机构的协调。

5）与外部审计师的沟通。企业应当定期与外部审计师进行会晤，听取外部审计师有关财务报表审计、内部控制等方面的建议，以保证企业内部控制的有效运行及双方工作的协调。

6）与律师的沟通。企业可以根据法定要求和实际需要，聘请律师参与有关重大业务、项目和法律纠纷的处理，并保持与律师的有效沟通。

二、信息与沟通的内容

企业应当建立信息与沟通制度，建立健全内部控制相关信息的收集、处理和传递程序，确保信息的及时沟通，促进内部控制的有效运行。

（一）信息的收集与整理

企业应当对收集的各种内部信息和外部信息进行合理筛选、核对、整合，进而提高信息的有用性。

（二）信息的传递

企业应当将内部控制相关信息在企业内部各管理级次、责任单位、业务环节之间，以及企业与外部投资者、债权人、客户、供应商、中介机构和监管部门等有关方面进行沟通和反馈。重要信息应当及时传递给董事会、监事会和经理层。在信息沟通过程中发现的问题，应当及时报告并加以解决。

在信息传递过程中，应充分发挥信息技术的作用。企业应当加强对信息系统开发与维护、访问与变更、数据输入与输出、文件存储与保管、网络安全等方面的控制，保证信息系统安全稳定地运行。

三、信息的质量

企业对外披露的各类信息质量直接决定了信息使用者能否做出正确的战略决策，因此，高质量的信息披露便成为一项不可或缺的研究话题。关于信息质量的研究，欧洲财务报告咨询组（EFRAG）于 2022 年 1 月 20 日发布了"欧盟可持续发展报告准则"（ESRS）工作稿，其中的概念指引工作稿——"信息质量特征"对高质量信息应该具备哪些特性给出了详细的描述与分析，这也为企业信息披露提供了指引。

EFRAG 界定的信息质量特征分别从基础性、提升性两大评定层级进行分析，基础性信息质量特征中包含相关性因素、如实反映因素；提升性信息质量特征中包含可比性因素、可验证性因素和可理解性因素（见图 2-1）。

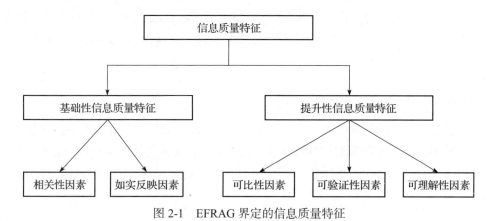

图 2-1　EFRAG 界定的信息质量特征

（一）相关性因素

当信息对用户评估和决策产生重大影响时，它是相关的。具体而言，当信息能够帮助利益相关者形成意见并评估未来结果时，信息具有预测价值；当信息能够对之前报告的信息的质量提供有价值的反馈时，该信息具有证实价值。信息的预测价值和证实价值是紧密相连的，因为一个信息可以同时具有这两种价值。并且，如果被评估的信息是公开的、透明的和明确的，那么此类信息披露便能够被认为是相关的。为了提高信息披露的相关性，公司应在信息披露过程中仔细斟酌信息的语境和权重等因素。

(二) 如实反映因素

企业披露的信息应该准确反映发生的实际情况，它要求企业在信息披露的过程中要做到完整、中立和准确。

首先，信息的使用者为了能够做出正确的决策，必须要获取正确的源头信息，因此，为了从源头输送高品质信息，在界定范围内的所有相关内容、因素或议题都不应该被遗漏。其次，信息的披露应当保持中立不带任何偏见。中立性应力求平衡，既要反映实际情况有利和积极的方面，也要反映其不利和消极的方面。在进行企业财务报告披露时，风险与机遇应被同等重视，防止出现高估机遇或低估风险。最后，披露的信息应赋予准确性特征，凡是涉及估计的，必须清楚地强调估计可能存在的局限性。另外，只要信息披露正确反映了企业想要解决的问题，即使不是百分之百精确的信息也可以被视为准确的信息。

(三) 可比性因素

可比性因素要求信息披露应该基于横向、纵向的双向可比性。横向可比性是指同一行业的不同企业之间具有可比性，纵向可比性是指同一企业主体在不同经营年度的信息标准具有可比性。可比性还需要有将信息与特定参照点或前期所报告信息关联在一起的能力，参照点可以是目标、基准、行业标准、其他主体以及环境和社会组织的可比信息。

(四) 可验证性因素

可验证性是指拥有合理专业知识的不同独立观察者能够得出相似结论并认为某一特定披露体现了如实反映的情况。因此，如果信息可以追溯，那么该信息就是可验证的。企业的外部审计流程正是可验证性的最好体现。

(五) 可理解性因素

披露的信息应当以清晰且简洁的形式呈现，以便于信息需求者理解，并且能够让使用者及时获取此项信息的要点。可理解性具体应包含以下几点：①避免泛泛而谈的信息或"模板化"信息；②避免信息的重复性，如重复财务报表已提供的信息；③披露时应当做到语言明确、结构清晰。

第五节 内部监督

一、内部监督概述

(一) 内部监督的定义

内部监督是指单位对内部控制建立与实施情况进行监督检查，评价内部控制的有效性，对于发现的内部控制缺陷及时加以改进。它是实施内部控制的重要保证。

（二）内部监督的分类

内部监督分为日常监督和专项监督。

日常监督是指企业对建立与实施内部控制的情况进行常规、持续的监督检查。专项监督是指在企业发展战略、组织结构、经营活动、业务流程、关键岗位员工等发生较大调整或变化的情况下，对内部控制的某些方面进行有针对性的监督检查。

专项监督的范围和频率应当根据风险评估结果及日常监督的有效性等加以确定。

二、内部监督机构及其职责

企业内部监督机构主要包括企业董事会所属审计委员会、内部审计机构或者实际履行内部控制监督职责的其他有关机构。

内部监督机构应当根据国家法律法规的要求和企业的授权，采取适当的程序和方法，对内部控制的建立与实施情况进行监督检查，形成检查结论并出具书面检查报告。履行内部控制监督检查职责的机构，应当加强队伍职业道德建设和业务能力建设，不断提高监督检查工作的质量和效率，树立并增强监督检查的权威性。

三、内部监督的程序

企业应当制定内部控制缺陷认定标准，对监督过程中发现的内部控制缺陷，应当及时分析其性质和产生的原因，提出整改方案，采取适当的形式及时向董事会、监事会或者经理层报告。

（一）制定内部控制缺陷认定标准

内部控制缺陷是指内部控制的设计存在漏洞，导致不能有效防范错误与舞弊，或者是内部控制的运行存在弱点和偏差，不能及时发现并纠正错误与舞弊的情形。

按照影响企业内部控制目标实现的严重程度，内部控制缺陷分为重大缺陷、重要缺陷和一般缺陷。将内部控制评价中发现的内部控制缺陷划分为这三类，需要借助一套可系统遵循的认定标准，认定过程中还需要内部控制评价人员充分运用职业判断。重大缺陷是指一个或多个控制缺陷的组合，可能导致企业严重偏离控制目标。当存在任何一个或多个内部控制重大缺陷时，应当在内部控制评价报告中做出内部控制无效的结论。重要缺陷的严重程度低于重大缺陷，它不会严重危及内部控制的整体有效性，但也应当引起董事会、经理层的充分关注。一般缺陷是指除重大缺陷、重要缺陷以外的其他控制缺陷。一般而言，如果一个企业存在的内部控制缺陷达到了重大缺陷的程度，我们就不能说该企业的内部控制是整体有效的。

内部控制缺陷的重要性和影响程度是相对内部控制目标而言的。企业在确定内部控制缺陷的认定标准时，结合自身情况和关注的重点，在充分考虑内部控制缺陷的重要性及其影响程度的基础上，自行确定内部控制重大缺陷、重要缺陷和一般缺陷的具体认定标准。

企业对内部控制缺陷的认定，应当以构成内部控制的内部监督要素中的日常监督和专项监督为基础，结合年度内部控制评价，由内部控制评价机构进行综合分析后提出认定意见，按照规定的权限和程序进行审核，由董事会予以最终确定。

(二)实施监督

企业应当针对潜在的内部控制缺陷,采取相应的预防性控制措施,尽量减少缺陷的产生,或者当缺陷发生时,尽可能地降低风险和损失。同时,企业应当结合内部控制监督检查工作,定期对内部控制的健全性、合理性与有效性进行自我评估,形成书面评估报告。评估报告应当全面反映企业一定时期内建立与实施内部控制的总体情况。内部控制自我评估的方式、范围、程序和频率,由企业根据经营业务调整、经营环境变化、业务发展状况、实际风险水平等多种因素合理确定,但是至少应当每三年进行一次,法律、行政法规和有关监管规则另有规定的除外。

(三)记录和报告内部控制缺陷

企业应当以书面或者其他适当的形式,按照规定的程序和要求,妥善保存内部控制建立与实施过程中的相关记录或者资料,确保内部控制建立与实施过程的可验证性。

内部控制缺陷报告应当采取书面形式,可以单独报告,也可以作为内部控制评价报告的一个重要组成部分。一般而言,内部控制的一般缺陷、重要缺陷应定期报告,重大缺陷应立即报告。对于重大缺陷和重要缺陷及整改方案,应向董事会、监事会或经理层报告并审定。如果出现不适合向经理层报告的情形,如存在与管理层舞弊相关的内部控制缺陷,或存在管理层凌驾于内部控制之上的情形,应当直接向董事会、监事会报告。对于一般缺陷,可以向企业经理层报告,并视情况考虑是否向董事会、监事会报告。

(四)内部控制缺陷整改

企业对在监督检查过程中发现的内部控制缺陷,应当及时采取应对策略,将风险控制在可承受范围之内,出现较大问题时也应当追究有关部门或相关人员的责任,尽量减少控制缺陷可能给企业带来的损害,维护内部控制的严肃性和权威性。同时,对于监督检查中发现的重大缺陷或者重大风险,应当采取适当的形式及时向董事长、审计委员会和经理汇报。通过内部监督,企业可以发现内部控制建立与实施过程中存在的问题和缺陷,并采取相应的整改措施,切实落实整改,进而改善内部控制系统。

▶本章小结

本章介绍的内部控制规范五要素是以内部环境为重要基础、以风险评估为重要环节、以控制活动为重要手段、以信息与沟通为重要条件、以内部监督为重要保证,要素之间相互联系、相互促进。内部控制基本规范为企业加强内部控制建设提供了基础性、权威性的指引,有利于提高企业经营管理水平和风险防范能力,有利于资本市场的持续健康发展。

▶复习与思考

1. 查阅资料,总结内部控制要素的演变历程,探究演变的内在原因。
2. 为确保信息有效沟通,企业在内外部环境中可以采取哪些措施?
3. 企业的内部监督机构有哪些?它们各自的职责是什么?

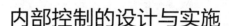

第三章

内部控制的设计与实施

> **引 例**
>
> **强化对大股东的监管**
>
> 　　许多企业在内部控制的组织架构方面存在缺陷,间接导致企业出现一系列的财务风险,为进一步强化银行保险机构的大股东监管,银保监会于 2021 年正式发布实施《银行保险机构大股东行为监管办法(试行)》(以下简称《办法》),从持股行为、治理行为、交易行为、责任义务等四方面提出更严格的监管标准,并明确指出禁止大股东不当干预银行保险机构正常经营。其中,《办法》明确股权质押比例超过 50% 的大股东不得行使表决权,更是引发各方关注。
>
> 　　加强对主要股东行为的监督是必要的,甚至是迫在眉睫的。近年来披露的一些案件表明,银行保险机构的大股东存在滥用股东权利,不当干预公司的经营,甚至违反规定寻求控制,利用与关联方的交易来传递利益和转移资产等问题。例如,一些银行保险机构购买大股东非公开发行的债券或为其提供担保,并直接或间接与大股东交叉持股。相关行为不仅严重损害了中小股东和金融消费者的合法权益,而且由于风险暴露的滞后,这也往往成为区域金融风险的隐患。
>
> 　　要防范和化解金融风险,必须完善银行和保险机构的公司治理,规范大股东行为是加强公司治理的重要举措。自去年 7 月以来,中国银行业监督管理委员会在不到一年的时间里通报了三批保险机构的主要非法股东名单,表明部分股东存在违法现象。《办法》作为对主要股东的特殊监管制度,是对现有股票监管制度的细化、补充和完善;此外,它们进一步降低了银行和保险机构股权管理的主要责任,并明确了董事会对股权管理负有最终责任,董事长负股权管理的主要责任。
>
> 　　监督工作要向违法行为亮剑,才能进一步提高监督的效率和准确性。自 2018 年成立以来,银监会在防范和化解关键金融风险方面取得了重要的进展,但近年来出现的一些案件

> 也突显了监管的薄弱环节,如监管效率低下、准确性不足等。根据监管实践,目前中小机构股权普遍分散,控股股东较少;大量对公司有重大影响的股东只能按照最大股东的标准进行监督,导致监督不足。《办法》出台后,控股股东和部分需要重点监管的关键少数股东被定义为"大股东",并提出了更严格的监管标准,以进一步提高监管的效率和准确性。
>
> 在预防和化解金融风险的背景下,监管机构不仅应该解决金融系统中存在的风险问题,而且应该解决其根源。从银保监会披露的公司治理情况来看,中国一些中小金融机构的大股东操纵和内部控制问题长期以来较为严重。此外,一些激励机制的短期性,导致股东、高管甚至一些员工在业务过程中过于激进,忽视了背后的风险。同时,近年来受行业数字化转型的影响,中小金融机构风险敞口不断加大,进一步深化改革的任务变得异常艰巨。
>
> 此次《办法》的出台将有助于中小金融机构进一步完善内部约束机制。下一阶段,监管机构要继续加强监管,认真推进《办法》的落实,检查监督大股东依法履行义务,规范行使权利,从根本上提高公司治理水平。
>
> 资料来源:陆敏. 强化对大股东监管很迫切 [N]. 经济日报,2021-10-20(5).

强化对大股东的监管是内部控制体系中组织架构、人力资源环节的重要一环。内部控制的设计思路与实施策略直接决定了企业内部控制能否有效实施。那么企业如何设计内部控制体系?具体有哪些实施措施?本章将全面介绍。

第一节 组 织 架 构

一、组织架构的概念及风险

组织架构是企业根据国家相关法律法规,股东(大)会决议、企业章程,并结合企业实际状况,最终明确股东(大)会、董事会、监事会、经理层和企业内部各层级的机构设置、职责权限、人员编制、工作程序和相关要求的制度安排。

在设计与运行组织架构时,企业应关注以下风险:一是组织架构形同虚设,从而缺乏科学决策,缺乏良性运行机制和执行力,这可能会导致企业经营失败,难以实现其发展战略;二是组织架构设计不科学,使企业内部权责分配不合理,机构重叠,或者机构之间相互推诿扯皮,导致企业运行效率低下。

二、组织架构的内容与作用

组织架构设计的主要目的是明确董事会、监事会和经理层的职责权限、任职条件、议事规则和工作程序,确保在决策、执行和监督过程中能够相互监督,形成制衡。董事会、监事会和经理层产生的程序应当合法合规,其人员构成、知识结构、能力素质应当满足履行职责的要求(见表3-1)。

表 3-1 合理组织架构下董事会、监事会和经理层的职责要求

组织架构	职责	履行职责的要求
董事会	对股东（大）会负责	依法行使企业的经营决策权，明确各专门委员会的职责权限、任职资格、议事规则和工作程序，为董事会科学决策提供支持
监事会	对股东（大）会负责	监督企业董事、经理和其他高级管理人员依法履行职责
经理层	对董事会负责	主持企业的生产经营管理工作，经理和其他高级管理人员的职责分工应当明确

设置独立董事制度是建立健全上市企业内部控制体系的重要环节。独立董事有助于从局外人的角度发现公司存在的问题，以自身的专业知识提出专业意见，站在完全自由和客观的角度为其提出建议并及时提醒董事进行披露、更正，代表股东的权益。在《上市公司独立董事制度的反思与重构》一文中，独立董事的一个主要特征是独立性，但其独立性往往受制于"一股独大"的产权制度的影响。独立董事的来源从根本上决定着独立董事的独立性。而在我国，独立董事一般由公司持股较多的股东或者董事会提名，其独立性很难不让人产生怀疑。同时独立董事的薪酬由董事会提交议案，最终由股东大会表决通过，因此在实际中难免出现独立董事为了获得相应或更高的薪酬而发表非独立的意见，使独立董事职权的行使受到限制，看大股东的脸色办事，使其履职往往停留在合规性上。

2023 年，证监会发布了《上市公司独立董事管理办法》（以下简称《独董办法》）主要包括以下内容。

一是明确独立董事的任职资格与任免程序。细化独立性判断标准，并对担任独立董事所应具备的专业知识、工作经验和良好品德做出具体规定。改善选任制度，从提名、资格审查、选举、持续管理、解聘等方面全链条优化独立董事选任机制，建立提名回避机制、独立董事资格认定制度等。明确独立董事原则上最多在三家境内上市公司担任独立董事的兼职要求。

二是明确独立董事的职责及履职方式。独立董事履行参与董事会决策、对潜在重大利益冲突事项进行监督、对公司经营发展提供专业建议等三项职责，并可以行使独立聘请中介机构等特别职权。聚焦决策职责，从董事会会议会前、会中、会后全环节，提出独立董事参与董事会会议的相关要求。明确独立董事通过独立董事专门会议及董事会专门委员会等平台对潜在重大利益冲突事项进行监督。要求独立董事每年在上市公司的现场工作时间不少于十五日，并应当制作工作记录等。

三是明确履职保障。健全履职保障机制，上市公司应当为独立董事履行职责提供必要的工作条件和人员支持。健全独立董事履职受限救济机制，独立董事履职遭遇阻碍的，可以向董事会说明情况，要求董事、高级管理人员等予以配合，仍不能消除阻碍的，可以向中国证监会和证券交易所报告。

四是明确法律责任。按照责权利匹配原则，有针对性地细化独立董事责任认定考虑因素及不予处罚情形，体现过罚相当、精准追责。

五是明确过渡期安排。对上市公司董事会及专门委员会的设置、独立董事专门会议机制、独立董事的独立性、任职条件、任职期限及兼职家数等事项设置一年的过渡期。过渡期内，上述事项与《独董办法》不一致的，应当逐步调整至符合规定。

未来，证监会势必继续联合证券交易所、中国上市公司协会建立健全独立董事资格认定、信息库、履职评价等配套机制，加大培训力度，引导各类主体掌握改革新要求，同时，持续强化上市公司独立董事监管，督促和保障独立董事发挥应有作用。

三、组织架构的设计与运行

(一) 组织架构的设计

组织架构的设计包括职能设计、框架设计、协调设计、规范设计、人员设计、激励设计等。在组织结构设计程序方面应当把握以下几点：①分析组织结构的影响因素（如企业环境、企业规模、企业战略目标、企业生命周期、信息沟通等），选择最佳的组织结构模式；②根据所选的组织结构模式，将企业划分为不同的、相对独立的部门；③为各个部门选择合适的部门结构进行组织机构设置；④根据环境的变化不断调整组织结构。

企业组织架构的设计，应当遵循科学、精简、高效、透明、制衡的原则，并且要综合考虑企业性质、发展战略、文化理念和管理要求等因素，合理设置内部职能机构，明确各职能部门的职责权限，避免职能交叉、权力缺失或权责过于集中，最终形成各司其职、各负其责、相互制约、相互协调的工作机制。

(二) 组织架构的运行

如何保证组织架构有效运行？从治理结构层面看，应着力从两个方面入手。一方面，要密切关注董事、监事、经理及其他高级管理人员的任职资格和履职情况。就任职资格而言，重点关注行为能力、道德诚信、经营管理素质、任职程序等方面。就履职情况而言，着重关注合规、业绩，以及履行忠实、勤勉义务等方面。另一方面，要关注董事会、监事会和经理层的运行效果。董事会是否按时定期或不定期召集股东（大）会并向股东（大）会做出报告；是否严格、认真地执行了股东（大）会的所有决议；是否合理地聘任或解聘经理及其他高级管理人员等。监事会是否按照规定对董事、高级管理人员行为进行监督；在发现违反相关法律法规或有损公司利益时，是否能够提出罢免建议或制止、纠正其行为等。经理层是否认真有效地组织实施董事会决议；是否认真有效地组织实施董事会制订的年度生产经营计划和投资方案；是否能够完成董事会确定的生产经营计划和绩效目标；等等。

从内部机构层看，应着力关注内部机构设置的合理性和运行的高效性。从合理性角度来看，应重点关注：内部机构设置是否能够适应内外部环境的变化；是否以发展目标为导向；是否能够满足专业化的分工和协作；是否明确界定各机构和岗位的权利与责任，不存在权责交叉重叠，不存在只有权利而没有相对应的责任和义务的情况；等等。从运行的高效性角度来看，应重点关注：内部各机构的职责分工是否能够针对市场环境的变化做出及时调整。特别是当企业面临重要事件或重大危机时，各机构表现出的职责分配协调性，可以较好地检验出信息传递是否及时、顺畅，各机构是否能够达到快捷、有效沟通。评估内部机构运行中的信息沟通效率的方法，一般包括：信息在内部机构间的流通是否顺畅，是否存在信息阻塞；信息在现有组织架构下流通是否及时，是否存在信息滞后现象；信息在组织架构中的流通是否有助于提高效率，是否存在沟通舍近求远的问题。

企业拥有子公司的，应当建立科学的投资管控制度，通过合法有效的形式履行出资人职责、维护出资人权益，重点关注子公司特别是异地、境外子公司的发展战略、年度财务预决算、重大投融资、重大担保、大额资金使用、主要资产处置、重要人事任免、内部控制体系建设等重要事项。这一方面是呼应组织架构设计的要求，另一方面也是现行企业实务中应特别注意的问题。

企业应当定期对组织架构设计与运行的效率和效果进行全面评估，如果发现组织架构设计与运行中存在缺陷，应当及时进行优化调整。比如，美国通用电气公司，从1981年起，以组织的扁平化为重心，进行业务重组，原本低效臃肿的官僚机制逐步转换为如今灵活权变的组织架构，效率得到了提高，人力资源也得到了充分利用，令这家具有传奇色彩的大型跨国企业再创辉煌。企业组织架构调整应当充分听取董事、监事、高级管理人员和其他员工的意见，按照规定的权限和程序进行决策审批。重大事项、重大决策、重要人事任免及大额资金支付业务，应当按职权范围实行决策审批或联签。

第二节 发 展 战 略

一、发展战略的概念及风险

发展战略是指企业在对现实状况和未来趋势进行综合分析和科学预测的基础上，制定并实施的长远发展目标与战略规划。

发展战略可能存在的风险如下：

（1）缺乏明确的发展战略目标或发展战略实施不到位，这可能会导致企业盲目发展，长此以往便很难形成竞争优势，丧失发展机遇和动力；

（2）发展战略过于激进，脱离企业实际能力或偏离主业，可能导致企业过度盲目扩张，甚至出现经营失败的状况；

（3）发展战略因主观原因频繁变动，这可能导致资源浪费，甚至危及企业的生存和持续发展。

二、发展战略的制定规则

为防止潜在风险的发生，企业应当在以下要求的基础上，根据本企业的实际情况制定发展战略。

（1）在充分调查研究、科学分析预测和广泛征求意见的基础上制定发展目标。

（2）综合考虑宏观经济政策、国内外市场需求变化、技术发展趋势、行业及竞争对手状况、可利用资源水平和自身优劣势等影响因素。比如，神华集团在优化组织架构、提升管控水平、分析国情与自身电力市场优势后，遵循国家法律法规的要求，提出了要创建"国际一流发电企业"，致力于建设具有国际竞争力的世界一流煤炭综合能源企业。

（3）根据发展目标制定战略规划，战略规划应当明确发展的阶段性和发展程度，确定每个发展阶段的具体目标、工作任务和实施路径。

（4）在董事会下设立战略委员会，或设置相关机构负责发展战略管理工作，履行相应职责。

（5）明确战略委员会的职责和议事规则，对战略委员会会议的召开程序、表决方式、提案审议、保密要求和会议记录等做出规定，确保议事过程规范透明，决策程序科学民主。

（6）战略委员会应当组织有关部门对发展目标和战略规划进行可行性研究和科学论证，形成发展战略方案；必要时可借助中介机构和外部专家的力量为其履行职责提供专业咨询意见。战略委员会成员应当具有较强的综合素质和实践经验，其任职资格和选任程序应当符合有关法律法规和企业章程的规定。

（7）董事会应当严格审议战略委员会提交的发展战略方案，重点关注其全局性、长期性和可行性。董事会在审议方案中如果发现重大问题，应当责令战略委员会对方案做出调整。企业的发展战略方案经董事会审议通过后，报经股东（大）会批准实施。

三、发展战略的实施与监控

在实施层面要充分利用或扩大实施发展战略的基础条件，具体包括：优化完善组织结构（创新型组织管理、组织管理思想变革）、重视企业文化建设（渐进式并贯穿始终）、加强人力资源培养（培养后备人才队伍、完善绩效考核体系）。

企业应根据发展战略，制订年度工作计划，编制全面预算，将年度目标分解、落实，同时也要完善发展战略管理制度，确保发展战略有效实施。例如，新疆电力公司对影响自身发展的内外部环境因素进行了具体分析，在确定公司战略目标、整合优化新疆电网、加快农电改造和无电区建设、引导新能源电力发展、积极转变公司发展方式、人力资源战略和协同发展战略等七个方面提出了战略规划。

企业还应重视发展战略的宣传工作，通过内部各层级会议和教育培训等有效方式，将发展战略及其分解落实情况传递到内部各管理层级和全体员工。

战略委员会应当加强对发展战略实施情况的监控，要定期收集和分析相关信息，对于明显偏离发展战略的情况，应当及时报告并加以整改。由于经济形势、产业政策、技术进步、行业状况及不可抗力等因素发生重大变化，确需对发展战略做出调整的，应当按照规定权限和程序调整发展战略。

第三节 人 力 资 源

一、人力资源的概念及风险

人力资源是企业以组织生产经营活动为目的而录（任）用的各种人员，它是组织中各种人员脑力、体力的综合，一般包括董事、监事、高级管理人员和全体员工。人员负责制定组织的目标，并参与实施各项控制活动。反过来，内部控制也会影响人员的行动，内控意识会加诸每个人身上，使之理解自身的责任与权限。

企业人力资源管理至少应当关注以下风险：

（1）人力资源缺乏或过剩、结构不合理、开发机制不健全，可能导致企业发展战略难以实现；

（2）人力资源激励约束制度不合理，关键岗位人员管理不完善，可能导致人才流失，企业经营效率低下或者关键技术、商业秘密和国家机密泄露；

（3）人力资源退出机制不当，可能导致法律诉讼或企业声誉受损。

二、人力资源的引进

（一）引进人力资源

企业应当根据人力资源战略规划，同时结合生产经营实际需求，制订年度人力资源需求计划，按照计划、制度和程序组织实施人力资源引进工作。

企业应当根据人力资源能力框架要求，将员工分配到各个岗位中，并使之明确职责权限、任职条件和工作要求。企业在选拔人才时，应当严格遵循德才兼备、以德为先和公开、公平、公正的原则，通过公开招聘、竞争上岗等多种方式选聘优秀人才，也要重点关注选聘对象的价值取向和责任意识。

（二）人力资源引进流程

（1）依法与选聘人员签订劳动合同，建立劳动用工关系。对于涉及关键技术、知识产权、商业秘密或国家机密的工作岗位，应当与选聘人员签订有关岗位保密协议，明确保密义务。

（2）建立试用期和岗前培训制度。对试用人员进行严格考察，帮助选聘员工全面了解岗位职责，掌握岗位基本技能，适应工作要求。试用期满考核合格后，才可正式上岗。

（3）建立员工培训长效机制。企业应当营造尊重知识、尊重人才和关心员工职业发展的文化氛围，加强后备人才队伍建设，促进全体员工的知识、技能持续更新，不断提升员工的服务效能。

（4）选聘人员应当实行岗位回避制度。避免因人设事或设岗，确保选聘人员能够胜任岗位职责要求。

三、人力资源的使用与退出

（一）人力资源使用的相关机制

与业绩考核挂钩的薪酬制度，要切实做到薪酬安排与员工贡献相协调，体现效率优先，兼顾公平。

各级管理人员和关键岗位员工要实行定期轮岗制度，明确轮岗范围、轮岗周期、轮岗方式等，形成相关岗位员工间的有序流动。

（二）人力资源使用的具体风险控制

（1）高管人员的引进与开发。高管人员引进与开发的风险控制应当处于首要位置。企业应当制订高管人员引进计划，并提交董事会审议通过后实施。在引进高管人员过程中，还要坚持重真才实学、不唯学历，并且应当关注高管人员的引进是否符合企业发展战略，是否符合企业当前和长远需要，是否有明确的岗位设定和能力要求，是否设定了公平、公正、公开的引进方式。企业引进的高管人员必须对企业所处行业及其在行业的发展定位、优势等有足够的认知，对企业的文化和价值观有充分的认同；必须具有全局性的思维，有对全局性、决定全局的重大事项进行谋划的能力；必须具有解决复杂问题的能力；必须具有综合分析能力和敏锐的洞察力，有广阔的思路和前瞻性、宽广的胸怀等；必须精明强干并具备奉献精神。在高管人员开发过程中，也要注重激励和约束相结合，创造良好的工作环境，让他们的聪明才智得到充分发挥，使他们真正成为企业的核心领导者。

（2）专业技术人员的引进与开发。专业技术人员特别是核心专业技术人员是企业发展的动力，在企业现有专业技术人员不能满足发展战略的情况下，企业要通过各种方式大胆引进专业技术人员为自己所用。专业技术人员的引进，既要满足企业当前实际生产经营需要，又要有一定的前瞻性，适量储备人才，以备急需。专业技术人员的引进，既要注重专业人才的专业素质、科研能力，也要注意其道德素质、协作精神及对企业价值观和文化的认同感，还要关注专业技术人员的事业心、责任感和使命感（如保守商业技术协议）。对待专业技术人员，要积极开展各种专题培训等继续教育，帮助专业技术人员不断补充、拓宽、深化、更新知识，同时也要建立良好的专业人才激励约束机制，努力做到以事业、待遇、情感留人。

（3）一般员工的引进与开发。一般员工占据企业人力资源的大部分，主要在企业生产经营的一线。他们流动性强，成为企业年度人力资源引进工作的重要内容。为确保企业生产经营正常运转，企业应当根据年度人力资源计划和生产经营的实际需要，通过公开招聘的方式引进一般员工。企业应当严格遵循国家有关法律法规的要求，着重招收那些具有一定技能、能够独立承担工作任务的员工，以确保产品和服务质量。在经济发展迅速、环境变化较快的今天，企业要根据生产经营的需要，加强岗位培训，不断提升一般员工的知识和技能水平；要善待一般员工，在最低工资标准、社会保障标准等方面严格按照国家或地区要求办理，努力营造一种宽松的工作环境。

(三) 人力资源退出的要求

员工退出（辞职、解除劳动合同、退休等）机制的制定，要明确退出的条件和程序，确保员工退出机制得以顺利实施；对于考核不能胜任岗位要求的员工，应当及时暂停其工作，安排再培训，或调整工作岗位，安排转岗培训；经培训仍不能满足岗位职责要求的，应当按照规定的权限和程序解除劳动合同。

此外，应当与退出员工依法约定保守关键技术、商业机密、国家机密和竞业限制的期限，确保知识产权、商业机密和国家机密的安全；企业关键岗位人员离职前，应当根据有关法律法规的规定进行工作交接或离任审计；定期对年度人力资源计划执行情况进行评估，总结人力资源管理经验，分析存在的主要缺陷和不足，完善人力资源政策，促进企业整体团队充满生机和活力。

第四节　社会责任

一、社会责任的概念及风险

从古典经济理论的角度来说，利润最大化是管理者唯一的社会责任，而社会经济学的观点则表示，管理层除了获取利润，还应当保障与改善社会福利。

社会责任是指企业在经营发展过程中应当履行的，除法律和经济要求之外的一种社会职责和义务，主要包括安全生产、产品质量服务、环境保护、资源节约、促进就业、员工权益保护等。

党的十九大报告提出，强化社会责任意识、规则意识、奉献意识应是"企业的自我修养"。令人欣慰的是，相当一部分企业正在以将这三个"意识"嵌入自身发展基因的方式，呼应这份责任要求。

企业至少应当关注在履行社会责任方面的下列风险：

（1）安全生产措施不到位，责任不落实，可能会导致企业发生安全事故，破坏短期利益；

（2）产品质量低劣，侵害消费者利益，可能导致企业巨额赔偿，形象受损，甚至破产；

（3）环境保护投入低，资源耗费大，经济效益与社会效益不协调，造成环境污染或者资源枯竭，可能导致企业巨额赔偿，缺乏发展动力；

（4）保护员工权益力度不够，可能导致员工积极性受挫，影响企业发展和社会稳定。

二、社会责任与产品

（一）安全生产

企业应建立严格的安全生产管理体系、操作规范和应急预案，强化安全生产责任追究制度，切实做到安全生产，同时也应设立安全管理部门和安全监督机构，负责企业安全生产的日常监督管理工作。

安全生产要求如下。

（1）在人力、物力、资金、技术等方面提供必要的保障，健全检查监督机制，确保各项安全措施落实到位，不得随意降低保障标准和要求。

（2）采用多种形式增强员工安全意识，重视岗位培训，对于特殊岗位实行资格认证制度。

（3）加强生产设备的经常性维护管理，及时排除安全隐患。如果发生生产安全事故，应当启动应急预案，妥善处理，排除机器故障，追究相关人员责任。

（二）产品质量

生产活动上，根据国家和行业相关产品质量的要求，切实提高产品质量和服务水平，努力为社会提供安全健康的产品和服务，最大限度地满足消费者的需求，对社会和公众负责，接受社会监督，承担社会责任。

生产流程上，建立严格的产品质量控制和检验制度，严把质量关，禁止将缺乏质量保障、危害人民生命健康的产品流向社会。在我国，农业企业由于自身的行业特性，其社会责任问题更受关注。农产品及其安全与人们的健康甚至生命紧密相连，但"三聚氰胺"奶粉、"瘦肉精"等食品安全问题着实令人大跌眼镜，对企业社会责任感也深表怀疑，这应当引起企业的重视。

产品售后服务上，售后发现存在严重质量缺陷、隐患的产品，应当及时召回或采取其他有效措施，最大限度地降低或消除缺陷、隐患产品的社会危害。对消费者提出的投诉和建议应当妥善处理，切实保护消费者的权益。

三、社会责任与生态

重视生态保护，加大对环保工作的人力、物力、财力的投入和技术支持，不断改进工艺流程，降低能耗和污染物排放水平，实现清洁生产，加强对废气、废水、废渣的综合治理，建立废料回收和循环利用制度。

重视资源的节约和保护，着力开发利用可再生资源，防止对不可再生资源进行掠夺性或毁灭性开发。

重视国家产业结构相关政策，特别关注产业结构调整的发展要求，加快高新技术开发和传统产业改造，切实转变发展方式，实现低投入、低消耗、低排放和高效率。

建立资源保护和资源节约的监控制度，定期开展监督检查，发现问题，及时采取措施予以纠正。污染物排放超过国家有关规定的，应当承担治理或相关法律责任。发生紧急、重大环境污染事件时，应当启动应急机制，及时报告并处理。例如，引起两起特大爆炸事件的厦门PX①项目，翔鹭腾龙集团（PX项目方）虽发布了市民公开信，宣称PX低毒且环保，但国家环保总局（现生态环境部）公布的环评报告显示其污染排放始终未达标，并且项目的专用码头就处于厦门海洋珍稀物种国家级自然保护区，严重威胁到珍稀物种。厦门市政府及时召开市民座谈会与专项会议，最终停止了PX项目落户厦门。

四、社会责任与就业

企业应当与员工签订并履行劳动合同，依据按劳分配、同工同酬的原则，建立科学的员工薪酬制度和激励机制，不得无故克扣或拖欠员工薪酬。建立高级管理人员与员工薪酬的正常增长机制，切实保持合理水平，维护社会公平。为员工办理社会保险，足额缴纳社会保险费，保障员工依法享受社会保险待遇。按照有关规定做好健康管理工作，预防、控制和消除职业危害；按期对员工进行非职业性健康监护，对从事有职业危害作业的员工进行职业性健康监护。

企业应当遵守法定的劳动时间和休息休假制度，保障员工的休息休假权利。企业应当加强职工代表大会和工会组织建设，维护员工合法权益，积极开展员工职业教育培训，创造平等发展机会。企业应当尊重员工人格，维护员工尊严，杜绝性别、民族、宗教、年龄等各种歧视，保障员工身心健康。企业应当按照产学研用相结合的社会需求，积极创建实习基地，大力支持

---

① PX：二甲苯，是化工生产中非常重要的原料。

社会有关方面培养、锻炼社会需要的应用型人才。企业应当积极履行社会公益方面的责任和义务，关心帮助社会弱势群体，支持慈善事业。

五、ESG 的发展

环境、社会和公司治理（ESG）是推动企业实现可持续发展的重要抓手。当前，一些发达国家 ESG 发展已较为成熟，但我国仍处于起步阶段。欧盟是全球范围内 ESG 的先行者和领导者。2018 年，欧盟提出《可持续金融信息披露条例》，强制要求欧盟金融市场参与者披露 ESG 信息，本身位于欧盟外但是在欧盟市场内发行金融产品的机构也受其约束，进一步规范了金融实体及 ESG 投资。2019 年，纳斯达克证券交易所发布《ESG 报告指南 2.0》，就环境、社会和公司治理事项提出了披露要求，对各项指标包括的内容、计量方式、披露方式等进行了详细的说明。2022 年 3 月，美国证券交易委员会发布拟议规则，首次要求披露气候相关风险和温室气体排放信息。此外，美国企业的 ESG 信息披露也来自企业的自主行为和关联企业的要求。例如，贝莱德要求所有接受其投资的企业自 2020 年起按照 TCFD 标准披露其气候变化相关信息。

中国的 ESG 研究起步较晚，监管文件早期集中在环境保护的信息披露方面。近年来，国家发布了一系列文件，鼓励企业开展 ESG 管理，披露 ESG 相关信息。2007 年 12 月，国资委《关于印发〈关于中央企业履行社会责任的指导意见〉的通知》（国资发研究〔2008〕1 号），提出把履行社会责任纳入公司治理，融入企业发展战略，落实到生产经营各个环节。2016 年，国资委印发《关于国有企业更好履行社会责任的指导意见》（国资发研究〔2016〕105 号），要求国有企业将社会责任融入企业战略和重大决策、融入日常经营管理、融入供应链管理以及融入国际化经营，建立社会责任指标体系，加强社会责任日常信息披露。2022 年 5 月，国资委发布《提高央企控股上市公司质量工作方案》，推动央企控股上市公司 ESG 专业治理能力、风险管理能力不断提高，推动更多央企控股上市公司披露 ESG 专项报告，力争到 2023 年相关专项报告披露"全覆盖"。

第五节 资 金 活 动

一、资金活动的概念及风险

资金活动是指企业筹资、投资和资金营运等活动的总称。有效地对资金活动进行管理有助于防范和控制资金风险，进而保证资金安全，提高资金使用效益。

企业资金活动至少应当关注下列风险：

（1）筹资决策不当，引发资本结构不合理或产生无效融资，这可能导致企业筹资成本过高或债务危机；

（2）投资决策失误，引发企业盲目扩张或丧失发展机遇，引起资金链断裂或导致资金使用效益低下；

（3）资金调度不合理、营运不畅，可能会使企业陷入财务困境或者出现资金冗余的状况；

（4）资金活动管控不严，可能导致资金被挪用、侵占、抽逃或遭受欺诈。

企业应当根据自身发展战略，科学确定投融资目标和规划，完善严格的资金授权、批准、审验等相关管理制度，加强资金活动的集中归口管理，明确筹资、投资、营运等各环节的职责权限和岗位分离要求，定期或不定期检查和评价资金活动情况，落实责任追究制度，确保资金安全和有效运行。

企业财会部门负责资金活动的日常管理、参与投融资方案等可行性研究。总会计师或分管会计工作的负责人应当积极参与投融资决策过程。企业有子公司的，应当采取合法有效措施，强化对子公司资金业务的统一监控。有条件的企业集团，应当探索开展财务公司、资金结算中心等资金集中管控模式。

二、筹集资金

（一）筹资前

根据筹资目标和企业规划，结合年度全面预算，拟订筹资方案，明确筹资用途、规模、结构和方式等相关内容，对筹资成本和潜在风险充分估计。企业可以根据实际需要，聘请具有相应资质的专业机构进行可行性研究。若进行境外筹资，还应考虑所在地的政治、经济、法律、市场等因素，同时也要对筹资方案进行科学论证，不得依据未经论证的方案开展筹资活动。产生重大筹资方案时，应当形成可行性研究报告，全面反映风险评估情况。

（二）筹资中

对筹资方案进行严格审批，重点关注筹资用途的可行性和相应的偿债能力。重大筹资方案，应当按照规定的权限和程序实行集体决策或者联签制度。筹资方案需经有关部门批准的，应当履行相应的报批程序。筹资方案发生重大变更的，应当重新进行可行性研究并履行相应审批程序。

根据批准的筹资方案，严格按照规定权限和程序筹集资金。银行借款或发行债券，应当重点关注利率风险、筹资成本、偿还能力及流动性风险等；发行股票应当重点关注发行风险、市场风险、政策风险及公司控制权风险等。

企业通过银行借款方式筹资的，应当与有关金融机构进行洽谈，明确借款规模、利率、期限、担保、还款安排、相关的权利义务和违约责任等内容。双方达成一致意见后签署借款合同，据此办理相关借款业务。

企业通过发行债券方式筹资的，应当合理选择债券种类，对还本付息方案做出系统安排，确保按期、足额偿还到期本金和利息。企业通过发行股票方式筹资的，应当依照《中华人民共和国证券法》等有关法律法规和证券监管部门的规定，优化企业组织架构，进行业务整合，并选择具备相应资质的中介机构协助企业做好相关工作，确保符合股票发行条件和要求。

（三）筹资后

企业应当加强债务偿还和股利支付环节的管理，对偿还本息和支付股利等做出适当安排，按照筹资方案或合同约定的本金、利率、期限、汇率及币种，准确计算应付利息，与债权人核对无误后按期支付。企业应当选择合理的股利分配政策，兼顾投资者近期和长远利益，避免分配过度或不足。股利分配方案应当经过股东（大）会批准，并按规定履行披露义务。

企业应当加强筹资业务的会计系统控制，建立筹资业务的记录、凭证和账簿，按照国家统一会计准则制度，正确核算和监督资金筹集、本息偿还、股利支付等相关业务，妥善保管筹资合同或协议、收款凭证、入库凭证等资料，定期与资金提供方进行账务核对，确保筹资活动符合筹资方案的要求。

三、投资资金

企业应当根据投资目标和规划，合理安排资金投放结构，科学确定投资项目，拟订投资方案，重点关注投资项目的收益和风险。企业选择投资项目应当突出主业，谨慎从事股票投资或衍生金融产品等高风险投资。境外投资还应考虑政治、经济、法律、市场等因素的影响。

企业采用并购方式进行投资的，应当严格控制并购风险，重点关注并购对象的隐性债务、承诺事项、可持续发展能力、员工状况及其与本企业治理层及管理层的关联关系，合理确定支付对价，确保实现并购目标。

企业应当加强对投资方案的可行性研究，重点对投资目标、规模、方式、资金来源、风险与收益等做出客观评价。企业根据实际需要，可以委托具备相应资质的专业机构进行可行性研究，提供独立的可行性研究报告。

企业应当按照规定的权限和程序对投资项目进行决策审批，重点审查投资方案是否可行、投资项目是否符合国家产业政策及相关法律法规的规定，是否符合企业投资战略目标和规划，是否具有相应的资金能力、投入资金能否按时收回、预期收益能否实现，以及投资和并购风险是否可控等。

投资方案需经有关管理部门批准的，应当履行相应的报批程序。企业应当根据批准的投资方案，与被投资方签订投资合同或协议，明确出资时间、金额、方式、双方权利义务和违约责任等内容，按规定的权限和程序审批后履行投资合同或协议。企业应当指定专门机构或人员对投资项目进行跟踪管理，及时收集经被投资方审计的财务报告等相关资料，定期组织投资效益分析，关注被投资方的财务状况、经营成果、现金流量及投资合同履行情况，如发现异常情况，应当及时报告并妥善处理。

企业应当加强对投资项目的会计系统控制，根据对被投资方的影响程度，合理确定投资会计政策，建立投资管理台账，详细记录投资对象、金额、持股比例、期限、收益等事项，妥善保管投资合同或协议、出资证明等资料。企业财会部门对于被投资方出现财务状况恶化、市价当期大幅下跌等情形的，应当根据国家统一的会计准则制度规定，合理计提减值准备、确认减值损失。

企业应当加强投资收回和处置环节的控制，对投资收回、转让、核销等决策和审批程序做出明确规定。企业应当重视投资到期本金的收回。转让投资应当由相关机构或人员合理确定转让价格，报授权批准部门批准，必要时可委托具有相应资质的专门机构进行评估。核销投资应当取得不能收回投资的法律文书和相关证明文件。企业对于到期无法收回的投资，应当建立责任追究制度。

四、营运资金

企业应当加强资金营运全过程的管理,统筹协调内部各机构在生产经营过程中的资金需求,切实做好资金在采购、生产、销售等各环节的综合平衡,全面提升资金营运效率。

企业应当充分发挥全面预算管理在资金综合平衡中的作用,严格按照预算要求组织协调资金调度,确保资金及时收付,实现资金的合理占用和营运良性循环。

企业应当严禁资金的体外循环,切实防范资金营运中的风险。

企业应当定期组织召开资金调度会或资金安全检查,对资金预算执行情况进行综合分析,发现异常情况,及时采取措施妥善处理,避免资金冗余或资金链断裂。企业在营运过程中出现临时性资金短缺的,可以通过短期融资等方式获取资金。资金出现短期闲置的,在保证安全性和流动性的前提下,可以通过购买国债等多种方式,提高资金效益。

企业应当加强对营运资金的会计系统控制,严格规范资金的收支条件、程序和审批权限。企业在生产经营及其他业务活动中取得的资金收入应当及时入账,不得账外设账,严禁收款不入账、设立"小金库"。

企业办理资金支付业务时,应当明确支出款项的用途、金额、预算、限额、支付方式等内容,并附原始单据或相关证明,履行严格的授权审批程序后,方可安排资金支出。企业办理资金收付业务时,应当遵守现金和银行存款管理的有关规定,不得由一人办理货币资金全过程业务,严禁将办理资金支付业务的相关印章和票据集中交予一人保管。

五、司库建设

司库体系是企业集团依托财务公司、资金中心等管理平台,运用现代网络信息技术,以资金集中和信息集中为重点,以服务战略、支撑业务、创造价值为导向,对企业资金等金融资源进行实时监控和统筹调度的现代化企业治理机制。

近年来,中央企业认真落实国资委资金管理工作要求,资金集中度和管理效率不断提升,资金保障能力不断增强,为企业持续健康发展提供了有力的支撑。但是,随着数字信息技术的快速演进,金融支付手段更新迭代,以及企业转型升级和创新发展加快,企业传统的资金管理模式已经难以适应管理能力现代化和国资监管数字化的新要求。

2022年,国务院国资委发布1号文件——《关于推动中央企业加快司库体系建设进一步加强资金管理的意见》,对央企的司库体系做了明确的定义,并定下了2023年底前所有中央企业基本建成"智能友好、穿透可视、功能强大、安全可靠"的司库系统,实现所有子企业银行账户全部可视、资金流动全部可溯、归集资金全部可控。1号文件后,国资委又在2022年2月的一份有关建设世界一流财务管理体系的指导意见中提到司库系统,并围绕司库建设召开了多次推进会。

在立足新发展阶段、贯彻新发展理念、构建新发展格局、实现高质量发展的重要时期,企业要充分认识加快推进司库体系建设的必要性和紧迫性,主动把握新一轮信息技术革新和数字经济快速发展的战略机遇,围绕创建世界一流财务管理体系,将司库体系建设作为促进财务管理数字化转型升级的切入点和突破口,重构内部资金等金融资源管理体系,进一步加强资金的集约、高效、安全管理，促进业财深度融合，推动企业管理创新与组织变革，不断增强企业价值创造力、核心竞争力和抗风险能力，夯实培育世界一流企业的管理基础。

第六节 资产管理

一、资产管理的概念及风险

资产是指企业在过去的交易或事项中形成的，由企业拥有或控制的，预期能为企业带来经济流入的资源。这里主要指存货、固定资产和无形资产。

企业资产管理至少应当关注下列风险：

（1）存货积压或短缺，可能导致流动资金占用过量、存货价值贬损或生产中断；

（2）固定资产更新改造不够、使用效能低下、维护不当、产能过剩，可能导致企业缺乏竞争力、资产价值贬损、安全事故频发或资源浪费；

（3）无形资产缺乏核心技术、权属不清、技术落后、存在重大技术安全隐患，可能导致企业法律纠纷、缺乏可持续发展能力。

企业应当重视和加强各项资产的投保工作，采用招标等方式确定保险人，降低资产损失风险，防范资产投保舞弊。

二、存货管理

企业应当采用先进的存货管理技术和方法，规范存货管理流程，明确存货取得、验收入库、原料加工、仓储保管、领用发出、盘点处置等环节的管理要求，充分利用信息系统，强化会计、出入库等相关记录，确保存货管理全过程的风险得到有效控制。

企业应当建立存货管理岗位责任制，明确内部相关部门和岗位的职责权限，切实做到不相容岗位相互分离、相互制约和监督。企业内部除存货管理部门、监督部门及仓储人员外，其他部门和人员接触存货，应当经过相关部门特别授权。

企业应当重视存货验收工作，规范存货验收程序和方法，对入库存货的数量、质量、技术规格等方面进行查验，验收无误方可入库。外购存货的验收，应当重点关注合同、发票等原始单据与存货的数量、质量、规格等是否核对一致。涉及技术含量较高的货物，必要时可委托具有检验资质的机构或聘请外部专家协助验收。

自制存货的验收，应当重点关注产品质量，检验合格的半成品、产成品才能办理入库手续，不合格品应及时查明原因，落实责任，报告处理。其他方式取得存货的验收，应当重点关注存货来源、质量状况、实际价值是否符合有关合同或协议的约定。

企业应当建立存货保管制度，定期对存货进行检查，重点关注下列事项：

（1）存货在不同仓库之间流动时应当办理出入库手续；

（2）应当按仓储物资所要求的储存条件储存，并健全防火、防洪、防盗、防潮、防病虫害和防变质等管理规范；

（3）加强对生产现场的材料、周转材料、半成品等物资的管理，防止出现资源浪费、被盗和流失；

（4）对代管、代销、暂存、受托加工的存货，应单独存放和记录，避免与本单位存货混淆；

（5）结合企业实际情况，加强存货的保险投保，保证存货安全，合理降低存货意外损失风险。

企业应当明确存货发出和领用的审批权限，大批存货、贵重商品或危险品的发出应当实行特别授权。仓储部门应当根据经审批的销售（出库）通知单发出货物。企业仓储部门应当详细记录存货入库、出库及库存情况，做到存货记录与实际库存相符，并定期与财会部门、存货管理部门进行核对。企业应当根据存货采购间隔期和当前库存，综合考虑企业生产经营计划、市场供求等因素，充分利用信息系统，合理确定存货采购日期和数量，确保存货处于最佳库存状态。

企业应当建立存货盘点清查制度，结合本企业实际情况确定盘点周期、盘点流程等相关内容，定期核查存货数量，及时判断存货是否出现减值迹象。企业至少应当于每年年度终了开展全面盘点清查，并将盘点清查结果形成书面报告。盘点清查中发现的存货盘盈、盘亏、毁损、闲置及需要报废的存货，应当查明原因、落实并追究责任，按照规定权限批准后进行处置。

三、固定资产管理

企业应当加强对房屋建筑物、机器设备等各类固定资产的管理，重视固定资产的维护和更新改造，不断提升固定资产的使用效能，保证固定资产处于良好运行状态。

企业应当制定固定资产目录，对每项固定资产进行编号，按照单项资产建立固定资产卡片，详细记录各项固定资产的来源、验收、使用地点、责任单位和责任人、运转、维修、改造、折旧、盘点等相关内容。企业应当严格执行固定资产日常维修和大修理计划，定期对固定资产进行维护保养，切实消除安全隐患。

企业应当强化对生产线等关键设备运转的监控，严格操作流程，对相关操作人员实行岗前培训和岗位许可制度，确保生产运行中设备能够安全正常运转。

企业应当根据发展战略，充分利用国家有关自主创新政策，加大技术改进投入，不断促进固定资产技术升级，淘汰落后设备，切实保持本企业固定资产技术的先进性和企业发展的可持续性。企业应当严格执行固定资产投保政策，对应投保的固定资产项目按规定程序进行审批，及时办理投保手续。

企业应当规范固定资产抵押管理，确定固定资产抵押程序和审批权限等。

企业将固定资产用作抵押的，应由相关部门提出申请，经企业授权部门或人员批准后，由资产管理部门办理抵押手续。企业应当加强对接收的抵押资产的管理，编制专门的资产目录，合理评估抵押资产的价值。

企业应当建立固定资产清查制度，至少每年进行一次全面清查，对固定资产清查中发现的问题，应当查明原因，追究责任，妥善处理。企业应当加强对固定资产处置的控制，切实关注固定资产处置中的关联交易和处置定价，防范资产流失。

四、无形资产管理

企业应当加强对品牌、商标、专利、专有技术、土地使用权等无形资产的管理，分类制定无形资产管理办法，落实无形资产管理责任制，促进无形资产有效利用，充分发挥无形资产对提升企业核心竞争力的作用。

企业应当全面梳理外购、自行开发及其他方式取得的各类无形资产的权属关系，加强无形资产权益保护，防范侵权行为和法律风险。无形资产具有保密性质的，应当采取严格保密措施，防止泄露商业秘密。企业购入或者以支付土地出让金等方式取得的土地使用权，应当取得土地使用权有效证明文件。同时企业应当定期对专利、专有技术等无形资产的先进性进行评估，淘汰落后技术，加大研发投入，促进技术更新换代，不断提升自主创新能力，努力做到核心技术处于同行业领先水平。

企业应当重视品牌建设，加强商誉管理，通过提供高质量产品和优质服务等多种方式，不断打造和培育主业品牌，不断提升企业品牌的社会认可度。

第七节　研究与开发

一、研究与开发的概念及风险

研究与开发是指企业为获取新产品、新技术、新工艺等所开展的各种研发活动。

企业开展研发活动至少应当关注下列风险：

（1）研究项目未经科学论证或论证不充分，可能会出现创新不足或资源浪费的状况；

（2）研发人员配备不合理或研发过程管理不善，可能导致研发成本过高、舞弊或研发失败；

（3）研究成果转化应用不足、保护措施不力，可能导致企业利益受损。

企业应当重视研发工作，根据企业发展战略，结合市场开拓和技术进步要求，科学地制订研发计划，强化研发全过程管理，规范研发行为，促进研发成果的转化和有效利用，不断提升企业的自主创新能力。

二、立项与研究

企业应当根据实际发展需要，结合研发计划，积极提出研究项目立项申请，开展可行性研究，编制可行性研究报告。企业可以组织独立于申请及立项审批之外的专业机构和人员进行评估论证，出具评估意见。

研究项目应当按照规定的权限和程序进行审批，重大研究项目应当报经董事会或类似权力机构集体审议决策。审批过程中，应当重点关注研究项目是否具备促进企业发展的必要性、技术的先进性及成果转化的可能性。

企业应当加强对研究过程的管理，合理配备专业人员，严格落实岗位责任制，确保研究过程高效、可控。

企业应当跟踪检查研究项目进展情况，评估各阶段研究发展成果，并提供足够的经费支持、确保项目按期、保质完成，进而有效减免研究失败风险。企业研究项目委托外单位承担的，应当采用招标、协议等适当方式确定受托单位，签订外包合同，约定研究成果的产权归属、研究进度和质量标准等相关内容。

企业与其他单位合作进行研究的，应当对合作单位进行尽职调查，调查无误后，签订书面合作研究合同，明确双方投资、分工、权利义务、研究成果产权归属等。同时企业应当建立和完善研究成果验收制度，组织专业人员对研究成果进行独立评审和验收。

企业对于通过验收的研究成果，可以委托相关机构进行审查，确认是否申请专利或作为非专利技术、商业秘密等进行管理。企业对于需要申请专利的研究成果，应当及时办理有关专利申请手续。

企业应当建立严格的核心研究人员管理制度，明确界定核心研究人员范围和名册清单，签署符合国家有关法律法规要求的保密协议。

企业与核心研究人员签订劳动合同时，应当特别约定研究成果归属、离职条件、离职移交程序、离职后保密义务、离职后竞业限制年限及违约责任等内容。

三、开发与保护

企业应当加强研究成果的开发，形成科研、生产、市场一体化的自主创新机制，促进研究成果不断转化。研究成果的开发应当分步推进，首先通过试生产充分验证产品性能，在获得市场认可后方可进行批量生产。

企业应当建立研究成果保护制度，加强对专利权、非专利技术、商业秘密及研发过程中形成的各类涉密图纸、程序、资料的管理，严格按照制度规定借阅和使用，同时要禁止无关人员接触研究成果。

企业应当建立研发活动评估制度，加强对立项与研究、开发与保护等过程的全面评估，认真总结研发管理经验，分析存在的薄弱环节，完善相关制度和办法，不断改进和提升研发活动的管理水平。

第八节　财务报告

一、财务报告的概念及风险

财务报告是指反映企业某一特定日期财务状况和某一会计期间经营成果、现金流量的文件。

企业编制、对外提供和分析利用财务报告，至少应当关注下列风险：

（1）在编制财务报告过程中违反会计法律法规和国家统一的会计准则制度的，可能会导致企业承担法律责任，并且声誉受损；

（2）提供虚假财务报告，误导财务报告使用者，可能会给企业造成决策失误，同时干扰市场秩序；

（3）不能有效利用财务报告，难以及时发现企业经营管理中存在的问题，可能导致企业财务和经营风险失控。

企业应当严格执行会计法律法规和国家统一的会计准则体系，加强对财务报告编制、对外提供、分析和使用的全过程管理，明确相关工作流程和要求，落实责任制，确保财务报告合法合规，以及报告的真实完整性。企业负责人应对财务报告的真实性、完整性负责。总会计师或分管会计工作的负责人负责组织领导财务报告的编制、对外提供和分析利用等相关工作。

二、财务报告的编制

企业在编制财务报告时，应当重点关注会计政策变更和会计估计变更，对财务报告产生重大影响的交易和事项的处理应当按照规定的权限和程序进行审批。企业在编制年度财务报告前，应当进行必要的资产清查、减值测试和债权债务核实。

企业应当按照国家统一的会计准则制度规定，根据登记完整、核对无误的会计账簿记录和其他有关资料编制财务报告，做到内容完整、数字真实、计算准确，不得漏报或者随意进行取舍。企业财务报告列示的资产、负债、所有者权益金额应当真实可靠。各项资产计价方法不得随意变更，如有减值，应当合理计提减值准备，严禁虚增或虚减资产。

各项负债应当反映企业的现时义务，不得提前、推迟或不确认负债，严禁虚增或虚减负债。所有者权益应当反映企业资产扣除负债后由所有者享有的剩余权益，由实收资本、资本公积、留存收益等构成。企业应当做好所有者权益保值增值工作，严禁虚假出资、抽逃出资、资本不实。

企业财务报告应当如实列示当期收入、费用和利润。各项收入的确认应当遵循规定的标准，不得虚列或者隐瞒收入，推迟或提前确认收入。各项费用、成本的确认应当符合规定，不得随意改变费用、成本的确认标准或计量方法，虚列、多列、不列或者少列费用、成本。利润由收入减去费用后的净额、直接计入当期利润的利得和损失等构成。不得随意调整利润的计算、分配方法，编造虚假利润。

企业财务报告列示的各种现金流量由经营活动、投资活动和筹资活动的现金流量构成，应当按照规定划清各类交易和事项的现金流量的界限。附注是财务报告的重要组成部分，对企业财务状况、经营成果、现金流量的报表中需要说明的事项做出真实、完整、清晰的说明。企业应当按照国家统一的会计准则制度编制附注。

企业集团应当编制合并财务报表，明确合并财务报表的合并范围和合并方法，如实反映企业集团的财务状况、经营成果和现金流量。企业编制财务报告，应当充分利用信息技术，提高工作效率和工作质量，减少或避免编制差错和人为调整导致的差错。

三、财务报告的对外提供

企业应当依照法律法规和国家统一的会计准则制度的规定，及时对外提供财务报告。企业财务报告编制完成后，应当装订成册，加盖公章，由企业负责人、总会计师或分管会计工作的负责人、财会部门负责人签名并盖章。

财务报告须经注册会计师审计的，注册会计师及其所在的事务所出具的审计报告，应当随同财务报告一并发布。企业对外提供的财务报告应当及时整理归档，并按有关规定妥善保存。

四、财务报告的分析利用

企业应当重视财务报告分析工作，定期召开财务分析会议，充分利用财务报告反映的综合信息，全面分析企业的经营管理状况和存在的问题，不断提高经营管理水平。企业财务分析会议应吸收有关部门负责人参加。总会计师或分管会计工作的负责人应当在财务分析和利用工作中发挥主导作用。

企业应当分析企业的资产分布、负债水平和所有者权益结构，通过资产负债率、流动比率、资产周转率等指标分析企业的偿债能力和营运能力；分析企业净资产的增减变化，了解和掌握企业规模和净资产的不断变化过程。

企业应当分析各项收入、费用的构成及其增减变动情况，通过净资产收益率、每股收益等指标，分析企业的盈利能力和发展能力，了解和掌握当期利润增减变化的原因和未来发展趋势。

企业应当分析经营活动、投资活动、筹资活动现金流量的运转情况，重点关注现金流量能否保证生产经营过程的正常运行，防止资金短缺或闲置。

企业定期的财务分析应当形成分析报告，构成内部报告的组成部分。财务分析报告结果应当及时传递给企业内部有关管理层级，充分发挥财务报告在企业生产经营管理中的重要作用。

▶本章小结

本章以财政部颁布的应用指引为指导，介绍了内部控制实际应用到企业中可能会经历的风险与实际操作时的要求，在配套指引乃至整个内部控制规范体系中占据主体地位。应用指引是为企业按照内部控制原则和要素建立健全本企业内部控制所提供的指引，为企业管理层对本企业内部控制有效性进行自我评价提供的指引，为注册会计师和会计师事务所执行内部控制审计业务提供的指引。三者之间既相互独立，又相互联系。

▶复习与思考

1. 如何理解应用指引中各要素之间的关系及其作用？
2. 与企业履行社会责任相关的风险有哪些？
3. 资产管理应关注的风险有哪些？

第四章

金融风险管理

> **引 例**
>
> **强化理财公司流动性风险管理**
>
> 备受关注的银行理财市场,再迎一重要监管细则。2021年8月,为加强理财产品流动性管理、保护投资者合法权益,维护金融市场稳定,银保监会就《理财公司理财产品流动性风险管理办法(征求意见稿)》公开征求意见。
>
> 流动性风险是金融风险的重要组成部分。在当前的金融市场背景下,我们应该高度重视防范金融机构的流动性风险。对于金融公司来说,流动性风险管理也非常重要。
>
> 为什么要强调理财公司的流动性风险管理?作为一种新型的金融机构,理财公司在许多投资者眼中仍然有点陌生。随着2018年《关于规范金融机构资产管理业务的指导意见》的发布,银行理财产品开启了净值化转型,在此背景下,理财公司应运而生。
>
> 目前,理财公司可分为两类:一类是占据市场主体的商业银行理财子公司;另一类是经监管部门批准设立的其他非银行金融机构,如中外合资理财公司。商业银行理财子公司是"资管新规"指导下的一项重要制度创新。从法律关系上看,银行理财属于直接融资,其实质是"受托为客户理财"。银行不承担投资风险,投资者承担自身风险,同时享受超额收益。然而,在前一阶段的"保本理财"中,银行理财普遍"刚性兑付",混淆了资产管理产品与存款的界限,不仅导致投资者失去超额收益,还导致银行体系聚集了投资者应承担的风险,金融风险持续累积。为解决上述问题,金融管理部要求银行的理财活动与信贷、自营交易、银行证券投资等业务相分离,通过"独立管理、自负盈亏"的独立法人机构进行管理,这就是理财子公司。
>
> "加强理财公司的流动性风险管理很重要。"招联金融首席研究员、复旦大学金融研究院兼职研究员董希淼表示,银行理财是资产管理市场的重要组成部分,也是公众投资理财的重要选择。加强理财产品流动性风险管理,有助于更好地保护投资者的合法权益,保护

投资者购买和赎回理财产品的权利。

资料来源：郭子源. 银保监会就有关办法征求意见：强化理财公司流动性风险管理 [N]. 经济日报，2021-09-13（7）.

银保监会此次关于流动性风险的强化不仅为理财公司敲响了警钟，多数企业也应该意识到在企业运营过程中，强化流动性风险等金融风险管理的必要性。本章将介绍包括财政风险、信用风险、操作风险等在内的常见的风险管理类型，供读者学习。

金融风险是由于金融市场的不确定因素导致可能带来的损失，会给利益相关者带来经济上的损害，换言之就是造成对未来结果期望的偏离。金融风险可能是由宏观经济政策、金融资产价格波动、市场的竞争、自然事件等导致的，也可能是多因素共同带来的，会产生产业的结构性调整、金融市场秩序混乱、宏观经济政策的制定和实施、国际收支失衡等经济影响。

第二次世界大战后，世界经济一体化浪潮盛行，扩大了全球经济开放程度。绝大多数国家的经济发展和经济政策制定都受到外部经济环境的制约。20世纪70年代初，布雷顿森林体系宣布全球固定汇率制度衰退，这也就意味着公司和个人必须面对各种金融风险。随后发生的金融危机和大大小小的金融事件都对世界经济金融市场的健康造成了巨大损害，人们逐渐认识到金融风险管理的必要性和迫切性。

金融产业作为高风险、高收益的行业，伴随着经济的发展、市场的复杂，风险也越来越大，因此为了防止风险不断地扩大就需要有金融风险管理。金融风险管理针对各个主体在经济活动过程中对各种金融风险的识别、权衡和分析，以低投入获得最大收益的管理方式，目标在于限制风险以达到消减损失来保障金融活动顺利完成。金融风险管理包括以下程序：第一是金融风险的识别，对潜在的金融风险进行分类并开始全面研究；第二是金融风险的权衡，对金融风险发生的可能性、程度、规模进行估计衡量；第三是金融风险的对策，在前两个程序的基础上来选择金融风险管理的工具处理降低风险。

第一节　财政与产业风险

由于市场经济很难掌控，市场价格的波动可能导致利益相关者的资产价值变化的风险，也就是利益相关者的预期与实际存在偏差。因为经济是变化无常的且并不遵循一定的规律，所以市场风险的发生也很难揣测，这正是导致风险潜在于企业经济活动中的原因。在所有的经济风险中，财政风险与产业风险是两种主要的存在形式。企业的管理者必须斟酌这些风险的存在，从而平衡风险与收益。

一、财政风险

财政风险是指政府采取了不得当的财政行为、手段给政府后期的财政活动带来危害的风险；也可能是财政行为的结果会受客观存在的风险和不确定性因素影响，而不受政府的控制。财政风险是客观存在的，企业只能通过一定的措施降低风险，无法完全消除此风险。

二、产业风险

每一个产业都有自己的特殊性，因此产业风险取决于投资者的选择。此风险主要是由以下几个关键因素导致的：①产业（产品）生命周期阶段；②产业波动性；③产业集中程度。

分析产业风险可披露监管行业发展的规律，预测行业客户风险的可能性，确定行业某一时期的潜在风险及其相关原因，提高信用风险分析水平。

三、风险管理对策

社会主义民主立法的不断发展，给平等竞争带来了前所未有的机遇和挑战。依法经营，加快企业发展俨然成为社会发展的趋势。然而在飞速发展的同时，一项紧迫的任务就是运用一系列法律手段避免各种风险，维护自身合法利益，保障企业健康发展。

首先，公证可以防止风险。根据我国现行法律的规定，证书具有证明、强制执行和法律强制执行三种法律效力，这也是它与其他证词的主要区别。正确使用证书，可以使公民、法人和其他组织及时防范纠纷，也能有效化解经济风险。人民法院在审理经济民事案件的过程中，可以直接受理证据，作为进行审判的依据，证明法律行为、事实和文件。关于发证机关出具的具有法律约束力的信用证，债务人未履行合同义务的，人民法院可以根据债务人的申请，不经审判直接执行。

其次，采取补救措施——法律手段，解除对阻碍企业发展因素的管制。法律手段是企业依法经营和发展的重要工具。企业家应该积极地让律师参与进来，企业应该按照有关法律规范设立和生产，避免出现各种矛盾，并确保实现健康发展。目前，民营企业法律监管意识不高，容易发生经济纠纷及面临无法澄清的问题，这些没有证据支持的纠纷，法院无法审理。因此，在律师的参与下，根据事实和法律，在公平合理的原则下，通过调解解决当事人之间的矛盾，可以减轻对企业发展的不利影响和经济损失。

最后，运用宣传教育手段，提升企业整体防范经济风险的水平。目前，一些民营企业的债务被视为死账上的损失，很大一部分原因是企业销售人员不懂法律。进入市场后，经商者的比例明显上升，一般来说，采购和销售人员在企业中的占比逐年增加，成为企业的多数成员，但由于法律意识的薄弱和管理上的缺陷，采购和销售人员犯罪的比例不断上升。

第二节 信 用 风 险

一、信用风险的定义及特征

信用产生之后，信用风险也会慢慢形成。换言之，有信用活动就会有信用风险的存在，信用风险是不可避免的。信用风险是指在合同到期后，因债务人或市场交易对方无法如期或无力偿还债务而使债权人受到损失的风险。随着互联网的普及，互联网金融业繁荣发展，越来越多的金融产品进入市场。因此,信贷不再只局限于商业银行,也开始进入互联网市场。无论在银行业还是互联网金融业,信用风险控制都是决策的主要依据,也是无法避免的关键条件。信用风险存在于多种经济活动中,不仅贷款活动中会存在,担保、承兑和证券投资等业务中也必然存在,因此在处理其他业务的过程中也要注意。

二、信用风险的产生

债务人因各种原因(主要是时间和经济)未能及时、全额清偿债务或贷款而产生失信行为。而债权人或银行在信用风险发生后势必会因无法获得前期预估的收益而承受财务上的损失。

三、信用风险的分类

(一)市场风险

市场风险主要是由市场价格波动导致资产变动产生的风险。由于市场的不确定性和相关的外部环境没有达到预期的市场效果,市场风险甚至会影响企业的持续经营。企业的市场风险可能致使企业的入股失败,也可能引起诸如投资风险等问题。

(二)违约风险

违约风险是指债务人因未能按期缴纳本息等而不履行债务的风险。比如,企业可能因经营处置不善而亏耗,也可能因市场变化出现产品囤积、资金周转不畅导致到期无法偿还债务。

四、信用风险管理对策

信用风险管理对策是指通过制定一些相关政策来减少信用风险带来的经济损失和时间损失,确保风险与收益的平衡。现代信用风险管理方法为信用度量制模型,只用于非交易性金融资产。此模型指出,在信用评价体系可行的条件下信用风险主要源于企业信用等级的变化,任何信用相关的活动都会通过信用等级变动来反映。

第三节 操 作 风 险

一、操作风险的定义及特征

操作风险是指因金融机构的交易系统存在不足、管理不善或人为错误而导致投资者的利益存在损失的可能性风险。根据《巴塞尔新资本协议》,银行监管部门把操作风险分成由人员、系统、内部程序和外部事件所引发的四类风险,并由此分为七种表现形式:内部欺诈;外部欺诈;雇用合同以及工作情况带来的风险事件;客户、产品以及商业行为引起的风险事件;有形资产的损失;经营中断和系统出错;涉及执行、交割以及过程管理的风险事件。

操作风险的基本特征有以下四个。①操作风险的风险因素主要是由银行的经营活动造成的，是银行控制的内部风险，单个操作风险因素与经营损失之间没有明确的、可量化的定量关系。②从涉及的方面来看，操作风险近乎涵盖了银行业务管理各个方面的风险，但当风险发生时，它们可能会造成重大损失，甚至危及银行生存的大规模欺诈等，因此，试图寻找解决所有操作风险的办法是不可能的。③在信贷风险和市场风险方面，风险和报酬之间是相对应的联系，但这种联系不一定适用于操作风险。④当一个企业面临的业务领域多、业务量大、结构厘革快的时候最容易受到操作风险的影响。因此，风险控制不可能仅依靠风险管理和内部审计来进行管理。

二、操作风险的产生

操作风险的产生原因如下。①内控制度不完善。企业内部的控制力不足导致忽视对人员、操作流程或者设备的管理。企业未紧紧结合实际业务开展研究来应对操作风险，风险会随着所有因素的变动而变化。②风险管理不足。没能提前设计应对方案来解决突如其来的问题，未及时弥补出现的缺陷，给企业造成直接损失。③员工培训不足。员工在工作岗位的第一线应该有相应的风险意识，面对风险应具备提前预判的能力，各级管理人员和每个经营者在预防剥削风险方面的权利和责任应予明确界定和报告。

三、操作风险管理对策

根据操作风险产生的原因可以采取以下管理对策。①加强对内部的建设。结合企业的实际情况制定更加完善的内部控制制度，形成具有企业特色的内部控制管理体系。内部的人员管理制度不仅要强调人员的培训和管理，也应考虑员工福利机制和激励政策。②完善管理模式。风险管理模式的主要环节包括风险识别、风险分析、风险控制、风险报告和风险监督，应该加强对每个环节的落实和执行情况的管理，特别是将监督贯彻到整个管理流程中。

第四节　流动性风险

一、流动性风险的定义

根据银监会印发的《商业银行流动性风险管理指引》中对流动性风险的定义，流动性风险意味着金融企业虽然有能力偿还债务，但不能及时获得足够的资金，或者不能以合理的成本及时获得足够的资金，进而不足以应对资产增长或支付到期债务的风险。金融市场的流动性受到影响主要表现在资产和负债这两部分，因此流动性风险存在于资产和负债两部分中。

二、流动性风险的产生

流动性风险主要是由于企业无法应对债务减少或资产增加带来的风险。其主要来源如下。第一，流动性极度不足。流动性的极度不足会导致破产，同时也可能带来其他无法估计的风险。第二，短期资产不足以应付短期负债的支出或未曾预料到的资金流出。第三，筹资困难。

三、流动性风险的分类

流动性风险分为资产流动性风险和负债流动性风险。资产流动性风险是指在约定的截止日期，企业因无力收回全部资产，进而导致无法偿还负债更无法满足其他融资行为，最终给金融企业带来损失的风险。负债流动性风险是指金融企业过去筹集的资金特别是存款资金由于内外部因素变化引起的无序波动带来的冲击并可能造成它们亏损的风险。

四、流动性风险管理对策

流动性风险管理需要实现资金流入与流出的平衡，这就要求商业银行尽量长期维持负债的稳定和持续进而来增加资产的流动性。在实践中，保持负债和资产流动性的稳定是资金平衡流入和流出的保证。

在流动性风险管理领域，商业银行作为受到流动性风险影响最大的企业，实际中商业银行会采用现金流管理、约束管理、财务管理、压力测试、应急计划等办法。

第五节　内部控制与公司治理和风险管理的辨析

一、内部控制与公司治理的区别和联系

（一）内部控制与公司治理的区别

1. 内容的区别

内部控制是由企业所有人员共同进行的，这个过程旨在确保交易事项的效率、财务报表的可靠性和合法性。公司治理是利益相关者通过股东大会、董事会和高级管理人员进行利益协调的过程。李维安提出："公司治理是通过一套正式的或非正式的、内部的或外部的系统或机制进行的，协调企业与所有利益相关者之间的关系，包括内部和外部管理两部分。"从二者的定义就可看出其构成内容的不同。

2. 结构的区别

根据COSO《内部控制——整合框架》可知，控制环境是一个基本环节，控制活动和风险评估是中间环节，而信息与沟通贯穿中间环节。监控是对内部控制过程实际操作流程中的评估和对风险的及时反应。在实践中，公司治理可以分成内部治理和外部治理，而且只有内部治理和外部治理共同作用才能促进企业的可持续经营。内部治理是以企业自身资本来完成企业的各种治理目标。外部治理是为了弥补内部治理的不足之处，通过法律制度和市场监管对企业的经营进行治理。

3. 方法的区别

一般的内部控制方法通常包括组织规划控制、授权批准控制、预算控制、实物资产控制等。

公司治理一般分为三种模式。第一种是亚洲的家族式治理模式,这种模式也可称为股东决定直接主导型模式。这种家族式治理模式体现了主要所有者对公司的控制,主要股东的意志能得到直接体现。其缺点是很明显的,即企业发展过程中需要的大量资金从家族那里是难以得到满足的,而在保持家族控制的情况下,资金必然大量来自借款,从而使企业受债务市场的影响很大。第二种是日本和德国式的内部治理模式,在日本和德国企业里,银行、供应商、客户和职工都积极通过公司的董事会、监事会等参与公司治理事务,发挥监督作用。这些银行和主要的法人股东所组成的力量被称为"内部人集团"。日本、德国的企业与企业之间,企业与银行之间形成的长期稳定的资本关系和贸易关系所构成的一种内在机制对经营者的监控和制约被称为内部治理模式。第三种是英国和美国式的外部治理模式。英美等国企业特点是股份相当分散,这样,公众公司控制权就掌握在管理者手中,在这样的情况下,外部监控机制发挥着主要的监控作用,资本市场和经理市场自然相当发达。

4. 倾向的区别

内部控制过程倾向于经营的效果和战略实施,强调资源的分配、信息的控制、公司目标的实现及实现这些目标的效率。而公司治理高度重视受益人、股东大会、董事会、监事会和管理层之间权益分配的合理性问题,并明确每个人的职责,建立有效的激励、监控和评估机制,以保证所有人和管理者之间的平衡,消除公司内部的权利不平等和对人的控制问题。

(二)内部控制与公司治理的联系

主体相同、目标相同。内部控制与公司治理都是以企业为基础进行实施,最终目标都是控制风险以确保实现利益相关者的财富最大化。加强内部控制是公司治理的重要要求之一,使董事会和最高管理机构成为全面管理的对象。没有企业作为载体,无须谈论内部控制和公司治理,更无处可谈实现利益相关者的财富最大化。而且企业若缺少公司治理和内部控制,则无法持续经营。内部控制通过在按照流程执行中对各个环节的控制来达到预计目标,公司治理通过加强内部治理来达到规避公司治理风险的目的。内部控制体系包括治理结构及其体制结构和责任分配,和公司治理有相似之处。公司治理的主体是"股东—董事会—总经理",其中董事会是核心。内部控制的主体是"董事会—总经理—职能经理—执行岗位",以总经理为中心,董事会和总经理既是管理的核心,也是管理的内部结构的主体。

公司治理分为内部治理和外部治理两个部分,内部治理是企业自身对于经营风险的治理,它是企业内部控制的重要组成部分。

内部控制的主要内容是逐渐拓展和详细化公司治理的要素。内部控制和公司治理具有极其重要的意义,可靠的内部控制实际上是理想的公司治理。以积累的经验为基础,革新内部控制将有利于强化公司治理,建立现代企业制度。

二、内部控制与风险管理的区别和联系

(一)内部控制与风险管理的区别

(1)范畴不同。内部控制就是以风险管理为导向的,但在企业实际运营中,风险管理是事

前、基于未来的一种管理，具有不确定性，而相对来讲内部控制主要是对当下和过去的检查。

（2）强制性不同。内部控制是强制性的要求，如监管机构对上市公司的内部控制是有要求的，这是公司上市满足监管机构要求的最低标准。风险管理相当于公司的"道德品质"，没有强制性要求，但要比法律要求的最低标准更高。

（3）产生效果的方法不同。风险管理贯穿企业各项活动的各个方面，关于项目的风险与收益，侧重在市场交易层面控制风险；而内部控制主要从规章制度层面约束规范企业员工行为从而规避风险。二者实现目标的手段是不同的。

（二）内部控制与风险管理的联系

2004年，COSO在《企业风险管理——整合框架》中明确指出，"风险管理包含内部控制，内部控制是风险管理的一部分"。从定义可以看出内部控制就是对风险的控制，也就是经济活动中所谓的风险管理。内部控制与风险管理就是语言表达形式不同，二者本质相似。

内部控制与风险管理都可以为企业持久经营提供有力的支持保障，也有相同的主体。目前对于企业来说，内部控制与风险管理都是重要的风险管理工具，可以使利益相关者得到充分的经济保障，促使企业有效提升效益。近年来随着资本市场的壮大，股份公司逐渐对企业会计信息披露的质量提出了更加严格的要求，也就增加了会计信息披露的相关风险，企业的内部控制目标随之添加了为会计信息可靠性提供保障的内容。二者都强调参与主体为公司全员。总的来说，内部控制从无到有、从建立到逐渐成熟，与风险管理是不可分割的，并且都是为了保障企业的正常运行，共同维护企业利益相关者的利益。

风险管理可以作为实施内部控制的有效基础。风险控制可以分为外部控制和内部控制。外部控制可以分为政府当局采取的控制措施、职能管理组织的控制和债权人的控制；内部控制是组织本身为减少各级相互关联的因素而设计的风险控制机制之一。风险管理有助于提高风险辨别意识和应对解决能力，进而创造投资机遇，提高公司内部控制水平，最终提高公司运营效率。在实际应用中，风险管理就是内部控制的基础，风险管理要素在内部控制工作中可以作为参考依据进行风险评估。及时发现企业内部经营活动相关风险并进行风险分析，确定对策，能更好地帮助企业应对外部风险。由此可见，有效的内部控制有助于推动公司的风险管理实施。

COSO提出内部控制由五个要素组成，分别是控制环境、风险评估、控制活动、信息与沟通、监控。风险管理由内部环境、目标设定、事项识别、风险评估、风险应对、控制活动、信息与沟通、监控等要素组成。从要素组成可见，风险管理包括内部控制。

企业无论是内部控制还是风险管理都应重视过程管理。内部控制的目的是保护利益相关者的利益、保护公司资产及加强各种形式的市场竞争。企业风险增加，风险意识提高，内部控制的理论和实践应该得到发展，管理工作必须持续进行。内部控制、风险管理不是靠一种临时性的管理就可以实现，而需要长期进行持续性管理优化。

三、学术界的主流观点

国内企业在持续发展过程中，为了削弱企业运营过程中存在的诸多风险隐患，逐步将目光放在了公司治理、内部控制与风险管理这三大管理理论上。然而,这三者之间的关系一直都备受争议,截至目前都尚未形成一致的认识,尤其是随着《企业风险管理——整合框架》和《企业内部控制基本规范》的颁布,三者之间的关系除了理论问题外,已成为实践中必须解决的问题。学术界对于这三者之间关系的辩论从未停止,具有代表性的观点包括谢志华(2007)的"四维整合框架"、李维安(2013)的"战略视角框架"。因此,基于公司治理、内部控制与风险管理的关系的研究,以下对谢志华和李维安这两位学者的观点做介绍,以供参考。

(一)谢志华的"四维整合框架"

内部控制、公司治理和风险管理都是基于公司风险的存在,都是为了风险控制。在这种情况下,不需要制定三个标准,而是必须将它们整合成一个统一的标准。至于这些标准的名称,无关紧要,我们可以根据历史惯例继续使用内部控制,或者直接称之为风险管理,以更好地突出所有这些标准的控制目的。需要注意的是,风险管理不是一种与公司经营管理活动相分离的管理形式,而是包含在整个公司的经营管理活动中。风险管理针对企业的每个负责人,没有这些负责人,风险管理就失去了风险控制的主体和风险发生的主体。为了进行风险管理,必须有一套完整的识别与控制风险的程序和方法,如果更广泛地说,这些程序和方法是企业的管理程序和方法。风险控制的目的与内部控制的目的一样,是确保财产安全和信息的真实性,然后进一步扩展,以提高业务效率和推动各项法律法规的实施。谢志华从四个维度将三者整合成如图 4-1 所示的框架。

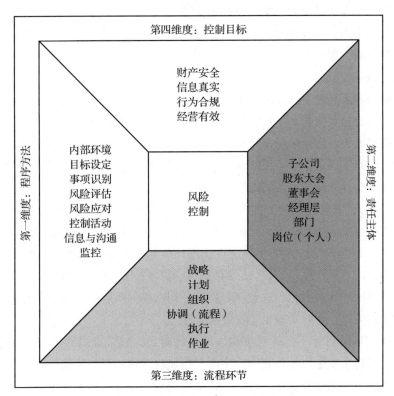

图 4-1 谢志华的"四维整合框架"

第一个维度指的是基本的风险管理程序，这在《企业风险管理——整合框架》中有明确规定，在此不再重复。通过该程序，对可能存在风险的所有责任主体进行风险识别和控制，很明显，在无人存在的情况下，风险不会发生。

责任主体表现在第二个维度，子公司之所以被列为责任主体，是因为现代大公司主要以集团公司的形式存在，而集团公司的子公司往往会偏离母公司，因此母公司将面临控制风险。所有这些主体只有在经营管理过程中才会有风险，只有人而没有进行经营管理活动就不会有风险，也就是说，只有人和人的行为结合才会发生风险。

公司的经营管理过程体现在第三个维度，可以理解为包括以下几个环节：①确定企业发展战略；②根据既定战略，制订一定时期的商业计划，通常是年度计划；③为了确保计划的实施，必须确定负责计划实施的实体，即形成公司的内部组织（如第二维度所示）；④为了协调公司内部各个组织的运作，必须制定几个相应的流程；⑤各组织或责任主体实施计划；⑥所有的执行行为都是通过特定的操作来完成的，所有的操作都有风险，风险的识别和控制必须从作业开始。

通过识别责任主体所涉及的经营管理活动的风险并控制其风险，这是一种有目的的行为，可以用第四个维度来表达。其第一个目标是财产安全。在公司经营管理过程中，各责任主体不可避免地会占用部分财产，这些财产可能会被这些责任主体挪用。因此，确保财产安全已成为风险控制的最基本目标。第二个目标是信息真实。委托代理关系由公司内部分级管理形成，管理人必须报告委托人履行职责的情况，然而，为了隐藏受托责任的履行，管理人可以制造虚假信息，因此确保信息真实已成为风险控制的一个基本目标。第三个目标是确保每个责任主体的行为合规。在公司内部实行分级分权管理的情况下，为了协调整个公司的行为，相关管理部门制定了若干法律法规，但分级分权管理的主体可以违反这些制度，因此确保每个责任主体的行为合规性就成为风险控制的一个基本目标。这三个目标的最终实现，是保证公司正常运转的前提。第四个目标是经营有效。公司财产安全、信息真实和行为合规的最终目标是提高公司的运营效率，实现公司价值最大化。然而，每个责任主体在决策和业务实施中都会存在不合理的行为，导致业务效率低下，因此确保每个责任主体合理实施和决策，提高业务效率就成为风险控制的最大目标。最终实现这一目标是确保公司有效运作的先决条件。

在实现三者整合建立新的框架的过程中，必须考虑以下因素。

第一，三者的结合以风险控制为主线。无论是历史回顾还是理论分析，都可以看出，内部控制、公司治理和风险管理都是以风险控制为基础的。更一般地说，企业管理本质上是风险管理。从理论上讲，风险是指收入的不确定性，而风险与收入又是对称的，如果公司不采取行动，就没有风险，没有风险就没有收入，而为了获得高收入，必须面临高风险。企业管理的目标是使公司的价值或收入最大化，这意味着将使公司面临的风险最大化。只有通过有效识别和控制这种最大化的风险，才能实现企业管理的目标。

第二，风险控制的目标不是针对事物，而是针对人。就今天提到的相关风险管理规定而言，风险管理的目标主要定位于物和事，主要是指风险管理的目的是确保信息的真实性和准确性，保护财产安全，提高业务效率。事实上，风险是公司经营管理过程中的客观现象。在这种情况下，最重要的是人们了解风险，识别风险，有效控制风险的可能性和导致风险的因素。这意味着无论风险是否存在或无法改变，人们应该做的是能够发现风险并有效地控制它们。因为人们可以通过自己的行为识别和控制风险，所以风险管理的最终目标不是指向事物，而是指向人的行为。就人的行为而言，在没有限制的情况下，人性之初就有可能具有邪恶的特征。这一特征主要体现在不道德上：一是造假，二是私吞，三是违规。这形成了三个风险控制目标，这三个目标明显与人们自身的行为直接相关。如果没有限制，人们可以表现得不理性，而不仅仅是破坏士气。这是企业风险形成的一个原因。非理性通常是风险控制者缺乏能力或盲目（如经验主义、主观主义、教条主义等）造成的。在这种情况下，风险管理的目标是控制人的非理性行为。这种非理性行为将导致各责任主体未能有效识别和控制公司业务的客观风险，导致业务效率低下和经营失败。

第三，风险控制不仅要控制人的恶，还要激发人的善。风险控制的目的是控制人，这在过去只是从控制人不道德和非理性的角度来考虑的。事实上，人之初性本恶、人之初性本善，它们是人性的两面，相互作用。在一个公司里，人性的不良面必须得到控制，不仅要制定法律规范，还要让人们乐于追随善，主动追随善，追求更好的善，制定人性化的传播和激励制度。

第四，风险控制必须识别和控制风险发生的原因。过去，风险识别和风险控制更多地关注风险结果，实际上，风险控制应该更多地关注原因。在风险识别方面，过去，风险管理经常使用公司的财务报表或经营数据作为风险识别的基础，这些数据是公司经营活动的结果，使得风险识别保持在相对事后和相对一般的状态。这主要是因为财务报表和业务运营数据作为结果数据，是对过去事件的描述，而这些数据是由企业会计系统汇总和总结的，很难直接揭示导致风险的事件的性质。因此，为了进行风险识别，必须将必要的信息从事后信息转化为程序前和过程中的信息，将抽象信息转化为具体信息，将结果信息转换为原因信息。风险的原因是具体而详细的。在风险控制方面，我们必须实施源头控制和全过程控制，而不是结果控制。内部控制中对关键控制点的强调实质上是考虑到风险来源的关键因素，而对全过程控制的特别强调考虑到风险是随着公司的经营过程和管理活动而产生的，即公司的经营管理过程是风险产生的过程，只有全过程的风险控制才能使公司规避、降低或消除风险。

第五，风险控制应针对所有员工。过去，风险控制的目标是更加关注公司的高级管理层。事实上，公司风险存在于公司经营的各个环节、要素和主体中。因此，风险管理具有全过程管理、全要素管理和全主体管理的特点。从公司各类人员行为的风险来看，风险可分为四个层次：造假、私吞、违规和非理性决策。在整个公司的信任水平链中，不同行为主体可能带来的风险在性质和程度上是不同的。对于股东大会而言，通常不存在腐败风险；然而，由于小股东和大股东的存在，大股东可能会侵犯小股东的利益，股东之间也会存在相互腐败的风险，这当然必须加以控制。股东大会的主要风险是决策的非理性风险，对于董事会和经理来说，前者是公司经营的决策者，后者是公司经营的执行者，可以称为管理层。管理者可能有不道德的行为和非理性的决策。相对而言，社会通过各种渠道（如注册会计师事务所、政府监管机构等）对经营者建立了约束机制，以控制其不道德风险；然而，作为决策和业务实施的主体，社会难以约束其决策和实施过程，这使得管理者的非理性决策行为成为企业风险控制的重点。对于公司的其他级别，最重要的是提供相应级别的现有信息，确保受信任级别的所有权安全，并执行上一级别的决策。因此，这些级别需要控制的风险主要有造假、私吞、违规的风险。

第六，应在风险控制中更多地使用制衡措施。说到风险控制，人们自然会想到监督，监督已经成为风险控制的主要手段。然而，监督存在天然的缺陷，即不能解决由谁来监督"监督活动"的问题。从现代企业制度的角度来看，企业正在走一条建立制衡体系的道路。现代公司以一股一票制组织股东大会并做出决策的原因是为了形成股权制衡。董事会的设立和一人表决制的采用也是为了制衡决策权。在员工层面，任何公司都必须经过两个或两个以上的平行部门和两个或两个以上的不同级别的权力层次，这也是为了控制部门之间的相互平衡。

总之，在构造三者整合的框架体系过程中，以风险控制为主线，以全主体、全要素、全过程的造假、私吞、违规和非理性行为的风险为控制内容，以风险管理过程为控制方法，构成一个风险管理的有机整体。

（二）李维安的"战略视角框架"

对公司内部控制的评价可以确定审计范围，提高审计质量和审计效率，而内部控制理论的研究者主要来自会计和审计行业，因此对内部控制理论的研究一直带有"审计导向"的痕迹。虽然COSO希望1994年修订的《内部控制——整合框架》能够为董事会和管理层提供评价公司内部控制体系有效性的标准，但仍未能脱离"审计导向"的趋势。大量的商业失败案例和财务欺诈案件引发了加强风险管理的呼声，这也促使COSO委托普华永道制定评估和改进企业风险管理的标准模型——《企业风险管理——整合框架》。实施内部控制的主要目标是实现战略目标。公司管理层必须选择公司战略，制定公司战略目标，并在此基础上自上而下确定具体目标。我国的《企业内部控制基本规范》规定了五个内部控制目标，但这些目标并不是孤立的，而是一个相互关联、相互依存的完整目标体系。其中，促进企业战略目标的实现是内部控制的最高目标和最终目标。

任何组织都有目标。人们普遍认为，企业的目标是实现其价值最大化。为了实现这一目标，企业通常会制定企业战略。由于企业战略往往是指导企业未来长期经营活动的总战略和总方针，需要通过战略规划加以细化，形成战略目标，而战略目标的实现取决于战略的实施，需要进一步分解和实施，以形成年度业务活动计划。同时，它需要有效地管理和控制企业的各种业务活动或业务流程。因此，企业战略的定位和实施的准确性决定了企业战略目标的准确性。企业战略目标的定位和实施是贯穿企业经营活动的主线。

在公司中，董事会的职能是制定公司的战略，战略定位是公司治理需要实施的控制。该战略由管理层、操作管理层和普通员工实施。从公司治理的角度看，一是以董事会为主体的公司治理控制；二是以管理层为主体的管理控制；三是操作管理层和普通员工实施的作业控制。在三种控制类型中，公司治理控制处于最高层次，其控制对象和内容是战略目标的制定和形成过程、公司治理结构的建立、权责划分等，以降低公司治理风险；作业控制位于底层，其控制对象和内容是企业战略实施过程中的各种具体业务或主体，控制目的是减少影响公司战略目标实现的各种业务风险；管理控制位于公司治理控制和作业控制之间，是管理者影响组织成员实现组织目标的过程，其控制对象和内容是战略实施过程中的各种经营和财务活动，控制目的是减少影响公司战略目标实现的各种经营风险和财务风险。在这三种控制类型中，从战略目标而言，公司治理控制侧重于公司战略定位和战略实施的监控，管理控制侧重于战略实施和战略目标实现的促进，作业控制侧重于具体业务。资产安全、经营合规、财务报告真实等目标通过有效利用资源、确保信息真实性、合法合规运营等一系列措施来实现。财务欺诈在很大程度上是由于企业未能实现其战略目标而导致的经营业绩不佳。内部控制必须从财务报告导向转向价值创造导向。因此，COSO 报告和基本准则将战略目标引入内部控制目标体系，并将它作为首要和最终目标。从战略管理的角度来看，公司的内部治理（即公司治理的内部控制）必须属于内部控制，内部控制和风险管理必须相结合。

基于上述研究和分析，李维安提出了图 4-2 所示的关系框架，以解决理论上的误解和差异。图 4-2 包括三个层次的内部控制，公司内部治理处于顶层，管理控制处于中层，作业控制位于底层。高水平控制和低水平控制之间存在控制关系，低水平控制对高水平控制具有反作用。公司内部治理以董事会为控制主体，控制对象为公司治理风险（包括战略决策风险）。管理控制以操作管理层和公司员工为控制主体，其控制对象是企业经营风险和财务风险。作业控制以运营管理层和公司员工为控制主体，其控制对象为特定业务或主体的作业风险。公司治理风险影响经营风险和财务风险，而这些风险对公司治理风险具有反作用。公司治理风险（包括战略决策风险）、财务风险、作业风险和经营风险是内部控制各部分的控制对象和风险管理的具体内容。内部控制和风险管理是风险控制（或控制风险）的两种不同语义表达，没有本质区别。二者的控制目标均为合理确保公司经营管理的合法性和合规性、资产的安全性、提供经营的效率和效果、财务报告信息的真实性和完整性，以促进公司战略目标的实现。

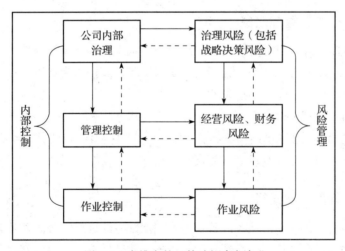

图 4-2 李维安的"战略视角框架"

注：实箭头表示存在控制或影响关系，虚箭头表示存在反作用关系。

图 4-2 中的关系整合框架符合经济学关于公司本质的假设。根据新古典经济学的观点，公司具有"生产"和"规制"两个属性。从"生产"的角度来看，公司是生产性知识集合；从"规制"的角度来看，公司是以股东利益最大化为目的的契约性组织。企业的本质特征是"生产"和"规制"两个基本规定的统一。在图 4-2 的关系整合框架中，公司的"生产"属性直接对应于管理控制和作业控制，"规制"属性直接对应于公司内部治理，这充分反映了经济学对公司本质的假设。

图 4-2 中的关系整合框架符合内部控制理论，反映了当代公司治理理论的研究前沿。随着全球金融危机的加深和蔓延以及丰田汽车的召回，以马利克教授为代表的"圣加仑管理学派"的管理理论受到管理学界和商界的高度赞扬。该学派认为："虽然今天意义上的公司治理已经被大量讨论，但在最近的企业管理中存在诸多错误的措施……今天的公司治理必须重新定位，在公司治理的一些重要方面需要进行深入而深刻的改革……必须转变为有效的管理"；"公司治理的内容应该涉及指挥和领导的角度，而不是公司治理原则中常用的现行法律和财务法规，这些法规是必要的，但还不够。"这里构建的关系框架将企业内部治理与企业内部控制相结合，作为一种高层次的内部控制设计，揭示了如何将普通的企业治理转化为高效管理。

四、内部控制、合规管理与风险管理的三位一体建设

为促进国有企业持续健康发展，防范和控制企业风险，加快推进合规体系建设工作，国务院国资委、财政部、证监会等监管机构陆续就企业风险、合规及内控管理颁布了一系列重要政策及指引。

现阶段，企业需要通过构建一套顶层设计、一条"三位一体"管理体系营建路径、一套具体工具，来解决"三位一体"管理体系谁来管、管什么、怎么管、怎么保障、怎么落地的实际问题，形成全面覆盖、精准防控、落地可行、切合实际的企业管理工具，实现"一套管控体系，不同管控视角，多维管控成效"的目标。

（一）明确"三位一体"管控对象

以公司发展战略、经营目标为出发点，结合公司组织架构及职能分工，了解并梳理企业为实现战略及经营目标所开展的核心经营活动及重点业务领域，作为推进"三位一体"管理的对象及抓手，也是"三位一体"体系建设的基础工作。

重点业务领域的梳理可以结合《中央企业合规管理办法》中涉及的重点领域及合规风险较高的业务，以及《企业内部控制基本规范》和 18 项应用指引的建议，并结合公司的具体经营实际，做到目标为导向、业务全覆盖、领域有重点。

（二）明确企业内外部合规义务

基于公司的经营业务活动，从各经营业务及职能领域的重点经营活动及关键事项出发，根据收集到的各类内外部合规信息，系统性地从内外部监管规定及企业内部规章制度中识别并分析其对具体业务活动开展过程中每个行为的合规义务及合规要求、属于的合规义务类型、合规义务摘要、约束对象、违反合规义务条款责任所产生的违规后果、违规责任类型、该合规义务在公司内部的主要负责部门及岗位等，形成《合规义务清单》。

（三）识别合规及经营风险

企业基于已识别到的合规义务，结合企业自身业务特点与运营特色，识别风险各类驱动因素，如经营理念、经济环境、行业政策、产业链趋势等。企业通过收集各类内外部风险事件的相关数据，从各驱动因素的层面分析诱发风险的重要成因与对企业自身的影响程度，从而做到

对企业经营过程中各类切实风险的识别，识别涵盖外部监管合规义务、内部控制运营的薄弱环节、各关键业务领域的风险及风险事件等，形成《三位一体风险库》，包含专项业务领域、分级（通常可划分为一、二、三级）风险名称、各级风险描述、各风险的关键风险指标、风险主责部门等要素内容。

（四）构建协同联动管控机制

结合外部合规义务及风险管理要求，通过"外规内化"完善企业内部规章制度及管控措施，在防控各类风险、满足外规监管要求的前提下，明确各个领域、各项工作、各个环节的业务流程、管理要点、岗位职责等具体管控措施，形成《风险合规内控管理手册》（以下简称《手册》），保障业务的有效开展。

《手册》涵盖各业务流程的控制目标、风险描述、适用范围、相关制度和政策、流程说明、业务流程图、风险控制矩阵及权责矩阵，为企业各项业务的开展提供直观、清晰的实践指引，是企业从经验化管理到系统化、标准化管理转型的重要成果。《手册》中各项流程明确涉及的合规要点、风险事项，将合规义务融入业务流程，将风险要素嵌入管理措施，在使用《手册》执行业务流程的过程中，实现将风险意识与合规意识潜移默化地转移至员工的思维中，有效提升工作效能。

《手册》中流程图可采用特定且不同的图形符号，更加形象直观地展示应对外部法律法规和监管合规要求的内部控制措施、应对企业面临的关键经营风险的内部控制措施，实现将合规及风险管控要求有机融合于内部控制管理之中，降低流程执行过程不合规及可能面临的风险。

（五）明晰职能授权

全面厘清企业各部门、各岗位的职能职责及授权范围，通过运用不同标识，梳理和优化各关键业务事项谁提交、谁审核、谁审批、谁配合、谁备案，实现各环节责任精准落实到岗，压实"三位一体"管理职责到人，保障管理体系有依托、可落地、可操作、可执行。

（六）加强信息化管理

加强信息化顶层谋划，通过运用信息化手段，将风险及合规关注点融合嵌入信息系统权责设置、关节流程节点中，健全内部控制、合规管理与风险管理"三位一体"信息化管理功能，实现"三位一体"管理体系控制活动信息化，通过系统固化及刚性约束，有效推动"三位一体"管理体系的落地运行。

（七）搭建体系运行保障机制

建立内部控制、合规管理与风险管理"三位一体"管理体系的运行保障机制，通过定期的风险识别及评估机制，持续收集公司内外部风险管理、合规管理、内部控制的各类信息（包括外部法律法规及监管要求变化），调整各项风险应对及管控措施，监控风险的应对情况。对已经不再适用的风险或风险管控措施进行调整，同时结合风险检查中发现的设计有效性问题，持续优化"三位一体"管理体系的管理工具及公司规章制度，增进一体化管控成效，确保"三位一体"管理体系持续健康发展。

▶本章小结

本章介绍了金融风险管理的基础知识，对于基础知识的学习有助于进一步理解后续章节内容。掌握本章的金融风险的各个类型，全面认识风险产生原因，结合原因对风险进行管理。

金融风险管理旨在控制风险，防止和减少风险带来的损失，目标主要是确保安全、维护利益。金融风险管理是一个动态而连续的过程，贯穿企业生产经营全过程，也是公司全部员工不可避免的一项任务，因为它不仅直接关系企业的未来发展，还关系个人的发展。更重要的是，面对风险我们不仅要识别、衡量风险，还要设计合理、有效的风险管理对策来应对不可估的风险。我们应该认识到，风险管理并不一定能规避所有的风险，合理的对策只能减少企业面对的风险，无法将风险全部消除。

对于内部控制、风险管理和公司治理三者关系的辩论一直是学术界的热门话题，每位学者都通过相应的理论论证自己的观点。本章最后通过援引具有代表性的谢志华与李维安两位学者的观点，让读者深入学术领域的研究氛围，启发自己的观点，开展更深入的探究。但是无论是李维安基于"战略视角框架"的论证，还是谢志华搭建的"四维整合框架"，他们一致的观点还是内部控制、风险管理和公司治理三者密不可分，都是企业运营管理不可或缺的一部分。然而，理论是为了更好地指导实践，将理论运用到不同企业中会发生很大的不同，各企业在实际经营中要切实分析自身内外部因素并运用相关理论，指导实践。

▶复习与思考

1. 分析我国金融风险管理现况，思考现存的主要问题。
2. 金融风险管理和内部控制是否有联系？有什么联系？
3. 通过上网查找相关资料，你认为为什么会出现曼氏金融挪用资金的情况？其问题主要出现在哪儿？
4. 公司治理与风险管理有何关系？

第二篇

行业特色

第五章　银行业内部控制
第六章　保险业内部控制
第七章　电力行业内部控制
第八章　医药行业内部控制
第九章　石油石化行业内部控制

第五章

银行业内部控制

> **引 例**
>
> ### 加强银行业内部控制
>
> 银行缺乏内部控制管理正受到监管机构的高度关注。近年来,监管机构开出的大部分罚单都与银行内部控制不足有关。一些罚单显示,违规涉及关联交易、个人消费贷款、股权管理、委外贷款、信贷资金被挪用、资金违规流入房地产等多项内容。
>
> 监管机构频频剑指内控漏洞,意在推动银行机构正视问题和早日整改。2020年8月,银保监会发布《健全银行业保险业公司治理三年行动方案(2020—2022年)》,列出了路线图和时间表;2021年年初召开的2021年中国银保监会工作会议将"持续提升公司治理和内控管理水平"作为全年的重点工作任务之一;2021年6月,银保监会继发布《银行保险机构公司治理准则》之后,同时启动"内控合规管理建设年"活动,进一步补齐内控合规机制的短板,大力整治屡查屡犯的顽瘴痼疾。
>
> 银行的内部控制管理不应形同虚设。一方面,内部控制的短板要求银行加强内部约束,尽快完善相关制度。研究发现,银行业员工对风险防控、内部控制和合规管理之间的关系认识不足是内部控制管理薄弱的主要原因之一。一些银行中层追求"急功近利"的经营业绩,导致了内部控制和合规管理在无意间被稀释。事实上,一些基层员工往往认为按规定办事就是内部控制和风险防控;有时,即使发现了风险点,他们也可能不会注意更不会报告。为此,银行应进一步完善内控制度,不断提高内控效率,防止人为因素干扰内控管理,树立合规意识,规范内部信息沟通渠道,全面提高内部控制管理能力。另一方面,必须通过加强外部监管,弥补银行内部控制管理的"短板"。在监管机构近年披露的案例中,一些银行员工存在内部和外部串通勾结的情况,银行行长也有滥用权力和利益转移等违规行为。因此,内部控制管理中存在的一些问题需要通过外部监督进一步加强。

> 为了加强内外部双重监管应该着重做到以下两点。
>
> 一是强化银行内控管理的监管责任，明确各项服务的权责，特别是进一步强化中小银行监管责任，避免监管漏洞。2021年，中国银行业和保险监督管理委员会监管部门发布了《银行业金融机构法人监管责任单位名单》，向4 604家银行业金融机构授权法人明确了监管机构直接控制的级别，这有助于提高执行任务的透明度和标准化。
>
> 二是增加违法违规金融机构的成本。近年来，虽然金融机构违反法律法规的成本总体上有所增加，但违反法律法规的代价，即成本水平仍然较低，威慑作用有限，不利于保护金融消费者的利益。要加大银行内部控制管理的"失控"成本，特别是对群众反应强烈的问题，要加大处罚力度。
>
> 资料来源：陆敏. 银行内控不能形同虚设 [N]. 经济日报，2021-11-10（7）.

银行只有形成内外部合力的态势，才能更好地解决其内部控制管理中存在的问题。银行和监管机构应将完善内部控制管理作为公司治理的重要内容和出发点，着力从根本上防范和化解金融风险，只有这样，才能牢牢把握系统性风险缺失的底线，为构建新的发展模式提供强有力的金融支持。本章将带领读者走进银行业，从总体层面到具体业务层面全方位介绍银行业内部控制制度。

第一节　银行业概述

一、银行业历史发展背景

从历史上看，银行是从管理资金的活动中发展而来的。早在公元前2000年的巴比伦寺庙和公元前500年的希腊寺庙中，就有了保存金银、发放贷款、收取和支付利息的活动。公元前200年，在罗马帝国，出现了货币商人和类似银行的商业机构。

中国银行业的出现可以追溯到1 000多年前的唐朝。当时，有一些机构同时经营银钱，如邸店和质库。宋代有钱馆、钱铺，明代有钱肆和钱庄，清代有更先进的票号和汇票庄。虽然这些机构不是真正的银行，但它们已经具备了银行的一些特征。

在中世纪的欧洲，当时的世界中心意大利诞生了第一家严格意义上的银行——威尼斯银行，成立于1171年，是最早的近代银行。热那亚银行成立于1407年，是一家早期的储蓄银行。此后，一些银行相继成立，主要从事存款和贷款活动，其中大多数具有高利贷性质。

英格兰银行成立于1694年，是世界上第一家资本主义股份制银行。从18世纪末到19世纪初，随着资本主义生产关系的广泛确立和资本主义商品经济的不断发展，资本主义银行得以普遍建立。资本主义银行是一种特殊的资本主义企业，其主要职能是管理货币资金，发行信贷流通工具，在资本家之间充当信贷和支付的中介。

1845 年由英国人在广州创立的丽如银行（又称"东方银行"）是当时中国的第一家银行。中国通商银行成立于 1897 年，是中国第一家自行创建的银行。

进入帝国主义时期，随着资本的不断集中，形成了银行的垄断组织。银行垄断资本与工业行业垄断资本相结合，形成金融资本。银行从简单的中介演变为全能的垄断者。它不仅控制国民经济的神经中枢，而且以资本输出和跨国银行的形式向外扩张。

在现代化时期，中国银行业的资产规模和税后利润显著增加。到 2011 年，中国银行业的利润占全球银行业总利润的近三分之一。但是，在利率市场化进程加快、内外部竞争加剧、利润增速下降的背景下，银行等金融机构需要对公司结构、资源配置和区域配置进行相应的战略性调整，以确保其可持续、健康、稳定发展。

2008 年金融危机爆发后，银监会也采取了相关措施，陆续发布了《关于中国银行业实施新监管标准的指导意见》《商业银行杠杆率管理办法（征求意见稿）》和《商业银行资本管理办法（征求意见稿）》。2012 年 6 月 8 日，银监会发布《商业银行资本管理办法（试行）》，自 2013 年 1 月 1 日起实施。这些政策文件的出台表明，中国商业银行正在逐步发展和进步。

二、我国银行业现状

2022 年 3 月 15 日，中国银行业协会在北京发布了《2021 年中国银行业服务报告》。这是中国银行业协会连续第 15 年发布该报告，报告共分六章，内容涉及完善服务管理体系，优化服务渠道建设，提高综合服务效能，丰富产品服务供给，支持实体经济发展，加强消费者权益保护，总结梳理了银行业金融机构在聚焦金融本质、提升服务质效上的亮点工作和典型案例。报告显示，2021 年，面对新的形势和挑战，中国银行业认真贯彻落实党中央、国务院关于金融工作的决定和部署，完整、准确、全面落实新发展理念，以深化供给侧结构性改革为主线，以改革创新为根本动力，抓住发展机遇，加快转型步伐，化解困难，积极主动，继续做好"六稳"和"六保"工作，坚决守住不发生系统性金融风险底线，全面服务实体经济稳健高质量发展，为构建新发展格局提供良好的金融支持。

报告显示，银行业金融机构的业务量方面，据不完全统计，2021 年银行业金融机构离柜交易达 2 219.12 亿笔；离柜交易总额达 2 572.82 万亿元，同比增长 11.46%；行业平均电子渠道分流率为 90.29%。截至 2021 年末，银行业金融机构客服从业人员为 5.02 万人，全年人工处理来电 7.14 亿人次，人工电话平均接通率达 94.15%。

值得注意的是，报告显示，银行业在人员雇用和业务流程等方面开展了创新性改革。据不完全统计，2021 年银行业金融机构优化主要业务流程 2.52 万个。同时，创新开展多元化服务培训，全面提升员工综合素质、专业能力及内控管理水平等；统筹做好疫情防控和客户服务，运用多元化金融工具赋能保障特殊时期服务效能。据不完全统计，2021 年银行业金融机构培训厅堂服务人员 341.23 万人次、理财师 69.57 万人次、客服热线人员 84.39 万人次、信用卡热线人员 126.41 万人次。

上述数据表明，随着现代化进程的加快，中国的银行业和金融业也在与时俱进地发展现代银行体系逐渐建立。

三、银行业的概念及我国的现代银行体系

（一）银行业的概念

银行是现代金融业的主体，是国民经济运转的枢纽，是经营货币和信用业务的金融机构，通过发行信用货币、管理货币流通、调剂资金供求、办理货币存贷与结算，充当信用的中介人。

银行业，顾名思义是一整个行业，在我国包括中国人民银行、监管机构、自律组织，以及在中华人民共和国境内设立的商业银行、城市信用合作社、农村信用合作社等吸收公众存款的金融机构、非银行金融机构及政策性银行。

（二）我国的现代银行体系

我国现已形成以中央银行、银行业监管机构、政策性银行、商业银行和其他金融机构为主体，同其他各类银行并存的现代银行体系。

中国人民银行是我国的中央银行，中国人民银行在国务院的领导下，主要是负责制定和执行货币政策，防范和化解金融风险，维护金融环境的稳定，提供一系列金融服务。中国银行业监督管理委员会是银行业监管机构，主要是对银行类金融机构进行监督和管理。政策性银行是由政府发起、出资成立，为贯彻和配合政府特定经济政策和意图而进行融资和信用活动的机构。商业银行一般是指吸收存款、发放贷款和从事其他中间业务的营利性机构，包括国有独资商业银行、股份制商业银行和城市商业银行，以及住房储蓄银行、外资银行、合资银行。

除此之外，共同组成中国银行体系的其他金融机构还包括信用合作机构、金融资产管理公司、信托投资公司、财务公司及租赁公司等。

四、银行业内部控制的目标

保证国家有关法律法规及规章的贯彻执行；保证商业银行发展战略和经营目标的实现；保证商业银行风险管理的有效性；保证商业银行业务记录、会计信息、财务信息和其他管理信息的真实、准确、完整和及时。

五、银行业内部控制的原则

（1）全覆盖原则。内部控制应当渗透商业银行的各项业务过程和各个操作环节，覆盖所有的部门和岗位，并由全体人员参与，任何决策或操作均应当有案可查。商业银行内部控制应当贯穿决策、执行和监督全过程，覆盖各项业务流程和管理活动，覆盖所有的部门、岗位和人员。

（2）制衡性原则。商业银行内部控制应当在治理结构、机构设置及权责分配、业务流程等方面形成相互制约、相互监督的机制。

（3）审慎性原则。商业银行内部控制应当坚持风险为本、审慎经营的理念，设立机构或开办业务均应坚持内控优先。

（4）相匹配原则。商业银行内部控制应当与管理模式、业务规模、产品复杂程度、风险状况等相适应，并根据情况变化及时进行调整。

第二节　银行业总体层面内部控制

一、银行业的内部控制环境

（一）银行业内部控制的组织架构

良好的公司治理以及分工合理、职责明确、相互制衡、报告关系清晰的组织结构，可以为内部控制体系的有效性提供必要的前提条件。

银行应当建立由董事会、监事会、高级管理层、内控管理职能部门、内部审计部门、业务部门组成的分工合理、职责明确、报告关系清晰的内部控制治理和组织架构。这些部门应当充分认识自身对内部控制所承担的责任，从而构建起一个行之有效的内部控制体系。

（二）银行业董事会的职责

董事会负责督导商业银行建立起严密的内部控制体系，并且保证此内部控制系统能够在商业银行的实际运行过程中行之有效，同时也要保证商业银行在法律和政策框架内实现审慎经营。董事会负责制定出商业银行要达到的控制目标，并且负责设定出银行可接受的风险水平，从而保证高级管理层采取必要的风险控制措施，同时也要监督高级管理层，对内部控制体系的充分性与有效性进行监测和评估。

（三）银行业监事会的职责

监事会负责监督董事会、高级管理层并完善内部控制体系，还担负着监督董事会、高级管理层及其成员履行内部控制完成情况的职责。

（四）银行业高级管理层的职责

高级管理层负责执行董事会的决策，并且根据董事会确定的可接受的风险水平，制定出系统化的制度、流程和方法，采取相应的风险控制措施，进而来主持企业的生产经营工作；同时也负责建立和完善银行的内部组织机构，对其他职能部门进行明确分工，从而保证内部控制的各项职责得到有效履行。

因此，商业银行应当建立科学、有效的激励约束机制，培育良好的企业精神和内部控制文化，从而创造出一个全体员工都能充分了解且能够切实履行职责的整体环境。

二、银行业的风险评估

商业银行应当设立履行风险评估职能的专职部门，主要负责具体制定并实施能够识别、计量、监测、控制企业风险的制度、程序和方法，以确保风险评估和经营目标的实现。并且，商业银行应当建立一个涵盖各项业务、全行范围的风险评估系统，通过开发与运用风险量化评估的方法和模型，对信用风险、市场风险、流动性风险、操作风险等各类风险进行持续的监控。

商业银行应当对各项业务制定出全面、系统、成文的政策、制度和程序，在全行范围内保持统一的业务标准和操作要求，进而保证其实施过程中的连续性和稳定性。商业银行在设立新机构或开办新业务时，应当事先制定有关政策、制度和程序，对潜在的风险进行计量和评估，并提出风险防范措施。

商业银行应当建立内部控制的评价制度，对内部控制的制度建设、执行情况定期进行回顾和检讨，并根据国家法律规定、银行组织结构、经营状况、市场环境的变化进行修订和完善。

三、银行业的控制活动

商业银行应当明确划分相关部门之间、岗位之间、上下级机构之间的职责，建立起职责分离、横向与纵向相互监督制约的机制。在涉及资产、负债、财务和人员等重要事项变动时，均不得由一个人独自决定。应当根据不同的工作岗位及其性质，赋予相应的职责和权限，在各个岗位上都应当有正式、成文的岗位职责说明和清晰的报告关系。明确关键岗位控制要求，关键岗位应当实行定期或不定期的人员轮换和强制休假制度。

商业银行应当根据各分支机构和业务部门的经营管理水平、风险管理能力、地区经济和业务发展需要，建立相应的授权体系，实行统一法人管理和法人授权。在授权时应做到适当授权，所授的权力明确，重要事项下可采用书面形式。

商业银行应当利用计算机程序监控等现代化手段，锁定分支机构的业务权限，对分支机构实施有效的管理和监控。下级机构也应当严格执行上级机构的决策，在自身职责和权限范围内开展工作。

商业银行应当建立有效的核对、监控制度，对各种账证、报表定期进行核对，对现金、有价证券等有形资产及时进行盘点，对柜台办理的业务实行复核或事后监督把关，对重要业务采取双签有效的管理办法，对授权、授信的执行情况进行监控；按照规定进行会计核算和业务记录，建立完整的会计、统计和业务档案，并妥善保管，确保原始记录、合同契约和各种资料的真实、完整。

商业银行应当建立有效的应急预案，并定期进行测试。在意外事件或紧急情况发生时，应按照应急预案及时做出应急处置，以预防或减少可能造成的损失，确保业务能够持续开展。设立独立的法律事务部门或岗位，统一管理各类授权、授信的法律事务，制定和审查法律文本，对新业务的推出进行法律论证，确保各项业务的合法和有效。

四、银行业的信息与沟通

商业银行应当实现业务操作和管理的电子化，促进各项业务的电子数据处理系统的整合，做到业务数据的集中处理。应当实现经营管理的信息化，建立贯穿各级机构、覆盖各个业务领域的数据库和管理信息系统，做到及时、准确提供经营管理所需要的各种数据，并及时、真实、准确地向中国银监会及其派出机构报送监管报表资料和对外披露信息。

商业银行应当建立有效的信息交流和反馈机制，确保董事会、监事会、高级管理层及时了解本行的经营和风险状况，确保每一项信息均能够传递给相关的员工，各个部门和员工的有关信息均能够顺畅反馈。

第三节 银行业业务层面内部控制

一、授信的内部控制

授信是指商业银行向非金融机构客户直接提供的资金，或者对客户在有关经济活动中可能产生的赔偿、支付责任做出的保证，包括贷款、贸易融资、票据融资、融资租赁、透支、各项垫款等表内业务，以及票据承兑、开出信用证、保函、备用信用证、信用证保兑、债券发行担保、借款担保、有追索权的资产销售、未使用的不可撤销的贷款承诺等表外业务。简单来说，授信是指银行向客户直接提供资金支持，或者是对客户在有关经济活动中的信用向第三方做出保证的行为。

（一）授信控制的原则

（1）根据不同地区的经济发展水平、经济和金融管理能力、信贷资金占用和使用情况、金融风险状况等因素，实行区别授信。

（2）根据不同客户的经营管理水平、资产负债比例情况、贷款偿还能力等因素，确定不同的授信额度。

（3）根据各地区的金融风险和客户的信用变化情况，及时调整对各地区和客户的授信额度。

（4）在确定的授信额度内，根据当地及客户的实际资金需要、还款能力、信贷政策和银行提供贷款的能力，具体确定每笔贷款的额度和实际贷款总额。

（二）授信控制的重点

商业银行授信内部控制的重点是：实行统一授信管理，健全客户信用风险识别与监测体系，完善授信决策与审批机制，防止单一客户、关联企业客户和集团客户授信风险的高度集中，防止违反信贷原则发放关系人贷款和人情贷款，防止信贷资金违规使用。

（三）授信控制环节的流程设计

1. 明确授信工作的具体内容

商业银行授信工作的具体内容包括客户调查、业务受理、分析评价、授信决策与实施、授信后管理与问题授信管理等各项授信业务活动。

2. 对授信工作人员进行专业培训

授信工作人员是指商业银行中参与授信工作的相关人员。对于授信工作人员进行专业、系统的培训，能够大大减少在控制环节因工作人员业务流程不熟练所造成的问题。

3. 具体开展授信工作

在授信过程中，商业银行对于授信工作人员的要求是按照银行工作指引的规定去履行职责，完成最基本的尽职要求。

4. 对授信工作按时进行调查

授信工作尽职调查是指商业银行总行及分支机构授信工作尽职调查人员对授信工作人员的尽职情况进行独立验证、评价和报告。对授信工作按时进行调查能够很大程度上从事情发生的初始环节进行控制，进而保证授信整个环节的工作有条不紊地进行。

（四）授信的关键控制点及控制措施

1. 设立独立的授信风险管理部门

商业银行应当设立独立的授信风险管理部门，对不同币种、不同客户对象、不同种类的授信进行统一管理，设置授信风险限额，避免信用失控。商业银行授信岗位设置应当做到分工合理、职责明确，岗位之间应当相互配合、相互制约，做到审贷分离、业务经办与会计账务处理分离。

2. 建立有效的授信决策机制

商业银行应当建立有效的授信决策机制，包括设立授信审查委员会，负责审批权限内的授信。行长不得担任授信审查委员会成员。授信审查委员会审议表决应当遵循集体审议、明确发表意见、多数同意通过的原则，全部意见应当记录存档。

3. 建立严格的授信风险垂直管理体制

商业银行应当建立严格的授信风险垂直管理体制，对授信实行统一管理。商业银行应当对授信实行统一的法人授权制度，上级机构应当根据下级机构的风险管理水平、资产质量、所处地区经济环境等因素，合理确定授信审批权限。商业银行应当根据风险大小，对不同种类、期限、担保条件的授信确定不同的审批权限，审批权限的确定应当建立在采用量化风险指标的基础上。

4. 建立完善的授信管理信息系统

商业银行应当建立完善的授信管理信息系统，对授信全过程进行持续监控，并确保提供真实的授信经营状况和资产质量状况信息，对授信风险与收益情况进行综合评价。

5. 建立完善的客户管理信息系统

商业银行应当建立完善的客户管理信息系统，全面和集中掌握客户的资信水平、经营财务状况、偿债能力和非财务因素等信息，对客户进行分类管理，对资信不良的借款人实施授信禁入。

二、资金业务的内部控制

商业银行的货币业务主要包括资产业务和资金业务两大类。资产业务是指银行运用吸收的资金，从事各种信用活动，以获取利润的行为。资产业务包括现金业务、存放款项业务、发放贷款业务、票据贴现业务、投资业务（国债、公司债）等。

资金业务是除贷款之外最重要的资金运用渠道,也是银行重要的资金来源渠道。银行通过吸收存款、发行债券以及吸收股东投资等方式获得资金后,除了用于发放贷款以获得贷款利息外,其余的部分用于投资交易以获得投资回报。

(一) 资金业务控制的原则

(1) 权限等级和职责分离原则。商业银行资金业务的组织结构应当体现权限等级和职责分离的原则,做到前台交易与后台结算分离、自营业务与代客业务分离、业务操作与风险监控分离,建立岗位之间的监督制约机制。

(2) 资金业务的风险责任制原则。前台资金交易员应当承担越权交易和虚假交易的责任,并对未执行止损规定形成的损失负责。中台监控人员应当承担对资金交易员越权交易报告的责任,并对风险报告失准和监控不力负责。后台结算人员应当对结算的操作风险负责。高级管理层应当对资金交易出现的重大损失承担相应的责任。

(二) 资金业务控制的重点

对资金业务对象和产品实行统一授信,实行严格的前后台职责分离,建立中台风险监控和管理制度,防止资金交易员从事越权交易,防止欺诈行为,防止因违规操作和风险识别能力不足导致的重大损失。

(三) 资金业务的关键控制点及措施

1. 建立有效的预警和处理机制

商业银行应当根据分支机构的经营管理水平,核定各个分支机构的资金业务经营权限。对分支机构的资金业务应当定期进行检查,对异常资金交易和资金变动应当建立有效的预警和处理机制。未经上级机构批准,下级机构不得开展任何未设权限的资金交易。商业银行还应当完善资金营运的内部控制,资金的调出、调入应当有真实的业务背景,严格按照授权进行操作,并及时划拨资金,登记台账。

根据授信原则和资金交易对手的财务状况,商业银行应该确定交易对手、投资对象的授信额度和期限,并根据交易产品的特点对授信额度进行动态监控,确保所有交易控制在授信额度范围之内。

商业银行应当充分了解所从事资金业务的性质、风险、相关的法规和惯例,明确规定允许交易的业务品种,确定资金业务单笔、累计最大交易限额,以及相应承担的单笔、累计最大交易损失限额和交易止损点。

高级管理层应当充分认识金融衍生产品的性质和风险,根据本行的风险承受水平,合理确定金融衍生产品的风险限额和相关交易参数。

2. 建立完备的资金交易风险评估和控制系统

商业银行应当建立完备的资金交易风险评估和控制系统,制定符合本行特点的风险控制政策、措施和定量指标，开发和运用量化的风险管理模型，对资金交易的收益与风险进行适时、审慎评价，确保资金业务各项风险指标控制在规定的范围内，同时应当根据资金交易的风险程度和管理能力，就交易品种、交易金额和止损点等对资金交易员进行授权。商业银行还应当按照市场价格计算交易头寸的市值和浮动盈亏情况，对资金交易产品的市场风险、头寸市值变动进行实时监控。

3. 建立资金交易风险和市值的内部报告制度

商业银行应当建立资金交易风险和市值的内部报告制度。有关资金业务风险和市值情况的报告应当定期、及时向董事会、高级管理层和其他管理人员提供。商业银行应当制定不同层次和种类的报告的发送范围、程序和频率。

4. 建立压力测试程序

商业银行应当建立全面、严密的压力测试程序，定期对突发的小概率事件，如市场价格发生剧烈变动，或者发生意外的政治、经济事件可能造成的潜在损失进行模拟和估计，以评估本行在极端不利情况下的亏损承受能力。商业银行应当将压力测试的结果作为制订市场风险应急处理方案的重要依据，并定期对应急处理方案进行审查和测试，不断更新和完善应急处理方案。

5. 建立适当的约束机制

商业银行应当建立对资金交易员的适当的约束机制，对资金交易员实施有效管理。资金交易员应当严格遵守交易员行为准则，在职责权限、授信额度、各项交易限额和止损点内以真实的市场价格进行交易，并严格保密交易信息。

6. 建立资金反映和监督机制

商业银行应当建立资金交易中台和后台部门对前台交易的反映和监督机制。中台监控部门应当核对前台交易的授权交易限额、交易对手的授信额度和交易价格等，对超出授权范围内的交易应当及时向有关部门报告。后台结算部门应当独立地进行交易结算和付款，并根据资金交易员的交易记录，在规定的时间内向交易对手逐笔确认交易事实。

三、存款及柜台业务的内部控制

（一）存款及柜台业务概述

存款是指存款人基于对银行的信任而将资金存入银行，并可以随时或者按照约定时间支取款项的一种信用行为。存款是银行对于存款人的负债，是银行最主要的资金来源。

柜台业务可以分为对公业务和个人金融业务。对公业务主要就是对企业、事业单位等的日常业务进行处理。个人金融业务主要包括最基本的储蓄业务（存取款）、中间业务（包括代收手续费、电话费、网费、交通罚款等）和理财业务（包括各类理财产品、基金、保险、国债等）。

（二）存款及柜台业务的控制原则

了解客户的需求；审核客户资金来源的真实性和合法性；对员工进行有效的培训，提高其业务能力；建立良好的监督机制。

（三）存款及柜台业务内部控制的重点

商业银行存款及柜台业务内部控制的重点是：对基层营业网点、要害部门和重点岗位实施有效监控，严格执行账户管理规定、会计核算制度和各项操作规程，防止内部操作风险和违规经营行为，防止内部挪用、贪污，以及洗钱、金融诈骗、逃汇、骗汇等非法活动，确保商业银行和客户资金的安全。

（四）存款及柜台业务的关键控制点及措施

1. 严格执行账户管理规定

商业银行应当严格执行账户管理的有关规定，认真审核存款人身份和账户资料的真实性、完整性和合法性，对账户开立、变更和撤销的情况定期进行检查，防止存款人出租、出借账户或利用存款账户从事违法活动；严格管理预留签章和存款支付凭据，提高对签章、票据真伪的甄别能力，并利用计算机技术，加大预留签章管理的科技含量，防止诈骗活动的发生。

2. 建立适时对账机制和监督机制

商业银行应当对存款账户实施有效管理，建立和完善银行与客户、银行与银行以及银行内部业务台账与会计账之间的适时对账制度，对可参与对账人员、对账对象、对账频率等做出明确规定。对内部特种转账业务、账户异常变动等进行持续监控，发现情况应当进行跟踪和分析。

3. 建立分级授权和双签制度

商业银行应当对大额存单签发、大额存款支取实行分级授权和双签制度，按规定对大额款项收付进行登记和报备，确保存款等交易信息的真实、完整。对每日营业终了的账务实施有效管理，当天的票据当天入账，对发现的错账和未提出的票据或退票，应当履行内部审批、登记手续。严格执行"印、押、证"三分管制度，使用和保管重要业务印章的人员不得同时保管相关的业务单证，使用和管理密押、压数机的人员不得同时使用或保管相关的印章和单证。使用和保管密押的人员应当保持相对稳定，人员变动应当经主管领导批准，并办好交接和登记手续。人员离岗，"印、押、证"应当落锁入柜，妥善保管。

4. 建立个人负责制

商业银行应当对现金收付、资金划转、账户资料变更、密码更改、挂失、解挂等柜台业务建立复核制度，确保交易的记录完整和可追溯。柜台人员的名章、操作密码、身份识别卡等应当实行个人负责制，妥善保管，按章使用。

5. 严格进行监督、核算和管理

商业银行应当对现金、贵金属、重要空白凭证和有价单证实行严格的核算和管理，严格执行入库、登记、领用的手续，定期盘点查库，正确、及时处理损益。建立会计、储蓄事后监督制度，配置专人负责事后监督，实现业务与监督在空间和人员上的分离。

四、中间业务的内部控制

（一）中间业务概述

中间业务是指商业银行代理客户办理收款、付款和其他委托事项而收取手续费的业务，是银行不需动用自己的资金，依托业务、技术、机构、信誉和人才等优势，以中间人的身份代理客户承办收付和其他委托事项，提供各种金融服务并据以收取手续费的业务。银行经营中间业务无须占用自己的资金，它是在银行的资产、负债、信用业务的基础上产生的，并可以促进银行信用业务的发展和扩大。近些年，中间业务收入占银行收入的比重逐年加大，重要程度也日益提高。

（二）中间业务的内控原则

（1）商业银行应遵循诚实信用、勤勉尽责的原则来保管基金资产，严格履行基金托管人的职责，确保基金资产的安全，并承担为客户保密的责任。

（2）商业银行应当对代理资金支付进行审查和管理，按照代理协议的约定办理资金划转手续，遵循银行不垫款的原则，不介入委托人与其他人的交易纠纷。

（3）商业银行开展咨询顾问业务，应当坚持诚实信用原则，确保客户对象、业务内容的合法性和合规性，对提供给客户的信息的真实性和准确性负责，并承担为客户保密的责任。

（三）中间业务内部控制的重点

商业银行中间业务内部控制的重点是：开展中间业务应当取得有关主管部门核准的机构资质、人员从业资格和内部的业务授权，建立并落实相关的规章制度和操作规程，按委托人指令办理业务，防范或有负债风险。

（四）中间业务的关键控制点及措施

1. 保证业务执行的合规性

商业银行办理支付结算业务，应当根据有关法律规定，对持票人提交的票据或结算凭证进行审查，并确认委托人收、付款指令的正确性和有效性，按指定的方式、时间和账户办理资金划转手续。

办理结汇、售汇和付汇业务，应当对业务的审批、操作和会计记录实行恰当的职责分离，并严格执行内部管理和检查制度，确保结汇、售汇和收付汇业务的合规性。办理代理业务，应当设立专户核算代理资金，完善代理资金的拨付、回收、核对等手续，防止代理资金被挤占挪用，确保专款专用。

2. 建立中间业务资金审查和监督机制

商业银行应当严格按照会计制度正确核算和确认各项代理业务收入，坚持收支两条线，防止代理收入被截留或挪用。

商业银行发行借记卡，应当按照实名制规定开立账户。对借记卡的取款、转账、消费等支付业务，应当制定并严格执行相关的管理制度和操作规程；发行贷记卡，应当在全行统一的授信管理原则下，建立客户信用评价标准和方法，对申请人相关资料的合法性、真实性和有效性进行严格审查，确定客户的信用额度，并严格按照授权进行审批。商业银行应当对贷记卡持卡人的透支行为建立有效的监控机制，业务处理系统应当具有实时监督、超额控制和异常交易止付等功能。商业银行应当定期与贷记卡持卡人对账，严格管理透支款项，切实防范恶意透支等风险。受理银行卡存取款或转账业务时，应当对银行卡资金交易设置必要的监控措施，防止持卡人利用银行卡进行违法活动。

3. 建立健全内部管理机制

商业银行发卡机构应当建立和健全内部管理机制，完善重要凭证、银行卡卡片、客户密码、止付名单、技术档案等重要资料的传递与存放管理，确保交接手续的严密。

商业银行应当对银行卡特约商户实施有效管理，规范相关的操作规程和处理手续，对特约商户的经营风险或操作过失应当制定相应的应急和防范措施。

4. 实行不相容职位分离机制

商业银行从事基金托管业务，应当在人事、行政和财务上独立于基金管理人，双方的管理人员不得相互兼职；应当确保基金托管业务与基金代销业务相分离，基金托管的系统、业务资料与基金代销的系统、业务资料有效分离。

商业银行应当确保托管基金资产与自营资产相分离，对不同基金独立设账，分户管理，独立核算，确保不同基金资产的相互独立；严格按照会计制度办理基金账务核算，正确反映资金往来活动，并定期与基金管理人等有关当事人就基金投资证券的种类、数量等进行核对。

五、银行业会计业务的内部控制

（一）银行业会计业务内部控制的重点

商业银行会计业务内部控制的重点是：实行会计工作的统一管理，严格执行会计制度和会计操作规程，运用计算机技术实施会计内部控制，确保会计信息的真实、完整和合法，严禁设置账外账，严禁乱用会计科目，严禁编制和报送虚假会计信息。

（二）银行业会计业务的关键控制点及措施

1. 会计工作要严格遵守法律法规

商业银行应当依据企业会计准则和国家统一的会计制度，制定并实施本行的会计规范和管理制度。下级机构应当严格执行上级机构制定的会计规范和管理制度，确保统一的会计规范和管理制度在本行得到实施。

2.实行权责利相分离制度,保证会计工作的独立性

商业银行应当确保会计工作的独立性,确保会计部门、会计人员能够依据国家统一的会计制度和本行的会计规范独立地办理会计业务,任何人不得授意、暗示、指示、强令会计部门、会计人员违法或违规办理会计业务。对违法或违规的会计业务,会计部门、会计人员有权拒绝办理,并向上级机构报告,或者按照职权予以纠正。

商业银行会计岗位设置应当实行责任分离、相互制约的原则,严禁一人兼任非相容的岗位或独自完成会计全过程的业务操作;明确会计部门、会计人员的权限,各级会计部门、会计人员应当在各自的权限内行事,凡超越权限的,须经授权后,方可办理。

商业银行应当对会计账务处理的全过程实行监督,会计账务应当做到账账、账据、账款、账实、账表和内外账的六相符。凡账务核对不一致的,应当按照权限进行纠正或报上级机构处理。

3.对会计人员实行规范管理

首先,商业银行应当对会计主管、会计负责人实行从业资格管理,建立会计人员档案。会计主管、会计负责人和会计人员应当具有与其岗位、职位相适应的专业资格或技能。其次,商业银行下级机构会计主管的变动应当经上级机构会计部门同意。会计人员调动工作或离职,应当与接管人员办清交接手续,严格执行交接程序。最后,商业银行应当对会计人员实行强制休假制度,联行、同城票据交换、出纳等重要会计岗位人员和会计主管还应当定期轮换,落实离岗(任)审计制度。

4.实行会计差错责任人追究制度

商业银行应当实行会计差错责任人追究制度,发生重大会计差错、舞弊或案件,除对直接责任人员追究责任外,机构负责人和分管会计的负责人也应当承担相应的责任。

银行应当做到会计记录、账务处理的合法、真实、完整和准确,严禁伪造、变造会计凭证、会计账簿和其他会计资料,严禁提供虚假财务会计报告,对故意进行违法活动的会计人员,追究其责任。

5.建立信息披露制度和档案管理制度

商业银行应当建立规范的信息披露制度,按照规定及时、真实、完整地披露会计、财务信息,满足股东、监管当局和社会公众对信息的需求。商业银行要完善会计档案管理,严格执行会计档案查阅手续,防止会计档案被替换、更改、毁损、散失和泄密。

第四节 银行业内部控制监督与纠正

一、银行业内部控制的监督

(一)建立健全内部控制机制

商业银行应当指定不同的机构或部门分别负责内部控制的建设、执行、监督、评价。内部控制的监督、评价部门负责组织检查、评价内部控制的健全性和有效性,督促管理层纠正内部控制存在的问题。

（二）建立健全信息反馈制度

商业银行应当建立内部控制的报告和信息反馈制度，业务部门、内部审计部门和其他控制人员发现内部控制的隐患和缺陷，应当及时向董事会、管理层或相关部门报告。商业银行内部控制的监督、评价部门应当对内部控制的制度建设和执行情况定期进行检查评价，提出改进建议，对违反规定的机构和人员提出处理意见。商业银行上级机构应当根据自身掌握的内部控制信息，对下级机构的内部控制状况定期做出评价，并将评价结果作为经营绩效考核的重要依据。

（三）着重加强外部监督指导

不仅银行业内部需要加强内部监督与反馈，各级监管部门更需要在外部加强内部控制的业务监管，为各机构平稳健康发展保驾护航。

1. 指导推进内控合规管理建设

各级监管部门要督促银行机构从发展战略和核心文化高度认识"强内控"的重大意义。结合日常监管掌握的机构经营情况和风险状况，有针对性地指导机构识别、弥补自身内控管理缺陷，分析问题症结，消除风险隐患。督促机构开展屡查屡犯问题集中整治，重点关注问题识别的准确性、纠正措施的针对性、整改压降的真实性、压降目标的科学性和完成情况，对同质同类问题屡查屡犯、边查边犯的加大查处力度。

2. 深入推动乱象整治发现问题的整改问责

各级监管部门要持续狠抓乱象，整治监管检查、非现场监管通报和自查发现问题的整改问责，要求机构建立问题台账，明确整改时限和责任部门，规范内部问责标准、程序和要求，确保责任落实到人。重点关注整改浮于表面、内部问责偏松偏软、简单以经济处罚代替纪律处分等问题，督促机构深挖内控合规根源，加强对整改情况的评价，严肃各项问责要求，推动整改问责落到实处。

3. 注重与日常监管工作统筹衔接

各级监管部门要对照工作要点，把内部控制充分性和有效性融入各现场检查项目和专项整治中，深入揭示内控管理存在的问题。与已开展的相关工作相结合，在日常监管工作中重点关注机构发现问题、揭示风险的能力和落实整改、强化问责的力度，透过违规和风险表象看内控薄弱本质，透过分支机构违规看法人治理缺失，透过业务发展异化看战略目标管理错位，将内控管理情况作为市场准入、监管评级和公司治理评估等的重要参考因素，推动银行业机构内控长效机制建设迈上新台阶。

4. 加强与纪检监察部门的联动

各级监管部门要加强与派驻银行机构的纪检监察部门、属地纪检监察机关、机构内部纪检部门、上级单位或股东单位纪检监察部门的信息共享、监督贯通和协作惩治。推进监管、监督关注问题整改，强化重大风险和监管处罚追责及高管履职规范，严厉打击风险背后的利益勾连和关系纽带，切实做好金融反腐和处置金融风险的统筹衔接，形成金融监管和纪检监察监督合力，推动清廉金融文化在银行业落地生根。

二、银行业内部控制的纠正

商业银行应当建立内部控制问题和缺陷的处理纠正机制，管理层应当根据内部控制的检查情况和评价结果，提出整改意见和纠正措施，并督促业务部门和分支机构落实。

商业银行应当建立内部控制的风险责任制，具体如下。

（1）董事会和高级管理层。董事会和高级管理层应当对内部控制的有效性负责，并对内部控制失效造成的重大损失承担责任。同时，高级管理层应当对违反内部控制的人员，依据法律规定、内部管理制度追究责任和予以处分，并承担处理不力的责任。

（2）内部审计部门。内部审计部门应当对未执行审计方案、程序和方法导致重大问题未能被发现，对审计发现隐瞒不报或者未如实反映，审计结论与事实严重不符，对审计发现问题查处整改工作跟踪不力等行为，承担相应的责任。

（3）业务部门和分支机构。业务部门和分支机构应当及时纠正内部控制存在的问题，并对出现的风险和损失承担相应的责任。

与此同时，银行业监督管理机构通过非现场监管和现场检查等方式实施对商业银行内部控制的持续监管，并根据《商业银行内部控制指引》及其他相关法律法规，按年度组织对商业银行内部控制进行评估，提出监管意见，督促商业银行持续加以完善。银监会及其派出机构对内部控制存在缺陷的商业银行，应当责成其限期整改；逾期未整改的，可以根据《中华人民共和国银行业监督管理法》第三十七条有关规定采取监管措施。商业银行违反本指引有关规定的，银监会及其派出机构可以根据《中华人民共和国银行业监督管理法》有关规定采取监管措施。

▶本章小结

本章通过对银行业的系统概述，从银行业的总体层面和具体业务层面具体阐述了银行业的内部控制，最后在内部控制的监督和纠正环节进行了总结。在总体层面内部控制上，主要从四个部分进行阐述，分别是银行业的内部控制环境、风险管理、控制活动、信息与沟通。在具体业务层面内部控制上，通过银行业中常见的业务的内部控制来阐明，包括授信的内部控制、资金业务的内部控制、存款及柜台业务的内部控制、中间业务的内部控制及会计业务的内部控制，具体指出了银行在具体业务执行过程中的做法。在内部控制的监督和纠正方面，也分别从不同的视角进行了分析。

银行的内部控制对于银行的发展来说是举足轻重的，银行的内部控制不是单纯的流程安排，而是一个整体的框架，这个框架不仅有目标设定，还有具体要素方面的执行。总而言之，银行的内部控制贯穿银行工作的方方面面，是一个全面的风险管理活动，需要全员、全过程、全方位地参与。实行内部控制只能为银行业的健康发展提供一种合理保证，在任何流程中的失误都有可能使内部控制失败，因此，应该在日常活动中做好对于内部控制的把握。

▶复习与思考

1. 银行业的发展经历了哪些阶段？
2. 如何理解银行业内部控制的目标与原则？
3. 如何理解银行业在具体业务层面的内部控制？
4. 银行业各个业务层面之间的关系是什么？
5. 在实行内部控制的基础上，如何践行成本效益原则？

第六章

保险业内部控制

> **引 例**
>
> ### 保险资金大幅迈入金融市场
>
> 　　近年来，随着保险资金投资渠道的拓宽和权益类投资比重的上升，保险资金运用的监管法规体系也在不断完善。银保监会先后出台了《保险资金参与国债期货交易规定》《关于保险资金参与证券出借业务有关事项的通知》等多个专项政策，在拓展保险资金运用渠道、丰富投资方式的同时，也为创新产品、创新业务提供了政策空间，有利于不断完善保险资金运用的政策体系并增强组合优势。其中，《关于保险资金投资公开募集基础设施证券投资基金有关事项的通知》推进了保险资金参与公募REITs（不动产投资信托基金）生态建设，不仅能够有效盘活存量资产，更进一步促进了保险行业逐渐形成存量资产和新增投资的良性循环；《关于保险资金投资债转股投资计划有关事项的通知》明确规定了保险资金可以通过多种方式参与市场化法治化债转股业务，对优化企业融资结构，提升企业发展水平意义非凡。
>
> 　　许多业内人士表示，随着保险资产管理与实体经济等金融领域的联系和渗透程度显著提高，风险传递可以通过多种形式和渠道影响保险资产管理行业。保险资产管理行业面临的全球风险规模、诱发因素和传播渠道显著增加，这对风险监控、化解和处置提出了更高的要求。曹德云指出："保险资产管理行业要全面提升风险管理意识，创新风险管理手段和方法，根据不同业务的属性及特征实行资产负债管理和全面风险管理，以新的科学技术手段作为辅助提升风险管理质效的有效手段。"
>
> **资料来源**：于泳. 持续加大权益市场参与比重：保险资金成资本市场稳定器[N]. 经济日报，2022-03-30（7）.

保险资管业务作为保险业的"弄潮儿",在关注其利益的同时,要时刻加强其风险管理,而风险管理的有效方法是内部控制,这就对保险业内部控制提出了新的挑战。2021年11月28日,银保监会在官网公告中指出,"虽然保险公司的风险管理工作取得积极成效,但监管评估中也发现一些不足,部分公司董事长、总经理等关键少数高管在经营理念上对风险管理不够重视,在专业能力上也难以满足全面风险管理工作的需要"。接下来,本章将围绕保险业内部控制制度相关知识为读者展开介绍。

第一节 保险业概述

一、保险业介绍

保险业是指以合同形式筹集资金以抵消投保人经济利益的行业。保险是指投保人根据合同约定,向保险人支付保险费,保险人对于合同约定的可能发生的事故因其发生而造成的财产损失承担赔偿保险金责任,或者当被保险人死亡、伤残和达到合同约定的年龄、期限时承担给付保险金责任的行为。

(一)保险业现状

随着中国经济新常态步入新阶段,中国保险业充分尊重市场规律,在发展过程中不断改革创新,行业业绩不断提高。一方面,中国保险业要抓住互联网机遇,以业务创新加快供给侧结构性改革,推动传统保险公司不断更新发展思路,创新发展模式,培育新的业务增长点;另一方面,要致力于风险监管现代化建设,为全球保险监管标准的制定提供新兴市场的经验,为国际监管标准的制定、改革和发展做出积极贡献。

纵观国内外经济形势,我国保险业正处于难得的发展机遇期。经过20多年的摸爬滚打,保险业的基础不断加强,改革不断深入。中国保险业正在经历转型,主要体现在五个方面。第一,商业化程度提高,国有保险公司的改制成功表明,以现代股份制为特征的混合所有制已成为中国保险公司制度的主要形式,保险公司已逐渐成为市场竞争的真正主体。第二,增长方式发生了变化,管理保险公司的理念发生了深刻的变化,从单纯追求规模到关注单位速度和质量、结构和效率,再到提高其质量,更加注重提升公司的内涵价值和长远发展。第三,保险的职能正在深入发展。随着保险职能的不断深化和扩大,社会对保险的需求也发展到更高的水平。对政府而言,保险可以作为一种经济市场媒介,协助社会管理,降低管理成本,提高管理效率。对企业来说,保险作为一种有效的风险管理手段,可以在提高企业管理水平方面发挥重要作用。对个人和家庭来说,人们在医疗、教育等方面需要更多的保险。第四,保险业的外部相关性正在增加。随着保险公司的上市和投资金融保险市场的发展,保险市场对资本市场的依赖性不断增强。保险公司已成为资本市场中越来越重要的机构投资者,对资本市场的影响也越来越大。随着全球金融运行的深入,银行、证券和保险之间的合作范围不断扩大。第五,国际化程度加深,越来越多的外国保险公司进入中国保险市场。随着保险公司的境外融资以及保险与外汇资金的境外使用,国际金融市场对中国保险市场的影响越来越大。中国加入世界贸易组织(WTO)后,中国保险市场进一步对外开放，逐步融入国际保险市场，成为国际保险市场的重要组成部分。

（二）保险的分类

1. 按标的分类

按照保险标的的不同，保险可分为财产保险和人身保险两大类。财产保险是指以财产及其相关利益为保险标的的保险，包括财产损失保险、责任保险、信用保险、保证保险、农业保险等。它是以有形或无形财产及其相关利益为保险标的的一类补偿性保险。人身保险是指以人的寿命和身体为保险标的的保险。当人们遭受不幸事故或因疾病、年老以致丧失工作能力、伤残、死亡或年老退休时，根据保险合同的约定，保险人对被保险人或受益人给付保险金或年金，以解决他们因病、残、老、死所造成的经济困难。

2. 按保险人与投保人的关系分类

按照与投保人有无直接法律关系，保险可分为原保险和再保险。发生在保险人和投保人之间的保险行为，称为原保险。发生在保险人与保险人之间的保险行为，称为再保险。

二、保险业内部控制目标

（1）行为合规性目标。保险公司的经营管理行为应当遵守法律法规，符合监管规定、行业规范、公司内部管理制度和诚信准则。

（2）资产安全性目标。保险公司应当通过合理措施保证资产安全可靠，防止公司资产被非法使用、处置和侵占。

（3）信息真实性目标。保险公司应当保证财务报告、偿付能力报告等业务、财务及管理信息的真实、准确、完整。

（4）经营有效性目标。增强保险公司决策执行力，提高管理效率，改善经营效益。

（5）战略保障性目标。保障保险公司实现发展战略，促进稳健经营和可持续发展，保护股东、被保险人及其他利益相关者的合法权益。

三、保险业内部控制原则

（1）全面和重点相统一。保险公司应当建立全面、系统、规范化的内部控制体系，覆盖所有业务流程和操作环节，贯穿经营管理全过程。在全面管理的基础上，保险公司应对公司重要业务事项和高风险领域实施重点控制。

（2）制衡和协作相统一。保险公司内部控制应当在组织架构、岗位设置、权责分配、业务流程等方面，通过适当的职责分离、授权和层级审批等机制，形成合理制约和有效监督。在制衡的基础上，各职能部门和业务单位之间应当相互配合，密切协作，提高效率，避免相互推诿或工作遗漏。

（3）权威性和适应性相统一。保险公司内部控制应当与绩效考核和问责相挂钩，任何人不得拥有不受内部控制约束的权力，未经授权不得更改内部控制程序。在确保内部控制权威性的基础上，公司应当及时调整和定期优化内部控制流程，使之不断适应经营环境和管理要求的变化。

（4）有效控制和合理成本相统一。保险公司内部控制应当与公司实际风险状况相匹配，确保内部控制措施满足管理需求，风险得到有效防范。在有效控制的前提下，合理配置资源，尽可能降低内部控制成本。

第二节　保险业总体层面内部控制

一、保险业的内部控制环境

(一) 保险业内部控制的组织架构

保险公司应当建立由董事会负最终责任、管理层直接领导、内控管理职能部门统筹协调、内部审计部门检查监督、业务单位负首要责任的分工明确、路线清晰、相互协作、高效执行的内部控制组织体系。

(二) 保险业内部控制各部门的职责

1. 董事会的职责

保险公司董事会要对公司内控的健全性、合理性和有效性进行定期研究和评价。公司内部控制组织架构设置、主要内控政策、重大风险事件处置应当提交董事会讨论和审议。董事会具体承担内部控制管理职责的专业委员会，应当有熟悉公司业务和管理流程、对内部控制具备丰富的专业知识和经验的专家成员，为董事会决策提供专业意见和建议。

2. 监事会的职责

保险公司监事会负责监督董事会、管理层履行内部控制职责，对他们疏于履行内部控制职能的行为进行质询。对董事及高管人员违反内部控制要求的行为，应当予以纠正并根据规定的程序实施问责。监事会应当有具备履行职责所需专业胜任能力的成员。

3. 管理层的职责

保险公司管理层应当根据董事会的决定，建立健全公司内部组织架构，完善内部控制制度，组织领导内部控制体系的日常运行，为内部控制提供必要的人力、财力、物力保证，确保内部控制措施得到有效执行。保险公司应当明确合规负责人或董事会指定的管理层成员具体负责内部控制的统筹领导工作。

4. 内控管理职能部门的职责

保险公司内控管理职能部门负责对保险公司内部控制的事前、事中的统筹规划，组织推动、实时监控和定期排查。保险公司可以指定合规管理部门或风险管理部门作为内控管理职能部门，或者对现有管理资源进行整合，建立统一的内部控制、合规管理及风险管理职能力量。

5. 业务单位的职责

保险公司直接负责经营管理、承担内部控制直接责任的业务单位、部门和人员，应当参与制定并严格执行内部控制制度，按照规定的流程和方式进行操作；对内部控制缺陷和经营管理中发生的风险问题，应当按照规定时间和路线进行报告，直至问题得到整改处理。

6. 内部审计部门的职责

保险公司内部审计部门对内部控制履行事后检查监督职能。内部审计部门应当定期对公司内部控制的健全性、合理性和有效性进行审计，审计范围应覆盖公司所有主要风险点。审计结果应按照规定的时间和路线进行报告，并向同级内控管理职能部门反馈，确保内控缺陷及时彻底整改。

二、保险业的风险管理

保险公司应当根据风险规律，合理设计内嵌于业务活动的内部控制流程，努力实现对风险的过程控制。对经营管理和业务活动中可能面临的风险因素进行全面、系统的识别分析，发现并确定风险点，同时对重要风险点的发生概率、诱发因素、扩散规律和可能损失进行定性与定量评估，确定风险应对策略和控制重点。

保险公司应当根据风险识别和评估的结果，科学设计内部控制政策、程序和措施并严格执行，同时根据控制效果不断改进内部控制流程，将风险控制在预定目标或可承受的范围内。

三、保险业的控制活动

保险公司应当根据公司业务流程的特点和资源优化配置的要求，按照控制风险、提升服务、降低成本、提高效率的原则，科学建立和合理划分内部控制活动的重点和层次。

保险公司内部控制活动分为前台控制、后台控制和基础控制三个层次。前台控制是指对直接面对市场和客户的营销及交易行为的控制活动；后台控制是指对业务处理和后援支持等运营行为的控制活动；基础控制是指对为公司经营运作提供决策支持和资源保障等管理行为的控制活动。

四、保险业的信息与沟通

保险公司应当建立安全实用、覆盖所有业务环节的信息系统，尽可能使各项业务活动信息化、流程化、自动化，减少或消除人为干预和操作失误，为内部控制提供技术保障和系统支持。建立信息和沟通机制，促进公司信息的广泛共享及时充分沟通，提高经营管理透明度，防止舞弊事件的发生。建立内控管理及评价机制，通过对公司内部控制的整体设计和统筹规划，推动各内部控制责任主体对风险进行实时监测和定期排查，并据此调整和改进公司的内部控制流程。

第三节　保险业业务层面内部控制

一、销售业务内部控制

（一）销售业务控制目标

保险公司应当以市场和客户为导向，以业务品质和效益为中心，组织实施销售控制活动。保险公司应当根据不同渠道和方式销售活动的特点，制定有针对性的内部控制制度，强化对销售过程的控制，防范销售风险。

（二）销售业务流程

销售业务内部控制主要包括销售人员和机构管理、销售过程管理、销售品质管理、佣金手续费管理等活动的全过程控制。

保险行业企业应当强化销售业务管理，对现行销售业务流程进行全面梳理，查找管理漏洞，及时采取切实可行的措施加以改正；与此同时，还应当注重健全相关管理制度，明确以风险为导向、符合成本效益原则的销售管控措施，落实责任制，有效防范和化解经营风险。

（三）销售业务关键控制点及控制措施

1. 销售人员和机构控制

保险公司应当建立并实施科学统一的销售人员管理制度，规范对各渠道销售人员的甄选录用、组织管理、教育培训、业绩考核、佣金和手续费、解约离司等。

保险公司应当建立代理机构合作管理制度，规范与代理机构合作过程中的资格审核、合同订立、保费划转和佣金手续费结算等。

2. 销售过程和品质控制

保险公司应当规范销售宣传行为，严格按照监管规定和内部权限编写、印制和发放各类宣传广告材料，确保宣传广告内容真实、合法，杜绝广告宣传中的误导行为。

保险公司应当规范销售业务行为，采取投保风险提示、客户回访、保单信息查询、佣金手续费控制、电话录音、定期排查及反洗钱监测等方式，建立销售过程和销售品质风险控制机制，有效发现并监控销售中的误导客户、虚假业务、侵占保费、不正当竞争、非法集资和洗钱等行为，提升业务品质。规定客户回访的业务范围和条件、回访比例、回访频率、回访记录等回访要求及后续处理措施，加强销售风险监控。规范与代理等中介机构的合作行为，严格实行保费收取与佣金支付收支两条线管理，定期对保费和重要单证进行清点对账，确保账账一致、账实相符，防止保费坐扣和单证流失。

3. 佣金手续费控制

保险公司应当严格规范佣金手续费的计算和发放流程，防范虚列、套取、挪用、挤占佣金手续费的行为，杜绝任何形式的商业贿赂行为。

二、运营业务内部控制

（一）运营业务控制目标

保险公司应当以效率和风险控制为中心，按照集中化、专业化的要求，组织实施运营控制活动。保险公司应当针对运营活动的不同环节，制定相应的管理制度，强化操作流程控制，确保业务活动正常运转，防范运营风险。

(二) 运营业务流程

运营控制主要包括产品开发管理、承保管理、理赔管理、保全管理、收付费管理、再保险管理、业务单证管理、会计处理、客户服务电话中心管理和反洗钱等活动的全过程控制。

(三) 运营业务关键控制点及控制措施

1. 产品开发控制

保险公司应当明确产品开发流程，规范客户需求和市场信息收集、分析论证、条款费率确定、审批报备、测试下发和跟踪管理等控制事项，提高保险公司的产品研发和创新能力，提高产品适应性，防范产品定价及条款法律风险。建立产品开发职能部门及领导决策机构，规范产品开发的程序、条件、审批权限和职责，明确总精算师（精算责任人）和法律责任人的职责与权限，确保产品开发过程规范、严谨。

保险公司应当根据市场需求调查结果，从市场前景、盈利能力、定价和法律风险等方面对新产品进行科学论证和客观评价，依据评价结果和规定权限进行内部审查，并按照监管规定履行报批或报备义务。

2. 承保控制

保险公司应当建立清晰的承保操作流程，规范投保受理、核保、保单缮制和送达等控制事项。保险公司在投保受理时，应当对投保资料进行初审，建立投保信息录入复核机制，确保投保资料填写正确、完整，录入准确。保险公司应当明确核保的评点标准、分级审核权限、作业要求和核保人员资质条件等，明确承保调查的条件、程序和要求。保险公司应当在满足规定条件的前提下缮制保单，采取适当校验和监控措施，确保保单内容准确，及时高效送达客户。

3. 理赔控制

保险公司应当建立标准、清晰的理赔操作流程和高效的理赔机制，规范报案受理、现场查勘、责任认定、损失理算、赔款复核、赔款支付和结案归档等控制事项，确保理赔质量和理赔时效。保险公司在接到报案时应当及时登记录入，主动向客户提供简便、明确的理赔指引。

保险公司应当明确理赔的理算标准、分级处理权限、作业要求和理赔人员资质条件等，明确现场查勘的条件、时限、程序和要求，采取查勘与理算、理算与复核操作人员分离及利益相关方回避等措施，防止理赔错误和舞弊行为。保险公司应当建立重大、疑难案件会商和复核调查制度，明确其识别标准和处理要求，防范虚假理赔或错误拒赔。

4. 保全控制

保险公司应当建立规范统一的保全管理制度，规范保险合同续期收费、合同内容及客户资料变更、合同复效、生存给付和退保等控制事项。

保险公司应当明确各项保全管理措施的操作流程、审查内容及标准、处理权限和作业要求等，防范侵占客户保费、冒领保险金、虚假业务和违规批单退费等侵害公司和客户权益的行为。

5. 收付费控制

保险公司应当建立规范统一的收付费管理制度，明确规定收付费的管理流程、作业要求和岗位职责，防止侵占、挪用及违规支付等行为，确保资金安全。原则上实行收付费岗位与业务处理岗位人员及职责的分离。实行一站式服务等方式的，应当采取其他措施实施有效监控，并且采取非现金收付费方式，确保将相关资金汇入保险合同确定的款项所有人或其授权账户；确有必要采取现金收付费方式的，应当采取其他措施实施有效监控。

保险公司收付费时应当严格按照规定核对投保人、被保险人或受益人以及实际领款人的身份，确认他们是否具备收付费主体的资格。

6. 再保险控制

保险公司应当建立再保险管理制度，规范再保险计划、合同订立、合同执行、再保险人资信跟踪管理等控制事项，完善业务风险分散和保障机制。

保险公司应当加强自身经营管理数据及再保险市场的跟踪分析，准确把握再保险需求，科学安排再保险计划，合理订立再保险合同，确保及时、足额分保，并及时准确地向再保险人提供分保业务信息；应当持续跟踪了解再保险人的资信状况，建立必要的应对措施，防范再保险信用风险。

7. 业务单证控制

保险公司应当建立业务单证管理制度，规范投保单、保单、保险卡、批单、收据、发票等保险单证的设计、印制、存放、申领和发放、使用、核销、作废、遗失等控制事项。

保险公司应当全程监控分支机构、部门和个人申领重要有价空白单证的名称、时间、数量和流水号，严格控制重要有价空白单证的领用数量和持有期限，做到定期回缴、核销和盘点。

8. 会计处理控制

保险公司应当规范会计核算流程，提高会计数据采集、账目和报表生成的自动化水平，实现业务系统和财务系统无缝连接，减少人工干预，确保会计处理的准确性和效率。

保险公司应当依据真实的业务事项进行会计处理，不得在违背业务真实性的情况下调整会计信息。保险公司应当加强原始凭证与财务数据一致性的核对，做到账账、账实和账表相符，确保会计信息真实、完整、准确；加强会计原始凭证管理，逐步采取影像扫描等方式辅助归档保存。

9. 客户服务电话中心控制

保险公司应当建立客户服务电话中心管理制度，规范电话咨询、查询、投诉受理、报案登记、挂失登记、客户回访、业务转办、业务办理跟踪反馈等控制事项。应当建立统一的客户服务专线，24小时开通电话服务，保障电话接通率，统一服务礼仪和标准，及时将客户需求提交相关业务部门处理，提高客户服务质量。

10. 反洗钱控制

保险公司应当依据《中华人民共和国反洗钱法》及相关监管规定，建立健全反洗钱控制制度，明确反洗钱的职能机构、岗位职责和报告路线。

保险公司应建立客户身份识别、客户资料和交易记录保存、大额及可疑交易发现和报告等反洗钱内部操作规程，并通过宣传培训、定期演练和检查等方式，确保相关岗位工作人员严格遵守操作规程，及时将可疑信息上报有关机构。

三、基础管理业务内部控制

（一）基础管理业务控制目标

保险公司应当按照制度化、规范化的要求，组织实施基础管理控制活动。保险公司应当针对基础管理的各项职能和活动，制定相应的管理制度并组织实施，确保基础管理有序运转、协调配合，为公司业务发展和正常运营提供支持与服务。

（二）基础管理业务流程

基础管理控制主要包括战略规划、人力资源管理、计划财务、精算和法律、信息系统管理、行政管理、分支机构管理等活动的全过程控制。其中，风险管理既是保险公司基础管理的重要组成部分，也是内部控制监控的重要环节。

（三）基础管理业务关键控制点及控制措施

1. 战略规划控制

保险公司应当强化战略规划职能，规范战略规划中的信息收集、战略决策制定、论证和审批、决策执行评估和跟踪反馈等控制事项，为研发机构提供必备的人力、财力保障，提高战略研究的指导性和实用性，确保公司经营目标的合理性和决策的科学性。

保险公司应当加强对国内外宏观经济金融形势、自身经营活动及业务发展情况的及时分析和深入研究，合理制定、及时调整公司整体经营管理流程与组织架构设置，制定科学的业务发展规划，并为公司的承保和投资等业务活动提供及时、有效的决策支持。保险公司应当加强对公司业务经营情况的实时分析，定期分析评估经营管理和财务状况，合理设定分支机构经营计划和绩效指标，并实时予以指导和监督，保证公司战略目标有效执行。

2. 人力资源控制

保险公司应当建立人力资源管理制度，规范岗位职责及岗位价值设定、招聘、薪酬、绩效考核、培训、晋级晋职、奖惩、劳动保护、辞退与辞职等控制事项，为公司的经营管理和持续发展提供人力资源支持。

保险公司应当根据经营管理需要，合理设定工作岗位及人员编制，制定清晰的岗位职责及报告路线，明确不同岗位的适任条件，适时进行岗位价值评估；明确员工招聘、薪酬管理、轮岗晋级、辞职辞退等工作的标准、程序和要求，合理制定不同岗位的绩效考核指标、权重及考核方式和程序，建立与公司发展相适应的激励约束机制；制订系统的员工培训计划，明确规定不同专业岗位员工培训的时间、内容、方式和保障等，提高员工的专业素质和胜任能力。

3. 计划财务控制

保险公司应当建立严密的财务管理制度，规范公司预算、核算、费用控制、资金管理、资产管理、财务报告等控制事项，降低公司运营成本，提高资产创利能力。

保险公司应当建立预算制度，实行全面预算管理，明确预算的编制、执行、分析、调整、考核等操作流程和作业要求，严格预算执行与调整的审批权限，控制费用支出和预算偏差，确保预算执行；建立完善的准备金精算制度，按照国家有关法律法规的要求以及审慎性经营的原则，及时、足额计提准备金；加强公司偿付能力状况的分析，提高偿付能力管理的有效性。

保险公司应当明确现金、有价证券、空白凭证、密押、印鉴、固定资产等资金与资产的保管要求和职责权限；严格实行收支两条线，对包括分支机构在内的公司资金实行统一管理和实时监控，确保资金及时上划集中；定期核对现金和银行存款账户，定期盘点，确保各项资产的安全和完整；建立信息统计管理制度，明确统计岗位职责，规范统计数据的收集、汇总、审核、分析、报送、管理等活动，有效满足公司内外部信息统计需求。

4. 精算和法律控制

保险公司应当完善精算和法律职能，配备足够的专业精算和法律人员，明确他们在相关管理和服务工作中的流程、权限及作业要求，为公司业务经营和日常管理提供专业支持。

保险公司应当在产品开发、责任准备金计提、资产负债匹配管理等方面充分运用精算技术，提高经营管理的专业化、精细化水平，防范定价失误、准备金提取不足、资产负债不匹配等风险。

保险公司在制度制定、合同订立和管理、重大事项决策和处置、纠纷诉讼等方面，应当有法律职能部门和专业人员的提前介入和充分参与，防范法律风险。

5. 信息系统控制

保险公司应当建立信息系统管理制度，规范信息系统的统筹规划、设计开发、运行维护、安全管理、保密管理、灾难恢复管理等控制事项，提高业务和财务处理及办公的信息化水平，建立符合业务发展和管理需要的信息系统。

保险公司应当统筹规划信息系统的开发建设，整合公司的信息系统资源，形成不同业务单位、部门、人员广泛共享的信息平台。

保险公司应当对信息系统的使用实行授权管理，及时更新和完善信息系统安全控制措施，加强保密管理和灾难恢复管理，提高信息系统运行的稳定性和安全性。

6. 行政管理控制

保险公司应当分别制定相应制度，规范采购、招投标、品牌宣传、文件及印章管理、后勤保障等行政管理行为，提高行政管理效率，为公司高效运转提供有力支持；明确采购及招投标的程序、条件和要求，规范采购行为，尽可能实现集中统一采购，降低采购成本，防范舞弊风险；统筹规划、合理配置品牌宣传和商业广告资源，统一公司品牌标识、职场视觉形象、员工礼仪和服务规范等，整合、提升公司的品牌形象。

保险公司应当制定文件及印章管理制度，确保文件流转安全顺畅、保存完整，合理设置印章的种类，规范印章设计、刻制、领取、交接、保管、使用和销毁等控制事项，加强用印审批登记和档案管理。

7. 分支机构控制

保险公司应当通过授权委托书或内部管理规定等方式，根据总公司的战略规划和管理能力，统一制定分支机构的组织设置、职责权限和运营规则，建立健全分支机构管控制度，实现对分支机构的全面、动态、有效管控。

保险公司应当通过规范的授权方式，对不同层级分支机构的业务流程、财务和资金管理、人力资源管理、行政管理、内部控制建立统一、标准、明确的管理要求。保险公司可以根据不同分支机构的经营和管控能力，在有章可循和可调控的前提下，适度采取差异化的业务政策或控制权限，提高分支机构的业务发展能力。

保险公司应当通过信息技术手段和明确的报告要求，全面、实时、准确掌控分支机构的经营管理信息，定期对分支机构的业务、财务和风险状况进行分析与监测，实现对分支机构经营管理的全过程控制。

保险公司应当从业务、合规和风险等方面全面、科学设置分支机构考核目标，加强对分支机构及其高管人员的审计监督，严格执行公司问责制度，确保分支机构依法合规经营。

四、资金运用业务内部控制

（一）资金运用业务控制目标

保险资金运用是保险公司经营活动中相对独立的组成部分，是内部控制的重点领域。资金运用业务控制包括资产战略配置、资产负债匹配、投资决策管理、投资交易管理和资产托管等活动的全过程控制。保险公司应以安全性、收益性、流动性为中心，按照集中、统一、专业、规范的要求，组织实施资金运用业务控制活动。

保险公司应当针对资金运用的不同环节，制定相应的管理制度，规范保险资金运用的决策和交易流程，防范资金运用中的市场风险、信用风险、流动性风险和操作风险及其他风险。保险公司委托资产管理公司或其他机构运用保险资金的，应当确保其内部控制措施满足保险公司的内控要求。

（二）资金运用业务流程

资金作为企业重要的经营资源，是企业从事生产活动并实现发展战略的基础。资金运用控制的流程主要包括资产配置战略控制、资产负债匹配控制、投资决策控制、交易行为控制、资产托管控制。

（三）资金运用业务关键控制点及控制措施

1. 资产配置战略控制

保险公司应当在法律法规要求的投资品种和比例范围内，根据经营战略和整体发展规划，在资本金和偿付能力约束下，制订中长期资产配置战略计划，明确投资限制和业绩基准，努力实现长期投资目标，有效控制资产配置战略风险。

2. 资产负债匹配控制

保险公司应当以偿付能力和保险产品负债特性为基础，加强成本收益管理、期限管理和风险预算，确定保险资金运用风险限额，科学评估资产错配风险。

保险公司资金运用部门应当加强与公司产品开发、精算、财务和风险管理等职能部门的沟通，提高资产负债匹配管理的有效性。

3. 投资决策控制

保险公司应当制定清晰的投资决策流程，明确权限分配，建立相对集中、分级管理、权责统一的投资决策授权制度，确定授权的标准、方式、时效和程序。

保险公司重要投资决策应当有充分依据和书面记录，重要投资决策应当事先进行充分研究并形成研究报告。保险公司应当规定研究工作的流程、决策信息的采集范围、报告的标准格式等，并采用先进的研究方法和科学的评价方式，确保研究报告独立、客观、准确。

4. 交易行为控制

保险公司应当建立独立的投资交易执行部门或岗位，实行集中交易。对于非交易所内进行的交易，保险公司应当通过岗位分离等其他监控措施，有效监控交易过程中的询价、谈判等关键行为，防范操作风险；建立完善的交易记录制度，完整、准确记录交易过程和交易结果，定期进行核对并做好归档管理，其中对交易所内进行的交易应当每日核对；交易管理过程中，应当严格执行公平交易制度，确保不同性质和来源的资金利益得到公平对待。

5. 资产托管控制

保险公司应当对投资资产实行第三方托管和监督。保险公司应当建立投资资产第三方托管制度，规范托管方甄选、合同订立和信息交换等控制事项。保险公司应当对托管机构的信用状况及资金清算、账户管理和风险控制等方面的能力素质进行严格考核和持续跟踪，确保托管机构资质符合监管要求及公司管理的需要。

第四节 保险业内部控制评价与监督

一、保险业内部控制评价

(一) 保险业内部控制评价制度

保险公司应当制定内部控制评价制度，每年对内部控制体系的健全性、合理性和有效性进行综合评估，编制内部控制评估报告。

(二) 保险业内部控制评价制度的内容

保险公司内部控制评价制度应当包括实施内部控制评价的主体、时间、方式、程序、范围、频率、上报路线以及报告所揭示问题的处置和反馈等内容。

(三) 保险业内部控制评价实施主体

保险公司内部控制评价应当由公司内部审计部门、内控管理职能部门和业务单位分工协作，配合完成，将内部控制评价作为对公司经营管理风险点进行梳理排查和整改完善的持续性、系统性工作。

(四) 保险业内部控制评估报告

保险公司实施完成内部控制评价工作以后，应当编制内部控制评估报告。保险公司可以根据本单位实际，指定内部审计部门或内控管理职能部门牵头负责评估报告的编制工作。

保险公司内部控制评估报告至少应当包括以下内容：①本公司内部控制评价工作的基本情况，如内部控制评价的程序、标准、方法和依据；②本公司建立内部控制体系的工作情况，如董事会、监事会和管理层在内部控制建设中所做的具体工作；③本公司内部控制的基本框架和主要政策；④本公司内部控制存在的重大缺陷、面临的主要风险及其影响；⑤本公司上一年度发生的违规行为和风险事件及其处理结果；⑥对内部控制缺陷及主要风险拟采取的改进措施和风险应对方案；⑦对本公司内部控制健全性、合理性、有效性的评价结果，并根据监管部门的评价标准，得出自评得分及等级。

二、保险业内部控制监督

(一) 内部控制问责

保险公司应当建立内部控制问责制度，根据内部控制违规行为的情节严重程度、损失大小和主客观因素等，明确划分责任等级，规定具体的处理措施和程序。

保险公司对已经发生的内部控制违规行为，应当严格执行内部控制问责制度，追究当事人责任。因内部控制程序设计缺陷导致风险事故发生的，要同时追究内控管理职能部门的责任。上级管理人员对内部控制违规行为姑息纵容或分管范围内同类内部控制事件频繁发生的，要承担管理责任。

(二) 透明度和反舞弊机制

保险公司应当加强透明度和反舞弊机制建设，防止责任主体隐瞒违规行为造成损失扩大或内部控制缺陷得不到及时整改，防范通过隐秘手法谋取不正当利益的故意违规行为。

保险公司应当通过专门措施加强内外部经营管理信息的收集和分析，并通过网络平台、内部刊物、定期沟通和会议交流等方式实现信息广泛共享。凡是不涉及商业秘密、知识产权和个人隐私的信息，都可以在企业内部公开。

(三) 举报投诉机制

保险公司应当建立举报投诉机制，设置便于举报投诉的途径，明确举报投诉的处理原则和程序并让所有员工知晓，保护举报投诉人的合法权益。

保险公司应当根据相关法律法规的要求对外披露内部控制信息，自觉接受社会公众的监督。

▶本章小结

本章主要介绍了保险行业有关内部控制的理论知识，从保险行业基本理论出发，引领读者一步步走进保险行业，逐步探索保险行业内部控制体系框架。由总到分，首先从总体出发，针对保险行业总体层面的内部控制理论展开详细论述；然后挑选行业主要部分——业务层面内部控制理论展开论述，分别对销售业务、运营业务、资金管理等业务的内部控制理论展开详细介绍。希望读者能够认真学习，了解保险行业与其他行业内部控制的差异性，更好地开展内部控制实践。

▶复习与思考

1. 保险业内部控制的目标和原则有哪些？
2. 如何理解保险业内部控制环境？
3. 如何理解保险业在具体业务层面的内部控制？
4. 保险业各个业务层面之间的关系是什么？

第七章

电力行业内部控制

> **引 例**
>
> **健全多层次统一电力市场体系**
>
> 2022年发布的《中共中央 国务院关于加快建设全国统一大市场的意见》，指明了要健全多层次统一电力市场体系，研究推动建立全国电力交易中心。这为我国电力行业内部控制进一步优化指明了方向。
>
> 自2021年以来，中国的电力生产系统将创新方向主要放在了建设新能源市场方面，新能源发电比例一直稳步上升。但是，在具体实践中，能够反映中国电力供需模式和电力系统特点的多层次电力市场体系还不完善，地方保护和与行政区域的市场分割问题仍然存在。
>
> 要想推进统一的多层次电力市场体系建设，必须立足于我国电力资源现状，并要与新能源电力体系建设相结合，加强电力市场在空间、时间和品种上的紧密耦合。
>
> 首先是要加强电力市场在空间层面的紧密耦合。中国的电力供应和需求是反向分布的，80%的风能和90%的太阳能资源集中在"三北"地区，而负荷需求主要集中在"三华"地区，这也决定了中国的电力供应和规划模式是由西向东、由北向南输电。大规模清洁能源必须跨省区域内合理流动，这就迫切需要在空间层面加强全国、各地区、各省份的紧密联系，充分利用市场价格信号，对资源进行科学规划，合理分配和高效利用清洁能源。而各级电力市场紧密相连，要做到以全局化、系统化的思维实现统一市场的总体设计，同时要明确各级电力市场的功能定位和运行边界，完善各级电力市场的交易规则和技术标准，不断提高全国电力资源优化、互助共享的能力，确保安全稳定的电力供应。
>
> 其次是在时序层面加强电力市场的紧密耦合。中国初步建立了"中长期+现货"电力市场体系，但中长期与现货市场在交易机制、交易方式、交易标的上没能有效衔接，尚不能兼容大规模清洁能源和大范围用户参与市场。加强电力市场在时序层面的紧密耦合，需

> 要结合清洁能源的技术经济特点,明确中长期交易与现货交易的功能定位和操作边界,创新中长期交易与现货交易的机制和模式,强化中长期电力市场对冲交易风险的市场属性,进而实现电力市场安全、稳定、高效运行。
>
> 最后是在品种层面加强电力市场的紧密耦合。新能源电力具有不确定性和间歇性,新能源的高渗透率对电力系统的灵活性资源提出了更高的要求。目前,中国电力市场发展迅速,但反映灵活资源价值的辅助服务市场建设相对滞后。电能量、辅助服务交易品种的紧密耦合需要依托我国电力资源分布的空间格局,积极引入更多方式,如分布式发电、新型储能、负荷聚合商和虚拟电厂等参与电力市场系统和辅助服务,改进和完善调频、调峰和备用等辅助服务的交易品种,深化电能量与辅助服务的结算和分摊机制,实现电力市场交易与电力系统运行的有效衔接和互动。
>
> 资料来源:汪鹏,鞠立伟. 健全多层次统一电力市场体系 [N]. 经济日报,2022-04-21(5).

内部控制制度的完善是保证电力市场体系能够稳步构建的前提条件。目前,我国电力企业内部控制出现的问题如下:内部控制观念薄弱、个别部门职权范围过大、内部监督制度不规范。这些问题会阻碍电力行业的健康发展,容易让企业内部产生风险隐患。那么,电力企业应该如何强化企业内部控制制度?在具体业务层面又需要如何贯彻实施内部控制制度呢?本章将一一介绍。

第一节　电力行业概述

一、电力行业行业介绍

(一)电力行业历史发展背景及现状

1. 电力行业历史发展背景

自 2008 年以来,财政部、中国证券监督管理委员会、中华人民共和国审计署、中国银行业监督管理委员会和中国保险监督管理委员会相继发布了《企业内部控制基本规范》(财会〔2008〕7 号)及配套指引,旨在促使中央企业和上市公司建立、完善和实施有效的内部控制制度。在相关政策、基本规范和内部控制配套指引发布后,电力企业也积极响应国家的需求。两大电网企业、五大发电集团和相关电力建设、电力设计在内的辅助电力企业在企业内部控制体系建设方面树立了榜样,并且积极研究、探索并实施能源行业内部控制体系建设。按照管理制度化、制度流程化、流程信息化的要求,各电力企业根据企业现状,号召员工全面参与,注重内部控制的有效性,注重内部控制建设的基础工作和关键环节。通过内部控制制度建设,电力企业可以促进企业经营管理合法合规,有效防止公司资产流失,确保财务报告及相关信息的真实性和完整性,逐年提高运营效率和绩效,有效推动电力公司发展战略的实施。

中国能源产业正处于快速发展的重要战略机遇期。电力体制改革的不断深化，促进了电力企业之间的市场竞争。目前，我国环保和社会责任要求较高，区域间采购结算等外部风险增加。随着竞争的加剧，电力企业普遍选择延伸产业链进行多元化发展，但是业务日趋复杂，业务风险也不断显现出来。特别是随着退出战略的积极实施，电力企业逐步参与国际市场竞争，面临着越来越复杂的形势，这对企业风险管理和内部控制提出了更高的要求。从近年来的外部审计结果分析，电力企业的管理仍存在薄弱环节，内部控制有待进一步完善和加强。

面对困难和挑战，电力企业积极运用风险管理理念和内部控制手段，挖掘企业内部潜力，从企业中挖掘效益。在这个过程中也出现了众多成功范例，比如，国家电网公司以标准流程为载体、风险控制为导向、授权管理为约束、规章制度为保障、内部控制评价为媒介、信息系统为支撑，全面整合了初始内部控制建设成果，建立了覆盖全公司、跨层次、组织结构扁平化、业务流程规范化、内控责任岗位化、控制手段信息化、监督评价规范化的内部控制体系，探索出一条具有电网企业特色的内控建设实施路径，基本实现了全集团内部控制在线管理和风险实时防控；国电集团选择基建财务内部控制作为重点突破口，于2011年成功完成哈尔滨热电厂试点，并在集团90多个机组推广；华能集团非常重视风险管理和内部控制，设置总经理为风险管理小组组长，分管副总及总会为副组长，制定了《全面风险管理办法》，以及《全面风险管理工作指引》《风险分类总表》等配套细则，完成了公司制度制（修）订305项，成功实现了《总部流程操作手册》试运行，在全集团289家单位完成了风险管理信息化建设。

2. 电力行业市场现状

（1）我国电力工业发展历程。

我国电力工业始于1882年。1949年以前，国内电力工业发展缓慢。至1949年，发电装机容量和发电量分别位居世界第21位和第25位，人均用电量仅有9千瓦·时。新中国成立后，中国政府把电力工业作为国民经济的基础产业，不断大力发展电力工业，并且通过大规模建设，发电装机容量和发电量分别比1949年增长29.9倍和58.7倍。

改革开放后，电力工业不断进阶新的水平。1987年，我国发电装机容量超过1亿千瓦；1995年3月，发电装机容量超过2亿千瓦；1996年，发电装机容量和电力产量跃居世界第二位；2013年底，我国发电装机容量位居世界第一，达到12.5亿千瓦；截至2023年3月底，我国发电装机容量约26.2亿千瓦。

近年来，我国自主设计制造出了世界上最大的集风力发电、光伏发电、储能和智能传输于一体的全球新能源利用平台，并已投入运行。亚洲首个柔性直流输电项目正式投产，是中国高端智能电网设备的重要转折点。电网建设也取得显著成效，结束了西藏电网长期孤立运行的历史，实现了中国国内电网的全面互联。目前，我国能源产业正从大机组、超高压、西电东送、全国互联的发展阶段，向绿色发电、特高压、智能电网的新阶段转变。

（2）我国电力行业管理体制的变革。

新中国成立后，电力行业管理体制发生了几次变革，如设置了军事管制委员会、燃料工业部、电力工业部、水利电力部、国家电力公司和电力监管委员会等。1949年至1978年，中国军事管制委员会对电力等基础设施实行管制。在我国计划经济体制建立和实施的过程中，政府对电力行业的监管经历了三个时期：从燃料工业部到电力工业部再到水利电力部。其中，在燃料工业部和电力工业部时期，电力工业处于集中控制之下，成立了东北、华北、华东、中南、西南和西北六个地区的电力管理办公室，实行统一领导和垂直垄断的电力行业监管体系，初步形成了政企一体化。水利电力部时期，管制权经历了两次下放和两次上收，省（市、自治区）电力管理局分别改为电力工业部。从1979年到1997年，在中国经济体制转轨时期，电力行业管理体制经历了几次变革，包括电力工业部的再次成立、水利电力部的再次成立和能源部的成立。1997年至2002年，在我国实行社会主义市场经济体制的过程中，电力行业管理体制发生了三次变化：成立了国家电力公司、成立了国家电力监管委员会和成立了国家能源委员会。国家能源委员会成立后，与国家电力监管委员会并存在。

2002年4月，国务院公布了《电力体制改革方案》，将国家电力公司拆分成11家公司，成立了中国华能集团公司、中国大唐集团公司、中国华电集团公司、中国国电集团公司、中国电力投资集团公司五家发电集团公司；成立了国家电网公司、中国南方电网有限责任公司两家电网公司；成立了中国电力工程顾问集团公司、中国水电工程顾问集团公司、中国水利水电建设集团公司、中国葛洲坝集团公司四家辅业集团公司。2011年，电网企业进一步主辅分离，电力建设、电力设计企业及其他辅业单位从电网企业分离出来，与原有的四家辅业集团公司重新组建为中国电力建设集团公司和中国能源建设集团公司两家电力辅业集团公司。

2023年7月11日，中央全面深化改革委员会第二次会议，再次提出能源电力改革。中央全面深化改革委员会审议了《关于推动能耗双控逐步转向碳排放双控的意见》《关于进一步深化石油天然气市场体系改革提升国家油气安全保障能力的实施意见》《关于深化电力体制改革加快构建新型电力系统的指导意见》等三份碳中和和能源相关的文件。这意味着，碳中和目标将逐步但坚定落地，适应能源安全的环境，油气体制和电力体制迎来又一轮改革，市场化预计将加速。此次还将对三个领域提出下一步改革方向：①要立足我国生态文明建设已进入以降碳为重点战略方向的关键时期，完善能源消耗总量和强度调控，逐步转向碳排放总量和强度双控制度。②要围绕提升国家油气安全保障能力的目标，针对油气体制存在的突出问题，积极稳妥推进油气行业上、中、下游体制机制改革，确保稳定可靠供应。③要深化电力体制改革，加快构建清洁低碳、安全充裕、经济高效、供需协同、灵活智能的新型电力系统，更好推动能源生产和消费革命，保障国家能源安全。

经过电力体制改革，电力行业的经营效率显著提高，厂网分开基本完成，发电侧全方位竞争格局初步形成，主辅分离显著推进。经过十多年的快速发展，我国已拥有包括国家电网公司、中国南方电网有限责任公司、中国华能集团公司、中国大唐集团公司、中国华电集团公司、中国国电集团公司、中国电力投资集团公司、中国电力建设集团公司、中国能源建设集团公司、中国核工业集团公司、中国长江三峡集团公司、神华集团有限责任公司、中国广核集团有限公司等13家大型骨干电力企业集团，成为世界上装机规模最大、电网规模最大、发电量最多的国家。

（3）我国电力行业的特点。

电力系统是由发电、输配电、变电、用电设备及相应的辅助系统组成的，集电能生产、输送、分配、使用为一体的统一整体，可分为发电、输电、系统调度、配电等环节。电力系统运行有即时平衡和整体互动两个主要特征。即时平衡是指在庞大的互联电网中，电力的生产与消费必须实时平衡，任何背离都会引起电网频率和系统电压波动，导致设备损坏直至整个电网系统瓦解。整体互动是指电力系统中各部分相互影响，关系复杂，连接在一起的电厂、电网和用电器，可以被视为统一的整体系统，任何单一部件的变化都会对整个电力系统产生影响。

电力行业未来发展的基本方针是提高能源效率，保护生态环境，加强电网建设，大力开发水电，优化发展煤电，积极推进核电建设，适度发展天然气发电，鼓励新能源和可再生能源发电，带动装备工业发展，深化电力体制改革。

（二）电力行业的概念及内部控制体系

1. 电力行业的概念

电力行业是我国国民经济的主要能源提供者，是将自然界的一次能源通过各种发电设备转换成电能，再经输电、变电和配电将电能供应到各用户，是关系国计民生的重要基础性产业。电力系统的重要特征是能源的转换与输配。电力的安全、稳定和充分供应，是国民经济全面、协调、可持续发展的重要保障。根据电能的产生和运转方式，电力行业具有发电、输配电、变电等不同生产环节，并形成相应的电力产业链。电力产业链上的主要企业包括电网企业、发电企业、电力建设企业、电力设计企业和其他辅助性企业。

2. 电力企业内部控制体系

电力企业内部控制是由企业董事会、监事会、经理层和全体员工实施的，旨在实现控制目标的过程。内部控制的目标是合理保证企业经营管理合法合规、资产安全、财务报告及相关信息真实完整，提高经营效率和效果，促进企业实现发展战略。

内部控制体系建设与运行一般分为内部控制体系建设、内部控制评价与审计、内部控制体系持续改进与优化。电力企业应按照《企业内部控制基本规范》和配套指引的要求，建立内部控制体系，结合本企业实际，以提高经营效率和效果为目标，以风险管理为导向，以流程梳理为基础，以关键控制活动为重点，制订内部控制整体建设实施方案，明确总体建设目标和分阶段任务。要按照管理制度化、制度流程化、流程信息化的要求，立足企业实际，倡导全员参与、全业务覆盖，注重控制实效，抓好内部控制建设基础工作和关键环节，同时也要定期组织开展内部控制年度评价与审计工作，并促进内部控制体系的持续改进与优化。

二、电力企业内部控制原则

电力企业建立与实施内部控制制度，应当遵循下列原则。

（1）全覆盖原则。电力企业的内部控制应当贯穿决策、执行和监督全过程，覆盖电力企业及其所属单位的各种业务和事项。

（2）重要性原则。电力企业的内部控制应当在实行全面控制的基础上，关注电力企业内部的重要业务事项和高风险领域，按其重要性程度先后展开控制。

（3）适应性原则。电力企业的内部控制是一项动态变化的管理，应当与企业自身的经营规模、业务范围、竞争状况和风险水平等相适应，并随着情况的变化及时加以调整。

（4）成本效益原则。电力企业的内部控制应当权衡实施成本与预期效益，以适当的成本实现有效控制。

第二节 电力行业总体层面内部控制

一、电力行业的内部控制环境

(一) 电力行业的内部控制组织架构

电力企业的组织架构应符合国家有关法律法规以及财政部、国务院国资委、国家能源局等监管机构的要求。股份制企业还应该按照股东大会决议和企业章程，同时结合本企业实际情况，明确董事会、监事会、经理层和企业内部各层级机构设置、人员编制、职责权限、工作程序和相关要求。

目前，我国的电网企业主要采用层级直线制的组织架构，在董事会或类似权力机构的领导下，由经理层设置职能部门归口管理，并在地方设立省公司，每个省公司下设若干个地市（县）级供电公司，地市（县）级供电公司下设电力调控中心、运营监测（控）中心、客户服务中心等机构。

发电企业生产经营的性质也决定了其所属各单位地理位置相对分散。因此，目前我国发电企业一般采用集中与分散相结合的组织架构，一方面在董事会或类似权力机构的领导下，由经理层设置职能部门进行归口管理；另一方面发电企业所属各单位在业务、资产、财务、人员和机构上也具有一定的独立自主的生产经营权。

(二) 电力行业的内部控制组织架构设置要求

1. 组织机构设置科学合理

组织架构应当进行科学设计，合理分配权责，避免机构重叠、职能交叉导致运行效率低下。组织机构的设置要保证与控股股东相关信息完整披露，避免监管处罚，而且要对非控股股东负责，防止侵害中小股东权益。保证董事会或类似权力机构对企业内部控制制度的建立及对实施履行职责的监督。确保经理层的工作处于监督之下，保证组织架构设置合理，权责有效分配。组织机构内部的部门权力应相互制约，避免业务活动的整体工作链条都在一个部门的内部开展而使业务管理在企业内失去监督。

2. 岗位与职责匹配

部门岗位与职责分解要科学合理，要体现不相容职务相分离的原则。企业的资产、财务、人力资源管理等重要岗位的设置应体现相互制衡的原则。保证董事、监事、经理及其他高级管理人员的任职资格和履职情况符合相关法律法规的规定。关键人员的知识水平与经营能力应符合岗位要求，特殊工种应持证上岗。

3. 组织结构管理规范

企业治理结构、内部机构设置和运行机制等应当符合现代企业制度要求。企业应及时发现组织架构设计和运行可能存在的缺陷，并及时进行优化调整，使企业的组织架构始终处于高效运行状态。

(三) 企业整体环境氛围

(1) 人力资源。电力行业的人力资源是指电力企业组织生产经营活动而任用的各类人员，包括董事、监事、经理层和全体员工。总体来看，电力行业人才密集，管理规范，员工忠诚度高，人员流动率低，劳动关系和谐，培训体系健全。但是，当前我国电力企业仍存在一些制约企业竞争力的人才瓶颈问题。

(2) 社会责任。电力行业所承担的社会责任主要包括电力生产、安全监察、用电监察、电能质量、环境保护、电力交易、电网运行、促进就业、员工权益等。电力是社会生活中不可缺少的资源，电力的可靠供应关系到社会的各个方面。电力的特点决定了电力行业属于生产高危行业，安全生产成为重中之重。

(3) 企业文化。电力行业的企业文化建设主要包括企业文化规范建设，企业文化的贯彻落实与评估，企业愿景、宗旨、价值观、经营理念，企业精神的制定与宣传，以及企业品牌的建设与维护等。

二、电力行业的风险管理

风险评估是指用规范的语言描述识别出的风险，依据风险度量标准（风险矩阵）进行定性或定量评价，确定风险发生的可能性和影响程度，得出风险分值，排序后初步确定风险等级，形成风险事件库，绘制风险图的过程。

在风险管理过程的所有阶段，企业应与内外部利益相关方沟通，制订沟通计划。该计划应阐明与风险本身、风险原因、风险后果有关的事项，以及采取的应对措施。沟通的目的是得到实施风险管理过程的责任人和利益相关方的理解。

风险管理须考虑内外部环境。在明确环境因素时，企业可以从以下几方面入手。①外部环境，如社会、政治、法律环境；自然环境和竞争环境；对组织目标有影响的关键驱动因素和发展趋势；外部利益相关方等。②内部环境，如治理结构、内部机构、角色和责任；方针、目标，与内部利益相关方的关系；组织的文化、信息系统、信息流和决策过程。③风险管理过程，包括确定风险管理活动的目的和目标；风险管理职责；开展风险管理的范围、深度和广度；风险评估方法；风险管理绩效考评。④风险准则，如风险的特性和发生原因的种类、可能出现的后果及如何测量；如何确定风险发生的可能性、风险等级、风险可接受或可容忍的等级等。

电力行业的风险识别是发现、辨识和表述风险的过程，包括对风险源、风险事件、风险原因和它们的潜在后果的识别。应重点关注风险识别的全面性、重要性，以及风险与风险源的关系。风险识别的基本内容包括：潜在的风险事件、风险源、风险原因、潜在的后果、影响范围、控制措施和风险清单等。

电力行业的风险分析是理解风险特性和确定风险大小（定性或定量）的过程，它为风险评价和风险应对提供基础。风险分析的主要内容包括：分析潜在的风险事件、分析风险后果、分析风险发生的可能性、分析控制措施、确定风险等级。风险分析的方法主要有危险与可操作性分析法、危险分析与关键控制点法、因果分析法、事件树分析法、决策树分析法、风险矩阵法等。

风险评估是指把风险分析的结果与风险准则进行比较，以决定风险及其大小是否可以被管理者接受或容忍的过程。风险评估的输出是风险应对的输入。风险评估的主要内容有组织的风险偏好、风险后果、可能性的测试指标、风险等级、风险带、风险的可接受性、风险的时间敞口、利益相关方的意见、风险是否需要应对等。风险评估的方法主要有头脑风暴法、德尔菲法、情景分析法、因果分析法、事件树分析法等。

三、电力行业的控制活动

电力行业应当按照企业的不同岗位，根据权限分明的原则明确相应的岗位职责，并进行成文规定。在会计活动与业务活动层面，电力企业要根据既定要求建立完整的会计、统计和业务档案，同时要完整地保管各项档案和记录，确保原始记录、合同契约和各种资料的真实、完整。最后，应当建立有效的应急预案，并定期进行测试。在意外事件或紧急情况发生时，应当按照应急预案及时做出应急处置，尽量做到事前控制并减少可能会造成的损失。

四、电力行业的信息与沟通

内部信息传递是指企业内部各管理层级之间通过内部报告的形式传递生产经营管理信息的过程。企业内部控制活动离不开信息的沟通与传递，企业应持续不断地收集、识别、整理与归纳来自企业内外部的各类信息，并且要针对不同的信息来源和信息类型，明确信息的收集人员、收集方式、传递程序、报告途径和加工处理要求，通过月度经济分析会、月度安全生产分析会、生产调度会、周例会、管理信息系统等方式，确保各种信息资源得到及时、准确、完整收集，并以内部报告的形式传递给内部各管理层级。

第三节 电力行业业务层面内部控制

一、电力营销业务内部控制

电力营销是指电网企业以电力客户需求为中心，通过供用关系，使电力用户能够使用安全、可靠、合格、经济的电力商品，并得到周到、满意的服务。

(一) 电力营销业务控制目标

电力营销业务控制目标包括以下六个。①建立与企业实际相适应的电力营销处理机制，保障能够及时响应服务。②规范电力营销市场的分析与预测工作，建立电力营销市场开拓的长效工作机制，提高电力市场占有率，维护平稳的供用电秩序。③规范电力营业管理工作，确保营销业务有序开展，实现销售电量和电费收入的稳定增长。④通过电能计量综合管理，执行电能计量管理标准流程，确保计量值的准确可靠，实现计量资产生命周期管理，提高计量装置运行水平，保障计量量值传递的准确性、可靠性，为营销业务提供有力的数据支撑。⑤规范客户关系管理，提高客户服务水平和客户满意度。⑥加强智能充换电服务网络建设，加强智能小区、楼宇、园区和光纤到户建设，提升智能用电服务水平，满足客户多样化、个性化的用电需求。

（二）电力营销业务流程

电力营销业务主要包括市场管理、营业管理、计量管理三大部分。其中，市场管理包括有序用电管理、市场分析预测、市场开拓管理；营业管理包括业扩报装、变更用电、电费抄核收；计量管理包括资产管理、检定管理、计量标准管理。

（三）电力营销业务关键控制点及控制措施

1. 市场管理

建立有序用电管理机制，优化电力资源配置，具体内容包括有序用电基础信息管理、方案制订、预警管理、方案实施、监督评价及统计分析等工作；完善市场分析预测机制，采用各种分析模型或方法，对市场变化、特点及异常进行分析预测，主要包括短期电力市场分析预测管理、迎峰度夏（冬）电力供需分析预测管理等；建立市场开拓管理机制，开展潜力客户类型筛选、市场调研、营销业务渠道收集等多种方式，确定具有用电潜力的供电区域、行业、客户群体，并通过客户走访、专家判断等方式挖掘潜在项目，主要包括能源替代项目管理、市场开拓电量计划管理等。

2. 营业管理

规范业扩报装业务，建立并完善业扩报装申请处理机制、业扩报装流程与服务要求制定、各电压等级的业扩报装管理、国家重点工程业扩报装协调管理。为已接电的各类用户，在用电过程中办理业务变更和提供各种服务，包括减容、减容恢复、分户、并户、移表、改压、申请校验、批量销户等业务的申请审核及办理。建立规范的电费抄核收工作流程及业务规范，准确、及时对用户实施抄表、核算及电费回收。

3. 计量管理

跟踪计量器具生命周期的状态变化，包括计量器具采集终端的需求审核、出入库、配送、运行、淘汰、丢失、停用与报废等。建立计量检定检测管理机制，包括电能表及采集终端质量监督管理，电能计量封印管理以及电能计量器具申请、校验、检定管理等。开展保障计量量值传递的准确性、可靠性相关工作，包括对计量标准器具的需求审核、建标、复查、封存（撤销）、更换、量值溯源、报废、运维、期间核查等。

二、担保业务内部控制

担保业务是指电力企业作为担保人按照公平、自愿、互利的原则与债权人约定，当债务人不履行债务时，按照法律规定和合同约定承担相应法律责任的行为。

电力行业具有公用事业属性，涉及电力生产运营和安全的调度资产通常不能进行抵押。输电费收益权、电费收益权，通常不能进行抵押。依法被查封、扣押、监管的财产也不能抵押。

电力企业担保业务实行分级审批制，指定部门进行统一归口管理。开展融资、重组、转让等业务时，会将相关担保事项一并统筹考虑。在日常控制活动中，电力企业应注意逾期担保的清理处置，严格要求被担保人在担保期内履行财务报告义务，要求每年至少报告一次。对于担保合同，主债权债务合同的修改、变更须经担保人同意，并重新签订担保合同。

各企业在开展担保业务的日常管理活动中，为了严格控制担保规模，会在财务预算中对担保情况进行单列。各企业应定期对担保事项、担保管理制度和担保合同执行情况进行审计，并认真落实审计意见。

（一）担保业务控制目标

担保业务控制目标包括：①建立健全公司担保业务相关的制度，明确担保的对象、范围、条件、限额和禁止担保事项，明确担保业务主要负责部门和人员配备，以及明确相应的部门、岗位职责；②公司担保业务要符合国家法律法规和监管机构的要求、符合企业发展战略，确保担保行为经过有效评估，做到有效防范担保业务风险；③担保业务必须签订有效的担保合同或担保协议，担保合同或担保协议在签订前必须经过调查评估与审批，担保事项如需变更，需重新履行调查评估与审批程序；④加强对被担保单位的日常监测，确保被担保人能够严格履行担保合同，降低企业风险，确保担保过程中无违规舞弊行为。

（二）担保业务流程

担保业务流程主要分为担保决策、担保执行、担保监控三部分。其中，担保决策包括制度建设、风险评估、集体决策；担保执行包括签订担保合同/协议、建立担保业务事项台账、担保项目变更申请、变更重估；担保监控包括跟踪监督、日常管理、责任追究、担保资料管理。

（三）担保业务关键控制点及控制措施

1. 担保决策

企业应建立健全担保管理制度，明确担保的对象、范围、条件、限额和禁止担保事项，指定对外担保事项的管理部门，统一受理对外担保的申请，对担保申请人进行资信调查和风险评估，就评估结果应出具书面报告；也可聘请外部财务或法律专业机构等针对该类对外担保事项提供专业意见。

担保事项主管部门组织对担保业务进行风险评估，包括：担保业务是否符合国家有关法律法规的要求以及企业发展战略和经营的需要；担保项目的合法性和可行性；申请担保人的资信状况（如申请人基本情况、资产质量、经营情况、行业前景、偿债能力、信用状况、用于担保和第三方担保的资产及其权利归属等）；担保业务的可接受风险水平及担保风险限额；与反担保有关的资产状况等。

担保评估结束后，担保事项主管部门应编制担保风险评估报告，主要内容包括申请担保人提出担保申请的经济背景，接受和拒绝担保业务的利弊分析，担保业务的评估结论及建议，等等。

2. 担保执行

企业应订立担保合同/协议，征询法律顾问或专家的意见，审核担保合同的合法性和完整性，并按规定权限和程序进行审批。

担保业务执行过程中，担保事项主管部门应建立担保业务事项台账，对担保相关事项进行详细、全面的记录，包括被担保人的名称；担保业务的类型、时间、金额及期限；用于抵押的财产名称、金额；担保合同的事项、编号及内容；反担保事项；担保事项的变更；担保信息的披露等。

被担保项目发生变更时，应重新进行评估，确认是否继续承担保证责任，并重新履行审批程序。

3.担保监控

加强担保合同的日常管理，担保事项主管部门要及时收集、分析担保期内被担保人经审计的财务报告等相关资料，持续关注被担保人的财务状况、经营成果、现金流量以及担保合同的履行情况，对被担保人进行跟踪和监督，了解担保项目的执行、资金的使用、贷款的归还、财务运行及风险等情况，确保担保合同有效履行。同时要建立担保业务责任追究制度，明确担保过程中各层级人员的责任和义务，并严格执行。妥善管理有关担保财产和担保证明，定期对财产的存续状况和价值进行复核，发现问题及时处理。

三、全面预算管理业务内部控制

全面预算管理是指企业对一定期间经营活动、投资活动和财务活动等做出的预算安排，是利用预算对企业内部各部门及各所属单位的财务和非财务资源进行分配、考核、控制，以便能够有效地组织和协调企业的生产经营活动，完成既定的经营目标。

电力行业属于资本密集型、知识密集型、设备密集型和管理密集型的生产性行业。与其他行业相比，电力行业的销售模式、生产运行、维护维修和安全环保等方面都受到国家有关部门的直接监管。这些特征决定了电力企业的生产运行方式与大规模制造生产型企业的生产运行方式有着本质不同，因此在全面预算管理工作上要注意以下几点：一是在预算编制和执行过程中，应密切结合国家政策落实企业的经营策略，高度关注预算非指数指标的控制力和约束力；二是预算管理工作在经营业务覆盖前期就需要开展，在经营业务覆盖的基层末端就需要有效规划开展。

（一）全面预算管理业务控制目标

全面预算管理业务控制目标包括以下四个。①建立健全全面预算领导与运行体系，明确岗位职责，确保不相容岗位分离。②合理编制预算，确保预算范围准确，预算编制方法科学，实现成本节约，提高经营效率和效果。③及时编制年度财务预算并下达给各部门及各所属单位，严格履行预算审批程序，确保预算合理性，减小预算偏差，提高预算的科学性与严肃性，预算目标分解到位。④对预算执行进行有效的监控以保证预算目标的实现。要对预算执行结果进行分析和及时反馈，从而用来指导企业的经营活动。明确预算执行考核制度及奖惩措施，确保预算得到严格执行。

（二）全面预算管理业务流程

全面预算管理业务流程主要包括全面预算管理机构设立与运行体系建立、战略发展规划编制与目标预控、预算下达与分解、预算执行与控制、预算分析与考核五个环节。其中，全面预算管理机构设立与运行体系建立包括机构设置、制度建设；战略发展规划编制与目标预控包括综合分析、指标控制；预算下达与分解包括预算下达、预算分解；预算执行与控制包括预算执行监控、预算执行偏差控制、独立检查、重大项目及关键性指标监控；预算分析与考核包括预算分析、预算考核。

（三）全面预算管理业务关键控制点及控制措施

1. 全面预算管理机构设立与运行体系建立

企业应设立全面预算管理决策机构，由企业负责人及内部相关部门负责人组成。相关管理人员负责拟定预算目标和预算政策，制定预算管理的具体措施和办法，组织编制、平衡预算草案，下达经批准的预算，协调解决预算编制和执行中的问题，考核预算执行情况，督促完成预算目标。

设立全面预算归口管理部门，履行决策机构日常管理职责，明确预算人员岗位职责，对预算编制与预算审批、预算调整与预算审批、预算审批与预算执行、预算执行与预算考核实行岗位分离。

预算执行单位在预算归口管理部门的指导下，负责将本单位预算指标层层分解，落实到各部门、各环节、各岗位，组织开展本单位全面预算的编制工作，执行批准下达的预算。

2. 战略发展规划编制与目标预控

每年预算目标下达之前，企业应根据发展战略、本年度生产经营计划等，充分、客观地分析动态环境，包括国内外政治、经济、社会、技术等因素，结合自身业务特点和工作实际，编制相应预算，并在此基础上汇总编制年度全面预算。

每年预算预控目标下达前，需要经过财务部门负责人、分管预算的企业负责人、预算委员会、董事会审核，确保预算目标与公司战略相符。

建立与公司战略规划、经营目标相关的预算指标体系，如销售、利润、行业排名或客户满意度等指标。

3. 预算下达与分解

全面预算经审议批准后要以正式公文形式下达各部门及各所属单位。全面预算归口管理部门明确预算指标分解方式，将预算指标层层分解，从横向和纵向落实到内部各部门、各环节和各岗位，形成全方位的预算执行责任体系。

4. 预算执行与控制

各部门及各所属单位要建立预算管理台账，实时监控预算执行情况，并对重大预算项目或重大的关键性预算指标进行严格监控。全面预算归口管理部门应建立健全预算执行情况内部反馈和报告制度，确保预算执行信息传输及时、畅通、有效；加强与各预算执行单位的沟通，运用财务信息和其他相关资料监控预算执行情况，采用恰当的方式及时向公司管理层、预算管理委员会和各预算执行单位报告与反馈预算执行进度、执行差异及其对预算目标的影响等。

预算监督部门应加强对预算执行情况的独立检查，不定期对各部门的预算执行情况进行抽检，尤其是要重点关注重大项目及关键性指标。

5. 预算分析与考核

有关职能部门对本部门预算执行情况进行基础分析，全面预算归口管理部门对预算的总体执行情况进行分析后，撰写预算执行情况分析报告，具体包括确定分析对象、收集资料、确定差异和分析原因、提出措施及反馈报告等环节。全面预算归口管理部门可以根据不同情况分别采用比率分析、比较分析、因素分析等方法，从定量与定性两个层面充分反映预算执行的现状、发展趋势及存在的潜力。

全面预算归口管理部门应建立严格的预算执行考核制度，对各预算执行单位和个人进行考核，切实做到有奖有惩、奖惩分明。

第四节　电力行业内部控制评价与监督

一、电力行业内部控制评价

电力行业内部控制评价是指电力企业董事会或类似权力机构对内部控制有效性进行全面评价、形成评价结论、出具评价报告的过程。内部控制评价是内部监督的一项重要制度安排，是内部控制的重要组成部分，对于建立和实施内部控制具有十分重要的作用。

电力企业应当制定内部控制评价办法，明确评价的职责分工、评价内容、工作程序等，规范开展内部控制评价工作。

（一）电力行业内部控制评价的内容

电力企业应当根据《企业内部控制基本规范》及其配套指引、本企业的内部控制制度，围绕内部控制环境、风险评估、控制活动、信息与沟通、内部监督等要素，确定内部控制评价的具体内容，对内部控制设计与运行情况进行全面评价，或者就某一方面进行专项评价。

（二）电力行业内部控制评价的原则

实施内部控制评价至少应当遵循下列原则。

（1）全面性原则。评价工作应当包括内部控制的设计与运行，涵盖企业及其所属单位的各种业务和事项。

（2）重要性原则。评价工作应当在全面评价的基础上，关注重要业务单位、重大业务事项和高风险领域。

（3）客观性原则。评价工作应当准确揭示经营管理的风险状况，如实反映内部控制设计与运行的有效性。

（三）电力行业内部控制评价的程序

电力企业内部控制评价的程序一般包括制订评价工作方案、组成评价工作组、实施现场测试、汇总评价结果、编制评价报告等。

1. 准备阶段

（1）制订评价工作方案。内部控制评价机构应当根据企业内部监督情况和管理要求，分析企业经营管理过程中的高风险领域和重要业务事项，从而确定检查评价方法，制订科学合理的评价工作方案，经董事会批准后实施。评价工作方案应当明确评价主体范围、工作任务、人员组织、进度安排和费用预算等相关内容。评价工作方案既可以全面评价为主，也可根据需要采用重点评价的方式。

（2）组成评价工作组。评价工作组在内部控制评价机构的领导下，具体承担内部控制检查评价任务。内部控制评价机构根据经批准的评价方案，挑选具备独立性、业务胜任能力和职业道德素养的评价人员实施评价。评价工作组应当吸收企业内部相关机构熟悉情况、参与日常监控的负责人或业务骨干加入。企业应根据自身条件，尽量建立内部控制评价长效培训机制。

2. 实施阶段

（1）了解被评价单位的基本情况。充分与企业沟通企业文化和发展战略、组织机构设置及职责分工、领导层成员构成及分工等基本情况。

（2）确定检查评价范围和重点。评价工作组根据掌握的情况进一步确定评价范围、检查重点和抽样数量，并结合评价人员的专业背景进行合理分工。检查重点和分工情况可以根据需要进行适时调整。

（3）开展现场检查测试。评价工作组根据评价人员的分工，综合运用各种评价方法对内部控制设计与运行的有效性进行现场检查测试，按要求填写工作底稿、记录相关测试结果，并对发现的内部控制缺陷进行初步认定。

3. 汇总评价结果、编制评价报告阶段

评价工作组汇总评价人员的工作底稿，初步认定内部控制缺陷，形成现场评价报告。评价工作底稿应当交叉复核签字，并由评价工作组负责人审核后签字确认。评价工作组将评价结果及现场评价报告向被评价单位通报，由被评价单位相关责任人签字确认后，提交企业内部控制评价机构。

企业内部控制评价机构汇总各评价工作组的评价结果，对工作组现场初步认定的内部控制缺陷进行全面复核、分类汇总；对缺陷的成因、表现形式及风险程度进行定量或定性的综合分析，按照对控制目标的影响程度判定缺陷等级。

企业内部控制评价机构以汇总的评价结果和认定的内部控制缺陷为基础，综合内部控制工作整体情况，客观、公正、完整地对外汇报，并报送企业经理层、董事会和监事会。企业如果遵循监管机构要求需要对外披露内部控制评价报告，则需按规定格式内容编制报告，并由董事会最终审定后对外披露。

4. 报告反馈和跟踪阶段

企业对于认定的内部控制缺陷，应当及时采取整改措施，切实将风险控制在可承受范围之内，出现相关问题时，要能够追究到有关机构或相关人员的责任。

企业内部控制评价机构应当就发现的内部控制缺陷提出整改建议，并报经理层、董事会（审计委员会）、监事会批准。获批后，应制订切实可行的整改方案，包括整改目标、内容、步骤、措施、方法和期限。整改期限超过一年的，整改目标应明确近期目标和远期目标以及相应的整改工作内容。在整改工作中遇到协调困难甚至阻碍的，内部控制机构有权直接向董事会（审计委员会）报告，董事会（审计委员会）也应给予足够的支持和帮助。

企业要建立内部控制重大缺陷追究制度，内部控制评价和审计结果要与履职评估或绩效考核相结合，逐级落实内部控制制度。对于未开展内部控制工作，或未严格执行内部控制措施，导致发生内部控制缺陷，给公司生产经营、声誉形象、财产安全等方面造成不同程度的影响和损失的，要对相关责任单位或责任人追究相关责任，并给予相应的处罚。

二、电力行业内部控制监督

电力企业应当制定内部控制监督制度，明确内部审计机构（或经授权的其他监督机构）和其他内部机构在内部监督中的职责权限，规范内部监督的程序、方法和要求。

内部监督分为日常监督和专项监督。电力企业应根据企业内部监督的职责分工，实施日常监督，督促各级业务部门领导落实企业内部控制的整体要求和具体的流程控制要求。按照不同的监督主体及相应的管理要求，电力企业日常监督可以进行不同形式的划分，如定期的经营分析会、生产例会、总经理办公会等。由内部审计机构（或经授权的其他监督机构）每年开展内部控制自我评价工作，与管理层就内部控制缺陷进行讨论，向董事会或其他专业委员会汇报评价结果，督促管理层及相关业务部门实施整改，这也是日常监督的普遍做法。

专项监督的范围和频率应当根据风险评估结果以及日常监督的有效性等予以确定。电力企业可以根据日常监督的结果，有效识别内控管理的薄弱环节，进行有针对性的风险评估，组织开展必要的专项监督。

▶本章小结

本章主要介绍了电力行业有关内部控制的理论知识，从电力行业基本理论出发，引领读者一步步走进电力行业，逐步探索电力行业内部控制体系框架。由总到分；首先从总体出发，针对电力行业总体层面的内部控制理论展开详细论述；然后挑选行业主要部分——业务层面内部控制理论展开论述，分别对营销业务、担保业务、全面预算管理业务三大主体业务的内部控制理论展开详细介绍。希望读者能够认真学习，了解电力行业与其他行业内部控制的差异性，更好地开展内部控制实践。

▶复习与思考

1. 如何理解电力行业内部控制环境？
2. 如何理解电力行业在具体业务层面的内部控制？
3. 电力行业内部控制的产生和发展经历了哪些阶段？
4. 在实行内部控制的基础上，如何践行成本效益原则？

第八章

医药行业内部控制

> **引 例**
>
> **云南白药的改革发展之路**
>
> 　　1902 年，曲焕章创制了云南白药。云南白药不断改革创新，逐步发展成为中国大型医疗保健行业的龙头企业之一。改革开放后，云南白药紧跟商业化步伐，进行了一系列改革，1993 年改制为云南白药实业股份有限公司，并在深圳证券交易所上市，成为中国医药行业第一家上市公司。1996 年，公司更名为"云南白药集团股份有限公司"（以下简称"云南白药公司"）。
>
> 　　20 世纪 90 年代，以创可贴为代表的新产品快速抢占白药最核心的小伤口护理市场份额，使用起来不便捷且品牌陈旧的白药散剂的年销售额从 1 亿瓶急剧下降到数百万瓶。为了从根本上扭转这种局面，云南白药公司于 1999 年开始进行企业再造。云南白药创可贴通过建立内部创业机制和首席科学家制度，成功塑造了该产品的独特形象，重新获得了中国小伤口护理市场的主要份额。
>
> 　　为了进一步提升白药品牌的竞争力，2006 年，云南白药公司提出了"稳中央、突两翼"的战略转型方向，即把以创可贴为代表的材料科学和牙膏为代表的个人护理产品作为两翼，实现企业发展的新突破。2010 年，云南白药公司推出"新白药、大健康"战略，不断推动中医药融入现代生活，推出牙膏、豹七三七、洗发水、面膜、蒸汽眼罩等新型大健康产品，创建了一个健康产品和服务的大生态系统，并成功地将公司形象和产品形象从创伤护理转变成为消费者创造新的现代健康生活方式。
>
> 　　在战略指引和持续创新的支持下，自 2006 年以来，云南白药公司的各项经营指标一直走在行业前列，市场价值超过 2 000 亿元，品牌价值走在行业前列，经营能力、管理效率、品牌形象和品牌价值实现了质的飞跃。
>
> 　　在竞争激烈的医药和快速消费品行业，云南白药公司结合自身现状，努力从根本上把

> 党的领导与现代企业制度统一起来,使党建工作有效地融入生产经营管理实践中并发挥应有的作用。
>
> 　　2016年,云南白药公司通过增资扩股实施混合所有制改革,吸收新华都和江苏鱼跃200多亿元民营资本,分阶段完成改革,2019年实现整体上市。
>
> 资料来源:周斌. 自我突破焕发生机[N]. 经济日报,2021-5-31(11).

　　1902年至今,云南白药公司通过自身不断地发展改革,经受住了资本市场的重重考验,最终在国内医药行业占据重要地位。其成功革新的背后是企业内部的运营管理、企业文化、岗位设置等多种内部控制因素共同作用的结果。医药行业内部控制有何特别之处?在采购、资产管理等业务的内部控制管理方面有哪些注意事项?本章将一一介绍。

第一节　医药行业概述

一、医药行业介绍

　　医药行业是我国国民经济的重要组成部分,是将传统产业和现代产业相结合,集第一、二、三产业为一体的产业。其主要门类包括化学原料药及制剂、中药材、中药饮片、中成药、抗生素、生物制品、生化药品、放射性药品、医疗器械、卫生材料、制药机械、药用包装材料及医药商业。医药行业对保护和增进人民健康、提高生活质量、救灾防疫、军需战备以及促进经济发展和社会进步均具有十分重要的作用。

　　医药行业是学科和技术高度融合的高科技产业,关系到国民健康、社会稳定和经济发展。1978年至今,历经40多年改革大潮洗礼的中国医药行业发生了翻天覆地、日新月异的变化。

　　中国已经具备了比较雄厚的医药工业物质基础,医药工业总产值占GDP的比重为2.7%。维生素C、青霉素工业盐、对乙酰氨基酚等大类原料药产量居世界第一,制剂产能居世界第一。中国药品出口额占全球药品出口额的2%,但是中国药品出口的年均增速已经达到20%以上,较国际水平高4个百分点。与此同时,中国药品市场地位不断提升,占世界药品市场的份额由1978年的0.88%上升到2021年的20%。

　　2009年1月21日,国务院常务会议通过《关于深化医药卫生体制改革的意见》和《2009—2011年深化医药卫生体制改革实施方案》,新一轮医改方案正式出台。新医改方案带来市场扩容机会、新上市产品的增加、药品终端需求活跃以及新一轮投资热潮等众多有利因素保证了中国医药行业的快速增长。2009年,中国医药行业增加值增长14.9%,同时我国医药外贸总体运行良好,医药保健品进出口逆势增长,进出口总额达到531亿美元,再创历史新高。

　　2023年7月24日,经国务院同意,国家卫生健康委、国家发展改革委、财政部、人力资源和社会保障部、国家医保局、国家药监局联合印发《深化医药卫生体制改革2023年下半年重点工作任务》。党的十八大以来,以习近平同志为核心的党中央把保障人民健康放在优先发展的战略位置,将深化医改纳入全面深化改革统筹推进,推动"以治病为中心"转变为"以人民健康为中心",围绕解决"看病难""看病贵"两个重点难点问题,推出一系列重要改革举措,深化医改取得显著阶段性成效。当前,我国进入高质量发展阶段,党的二十大对持续深化医改做出全面部署。2023年是全面贯彻落实党的二十大精神的开局之年,深化医改要全面贯彻落实党的二十大精神,以习近平新时代中国特色社会主义思想为指导,牢牢把握中国式现代化的主要特征和重大原则,准确把握深化医改所处的高质量发展新阶段新要求,坚持"一个中心",即以人民健康为中心;用好"一个抓手",即促进"三医"协同发展和治理;突出"一个重点",即深化以公益性为导向的公立医院改革,不断将深化医改向纵深推进。

随着我国国民经济持续快速增长,人民生活水平不断提高,我国医药行业发展迅速。物质基础巩固后,人们越来越重视生活质量和身体健康;同时,我国作为一个人口大国,对医药行业的质量和数量提出了越来越高的要求。近年来,中国医药市场继续快速发展,已成为世界上增长最快的市场。国家统计局数据显示,截至2021年底,我国药品生产企业有8 337家,比2020年增加167家,同比增长2.04%。

随着公司数量的增加,医药行业的营业收入也随之增加。2021年,中国医药行业营业收入达29 288.5亿元,比2020年增加4 431.2亿元,同比增长17.83%。随着营业收入的增加,中国医药制造业的营业成本也在增加。2021年,中国医药行业营业成本达到15 606.8亿元,比2020年增加1 454.2亿元,同比增长10.28%。

营业收入增加的同时盈利能力也不断提高,中国医药制造业的总利润在2021年大幅增长。2021年,中国医药制造业利润总额达到6 271.4亿元,比2020年增加2 764.7亿元,同比增长78.84%。

二、医药行业内部控制目标

医药行业内部控制的目标是保证医药行业经济活动合法合规、资产安全和使用有效、财务信息真实完整,有效防范舞弊和预防腐败、提高资源配置和使用效益。

三、医药行业内部控制原则

医药行业内部控制报告编制应当遵循全面性原则、重要性原则、客观性原则和规范性原则。

第二节 医药行业总体层面内部控制

一、医药行业的内部控制环境

(一)医药行业内部控制的组织架构

医药行业内部控制是指在坚持公益性原则的前提下,为了实现合法合规、风险可控、高质高效和可持续发展的运营目标,医药行业内部建立的一种相互制约、相互监督的业务组织形式和职责分工制度,是通过制定制度、实施措施和执行程序,对经济活动及相关业务活动的运营风险进行有效防范和管控的一系列方法和手段的总称。

（二）医药行业内部控制各部门的职责

1. 医药行业董事会的职责

董事会要发挥在企业内部控制建设中的领导作用，是内部控制建设的首要责任人，对内部控制的建立健全和有效实施负责。

2. 医药行业专职内部控制部门的职责

企业应当设立内部控制部门，该部门的主要职责包括：建立健全内部控制建设组织体系，审议内部控制组织机构设置及其职责；审议内部控制规章制度、建设方案、工作计划、工作报告等；组织内部控制文化培育，推动内部控制建设常态化。

企业应当明确本单位内部控制建设职能部门或确定牵头部门，组织落实本单位内部控制建设工作，包括：建立内部控制制度体系，编订内部控制手册；组织编制年度内部控制工作计划并实施；推动内部控制信息化建设；组织编写内部控制报告等。

3. 医药行业专职内部审计部门的职责

企业应设立内部审计部门或确定其他相关部门负责本单位风险评估和内部控制评价工作，制定相关制度，组织开展风险评估，制订内部控制评价方案，编写评价报告等。

（三）医药行业整体环境氛围

医药行业内部控制应当以规范经济活动及相关业务活动有序开展为主线，以内部控制量化评价为导向，以信息化为支撑，突出规范重点领域、重要事项、关键岗位的流程管控和制约机制，建立与本行业、单位治理体系和治理能力相适应的权责一致、制衡有效、运行顺畅、执行有力的内部控制体系，规范内部权力运行，促进依法办事。

二、医药行业的风险管理

医药行业风险评估是指企业全面、系统和客观地识别、分析本单位的经济活动及相关业务活动存在的风险，确定相应的风险承受度及风险应对策略的过程。

风险评估至少每年进行一次。外部环境、业务活动、经济活动或管理要求等发生重大变化的，应当及时对经济活动及相关业务活动的风险进行重新评估。

医药企业内审计部门或确定的牵头部门应当自行设立或聘请具有相应资质的第三方机构开展风险评估工作，风险评估结果应当形成书面报告，作为完善内部控制的依据。

医药企业应当根据本单位设定的内部控制目标和建设规划，有针对性地选择风险评估对象。风险评估对象可以是整个单位或某个部门（科室），也可以是某项业务、某个项目或具体事项。

三、医药行业的控制活动

单位层面内部控制建设主要包括：单位决策机制；内部管理机构的设置、职责分工、决策和执行的制衡机制；内部管理制度的健全；关键岗位管理和信息化建设等。

医药企业应当按照"分事行权、分岗设权、分级授权"的原则，在职责分工、业务流程、关键岗位等方面规范授权和审批程序，确保不相容岗位相互分离、相互制约、相互监督，规范内部权力运行，建立责任追究制度。

医药企业应当加强关键岗位人员的管理和业务培训，明确岗位职责和业务流程，关键岗位人员应当具备与其工作岗位相适应的资格和能力，建立定期轮岗机制。

医药企业内部控制关键岗位主要包括：运营管理、预算管理、收支管理、采购管理、医保结算管理、资产管理、基建项目管理、合同管理、绩效奖金核算管理、人力资源与薪酬管理、医教研防业务管理及内部监督管理等。

医药企业应当建立健全内部财务管理制度，严格执行国家统一的会计制度，对医药企业发生的各项经济业务事项进行确认、计量、记录和报告，确保财务会计信息真实、完整，充分发挥会计系统的控制职能。

四、医药行业的信息与沟通

医药企业应当充分利用信息技术加强内部控制建设，将内部控制流程和关键点嵌入医药企业信息系统；加强信息平台化、集成化建设，实现主要信息系统互联互通、信息共享，包含但不限于预算、收支、库存、采购、资产、建设项目、合同、科研管理等模块。医药企业应当对内部控制信息化建设情况进行评价，推动信息化建设，减少或消除人为因素，提高经济业务事项处理过程与结果的公开透明度。

医药企业应当加强内部控制信息系统的安全管理，建立用户管理制度、系统数据定期备份制度，制定信息系统安全保密和泄密责任追究制度等措施，确保重要信息系统安全、可靠，增强信息安全保障能力。

第三节　医药行业业务层面内部控制

一、采购业务内部控制

采购业务是指购买物资（或劳务）及支付款项等相关活动。采购是生产建设各项业务活动生命周期的初始环节，涵盖企业正常生产经营所需的原料、物资和设备的供应。医药企业采购业务的主要目标是合理采购、规范采购行为、降低采购成本、提高采购质量，以及确保医药生产和日常工作的安全、经济、可靠。

医药企业应遵守相关法律法规的要求，建立并完善采购业务相关管理制度，统筹安排采购计划，明确采购申请、审批、采购、验收、付款、评估等环节的职责、审批权限及关键控制要求，严格采购程序、规范采购行为、杜绝过度采购，以"集中、统一、精益、高效"为目标，实行集中化、标准化物资采购，打造统一集中采购平台，提高采购业务效率、降低采购成本、提高采购质量、堵塞管理漏洞。大力推进采购信息系统覆盖采购业务各环节，实现采购活动全过程系统化的管理控制。

(一)采购业务内部控制目标

目标包括:①科学合理编制采购物资规划,及时准确提出采购需求计划,完整准确编制采购计划,且与年度预算相符。②对不同类别物资(服务),确定适宜、恰当的采购方式和标准。③依法开展采购招标、非招标活动,建立集中采购体系,提高经济效益,保证采购质量。采购招标活动遵循公开、公平、公正和诚实信用原则,达到科学、择优的采购目的。采购非招标活动遵循客观、公正、廉洁原则并接受有关部门监督,达到技术、服务择优的采购目的。④依法建立高效的信息化采购平台,配备专业人员。⑤建立科学的供应商评估和准入制度,确定合格供应商清单。⑥建立相关制度以规范采购合同签订及审批流程,规范运用统一合同范本,按照规定权限签订合同。建立完整准确的采购合同台账,对采购合同进行综合管理。

(二)采购业务流程

医药企业采购业务主要包括采购规划或计划制订、采购实施、采购合同处理、采购验收、采购付款与记账五个环节。其中,采购规划或计划制订包括制定采购制度、确定采购物品规格、制订采购计划;采购实施包括采购方式选择、招标采购、供应商管理、制定岗位轮换制度;采购合同处理包括合同变更或解除、合同纠纷、采购合同履约及跟踪;采购验收包括制定采购验收标准、质量检验、采购验收入库、不合格物资处理;采购付款与记账包括付款申请与审批、会计系统控制、采购记账、定期对账。

(三)采购业务关键控制点及控制措施

建立健全采购管理制度,坚持质量优先、价格合理、阳光操作、严格监管的原则,涵盖采购预算与计划、需求申请与审批、过程管理、验收入库等方面的内容。

采购业务活动应当实行归口管理,明确归口管理部门和职责,明确各类采购业务的审批权限,履行审批程序,建立采购、资产、医务、医保、财务、内部审计、纪检监察等部门的相互协调和监督制约机制。

合理设置采购业务关键岗位,配备关键岗位人员,明确岗位职责权限,确保不相容岗位相互分离。这些岗位包括采购预算编制与审定、采购需求制定与内部审批、招标文件准备与复核、合同签订与验收、采购验收与保管、付款审批与付款执行、采购执行与监督检查等。

优化采购业务申请、采购文件内部审核、采购组织形式确定、采购方式确定及变更、采购验收、采购资料记录管理、采购信息统计分析等业务工作流程及规范,并加强对上述业务工作重点环节的控制。

严格遵守政府采购及药品、耗材和医疗设备等集中采购的规定。政府采购项目应当按照规定选择采购方式,执行政府集中采购目录及标准,加强政府采购项目验收管理。

二、资产管理业务内部控制

资产管理是指医药企业对它拥有或控制的存货、固定资产和无形资产等进行相关的管理活动,管理活动包括资产新增、资产运行、资产退出。存货是指为了保障安全生产的备品、备件及相关的设备维护工具等。固定资产是指通过外购持有的有形资产或自建获得的资产，医药企业固定资产价值高、分布广、建设及使用周期较长，固定资产的分类和具体范围按固定资产目录执行。无形资产是指企业拥有或者控制的没有实物形态的可辨认非货币性资产、外购或自行研制开发的专利权、专有技术等知识产权，以及企业取得的土地使用权等。

（一）资产管理业务控制目标

资产管理业务控制目标有以下六个。①资产购置与预算相符，并履行相应的审批流程。②规范验收流程，并按照合同规定支付货款或工程进度款，保证资产的取得依据充分、适当。③确保固定资产入账及时、准确，并更新固定资产目录与卡片，保证固定资产的安全、完整、账实相符。④制订并严格执行资产日常维护与修理计划，确保固定资产平稳运行、安全生产，提高资产使用效率。⑤采用科学的盘点技术，对企业实物资产进行清查及盘点。⑥确保存货预算、采购计划编制合理，适应生产经营计划和市场，存货库存合理。

（二）资产管理业务流程

医药企业资产管理业务流程包括资产规划（预算管理）、资产取得、资产维护、资产盘点清查、资产更新改造、资产处置六个环节。其中，资产规划环节包括预算制定、预算审批；资产取得环节包括需求审批、外购／自建的资产验收、日常管理；资产维护环节包括日常维护与修理计划制订、修理计划执行；资产盘点清查环节包括资产盘点、资产清查；资产更新改造环节包括技改方案的制订与审批、技改方案执行、无形资产定期评估、无形资产技术升级；资产处置环节包括处置方案制订、处置方案审批、处置方案执行、账务处理。

（三）资产管理业务关键控制点及控制措施

建立健全资产管理制度，涵盖资产购置、保管、使用、核算和处置等内容。资产业务的种类包括货币资金、存货、固定资产、无形资产、对外投资、在建工程等。完善所属企业的监管制度。

医药企业资产应当实行归口管理，明确归口管理部门和职责，明确资产配置、使用和处置资产的审批权限，履行审批程序。

合理设置各类资产管理业务关键岗位，明确岗位职责及权限，确保增减资产执行与审批、资产保管与登记、资产实物管理与会计记录、资产保管与清查等不相容岗位相互分离。

建立流动资产、非流动资产和对外投资等各类资产工作流程及业务规范，加强各类资产核查盘点、债权和对外投资项目跟踪管理等重点环节控制。

医药企业应当加强流动资产管理。加强银行账户管理、货币资金核查；定期分析、及时清理应收及预付款项；合理确定存货的库存，加快资金周转，定期盘点。

医药企业应当加强房屋、设备、无形资产等非流动资产管理；按规定配置生产设备并开展使用评价，推进资产共享共用，提高资产使用效率；依法依规出租出借处置资产；建立健全"三账一卡"制度，做到账账相符、账卡相符、账实相符，定期盘点清查。

医药企业应当加强对外投资管理。对外投资应当进行可行性论证，按照规定报送相关主管及财政部门审核审批;加强项目和投资管理,开展投资效益分析并建立责任追究制度。

三、财务报告业务内部控制

财务报告是指企业对外提供的反映企业某一特定日期财务状况和某一会计期间经营成果、现金流量等会计信息的文件,包括会计报表及其附注和其他应当在财务报告中披露的相关信息和资料。会计报表至少应当包括资产负债表、利润表、现金流量表及所有者权益变动表。

医药企业除了承担对股东的会计责任,还对政府监管部门负有会计责任。政府监管部门对医药企业的价格管理、运营管理、财务管理、制度合规管理起着市场导向的作用。

(一)财务报告业务控制目标

财务报告业务控制目标包括:①选择恰当的会计政策,符合企业财务管理要求;②确保会计记录真实、可靠、完整;③财务报告编制、披露和审核不相容岗位分离;④在企业整个会计期间采用一致的会计处理方法和假设,会计分录经独立复核人复核。

(二)财务报告业务流程

医药企业财务报告业务流程包括财务报告管理体系设置、财务报告编制、合并财务报告、财务报告数据质量管理、财务报告的对外提供、财务报告分析利用六个环节。其中,财务报告管理体系设置环节包括会计制度建设、财务报告流程建设;财务报告编制环节包括报表编制、财务信息系统管理;合并财务报告环节包括单体报表复核、合并报表编制、关联交易管理、关联交易披露;财务报告数据质量管理环节包括资产清查、财务数据复核、账务变更处理。后两个环节,这里不做介绍。

(三)财务报告业务关键控制点及控制措施

1. 财务报告管理体系设置

(1)企业应识别所有适用的会计准则,所采用的会计政策应符合相关法律法规和会计准则的要求,反映监管机构所发布的最新的相关指导意见。

(2)会计政策在不同业务实体和会计期间内的应用要保持一致性。

(3)对企业的会计政策和相关流程要制定更新机制,结合国家财经法规和会计准则的最新变化,及时调整企业会计政策和程序,修订后的会计政策需经过有效审批,确保企业会计政策合法、合规。

2. 财务报告编制

财务部门应对主要类型的交易和事项的正确会计处理详细说明,并在企业整个会计期间监督其执行情况。

财务系统中的制单、审单权限分别赋予担任不同岗位职责的人员。由负责制单的会计人员审核发票、付款/收款申请单等原始单据,并检查签字盖章是否完整。审单人员根据原始单据的内容审核会计科目的记录及其他信息是否正确，进行系统内审核和纸质凭证审核并加盖名章。系统设定相应的自动控制，确保凭证一经复核就不能被修改。

3.财务报告数据质量管理

编制财务报告前，组织财务部门和相关业务部门进行资产清查、减值测试和债权债务核实工作，对清查过程中出现的差异及时分析原因，提出处理意见，并根据会计准则和制度规定进行会计处理。

结账前基于试算平衡表对各科目余额进行整体合理性检查，对异常、波动较大的会计科目进行分析，形成记录，若需要调整，经管理层审批后进行相应的账务处理。

第四节　医药行业内部控制评价与监督

一、医药行业内部控制评价

医药企业内部控制评价是指医药企业内部审计部门或确定的牵头部门对本单位内部控制建立和实施的有效性进行评价，出具评价报告的过程。

医药企业内部控制评价分为内部控制设计有效性评价和内部控制运行有效性评价。

内部控制设计有效性评价应当关注以下几方面：内部控制的设计是否符合相关规定；是否覆盖本单位经济活动及相关业务活动；是否涵盖所有内部控制关键岗位、关键部门及相关工作人员和工作任务；是否对重要经济活动及其重大风险给予足够关注，并建立相应的控制措施；是否重点关注关键部门和岗位、重大政策落实、重点专项执行和高风险领域；是否根据国家相关政策、单位经济活动的调整和自身条件的变化，适时调整内部控制的关键控制点和控制措施。

内部控制运行有效性评价应当关注以下几方面：各项经济活动及相关业务活动在评价期内是否按照规定得到持续、一致的执行；内部控制机制、内部管理制度、岗位责任制、内部控制措施是否得到有效执行；执行业务控制的相关人员是否具备必要的权限、资格和能力；相关内部控制是否有效防范了重大差错和重大风险的发生。

医药企业内部控制评价报告至少应当包括真实性声明、评价工作总体情况、评价依据、评价范围、评价程序和方法、风险及其认定、风险整改及对重大风险拟采取的控制措施、评价结论等内容。

医药企业向上级卫生健康行政部门或中医药主管部门报送内部控制评价报告，各级主管部门汇总所属医疗机构报告后，形成部门内部控制评价报告向同级财政部门报送。

医药企业内部控制职能部门或牵头部门根据内部控制评价报告的审批结果组织整改，完善内部控制制度，落实相关责任。

二、医药行业内部控制监督

医药企业内部控制监督，是指内部审计部门、内部纪检监察等部门对医药企业内部控制建立和实施情况进行的监督。医药企业内部审计部门和纪检监察部门应当制定内部控制监督制度，明确监督的职责、权限、程序和要求等，有序开展监督工作。依法依规接受财政、审计、纪检监察等外部门对本单位内部控制工作的监督检查，要及时整改落实，完善内部控制体系，确保内部控制制度有效实施。

腐败是困扰中国医药行业发展的顽疾，更是医药行业加强内外部监督的重中之重。仅2023年上半年，已有超百位医务人员接受纪检部门调查。医药反腐要不留死角，从医疗机构、零售药店、药品代理商，延伸至生产企业整条产业链，从上游逐步卡死医疗贿赂空间。2023年7月28日，纪检监察机关配合开展全国医药领域腐败问题集中整治工作动员部署视频会议在北京召开。仅一周之前，国家卫健委、公安部、审计署、国资委、国家市场监管总局、国家医保局、国家中医药局、国家疾控局、国家药监局联合召开视频会议，部署为期一年的全国医药领域腐败问题集中整治工作。此番由中纪委牵头，无疑是对本次多部门联合行动的一次定调。根据中纪委官网消息，本次会议强调：坚持受贿行贿一起查，集中力量查处一批医药领域腐败案件，形成声势震慑。

2023年7月25日，中纪委官网发布消息称，刑法修正案（十二）草案提请第十四届全国人民代表大会常务委员会第四次会议审议。该《草案》意在加大对行贿犯罪惩治力度，增加惩治民营企业内部人员腐败相关犯罪的条款。这意味着，今后医药代表行贿，也会追究法律责任。根据最新《草案》规定：今后单位行贿将分为"三年以下有期徒刑或者拘役，并处罚金"和"三年以上十年以下有期徒刑，并处罚金"两个档次。根据全国人民代表大会常务委员会法制工作委员会相关负责人介绍，该《草案》共修改补充刑法7条。其中包括对多次行贿、向多人行贿，国家工作人员行贿等六类情形从重处罚。同时，调整行贿罪的起刑点和刑罚档次，与受贿罪相衔接。随着医改的推进，医药反腐的力度在加大。毫无疑问，未来医药领域的反腐风暴将越刮越猛。

▶本章小结

本章主要介绍了医药行业有关内部控制的理论知识，从医药行业基本理论出发，引领读者一步步走进医药领域，逐步探索医药行业内部控制体系框架，了解其构成、特点、实践。由总到分，首先从总体出发，针对医药行业总体层面的内部控制理论展开详细论述；然后针对业务层面的内部控制理论展开论述，分别对采购业务、资产管理业务、财务报告业务三大主体业务的内部控制理论展开详细介绍。希望读者能够认真学习，了解医药行业与其他行业内部控制的差异性，更好地开展内部控制实践。

▶复习与思考

1. 如何理解医药行业内部控制环境？
2. 医药行业内部控制的目标有哪些？
3. 如何理解医药行业在具体业务层面的内部控制？

第九章

石油石化行业内部控制

> **引 例**
>
> ### 油价每升超 10 元意味着什么
>
> 2022 年 6 月 14 日 24 时，中国国内成品油迎来当年第 11 轮调价。调整后，国内 92 号汽油全面进入"9 元时代"，部分地区 95 号汽油正式迈入"10 元时代"，刷新了国内成品油价格的历史纪录。以当期紧张的国际原油供需形势和历史经验来看，油价仍将在不短的时间内保持高位运行。
>
> 石油是现代工业之母，是当今世界头号能源。除了提炼成品油作为燃料广泛使用，石油还是化工行业的基础，为塑料、化肥、化妆品、药品和纺织品等产品提供原料。可以说，石油已经渗透经济生活的方方面面，其价格大幅波动势必会给生活带来影响。高油价又将如何改变我们的生活，并重塑相关产业？
>
> 高油价让汽车电动化进一步提速，从而推进低碳生活。油价涨跌与老百姓关系最密切的是乘用车，每次油价上调，加满一箱油往往需要多掏十几元。面对不断上涨的汽油、柴油价格，网友们纷纷表示，"已经不敢踩油门了"。高油价会直接抑制汽油车需求，历史上三次石油危机期间，全球汽车销量均出现大幅下滑，并推高节油小型车的销量。
>
> "富煤贫油少气"是我国的国情。我国石油对外依存度高达 70% 以上，且未来增产空间有限。要化解这一能源安全的关键掣肘，必须高度重视可再生能源发展。"十四五"时期是能源低碳转型的关键期、攻坚期，要制定更加积极的新能源发展目标，大力推动新时代可再生能源大规模、高比例、高质量、市场化发展，着力提升新能源消纳和存储能力，积极构建以新能源为主体的新型电力系统，健全完善有利于全社会共同开发利用可再生能源的体制机制和政策体系，为构建清洁低碳、安全高效的能源体系提供坚强保障，并以清洁能源体系为基础，引导产业向低能耗、高技术方向发展，逐步降低石油在产业经济中的比重。

> 高油价将让煤炭的角色重新被认识。有一个普遍观点,煤炭燃烧是最主要的大气污染来源之一,使用煤炭产生的二氧化碳排放比石油高30%,比天然气高70%,被欧洲人称为"恶魔的粪便"。但有意思的是,人类从木柴时代向煤炭时代转型时,煤炭曾经被认为是一种清洁能源,因为相比木材的燃烧,煤炭带来的污染更少。在当前的技术条件下,煤炭已经被证明是一种可以被清洁利用的能源产品。高油价下,欧洲多个国家重启煤炭发电以应对能源短缺。欧盟委员会表示,"一些现有煤炭产能的使用时间可能比最初预期的要长"。
>
> 资料来源:王轶辰. 油价每升超10元意味着什么 [N]. 经济日报,2022-06-23(6).

"富煤贫油少气"的国情导致我国油价不得不高度依赖国际石油价格,国际油价的高位运行对我国的经济发展和国民生活产生了一定的影响,高油价增加了国家外汇支出,增加了企业运营成本,增加了国民消费支出。因此,面对无法完全掌控的国际油价,国内的石油石化企业只能通过构建完善的内部控制制度,来抵御油价涨跌等因素带来的企业风险。本章从石油石化行业的内部控制基本理论出发,带领大家了解石油石化行业的各种业务中包含哪些内部控制操作规范,如何实施与调节内部控制管理。

第一节　石油石化行业概述

一、石油石化行业的概念

石油又称原油,是指烷烃、环烷烃、芳香烃等烃类混合物,由古代海洋或湖泊中的生物遗体经过沉淀、演化而最终形成,属于化石燃料。石油在现代主要被炼制为燃料油和汽油,这两者是目前世界上最重要的一次能源。当前,石油在世界一次能源消费中所占的比重最大,总体超过30%。同时石油也是生产许多化学工业产品,如溶剂、化肥、杀虫剂和塑料等的重要原料。今天,世界上开采的石油88%被用于炼制燃料,其余的12%作为化工业的原料。

石油石化行业主要包括石油和天然气勘探开发与生产、石油炼制与油品销售、石化产品生产及销售三个业务板块。石油石化行业把石油和天然气转化成品种繁多的石油化工产品并大量进入人们的日常生活,石油价格直接影响到社会活动的各个层面。

二、中国石油石化行业的发展历程

中国石油石化行业经历了从无到有,从小到大,从弱到强,从分散到集中的光辉历程。从1955年到1988年,中国石油石化行业先后由石油工业部、燃料化学工业部、石油化学工业部以及石油工业部负责管理。为进一步促进能源行业的发展,我国政府在20世纪80年代对石油石化行业进行了一系列改制重组。1982年,我国政府批准成立中国海洋石油总公司,从事中国海上油气资源开发;1983年,我国政府批准在分属石油工业部、化工部及纺织部的石化企业基础上组建中国石油化工总公司,从事成品油和石化产品的生产和分销业务;1988年,我国政府撤销石油工业部，在石油工业部的基础上组成了中国石油天然气总公司，从事中国陆上的油气勘探与生产业务。

20世纪90年代，世界石油石化工业进一步朝大型化、一体化、规模化方向发展。党的十四大提出，要将石油石化工业建设成国民经济的支柱产业。1998年4月，国务院明确石油、石化两个集团公司的组建方案，按"各有侧重、相互交叉、保持优势、有序竞争"的组建原则成立两大集团公司，即中国石油天然气集团有限公司和中国石油化工集团有限公司。重组完成后，我国石油石化行业形成了以"中石化""中石油""中海油"三大石油公司为主体经营的行业格局，并打破了原有条块分割的界限。

经过体制改革，中国石油石化行业的竞争力及经营效率显著提高，三大石油公司在市场竞争中展示了各自的实力并确立了各自的优势，为我国石油石化企业参与国际市场竞争奠定了基础。

三、中国石油石化行业的发展现状

中国石油石化行业在这几十年中取得了巨大成就，2012年，中石化、中石油、中海油在世界500强企业中的排名分别为第5名、第6名和第101名，成为国际巨型石油公司，增强了抗风险能力和国际竞争能力。但我们必须看到我国石油石化行业还蕴藏着的危机和风险。

第一，在石油需求强劲、能源消耗直线上升的时代，中国自身的石油、天然气产能已经无法跟上整体经济形势迅猛发展的脚步。从1993年起，中国成为石油净进口大国。到2012年我国石油对外依存度达到58%，比2011年上升了1.5个百分点，2022年我国石油对外依存度达71.2%。在国际大型石油公司继续瞄准中国巨大能源市场的同时，能源安全意识也越来越促使国内油气企业走出国门，投巨资争夺上游资源，争取更大的发展空间。从东亚到中亚、从北非到西非、从大洋洲到中南美洲，中国石油公司的身影几乎无所不在。例如，中国与哈萨克斯坦之间的管线建设；中国与海湾六国签署的一揽子能源合作协议；中国在拉美和非洲签订的一系列石油合同；在俄罗斯油气工业国有化的过程中收购尤甘斯克20%的股份。目前中国进口石油半数来自中东地区国家，仅沙特阿拉伯一个国家就占了17%。一旦海湾地区发生动荡，影响到石油生产，将对中国的经济发展造成不利影响。

第二，产业与税收政策也是影响石油石化行业达到战略目标的重要因素。《石油特别收益金征收管理办法》规定，从2006年3月26日起，凡在中华人民共和国陆地领域和所辖海域独立开采并销售原油的企业，以及在上述领域以合资、合作等方式开采并销售原油的其他企业，均应对因原油价格超过40美元/桶所获得的超额收入，按5级超额累进从价定率的方式，缴纳石油特别收益金。自2011年11月1日起，国内石油特别收益金起征点从此前的每桶40美元上调到每桶55美元。此外，《中华人民共和国资源税法》规定，油气资源采用从价计征为主，税率调整为6%。

第三，别国政治因素也会影响石油石化行业走出国门的步伐。例如，中海油收购优尼科公司，被优尼科公司所在国政府否决。

第四，国家对环境保护工作高度重视，环境保护已经成为加快发展方式转变的重要手段，也是企业履行社会责任、提升形象的战略性工程。我国石油石化行业环保及科技水准总体处于国内领先地位，但与国际先进水平相比还有一定的差距，迎头赶上需要大量的人力、财力、物力投入。近年来在我国境内发生的一些石油石化行业安全环保事故，对企业发展造成了负面影响，也给当地环境造成了一定程度的破坏。

第五，主要产品价格管控的影响。石油石化行业身负国家能源安全和为经济发展提供动力的重任，产品价格受到国际原油价格和国家宏观调控的双重制约。主要产品汽柴煤油等价格，由国家统一定价。此外，经济发展和人民生活水平的提高必然导致各项成本上扬，土地、水电、原料、人工成本等各项生产要素价格大幅上涨。因此，企业内部的管理水平特别是成本费用的管理就显得尤为重要。原料价格跟着国际市场走，产品价格由国家定价，其他成本快速上升，企业的利润增长空间必须来源于寻找新的廉价原料供应地、改进生产工艺、提高生产效率、减少各种消耗、努力降低各项成本。

第六，管理提升的紧迫性。我国石油石化企业与世界一流企业尚有一些差距，表现为：在基础管理方面，高效管控能力薄弱，流程不顺、标准不一、信息不畅、集而不团；在管理创新方面，世界一流企业创造了福特生产线、丰田精益生产、GE六西格玛管理等重大管理成果，我国石油石化企业还处于学习探索阶段；在投资并购方面，世界一流企业善于利用资本市场和其他有利条件，并购整合成功率高，我国石油石化企业在花巨资收购并购后，资源整合度、文化融合和有效管理力度不够，并购没有产生应有的效果；在信息化方面，世界一流企业整个业务流程都能做到信息化管理，甚至全球联网运行，我国大多数石油石化企业还没有形成统一高效的信息管理系统，业务上线水平低，存在信息孤岛，不能发挥信息化在管理上的支撑作用；在国际经营化方面，大型跨国公司的跨国指数在50%以上，我国石油石化企业跨国指数相对较低，在全球布局、整合全球资源、打造全球产业链方面尚处于起步阶段。

因此，虽然我国有一批大企业进入了世界500强的行列，但与世界一流企业相比，不仅在规模、装备、技术、资金等硬实力上有所欠缺，在管理、品牌、人才等软实力方面也有不小的差距。要提升企业抵抗风险、增加效益、实现价值的核心竞争力，达到"做强做优，世界一流"的目标，必须把更多的精力放在加强管理，不断提升管理的科学化、现代化水平上来。

四、石油石化行业内部控制原则

石油石化行业是资金技术密集型产业，对国家与地方的影响重大，因此在设计内部控制体系时，除了遵照《企业内部控制基本规范》的要求，也应突出石油石化行业的特点。其基本原则如下。

一是全面性原则。内部控制应当贯穿决策、执行和监督全过程，覆盖企业及其所属单位的各种业务和事项。石油石化行业涉及上中下游各类型企业，特别是上游的采油和下游的销售企业，分公司、子公司多，管理层级多。应按照内部控制要求把每个业务领域纳入内部控制中，把内部控制的触角深入到管理的最终端，切实有效地防范各类风险。

二是重要性原则。内部控制应当在全面控制的基础上，关注重要业务事项和高风险领域。石油石化行业的特点是投资强度大、生产约束条件多、资金流动性强，因此在风险评估的基础上必须重点关注资本支出、工程招标、物资采购、产品销售、安全清洁生产和资金管理等涉及重要事项的业务流程。对容易发生舞弊的关键业务流程和岗位，需制定严密的控制措施。

三是制衡性原则。内部控制应当在治理结构、机构设置及权责分配、业务流程等方面形成相互制约、相互监督，同时兼顾运营效率。石油石化行业企业规模大，内部层级多，组织机构多。内部机构可根据企业实际情况设置，但必须遵守内部控制的要求，机构间互相牵制，事权统一，不能由某个机构或个人单独决定重大决策。

四是适应性原则。内部控制应当与企业经营规模、业务范围、竞争状况和风险水平等相适应，并随着情况的变化及时加以调整。石油石化企业应根据不同的市场状况和经济环境，明确与之相适应的风险承受水平。在当前的经济条件下，企业边际利润降低，则更应当注重防范各种风险，在风险偏好上应采用谨慎型。

五是成本效益原则。内部控制应当权衡实施成本与预期效益，以适当的成本实现有效控制。内部控制工作要防止过度控制，降低管理效率。必须注重成本效益原则，对于出现防范某项风险的投入比风险真正发生的损失还要大的情况，应合理评估风险重要程度并加以判断。

六是包容性原则。内部控制体系与企业原有管理制度不是两套制度标准，内部控制制度是按照科学的框架和要求，将企业原有管理制度加以梳理、整合、完善、补充后得来的。内部控制制度应包容企业原有管理制度，并将所有业务制度加以流程化、信息化、规范化。

七是实用性原则。建立健全内部控制体系的目的是提高企业经营效率并有效防范风险，内部控制不能为控制而控制，而应当注重实用性与可操作性。

八是合规性原则。建设内部控制体系，需研究并遵守各项法律法规及行业规范，恪守商业道德，防范法律风险，进一步提升企业形象。

第二节　石油石化行业总体层面内部控制

一、石油石化行业的内部控制环境

（一）石油石化行业的组织架构

企业目标的实现，必须以一定的组织架构为基础，对企业活动进行规划、执行、控制和监督。建立良好的组织架构，主要包括确定权责的关键领域以及建立适当的报告负责部门；根据自身的需要确定组织架构；组织架构的适当性在相当程度上取决于企业的规模及其活动的性质。

1. 组织架构适应信息传递和权力集中程度

（1）石油石化企业应当在公司制的基础上，建立分级授权、权责统一、逐级负责的集团化管理体制。各级企业应当按照《中华人民共和国公司法》的要求，参照国际大型石油公司的通行做法，结合自身实际，建立规范的法人治理结构（包括股东会、董事会、监事会和总裁负责的管理机构），即建立起资产所有权、经营权分离，决策权、执行权、监督权分立，股东会、董事会、监事会并存的法人制衡管理机制。企业的重大决策、重大事项、重要人事任免及大额资金支付业务等，应当按照规定的权限和程序实行集体决策审批或者联签制度。任何个人不得单独进行决策或者擅自改变集体决策意见。

（2）企业组织机构编制管理遵循"科学、精简、高效、透明、制衡"的原则。企业应当对各机构的职能进行科学合理的分解，确定具体岗位的名称、职责和工作要求等，明确各个岗位的权限和相互关系。企业在确定职权和岗位分工过程中，应当体现不相容职务相互分离的要求。不相容职务通常包括可行性研究与决策审批，决策审批与执行，执行与监督检查等。

（3）建立内部控制体系。明确内部控制组织体系的职责分工，形成包括董事会、审计委员会、管理层、内部控制与风险管理委员会、内部控制管理部门、其他职能部门及各业务单位在内的内部控制管理组织体系。内部控制管理工作应与其他管理工作紧密结合，把内部控制管理的各项要求融入企业管理和业务流程中。

2. 关键管理人员的知识和经验

企业制定规章制度，确保管理人员的技能素质满足要求，具备执行其业务必备的知识、经验。

企业通过内部报刊、有线电视、网络等媒体发布公告或召开会议等方式，对管理层实行任前公示，增加选拔任用的透明度。

企业应当注重对管理层的培养，通过针对性培训、轮岗交流、挂职锻炼等形式提高管理层的素质。

3. 汇报机制的适当性

企业通过分级管理的组织架构和员工岗位职责描述对汇报关系进行清晰的定义。正常情况下不得越级请示、报告工作。

企业应当注重高层管理人员之间的沟通，建立相应的沟通和交流渠道并确保畅通，如定期召开公司工作会、经营形势分析会，各职能部门负责人也有机会参加总裁办公会等高层会议，企业定期举行工作例会，管理层定期或不定期走访调研基层单位等，使负责经营活动的管理人员能够与相关的高级管理人员进行沟通和交流。

企业为员工向管理层反映问题和建议提供多种渠道，如员工代表大会制度、座谈会、接待日等。

4. 组织架构变化的适应性

企业人力资源管理部门或其他专门机构根据企业总体发展战略和管理定位及内外部条件的变化，分析评价内部管理体制、组织架构及其运行情况；组织架构调整应当充分听取董事、监事、高级管理人员和其他员工的意见；需要做出调整的，按规定程序组织评估、论证，提出机构编制改进完善方案，并组织实施。

5. 人员配置

为确保人力资源合理配置，企业针对工种（岗位）颁布相应的劳动定员定额标准，制定制度并确保得到有效实施。

企业确定人员编制，以核准的工作量和生产任务为前提，以科学先进的劳动定员定额标准为依据，先定任务、定职责、定岗位，后定编制，并按编制配备人员，确保企业任用足够数量的员工和管理人员，保证各项业务工作顺利进行。

企业应当明确组织机构和相关岗位的设置标准，确保管理岗位人员配备的适当性。

企业定期分析员工队伍结构和总量状况，确定下属企业的劳动用工总量，每年对各下属企业下发年度员工总量控制计划。

（二）石油石化行业的发展战略

企业发展战略可以分为发展目标和战略规划两个层次。企业制定发展目标作为风险评估的前提条件，只有先确立了目标，管理层才能针对目标确定风险，并采取必要的行动来管理风险。企业应当在充分调查研究、科学分析预测和广泛征求意见的基础上制定发展目标。战略规划是为了实现发展目标而制定的具体规划，表明公司在每个发展阶段的具体目标、工作任务和实施路径。

1. 影响发展战略制定的环境因素

企业外部环境、内部资源等因素，是影响发展战略制定的关键因素。只有对企业所处的外部环境和拥有的内部资源展开深度分析，才能制定出科学合理的发展战略。

（1）外部环境因素如下。

1）政治与法律因素：包括国家的社会制度，政府的方针、政策、法令等。不同的国家有着不同的社会性质，不同的社会制度对组织有着不同程度的限制和要求。石油石化企业海外投资业务中应着重考虑能源所在国的政治风险。

2）经济因素：包括宏观经济和微观经济两方面。宏观经济环境主要是指一个国家的人口数量及其增长趋势，国民收入、国民生产总值及其变化情况以及通过这些指标能够反映的国民经济发展水平和发展速度。微观经济环境主要是指企业所在地区或所服务地区的消费者的收入水平、消费偏好、储蓄情况、就业程度等因素，这些因素直接决定企业目前及未来市场的大小。企业应充分研究经济环境的现状及未来的发展趋势，抓住有利于企业发展的机会。

3）社会文化因素：包括国家或地区的居民文化水平、宗教信仰、风俗习惯、价值观念、审美观点等。文化水平会影响居民的消费层次；宗教信仰和风俗习惯会禁止或抵制某些活动或行为；价值观念会影响居民对组织目标、组织活动以及组织存在本身的认可与否；审美观点会影响人们对组织的活动内容、活动方式以及活动成果的态度。企业应对当地居民的文化水平、宗教信仰、风俗习惯等进行充分了解，以进一步融入当地社会，取得更好的发展。

（2）内部资源因素如下。

1）技术素质因素：企业应对自身的技术水平及发展能力做出评估，并据此制定符合企业条件的发展战略。

其一，生产能力。它包括：生产的组织与计划调度、技术质量保证与工艺装备、人员操作水平、消耗定额管理；在制品、半成品及成品流程管理；运输工具、劳动生产率水平；环境保护与安全生产等。

其二，技术开发能力。它包括：科研设计工艺开发的物资与设备水平；技术人员的数量、技术水平与合理使用；以及获取新的技术情报的手段、计量检测手段；此外，还有技术管理水平与技术开发，更新产品的综合能力。

2）经营因素：企业应充分考虑生产经营过程上下游的产业情况，以满足自身的发展需要。

其一，产品、市场状况。分析企业现在的经营业务范围，主要产品的技术性能与技术水平，产品结构和发展前景，市场占有率，产品获利能力与竞争能力等。

其二，物资采购供应能力。分析企业在物资方面的组织、计划、采购、仓储、资金、管理等的能力与存在的问题。

3）人员和管理素质因素：包括领导人员素质、管理人员素质、职工素质。企业应考虑领导体制及组织机构的设置是否合理，信息的沟通、传递、反馈是否及时，日常业务性的规章制度是否健全可行等。

2. 编制企业发展规划的科学性

企业对未来较长时间内发展方向、发展目标、总体部署和实施方案等做出重要战略谋划，并编制中长期业务发展规划。中长期业务发展规划主要包括：按国家统一部署编制的五年业务发展规划和十五年远景规划；根据市场变化而每年滚动编制的五年规划、专业一体化规划、专项规划和区域规划。

规划计划部门负责组织编制五年业务发展建议规划和滚动建议规划、区域建议规划；总部业务主管部门和专业分公司负责组织编制专业一体化建议规划和专项建议规划。

企业根据中长期业务发展规划，制订年度投资计划、年度生产经营计划等。企业制定中长期业务发展规划管理规定，明确规划编制的内容、程序及相关要求。

企业编制年度预算，对预算经营年度的经营目标及相应管理措施做出预期安排。企业制定预算管理办法，对预算编制的基本原则、预算的内容、编制依据及程序等进行明确规定。年度计划和预算总体上要符合中长期业务发展规划确定的效益目标、投资方向和投资结构。

年度计划和预算由相关部门汇总并综合平衡后，报总经理办公会审批，以保证计划和预算与公司目标相一致。

企业应当通过内部各层级会议将发展规划和计划及其分解落实情况传递到内部各管理层级和全体员工。

总会计师或分管会计工作负责人定期向董事长、总经理或其他外部使用者报送财务报告，至少包括资产负债表、利润表和现金流量表。企业应定期召开由相关部门负责人参加的财务分析会议，通过分析各项财务指标构成及变动及时提供财务状况及经营成果。财务分析应形成分析报告。通过持续监控战略及经营目标的执行情况，及时做出分析，并适时、适当调整战略及经营目标，从而适应外部客观因素的变化。

企业投资部门应关注国家产业政策走向；法律部门负责关注行业法律法规的更新，并及时将法规变动影响报告给董事长、总经理；财务部门应按会计准则和会计制度的规范要求及时对外报送会计报表，并满足税务、审计等监管机构的报送要求；生产部门应关注安全生产等相关规定，以满足环保部门的要求。

（三）石油石化行业的社会责任

现阶段的石油石化行业企业的社会责任主要包括安全生产责任、产品质量控制责任、环境保护与资源节约责任、促进就业和员工权益保护责任等。履行社会责任是石油石化企业开展生产运营、实现企业可持续发展的基本前提和准则。

1. 安全生产方面

健全完善各岗位安全生产责任制，明确各级责任人的责任。加强岗位责任的履行和落实。建立和完善安全责任的考核和奖惩制度。例如，石油石化行业属于高危行业，生产经营环节的任何一项工作疏忽、违章作业、设备隐患，都可能造成安全事故，带来生命和财产的损失。安全稳定运营是稳增长、保效益的前提，直接关系到企业的长远发展。因此，石油石化企业坚持实施HSE（健康、安全和环境）管理体系并持续改进，努力实现安全稳定运营，将安全管理工作从企业内部扩大到供应链环节，加强承包商HSE管理，增加相关信息披露。强化全员安全意识、现场安全管理、隐患治理等，不断夯实安全生产基础，打造安全生产型企业。企业应建立统一的应急指挥体系，制定重特大事件应急预案，以提高事故防范能力，完善应急管理等制度体系。

2. 产品质量控制方面

强化产品质量意识，规范操作流程，加强售后服务，切实提高产品质量和服务水平。建立产品及服务对安全和健康影响的评估机制。定期对产品及服务质量进行调查，积极听取客户反馈意见。设立品牌、商标、消费者隐私保护机制，保证广告、促销、赞助行为符合市场传播法律和法规程序。

例如，某企业将安全、产品质量、计量作为企业必须坚守的三条红线。为了提高产品和服务的质量，该企业发布了"诚实、守信、精益求精"的质量方针和"零事故、零缺陷，国内领先、国际一流"的质量目标，健全和完善了工作质量管理体系，确定了企业质量工作的方向和宗旨。企业签署了《中国工业企业全球质量信誉承诺倡议书》，切实履行全球质量信誉承诺。在客户和消费者方面，该企业开展消费者关爱活动，进行产品质量监督抽查，征询客户和消费者的意见，增加相关信息披露。

3. 环境保护与资源节约方面

落实国家安排的节能减排指标，保持区域生态，提高资源利用效率，改进环境质量，推动循环经济发展。

自然环境是人类赖以生存的根本。石油石化企业有责任在生产作业中把对环境的危害降到最低程度。例如，某企业坚持"环保优先、安全第一、质量至上、以人为本"的理念，同时采取各种措施积极应对气候变化，降低油气生产过程中的温室气体排放量，并开发利用清洁能源，合理利用资源，努力创建资源节约型、环境友好型和安全生产型企业，推进企业的可持续发展。为了保证上述目标的实现，企业主动与政府部门沟通，了解国家能源政策、法规，行业规划、行业标准和国家标准等，与项目所在地政府、社区、员工、业务合作伙伴等开展多层次、多角度交流，深入了解利益相关方的关注点和诉求，不断增加透明度，积极履行对各利益相关方的责任。

4. 促进就业和员工权益保护方面

通过成立各级工会组织，召开职工代表大会，维护员工合法权益，提供员工交流平台，增加相关信息披露等方式加强沟通交流。

健全劳动合同管理制度,在劳动合同的签订、变更、续订、解除和终止及备案等主要环节严格遵守有关规章制度。

按时足额支付职工工资,为职工缴纳社会保险费,保障员工依法享受社会保险待遇。

建立健全职工工资的正常增长机制,落实国家层面提高国民收入的远景规划,实现员工收入与企业经济效益同步增长。

加强员工职业技能培训,为员工履行其岗位职责提供必要的培训机会,提高员工的岗位胜任能力。

关注员工职业健康,改善员工工作环境,对作业场所职业病危害因素进行检测,预防职业病发生。

5. 提高管理人员的社会责任意识方面

(1)加强培训和宣导。充分利用社会资源,定期开展社会责任管理相关的培训工作,企业管理人员必须带头参加。

(2)加强交流和沟通。树立社会责任标杆单位,建立社会责任工作交流平台,标杆单位介绍先进经验,企业管理人员互动交流。

(3)建立社会责任考核机制。将社会责任关键指标层层分解,建立关键考核指标体系,并将考核结果与企业经营绩效考核挂钩。

(4)引进外部监督。积极与非政府组织(NGO)合作,由它对企业的社会责任工作做出监督和客观评价。

(四)石油石化行业的反舞弊机制

反舞弊机制不仅需要满足合规性要求,而且应该具有预防性和及时性,受到企业治理层的直接监督和重视。它强调审计、监察等部门的作用,主要工作包括进行舞弊风险分析、评估并测试反舞弊控制设计和执行的有效性、执行舞弊违规调查并提出整改意见等。

1. 反舞弊机制的建立

(1)反舞弊工作协调与配合的组织形式。企业应当成立由审计、监察、内部控制有关人员组成的反舞弊协调小组,负责组织协调审计、监察等部门的反舞弊工作,以加强反舞弊审计、监察中的协调与配合。反舞弊协调小组领导由审计部门、监察部门和内控与风险管理部门领导担任。

(2)受理舞弊行为举报的工作程序。企业设立信访举报机制,由监察部门负责受理在会计、财务控制或审计等方面的违规和舞弊行为的举报,并进行相应的调查。对于在会计、财务控制或审计等方面的违规和舞弊行为的举报,企业根据不同情况做出相应处理:属一般性问题的,由审计部门进行反舞弊审计;属重大问题或涉及企业高级管理人员的,由监察部门与审计部门及时沟通,研究调查处理办法,报主管领导同意后,组成联合调查组进行反舞弊审计与调查;对缺乏具体线索和内容的,由审计部门分析潜在的违纪或舞弊风险,并在反舞弊审计中加以关注。

（3）反舞弊审计调查结果的处理程序。反舞弊审计与调查结束后，对已构成违纪但情节轻微且未给企业造成损失的，由审计部门或监察部门对违纪单位和人员进行批评教育或给予通报批评，需要组织处理的，由人事部门组织处理；对已构成违规违纪且情节较重或造成重大经济损失的，移交监察部门追究有关单位和人员的纪律责任；对触犯法律构成犯罪的，由监察部门移交司法机关处理。

2. 反舞弊情况通报制度的建立

企业反舞弊协调小组定期召开反舞弊情况通报会，通报反舞弊工作情况，确定向审计委员会汇报反舞弊有关情况，研究反舞弊工作中出现的新情况、新问题，研究部署反舞弊工作；根据舞弊风险发生的可能性和重要性水平，提出加强和改进内部控制的建议。反舞弊情况通报会原则上每个季度召开一次，遇有重要情况或重大问题时，随时召开，并向管理层和审计委员会汇报。各分、子公司反舞弊协调小组向企业反舞弊协调小组报告情况。

按照制度规定，审计委员会定期听取审计部门有关反舞弊方面的情况汇报，监督员工对有关会计、内部控制、审计事项或舞弊等方面的举报和投诉。

3. 舞弊风险分析

企业由监察部门牵头，成立舞弊风险评估小组，作为舞弊风险分析评估的组织领导机构，其成员由监察、审计及内部控制人员组成；各分、子公司舞弊风险评估小组或反舞弊协调小组负责本单位的舞弊风险分析与评估工作。

企业监察部门每半年汇总审计、监察部门查证属实的舞弊问题，向舞弊风险评估小组报告，并提交舞弊问题分析报告；各分、子公司发现的舞弊风险，经本单位风险评估小组评估和反舞弊协调小组确认后，报企业舞弊风险评估小组办公室。

舞弊风险评估小组根据舞弊问题的实际发生情况和分析报告，以现有的业务循环中风险数据库为基础，结合案例分析，对该舞弊情形进行描述，分析其易发生的领域，评估其发生的可能性和重要性水平，确定相对应的流程和控制，并形成舞弊风险评估报告，提交反舞弊协调小组和管理层。

舞弊风险评估报告经反舞弊协调小组和管理层同意后，由监察部门根据舞弊风险评估报告的内容，对舞弊风险数据库进行相应调整。

4. 舞弊风险数据库

舞弊风险评估小组负责建立企业舞弊风险数据库，主要记录企业潜在的舞弊风险和发生的舞弊问题。企业应当建立舞弊风险数据库授权使用制度，确保经授权的人员查询数据库。

数据库管理员每半年对舞弊风险、舞弊问题等有关情况进行分析、汇总，提交舞弊风险评估小组进行评估。舞弊风险数据库舞弊风险应每年更新一次，舞弊问题部分待舞弊风险评估小组确认后随时更新。

5. 对最高管理层的监督

监事会按照《中华人民共和国公司法》及企业的有关规定，对高级管理人员执行公司职务的行为进行监督，向股东（大）会独立报告高级管理人员的诚信及勤勉尽责表现。

6. 反舞弊程序与控制自我评价，以及舞弊行为的检查和报告

为保证反舞弊程序与控制的有效性，企业定期开展反舞弊自我评价工作，从内部控制环境、内部监督、风险管理、控制活动及信息与沟通等五个方面，分别评估审计部门、监察部门、董秘局、企业文化部门、财务主管部门、信息管理部门、人事部门及内控与风险管理部门等部门的反舞弊工作完成情况。

企业建立并推行分别针对高级管理人员和全体员工的职业道德规范，并对遵守情况进行监督。审计部门应在实施的审计活动中关注可能发生的舞弊行为，并对舞弊行为进行检查和报告。企业组织与反舞弊工作相关的培训，安排信访管理与初核、案件检查、内部控制与反舞弊等方面的课程。

7. 董事会和审计委员会对舞弊进行监督

企业发现的任何与舞弊相关的信息应由管理层书面告知审计委员会及董事会，这样的沟通应定期进行，而不是在年度工作完成以后。审计委员会应负责检查管理层的重大支出，由此可以防止经营者们凌驾于管理之上的舞弊行为。审计委员会应设立程序处理有关投诉以及员工的投诉举报，并定期向董事会汇报舞弊行为检查的结果。审计委员会负责人应当具备独立性、良好的职业操守和专业胜任能力。

根据《企业内部控制评价指引》的要求，满足条件的企业应对内部控制进行自我评价并出具评价报告。董事会应每年聘请外部审计师对企业的财务状况进行审计并出具审计报告，对财务报告内部控制的有效性进行审计并出具审计报告。审计师应及时将审计发现的重大内部控制问题向审计委员会及董事会进行书面沟通。

二、石油石化行业的风险管理

（一）石油石化行业的风险分类

风险一般可分为战略风险、财务风险、市场风险、运营风险、法律风险等类别。结合石油石化行业的行业特点，上述五类风险可以进一步细分。

战略风险可细分为自然环境风险、政治与政策风险、社会风险、投资决策风险、储量和发展风险、行业风险、技术风险、品牌风险、公司治理和管控结构风险、战略规划风险等。

财务风险可细分为预算控制风险、融资风险、短期投资风险、信用风险、财务报告编制风险、税收筹划风险、资金风险、套期保值风险、投保风险等。

市场风险可细分为汇率及利率风险、原油和天然气价格风险、股票价格风险、金融市场波动风险等。

运营风险可细分为作业风险、HSE 风险、人力资源风险、信息系统风险、原油和天然气价格风险、市场营销风险、原材料风险、客户风险、供应商风险、信息传递风险、部门协作风险、道德风险、竞争者风险、运营监控风险等。

法律风险可细分为国内法律风险、对外合作法律风险、公司制度合规风险、合同风险、诉讼风险、信息披露风险等。

另外，石油石化行业的海外业务应予以关注和考虑的风险如下：

（1）海外政治风险。随着世界经济的发展，对能源需求的不断增加，资源国逐渐认识到资源的重要性，主权意识不断增强，国际油气投资难度加大。一些政局相对稳定、油气资源丰富的国家和地区的资源获取难度很大，从全球看，能够涉足的油气资源富集地区往往是政治脆弱和不稳定的地区。各国环保政策、税赋政策复杂多样，对中国石油石化企业来说，"走出去"首先面临着资源国的政治风险，给海外投资带来极大的不确定性。

（2）经营风险。近年来，各资源国加强了对油气资源的控制，无论是发达国家还是发展中国家，不时修改财税条款、造成合同方经济损失的情况时有发生。同时石油天然气行业竞争日趋激烈，使得石油石化企业生产经营面临更加严峻的挑战。特别是在海外油气合作模式大幅度变化，各国环保政策、税赋政策复杂多样的背景下，中国石油石化企业对资源国财税政策、法律等研究与把握能力，抵御海外经营风险的能力明显不足。在已并购的海外资产中，中国石油石化企业因缺乏对项目的有效控制和对合作伙伴的有效约束，造成项目进展滞后、欠产，影响油气产量计划的完成和海外投资收益。

（3）技术风险。石油开采属于高科技行业，随着精细化程度的提高和非常规油田的开采，对技术的要求也越来越高。特别是当迈向国际市场时，海外的石油勘探和开发的热点已经集中在深海领域和非常规油气领域，而这些领域正是中国石油石化企业所不擅长的。深海及非常规的油气勘探和开发的一系列技术基本为西方主要公司（包括服务商）垄断。中国石油石化企业会面临着盆地类型多样、成藏复杂、海外勘探经验积累不足等问题，现有区块勘探尚无重大突破，难以进入有潜力的区域。

（4）安全风险。石油石化产品由于易燃易爆，石油开采也面临着重大的安全风险。中国石油石化企业的海外业务大部分位于欠发达国家，自然环境、社会治安环境相对较恶劣，受地缘政治风险的影响，海外资产的安全风险进一步加大，员工的工作生活和人身安全方面也存在很大的安全隐患。

（二）石油石化行业风险管理流程

风险管理流程主要包括信息收集、风险识别、风险分析、风险评估四个步骤。企业应根据实际情况，明确风险管理流程，确定风险识别、评估、应对的周期，原则上每年识别、评估风险至少一次。风险评估是指用规范的语言描述识别出的风险，依据风险度量标准（风险矩阵）进行定性或定量评价，确定风险发生的可能性和影响程度，得出风险分值，排序后初步确定风险等级，形成风险事件库，绘制风险图的过程。

1. 信息收集

在风险管理流程的所有阶段，应与内外部利益相关方沟通，制订沟通计划。该计划应阐明与风险本身、风险原因、风险后果有关的事项，以及所采取的应对措施。沟通的目的是得到实施风险管理过程的责任人和利益相关方的理解。

风险管理须考虑内外部环境。在明确环境因素时，可以从以下几方面入手。

（1）外部环境，如社会、政治、法律；自然环境和竞争环境；对组织目标有影响的关键驱动因素和发展趋势；外部利益相关方等。

（2）内部环境，如治理结构、组织架构、角色和责任；方针、目标、与内部利益相关方的关系；组织的文化、信息系统、信息流和决策过程等。

（3）风险管理过程，包括确定风险管理活动的目的和目标；风险管理职责；开展风险管理的范围、深度和广度；风险评估方法；风险管理绩效考评等。

（4）风险准则，如风险的特性和发生原因的种类、可能出现的后果及如何测量；如何确定风险发生的可能性、风险等级、风险可接受或可容忍的等级等。

2. 风险识别

风险识别是发现、辨识和表述风险的过程。应重点关注风险识别的全面性、重要性、风险与风险源的关系。风险识别的基本内容包括潜在的风险事件、风险源、风险原因、潜在的后果、影响范围、控制措施和风险清单等。

3. 风险分析

风险分析是理解风险特性和确定风险大小（定性或定量）的过程。它为风险评价和风险应对提供基础。风险分析的主要内容包括分析潜在的风险事件、分析风险后果、分析风险发生的可能性、分析控制措施、确定风险等级。风险分析的方法主要有危险与可操作性分析法、危险分析与关键控制点法、因果分析法、事件树分析法、决策树分析法、风险矩阵法等。

4. 风险评估

风险评估是把风险分析的结果与风险准则相比较，以决定风险及其大小是否可以接受或可容忍的过程。风险评估的输出是风险应对的输入。风险评估的主要内容包括组织的风险偏好、风险后果、可能性的测试指标、风险等级、风险带、风险的可接受性、风险的时间敞口、利益相关方的意见、风险是否需要应对等。风险评估的方法主要包括头脑风暴法、德尔菲法、情景分析法、因果分析法、事件树分析法等。

第三节　石油石化行业业务层面内部控制

一、原油天然气勘探与开发

（一）原油天然气勘探与开发的控制目标

（1）机构设置和人员配备科学合理，职责分工明确，权限范围清晰，授权标准严格。

（2）业务主管部门依据国家批复，办理矿产资源勘查许可证，取得探矿权。

（3）勘探井成功率控制在40%～45%之间，评价井成功率控制在60%～70%之间，保证投资效益。

（4）勘探开发过程中不发生人亡事故。

（5）及时取得土地使用审批手续，落实油气资源储量及油气田开发面积。

（6）储量的计量应寻找有合格资质的评估师进行评估，保证战略目标的达成以及会计核算的合理性。

（二）原油天然气勘探与开发的主要风险

（1）机构设置和人员配备不合理，职责分工不明确，权限范围不清晰，缺少严格的授权标准。

（2）未取得探矿权或探矿权受损，无法落实石油天然气储量，影响企业的可持续发展。

（3）勘探评价落空井超过规定标准，导致投资无效益，给企业带来经济损失。

（4）勘探开发过程发生井涌、井喷以及井喷失控伤人等安全事故，给企业带来人员伤亡及经济损失。

（5）土地使用未取得合法的审批手续，未及时取得地方土地管理部门的井位批办手续，影响油气资源勘探及油气田产能建设。

（6）储量的计量未经过适当的评估，以致会计核算不合理，无法达成战略目标。

（三）原油天然气勘探与开发的控制方法

1.油气资源勘探

（1）人才管理。企业聘用专业技术人员从事油气资源勘探与开发工作。

（2）技术管理。围绕年度勘探任务，立足盆地资源现状，深化地质理论研究，把握油气富集规律，按照寻找新增可开采资源的勘探思路，加大外围区域甩开及新层系油气勘探力度，开拓勘探新领域；坚持下古生界天然气勘探兼探上古生界，天然气勘探兼探石油的立体勘探战略；加强技术攻关，通过二维高分辨地震、欠平衡钻井、成像测井、清洁压裂、分压、分试、分采等先进工艺，大幅度提高油气层预测、保护、检测、改造的精度及水平，提高勘探成功率。坚持勘探开发一体化，石油预探、油藏评价与油田开发紧密结合，天然气勘探与气田开发有序衔接、相互渗透，坚持整体勘探、整体评价、整体开发，加快勘探开发进程。

（3）审批控制。企业油藏评价部门审核储量计算表及计算方法，地区公司储量管理委员会审核储量计算表及计算方法，并聘请具有资质的中介机构进行独立评估，提交初步结果，公司储量管理部门讨论中介机构提交的油气储量评估报告，保证储量技术参数（储量）及经济参数（商品率、价格、投资）计算和选取准确，落实油气勘探资源。

2.油气田开发方案设计

（1）（预）可行性研究。

集团总部：相关职能部门（科技管理部门和信息管理部门等）组织审查（预）可行性研究报告，职能部门相关领导审批；规划计划部门委托有资质的咨询单位对项目进行评估；项目评估单位组织召开专家评估会，形成专家组意见；规划计划部门分管领导组织召开项目审查会；规划计划部门领导审核项目论证报告、项目呈批件、项目批复文件。

股份公司：股份公司常务会审批规划计划部门上报的一类项目（企业可根据自身实际情况对油气田开发项目进行分类）论证报告；股份公司领导审批规划计划部门上报的项目呈批件、项目批复文件；规划计划部门领导审核需上报国家核准项目的申请报告；股份公司领导签发项目核准申请报告。

专业分公司：专业分公司规划计划部门审核地区公司上报的（预）可行性研究报告，根据相关部门意见判断项目是否合理；一类、二类项目（需规划计划部门审查的二类项目）公司领导审核后报股份公司审批，三类项目规划计划部门组织项目论证，形成论证意见报专业分公司领导审批。

地区公司：一类、二类、三类项目可行性研究报告经地区公司规划计划部门、分管领导审查后上报总部相关部门（规划计划部门、相关职能部门、专业分公司）审批；四类项目由地区公司规划计划部门审查后报地区公司分管领导审批。四类项目由地区公司规划计划部门对各单位项目建议进行审查汇总后下发重点项目前期工作计划，并对每个项目的（预）可行性研究报告组织评审。

（2）初步设计。

地区公司规划计划部门委托有资质的单位进行初步设计并编写初步设计报告初稿；四类项目的初步设计由地区公司规划计划部门组织会签和审查，报地区公司领导审批，并报专业分公司备案；三类项目的初步设计由地区公司规划计划部门进行预审，专业分公司规划计划部门组织进行审批，并报总部规划计划部门备案；一类、二类项目的初步设计由专业分公司组织审查，规划计划部门会签，报股份公司领导审批。

3. 油气田工程建设

（1）土地使用权管理。土地管理部门办理土地使用审批业务，取得地方政府审批手续；如有重大项目，填写"土地使用申请"上报总部土地管理办公室。

（2）造价管理。地区公司工程造价部门造价人员参与审查可行性研究的经济估算部分；参与审查初步设计的概算；参与审查施工图的预算；工程过程中审查设计变更及现场签证管理；初步审查工程结算相关资料，与概算进行核对，确认工程造价的确定方法、依据和程序是否合理，确定工程最终造价。地区公司工程造价部门各级主管领导按权限审批工程项目结算金额。

（3）施工图设计管理。地区公司工程部门对建设单位上报的施工图进行符合性审查。审查内容包括：交代设计意图；说明设计文件组成和查找办法，以及图例符号表达的工程意义；明确设计施工验收应遵守的标准、规范；介绍同类工程的经验教训；解答建设单位和施工单位提出的问题等。

地区公司工程部门进行技术性会审。会审内容包括：施工图设计内容和范围是否完全符合初步设计批复的内容和范围；专业技术部门审查施工图设计能否满足生产工艺技术、产品质量要求；安全环保部门审查施工图设计能否满足环保、工业卫生、消防、安全等要求。

地区公司工程部门对会审确定的问题责成设计单位在限定的期限内修改，工程部门主管领导审核修改后的施工图。

（4）施工图概预算管理。地区公司对施工图进行会审，审核施工图是否符合初步设计实际批复的要求及概算是否控制在批复范围内，地区公司主管领导、工程部门审核施工图预算并签字。

（5）工程开工报告管理。地区公司工程的实施组织部门提交开工报告及开工申请文件，一类、二类项目经地区公司主管领导审批后，上报专业分公司，专业分公司相关部门主管领导审批并下达批复文件；三类、四类项目由地区公司相关部门依据开工条件要求审查开工报告是否符合要求，主管领导审批。地区公司按照批准的开工报告组织实施。

需要经过政府核准的项目，地区公司相关部门及专业分公司项目管理部门领导逐级审查开工报告，审查内容包括是否获得地方政府核准、是否取得合法的建设手续。

（6）工程工期管理。地区公司工程管理部门计划管理岗及主管领导审核施工进度计划是否按照项目的工期分解编制，施工进度计划的内容是否全面，是否满足合同要求等。地区公司工程管理部门主管领导检查工程的进展情况，分管领导审核工程进度报表，对未能按照计划进行的分析影响工程进度的因素，协调工程进度。

（7）设计变更及现场签证管理。地区公司工程部门负责收集变更的相关信息，变更包括设计图变更和现场变更，变更信息应包含变更内容、原因、见证人以及工程量计算书等，具体如下：①当设计图发生变更或现场与设计有出入时，施工单位应先提出变更申请；②施工单位提交变更申请时应同时提交变更原因；③施工单位提出签证的原因时应有见证人；④施工单位应同时提交签证涉及的工程量计算书；⑤监理单位应见证现场签证的原因；⑥监理单位负责对施工单位提出的变更进行确认并签署意见；⑦地区公司工程部门对变更进行审核，现场代表签字确认。

（8）竣工验收管理。由国家组织竣工验收的项目，竣工验收申请由股份公司相关部门或专业分公司上报国家主管部门组织竣工验收；其他一类、二类项目由专业分公司项目主办部门（其中科研、信息、矿区建设等项目由相关部门）组织成立竣工验收委员会或验收组，按照国家、公司相关制度及要求建立恰当的工程验收评审方案开展验收，出具竣工验收鉴定书。三类、四类项目由地区公司项目主办部门组织成立竣工验收委员会或验收组，按照国家、公司相关制度及要求组织竣工验收，出具竣工验收鉴定书。未通过竣工验收的项目，由地区公司组织整改，并重新申请竣工验收。

相关部门主管领导监督、检查竣工验收工作；对于验收过程中发现的问题及时进行督促整改；整改合格后，由国家组织竣工验收的项目，股份公司相关部门或专业分公司报国家主管部门审批。

（9）工程成本管理。施工单位按季度编报工程形象进度报表，基建管理部门审核（形象进度、该工程进度的估算支出）后编制"工程进度确认单"，财务部门投资核算相关岗位审核"工程进度确认单"，预估在建工程成本和负债。

基建管理部门对工程决（结）算书中工程量及施工取费进行审核并签字，造价部门审核工程决（结）算书和工程决（结）算表确认工程最终造价（资产原值）。

（四）原油天然气勘探与开发的监督检查

1. 油气资源勘探业务

油气资源勘探业务是否取得探矿权，审批手续是否完整，资料是否齐全；勘探井的成功率是否控制在 40%～45% 之间，评价井的成功率是否控制在 60%～70% 之间，对超出控制指标值的要进行追踪检查；储量技术参数（储量）及经济参数（商品率、价格、投资）计算和选取是否准确，是否经过有效审批，是否存在错误或虚报等情况。

2. 油气田开发方案设计

油气田开发方案（预）可行性研究报告是否满足制度及法规的相关要求，内容及深度是否符合行业和公司的标准，评估单位的资质是否符合要求，评估内容是否充分、全面。

油气田开发方案初步设计内容的全面性和深度是否达到相关规定要求，设计单位和设计人员是否严格执行国家现行的设计规范和建设标准。

3. 油气田工程建设

是否取得土地使用出让协议或土地管理部门的批复文件，是否依据土地补偿协议或土地出让协议计算土地补偿费金额，查看土地补偿费支付相关单据。

（1）钻井工程。检查是否按部署井位钻井，是否依据工程和地质设计进行施工，井下作业施工程序是否符合规定，是否严格执行相关的技术标准，支出是否控制在投资计划内，对超投资计划的情况进行跟踪检查。

（2）地面工程。检查有无造价控制，施工图设计及概预算审查程序是否完整，有无工程开工报告管理，工程设计变更及签证是否按规定程序进行。项目完工后，是否按管理权限进行竣工验收。

（3）工程成本。检查是否及时、准确、完整地归集工程成本，是否正确划分收益性支出与资本性支出，相关的原始单据是否合规合法。

二、原油天然气储运与销售

（一）原油天然气储运与销售的控制目标

（1）客户信用额度、信用期限的确定与修改经过有效审批；客户信用污点被及时记录和跟踪。

（2）价格的制定和调整经过有效审批；价格数据库的更新及时、准确。

（3）销售计划及调整经过有效审批，调度指令准确。

（4）入库油品质量经过检验。

（5）油气输送经过相关授权。

（6）输油气生产保持平稳运行。

（7）计量交接数据完整、准确并经双方确认。

（8）途损（输差）计算正确且在规定的范围内，损耗的处理经过有效确认和审批。

（9）平衡资源与市场，优先开发高端、优质用户，构建科学合理的市场开发梯队。

（二）原油天然气储运与销售的主要风险

（1）客户信用额度、信用期限的确定与修改未经有效审批；客户信用污点未被及时记录和跟踪。

（2）价格的制定和调整未经有效审批，不符合国家或公司的相关规定；对价格数据库更新不及时或修改错误。

（3）计划中的数据未被准确、完整地转移到相关的生产、运输及销售执行部门。

（4）不同品质的油品混合运输，造成油品质量下降。

（5）油气输送未经有效授权。

（6）交接凭证记录数据（数量、质量）不完整、不准确，交接记录未经双方确认。

（7）油气长输管道突发事件，因人为破坏（包括打孔盗油和恐怖活动）、管体缺陷、违章施工、管理不善或员工操作失误而造成管道泄漏、破损需要停输抢修。

（8）原油管道运行管理中，管线凝管、清管球卡堵造成憋压、清管过程中管道内形成蜡堵，以致管线停输。

（9）发生自然灾害，导致生产装置、设施以及大部分生产线停输或停运。

（10）地区之间、管线之间输量不均衡造成产能不能充分发挥，影响公司效益。

（11）由于上游产能、下游市场重大变更等原因，公司输油气管网运行不再满足新的输送要求或者输送能力与设计能力不符的风险。

（12）现有管网存在安全隐患或者节能、工艺等需要进行改造而形成停输，影响公司管输营业收入。

（13）油气管线、油气站、库爆炸及着火等突发事件，导致生产运行的中断。

（14）受各种因素影响，国内外石油石化及天然气市场需求变化，油品及天然气价格发生重大变化、库存激增，导致产运销衔接和资源平衡矛盾突出，使得管道储运压力和安全风险加大、管输营业收入减少。

（15）不根据资源总量开发天然气市场，导致过度开发市场，市场需求远远大于供给，造成供不应求的局面。

（16）上游气源出现大量短供或停供，冬夏季极端天气造成用气大幅增加等紧急情况，天然气的计划安排与实际需求不匹配导致供需失衡。

（三）原油天然气储运与销售的控制方法

1. 销售及运输计划

（1）销售计划。根据专业公司下达的销售计划安排销售工作，并维护管道生产管理系统中的计划数据；及时与用户沟通销售计划；天然气按照日指定计划组织销售。

（2）运输计划。根据专业公司下达的年度、月度运销计划及调整计划安排各输油气单位运销计划，并通过公司保密文件下发；各输油气单位根据运销计划安排生产运营工作。

2. 运行方案

年度、季度（仅限输气管道冬季）和月度运行方案根据管道运销计划，结合管道维检修等重大生产活动安排，遵循安全、平稳、经济运行的原则进行编制，应符合相关技术标准，在安全可行的基础上积极采用优化的运行方式和输送工艺。

3. 运输计量

地区公司生产部门组织或委托各输油气单位根据审查修改后的协议与相关方协商，如协商一致，签订计量交接协议。

各输油气单位按交接协议及相关规程计算交接油量、气量，计量管理岗按国家标准要求进行油品计量化验，收、销油计量凭证由交接双方签字盖章后生效，并经计量员、班长、运销员复核。

各输油气单位及时分析输差情况，发现问题及时分析解决，并向地区公司生产部门汇报。地区公司生产部门对油、气输差损耗超标的单位，组织有关人员进行调研、分析原因、找出解决办法。

4. 信息统计

各类计量原始数据的采集应以相应计量检测点上配备的计量器具的示值为准，严禁采取估算、倒算及平均分摊的做法，确保计量数据准确可靠；由专人负责登记、建账，按月分类分级汇总。

各种计量原始数据应每日统计，每月底进行汇总，统计报表每月汇总后按规定时间报公司有关部门进行核查、认证。

每月要分析收油含水、密度和销油含水、密度变化情况，画出曲线并进行分析。年平均销油含水不得大于收油含水，年平均销油密度不得低于收油密度。如果出现相反结果，应进行调查研究分析，写出情况汇报。

5. 客户管理

地区公司销售、运销部门收集用户的基础信息，形成客户档案。若客户信息发生变化，应及时更新用户档案。

销售部门根据开发的新客户情况，在管道生产管理系统中填写"新增客户申请表"申请创建新用户；生产部门根据专业公司油气调运部门下发的新客户信息，填写"新增客户申请表"，在管道生产管理系统中申请创建新用户。

销售、运销部门每季度对客户的新增、变更记录进行检查，以确保不存在未经授权的客户主数据；每半年复核管道生产管理系统中主数据的变更是否经过有效审核，以确保不存在未经授权的客户主数据变更。

6. 销售及运输定价

（1）销售定价。根据国家发改委有关油气价格调整文件的要求，以及专业公司油气价格调整工作安排制订价格调整实施方案，销售部门开展对用户的价格调整工作。

（2）运输定价。执行股份公司下发或转发国家发改委以及地方物价部门核准的用于管道运输的结算价格。各输油气单位收到地区公司转发的价格文件后，将相关管输价格，维护到本单位 ERP（企业资源计划）系统中，并打印出来，形成销售价格复核表，由财务负责人签字。

7. 运行调度

输油气管道的生产运行和操作控制，实行集中调度统一指挥的方式，采取调度令和操作票管理。

各级调度须遵循下级服从上级的原则，按照上级调度的要求，进行输油气管道的运行操作控制和实施维检修作业等生产管理工作。

各级运行调度管理岗位实行每周七天、每天二十四小时的工作制度;备齐相关技术标准、操作规程等生产管理基础资料;严格执行交接班制度、工作汇报制度;按需定期组织召开生产调度会议(含视频或电话形式),不定期组织召开调度工作经验交流会。

8. 生产工艺、油气储运设施与管道保护管理

对所属各输油气单位的站场工艺技术、生产管理进行抽查或定期检查,对检查中发现的问题以整改单形式下发,限期整改。

对研发的新技术、新工艺进行评估,依据评估结果和管道生产实际需要编制试验方案或实施方案,同时进行安全与环境影响的风险分析,组织相关部门对试验方案或实施方案及相应的风险分析进行审查。

定期组织安全生产检查活动和设备、管道及附属设施缺陷隐患调查,对设备产生的缺陷进行分析、总结,并提出防范对策,重视设备缺陷隐患整改工作。

明确管道巡护、第三方损坏(包括第三方施工、打孔盗油、恐怖袭击等人为因素造成的管道损坏)、清理与预防管道占压、防汛、地质灾害防治、推广和应用管道安全预警保护技术等相关规定。

9. 市场开发

深入市场调研,核实用户市场,现场走访重点工业用户,紧密结合销售规划,视天然气资源情况有序开发用户。

10. 天然气销售合同

(1)购销意向书。销售部门根据"市场调研报告",并确定为新增用户后,与用户签订"天然气购销意向书",作为管道项目可研依据。拟签订意向书气量超出规划气量的,由销售部门向专业公司提出申请,专业公司同意后签订。

(2)销售合同。按照销售计划与客户商定销售合同内容,经公司相关部门会签、公司主管领导审批后,上报专业公司及股份公司法律事务部门、财务部门、规划计划部门审批完成后,与客户签订销售合同。

11. 结算

财务部门对销售部门提交的销售报表、销售发票等原始凭证进行审核,审核内容包括销售价格、销售数量、销售金额、货款结算等。

财务部门根据审核无误的发票、销售报表(计量单)等原始凭证确认销售收入,编制记账凭证。

(四)原油天然气储运与销售的监督检查

1. 销售及运输计划的监督检查

监督检查是否根据专业公司下达的年度、月度运销计划及调整计划安排工作;是否在管道生产管理系统中维护计划数据;是否按日指定计划安排销售。

2. 运行方案的监督检查

监督检查是否根据管道运销计划、维检修等重大生产活动安排编制运行方案。

3. 运输计量的监督检查

监督检查是否签订计量交接协议;收、销油计量凭证是否由交接双方签字盖章;是否及时分析输差情况,发现问题并分析解决。

4. 信息统计的监督检查

监督检查计量原始数据的采集是否以计量器具的示值为准;是否采取了严禁使用的估算、倒算及平均分摊的做法;是否由专人负责登记、建账,按月分类分级汇总;每日统计是否准时、准确,每月底是否进行汇总,是否按规定时间报公司有关部门进行核查、认证;每月是否分析收油含水、密度和销油含水、密度变化情况,是否就异常情况进行调查研究分析。

5. 客户管理的监督检查

监督检查是否形成客户档案并及时更新;每季度是否对客户的新增、变更记录进行检查;管道生产管理系统中主数据的变更是否经过有效审核。

6. 销售及运输定价的监督检查

监督检查是否根据国家发改委油气价格调整文件、专业公司油气价格调整工作安排制订销售价格调整实施方案;是否执行股份公司下发或转发国家发改委以及地方物价部门核准的用于管道运输的结算价格;财务负责人是否审核销售价格复核表并签字。

7. 运行调度的监督检查

监督检查是否实行集中调度统一指挥;是否采取调度令和操作票管理;各级运行调度管理岗是否实行每周七天、每天二十四小时的工作制度;是否严格执行交接班、工作汇报制度;是否定期召开生产调度会议。

8. 生产工艺、油气储运设施与管道保护管理的监督检查

监督检查是否抽查或定期检查所属各输油气单位的站场工艺技术、生产管理,是否对检查中发现的问题限期整改;是否对研发的新技术、新工艺进行评估;是否组织相关部门对试验方案或实施方案及相应的风险分析进行审查;是否定期组织安全生产检查活动和设备缺陷隐患调查,是否及时整改;是否明确管道保护管理等相关规定。

9. 市场开发的监督检查

监督检查是否进行市场调研,现场走访重点工业用户;是否结合销售规划,视天然气资源情况有序开发用户。

10. 天然气销售合同的监督检查

监督检查销售部门是否对新增用户进行市场调研并形成"市场调研报告";拟签订意向书气量超出规划气量的,是否向专业公司提出申请;签订的销售合同是否经相关部门审批。

11. 结算的监督检查

监督检查财务部门对销售部门提交的销售报表、销售发票等原始凭证是否进行审核。

三、成品油销售

(一) 成品油销售的控制目标

（1）提高客户满意度，促进销售稳定增长，扩大市场份额，规范销售行为，防范销售风险，获取最佳利润。

（2）核算规范，确保销售收入及应收账款真实、准确、完整。

（3）降低货款回笼风险，保证现金安全及时上缴，防止其他单位利用加油卡套取现金。

（4）成品油价格及计量、各分支经营机构经营性证照符合政府部门的有关规定。

(二) 成品油销售的主要风险

（1）销售计划缺乏或不合理，或未经授权审批，导致产品结构和生产安排不合理，难以实现企业生产经营的良性循环。

（2）未建立完善的客户管理体系，现有客户管理不足、潜在市场需求开发不够，客户回访质量不高、未进行客户分析和市场分析，影响公司市场拓展或导致市场份额下降；未建立和更新客户档案或客户档案不健全，缺乏合理的资信评估，导致客户选择不当，销售款项不能收回或被欺诈，影响公司的资金流转和正常经营。

（3）销售收款管理不当（如客户信用管理不到位、结算方式选择不当、票据管理不善、账款催收不力），导致销售款项不能按期收回或被欺诈。

（4）定价或调价不符合公司战略目标、价格政策或国家法规，销售价格调整未经恰当审批，价格指令未能全面落实，或存在舞弊，可能导致损害企业经济利益或者企业形象。

（5）未与客户保持畅通的沟通渠道，信息传递不及时、不完整、不准确，客户服务水平不高，消费者满意度不高，影响公司品牌形象，造成客户流失，或导致公司在交易中处于不利地位，公司利益受损。

（6）合同内容存在重大疏漏和欺诈，未经授权对外订立销售合同，可能导致企业合法权益受到侵害；销售价格、收款期限等违背企业销售政策，可能导致企业经济利益受损。

（7）销售发货管理不当（如未经授权发货，发货不符合合同约定，相关检验、租船订舱、办理出口手续的责任未履行等），导致货物损失或客户与公司的销售争议、销售款项不能收回。

（8）销售返回或折让未经授权审批或越权审批，导致舞弊、重大疏漏或欺诈，公司利益受损。

（9）缺乏有效的销售业务会计系统控制，可能导致企业账实不符、账证不符、账账不符或者账表不符，影响销售收入、销售成本、应收款项等会计核算的真实性和可靠性。

（10）成品油价格及计量、各分支经营机构经营性证照不符合政府部门的有关规定，存在违规风险。

(三) 成品油销售的控制方法

1. 销售计划的确定

（1）市场及经营预测。企业根据市场变化情况和资源情况，结合市场消费规模、客户分布和竞争状况，细分目标市场，做好市场及经营预测，制定相应的市场策略和营销措施。

（2）确定销售计划。企业在分、子公司销售预测的基础上，结合企业生产能力，设定总体目标额及不同产品的销售目标额，并结合月度预算下达计划。

2. 客户及信用管理

（1）客户管理。企业各销售单元应认真审查客户资质，定期走访，了解客户意见和需求，根据需要填写区域市场客户档案更新表。档案维护应安排专人负责，及时对市场客户档案进行调整、充实和更新，定期编制市场消费、竞争分析报告，报领导层审阅。未经授权人员不得查阅、修改市场客户档案。

（2）客户信用管理。企业应建立健全信用管理机构，负责制定相应的信用政策和信用总体规模，对营销部门和客户进行分类管理，设定不同层次直分销部门和客户的信用额度，并明确相应的管理权限和相关责任。

（3）客户信用档案建立与维护。企业各级销售部门应安排专人负责，根据客户的资金、购买、信用等状况，至少每半年对客户进行资信评估，建立客户信用动态档案。档案由指定人员负责保存，未经授权人员不可查阅、修改档案资料。

3. 销售过程

（1）直分销业务。

1）价格管理。企业应结合市场情况，按照规定价格及时制定直分销的最低限价及浮动权限，并以正式文件形式进行通告。未经授权人员不得查阅、修改价格数据。具体销售单位在规定的最低限价以上，结合当地实际，制定具体的销售价格。低于最低限价销售的，应经适当审批后执行。

2）合同管理。销售业务应在客户具体信用额度及授权范围内，按照企业制式合同与客户签订销售合同。

3）销售出库。油库发货人员根据销售部门开具的有效单据安排客户或运输部门提货，并安排专门人员保存关键单据。罐装油品前，发货人员应检查罐车的清洁度、是否专车专用，以确保出库油品质量。油库发油以油库计量表发货量为准，确保实发数与应提数量一致。质量部门至少每半年检查油库发货计量的精确度。需分次提货的油品，油库指定专人为客户建立代保管台账，并将剩余油品转入客户代保管台账，同时按照规定根据客户需求开具分提货通知单。

（2）零售业务。

1）加油站管理。新增、关闭、拆除加油站以及特许加油站的发展应经适当审批。其他加油站建设业务节点（规划、选址、设计、验收、证照办理及交付使用等），可由下属单位予以审批。企业应制定统一的加油站附属设施招商（出租）管理制度并检查执行情况。

2）人员资格管理。加油站站长和计量员实行持证上岗制，经企业人力资源部门培训合格后颁发资格证。记账人员、计量人员不能由同一人担任。

3）价格管理。企业应严格按照国家有关规定对成品零售油价格进行动态管理，按照最高限价，结合当地情况，制订各地市零售价格执行方案，并适时指导加油站进行业务操作。加油站按规定价格和调价时间严格执行，单价调整后及时公示。

4）付油管理。加油人员根据顾客需求或加油凭证付油。加油站每班营业终了，加油人员将负责的加油机（流量表）泵码数与收回的各种付油凭证（包括检视泵回罐数、修机走空数、油品质量检测抽检数）核对一致后，填制加油站交接班表，由交接双方当值班长签字认可，记账人员（会计、收款人员分离设置的由双方签字）签字监交。如交接时发生短缺，应及时查清原因并对相关人员追究责任。加油站交接班表由指定人员负责保管，未经授权人员不得查阅、修改。

4.开票与收款

（1）现金销售。零售销售必须做到销售小票、发票一致。现金销售应及时将营业款投入保险柜并每日缴存银行，银行收款凭据或对公存折应作为收入凭证的必需附件。

（2）信用销售。收款人员根据签订的销售合同、信用审批单据及开票通知单，确认客户欠款金额不超过规定的额度后，交开票员创建销售订单、提货单并开具发票，由不相容岗位人员复核。超出规定信用额度的需重新履行审批程序。销售中必须严格落实发票等关键票据数据一致。相关单据由指定人员负责保存，未经授权人员不可修改票据资料。

（3）售卡销售。发卡前营业员应检验有效证件、申请表等基本资料。充值时不允许空充值，用户以支票等方式充值的，应确认款项到账后才能充值。每日应对当天收到的充值款额（含工本费及手续费）与管理系统、手工日报表等相关数据进行核对，经核对不一致的必须查明原因，原因不明的必须当天上报。

5.财务记账

财务部门应每日复核原始票据（如日报表、提货单、小票等）和收款记录，并与销售会计凭证核对后进行账务处理。记账凭证须经不相容岗位人员稽核。

6.月末盘点

企业储运部门应按月盘点成品油，并将清查的结果与财务部门的账表数据核对。若盘点有差异，须进行分析，并经销售、采购、财务部门复核后按规定审批。

7.销售分析

企业销售部门应定期按销售业务板块进行经营活动分析，掌握市场和客户动态，提出有针对性的营销策略，分析业务运行中存在的各种问题，并提出处理意见，改进和完善客户服务的流程，并形成书面记录。

（四）成品油销售的监督检查

1.销售计划的监督检查

监督检查是否编制市场调研报告，内容是否完整；分、子公司是否结合市场规模、前期客户购油情况以及后期资源、价格走势分析制订落实、分解并下达企业月度计划。

2. 客户及信用管理的监督检查

监督检查部门职能、岗位设置及职责分工是否明确；市场消费、竞争分析报告是否编制并报领导层审阅；客户及信用档案维护等工作是否专人负责；信用管理办法或政策和总体规模、审批权限及层级是否制定；客户具体信用限额和时限是否符合信用政策并经审批，客户信息是否更新。

3. 销售过程的监督检查

监督检查销售合同订立前是否与客户进行业务洽谈、磋商或谈判，并留下记录资料；销售合同是否在客户信用额度内按规定权限签署，赊销是否附有"货款回笼责任书"；直销、分销的最低限价及浮动权限是否按规定制定，销售价格是否符合规定。

监督检查销售订单、检查发票等关键单据所载信息是否一致；代保管业务台账是否建立，仓储部门和营销部门是否按规定检查客户代保管情况，代保管费是否按合同约定和规定收取，检查修改代保管台账或提货单的人员是否经过授权。

监督检查计量记录等资料（或出库单、发货单等）是否与提货单相一致，签字手续是否齐全，是否由不相容岗位审核，交接时发生短缺是否按照规定处理，相关的单据、资料是否指定专人负责保存。

4. 开票与收款的监督检查

监督检查销售合同、信用审批单据及开票通知单是否在信用额度内，超出信用额度的是否重新履行审批程序；收款凭证、发票和提货单是否一致，是否由经授权人员开具；提货单是否由不相容岗位人员复核，是否加盖印章（或发出提油卡）。

监督检查保险柜钥匙和密码是否分开保管；交接班现金收入数与"加油站交接班表"现金付油数是否相符；上缴货款和充值额是否与银行进账金额相符；销售日报表和付油日报表是否相符；财务人员是否按规定抽查核对；相关数据存在不一致时，是否查明原因并及时上报。

5. 财务记账的监督检查

监督检查记账凭证是否与销售发票、订单（小票）、出库单（调拨单、加油站销售日报表与付油日报表、预收款日报表）、银行回单等有关单据一致；是否经不相容岗位人员复核；是否存在差异并编制差异分析表；是否会同相关部门查明原因，提出处理意见并上报审批。

6. 月末盘点的监督检查

监督检查是否按时、分类盘点，月末结账盘点是否由各业务部门授权人员参加监盘和确认；仓储部门是否与财务部门进行数据核对；盘点记录、盘点差异分析表是否经采购或供应、生产、营销、财务部门负责人签字复核；油品盘点月报表是否经负责人（加油站站长、油库负责）、计量人员签字确认；核销损溢资料是否审批，并办理核销；是否存在非正常损溢。

7. 销售分析的监督检查

监督检查月度经营活动是否分业务板块进行分析，是否进行考核奖惩。

第四节　石油石化行业内部控制的评价与监督

石油石化的产业特点对内部控制的全面性有着独特要求。石油石化企业按业务具体可分为上游（勘探、开发、采油采气生产等环节）、中游（炼油及化工生产）、下游（石油、天然油气及化工产品销售），具有产业链条长、业务板块繁杂、各板块业务间不可替代等特点。其企业内部控制不仅要考虑三大层面需求，还得重点考虑三个层面中各业务板块的不同特质，否则极有可能出现管理空白或漏洞。

石油石化的地域特点对内部控制执行的有效性提出了更高的要求。石油石化企业的主要生产环节、场地的地理分布较为分散，在上游的勘探和开发业务、下游的各类销售业务上体现得特别明显，与其他企业截然不同。因此，按照石油石化企业的管理需求，多层级管理机构的设置成为必然。面对多层级管理机构，如何保证内部控制执行的有效性、防止缺陷发生是石油石化企业内部控制的重点。

一、石油石化行业的内部控制评价体系

针对石油石化行业的业务地域特征，企业可以建立两级内部控制评价体系，即"总部—企业"的两级内部控制评价体系，它是石油石化企业开展内部控制评价工作的有效形式。这是因为，企业作为责任中心，拥有直接、丰富、及时的基础数据，通过专业部门自查和内部控制部门检查，可以比总部更早地发现内部控制缺陷，便于及时整改，总部作为统一协调管理者，也可以通过专业部门对企业的实时监控以及总部内部控制部门的统一风险管理，从更高的角度发现内部控制缺陷，并督促企业及时整改。

具体方式有季度测试、年度检查和专项检查。

（1）季度测试。季度测试是指内部控制责任部门（单位）按照内部控制职责分工，结合专业管理，按照企业规定，选取适当的方法验证其内部控制实施细则设计和执行的有效性，发现内部控制缺陷和存在的问题，及时进行整改，并编制测试报告的过程。

（2）年度检查。综合检查评价是指企业内部控制领导小组领导，内部控制办公室组织（审计部门参与或独立开展），根据企业内部控制实施细则，对公司层面控制、业务层面控制以入与内部控制相关的管理制度等的有效性进行全面检查评价，发现内部控制缺陷和存在的问题，及时整改，编制内部控制评价报告的过程。

（3）专项检查。内部控制专项检查评价是专项监督的表现形式，一般是指企业组织结构，经营活动、业务控制、关键岗位员工等发生较大调整或变化的情况下，以及针对历次检查评价中重复出现的属于有章不循的问题，由企业内部控制领导小组领导安排，内部控制办公室或内部审计部门组织有关部门对内部控制的某个或某些方面进行有针对性的检查评价。

二、石油石化行业的内部控制监督

企业应从内部控制设计有效性及运行有效性，以及财务报告内部控制有效性及非财务报告内部控制是否存在缺陷两个维度，实施内部控制监督工作。内部控制的设计有效性，是指为实现控制目标所必需的内部控制要素都存在并且设计合理、恰当。内部控制的运行有效性，是指

现有内部控制按照规定程序得到了正确执行。财务报告内部控制，即与公司财务报告相关的内部控制，是由公司的董事会、监事会、经理层及全体员工实施的旨在合理保证财务报告及相关信息真实、完整而设计和运行的内部控制，以及用于保护资产安全的内部控制中与财务报告可靠性目标相关的控制。公司财务报告内部控制以外的其他控制，为非财务报告内部控制。

内部控制监督应坚持以风险为导向，兼顾覆盖面，重点关注高风险领域和业务薄弱环节。如油气田企业，则可以勘探开发、油气生产业务链为主线进行风险评估后确定检查范围；炼化企业则可以炼化设施建设、炼化产品生产为主线进行风险评估后确定检查范围；销售企业则可以销售设施建设、油气销售为主线进行风险评估后确定检查范围等。在考虑高风险领域的基础上，可考虑企业评估出的重要风险的覆盖率。

▶本章小结

石油作为世界主要能源，具有不可再生性，因此对世界经济、政治都影响重大。近年来，随着对环保需求的增加以及科学技术的不断发展与突破，天然气消费量的扩张速度明显快于石油，天然气将成为世界石油石化行业发展的新亮点。随着未来非常规油气开发的技术逐步成熟，油砂、页岩油气、重油等非常规油气在全球石油产能增长中的地位日益重要。目前，非常规能源中的页岩油气勘探与开发技术主要被美国掌握，凭借此项技术和美国已探明的页岩油气储量，未来美国将成为世界主要产油国。随着美国对进口石油的依赖度减轻，中东等地的战略重要性有所降低，这对整个世界政治经济格局将产生重大影响。

对于中国的石油石化行业，最大的风险来自外部：地缘政治动荡不安会导致石油价格剧烈波动甚至影响供给；环保政策的日趋严厉会使石油石化行业的成本快速上升；劳动争议、所在国政权更迭、消费者习惯、宗教冲突、领土争端、种族矛盾等都会极大地影响石油的平稳供给，最终反应就是造成价格的震荡。此外，由于巨额资本在石油期货市场的融资与套利，这个行业蕴藏的风险巨大。一旦出现决策失误，危机应对失当，投资失败，甚至采购时机不当等事故，就会给这个行业的企业和国家带来战略性损失。规范和加强石油石化行业的内部控制可以有效地解决这一困境。本章首先分析了中国石油石化行业的发展历程与现状；其次从内部控制环境建设和风险管理两大层面介绍了石油石化行业的内部控制建设思路；然后针对石油石化行业业务层面的内部控制进行了详细阐述。

▶复习与思考

1. 基于行业特殊性，石油石化行业面临的内外部风险有哪些？
2. 除本章介绍的三项主要业务的内部控制规范，查阅文献，梳理其他业务活动的内部控制规范。
3. 原油天然气勘探与开发、储运与销售的内部控制目标分别是什么？

第三篇

发展前沿

第 十 章　企业的合规管理之路
第十一章　中央企业内部控制体系
第十二章　智慧国资监管
第十三章　企业风险管理框架
第十四章　数字化时代下的公司治理之道

第十章

企业的合规管理之路

> **引 例**
>
> **直播带货，合规才能"火"得久**
>
> "好吃""好看""买它"……作为数字经济新业态，直播带货近年来风头正劲。职业主播、明星、视频博主、农户等纷纷走进直播间，宣传各种产品，越来越多的消费者开始青睐这种新的购物方式。但是，一些直播间也存在假冒伪劣、夸大其词、货不对板、售后不力等问题，有的主播还因为逃税问题受到税务部门处罚，相关法律法规、整顿措施陆续发布。
>
> 抖音推出"山货上头条"助农项目，并持续开展乡村直播带货人才培训；快手从机制设置上让中小主播有接触消费者的机会……当直播带货的新技术、新模式被植入中国广袤的乡土大地，依托平台规范引导和当地特色资源，碰撞出更闪亮的创业火花。
>
> 事实上，任何新技术本身都是一把双刃剑。只有当它被规范化使用时，才能实现良性发展。直播带货成为新业态后，《互联网营销师国家职业技能标准》正式出炉。其中，"遵纪守法""严控质量"被写入相应的职业守则中。申报者需进行理论知识考试、技能考核以及综合评审。考试知识除职业道德、营销基础知识外，还包括网络安全法、消费者权益保护法、电子商务法、网络直播营销活动监管等近20项法律法规知识。
>
> "合规发展，直播带货才能走得长远。"北京大学电子商务法研究中心主任薛军建议，压实平台责任，使平台承担好自身法律责任和社会责任；明确培训网红、主播的相关机构的责任，确保合法合规；对主播加强监管，对严重违法违规的加大惩戒力度。
>
> 业内人士认为，随着相关法律法规逐步建立健全，虚拟现实等新技术深化应用，直播平台、主播、商家规则意识增强，消费者日益成熟，直播带货将摒弃拼低价、泛流量模式，迈向拼专业内容、精耕细作之路。
>
> 盘和林认为，未来直播带货产业链环节会逐步上移，进入中间产品领域，建成相

应交易平台，带动产业链整体发展，这将进一步降低交易成本，让消费者享受到更多实惠。

资料来源：彭训文. 直播带货，合规才能"火"得久[N]. 人民日报海外版，2022-01-17（5）.

类似"直播带货"等新销售模式在促进行业迅猛发展的同时，也导致出现了诸如网络主播欺诈、货不对板等直播乱象，这也对我国实现"全面依法治国"的目标发出了挑战。全面推进依法治国以来，"法治"的内涵渐入人心。不仅人民要守法，商业社会中的企业也应该秉承"法治"理念，遵纪守法，建立健全企业的合规管理体系。法律法规的不断完善是建设现代化国家的必经之路，作为保障党和人民核心利益的国有企业也应该率先投入到法治管理队伍中来，加强国企的合规管理。为此，2022年4月1日，国资委发布了《中央企业合规管理办法（公开征求意见稿）》，为中央企业的合规管理增加了规范性条例，给中央企业合规管理指明了方向，历经5个多月的修订，《中央企业合规管理办法》于2022年10月1日正式生效实施，为央企合规体系建设提供了制度保障。同时，国际对于合规管理体系的标准也逐年提升，为了满足国际贸易的发展，促进企业间的交流与合作，ISO（国际标准化组织）于2021年4月发布了《ISO 37301 合规管理体系 要求及使用指南》。

第一节 中央企业合规管理办法

国家对企业合规管理的有关规定可以追溯到2006年。中国银监会于2006年就金融行业的相关问题制定了《商业银行合规风险管理指引》。此指引以商业银行为客体迈出了中央企业合规管理制度构建的第一步。次年，中国保监会就保险行业的合规问题颁布了《保险公司合规管理指引》。近年来，随着全面依法治国的概念深入人心，企业合规管理再次成为中央企业的发展转型焦点。

国资委于2015年制定了《关于全面推进法治央企建设的意见》。该意见旨在从制度上为央企加强合规管理给予明确的规定。首先，该意见明确了中央企业要保持积极的企业转型态度，尽快加强企业合规管理；其次，该意见明确了中央企业要研究制定一套贴合企业自身情形的合规管理制度，有效地提升企业管理；再次，该意见提出了要加强企业员工关于合规管理的职业培训，从思想上学习提升，让合规概念植入企业员工的大脑；最后，该意见提出了中央企业的合规管理目标是要建立一个集"法律、合规、风险、内控"为一体的公司治理平台。

2017年12月29日，中国第一部全面性的合规管理体系规范《合规管理体系 指南》（GB/T 35770—2017）诞生。此指南是由中国国家质量监督检验检疫总局[一]、中国国家标准化管理委员会联合发布，成为中国企业在以后开展合规管理的重要指导性文件。

2018年5月28日，国资委发布了《中央企业合规管理指引（试行）》，旨在从制度上给予中央企业合规管理明确的条例规定，为合规管理在中央企业的开展奠定了基础。

[一] 现国家市场监督管理总局。

2021年12月3日，国务院国资委召开中央企业"合规管理强化年"工作部署会，提出力争在2022年推动中央企业合规管理工作再上新台阶，并且强调"中央企业必须把强化合规放到贯彻习近平法治思想的高度来认识，放到落实全面依法治国战略的全局来部署"。2022年10月1日，《中央企业合规管理办法》正式生效实施，《中央企业合规管理指引（试行）》同时废止。这意味着，《中央企业合规管理办法》生效后将以正式部门规章的形式替代该指引，为中央企业合规管理提供更为系统的指导和与时俱进的规则保障。

一、合规相关概念

《中央企业合规管理办法》中界定了合规相关概念，以便《中央企业合规管理办法》的执行者更加明确应用的主体和客体。"合规"是指企业经营管理行为和员工履职行为要符合"要求"，"要求"是一个大范围概念，诸如国家法律法规、监管规定、行业准则和国际条约、规则，以及公司章程、相关规章制度等都属于此处的"要求"范畴。

然而，如若企业及其员工未能履行"合规"事项，便产生了合规风险。《办法》中界定"合规风险是指企业及其员工在经营管理过程中因违规行为引发法律责任、造成经济或者声誉损失以及其他负面影响的可能性"。

《中央企业合规管理办法》中还规定了合规管理的概念，"合规管理是指企业以有效防控合规风险为目的，以提升依法合规经营管理水平为导向，以企业经营管理行为和员工履职行为为对象，开展的包括建立合规制度、完善运行机制、培育合规文化、强化监督问责等有组织、有计划的管理活动"。

二、合规管理原则

合规管理原则是企业实行企业合规管理活动的前提条件，中央企业合规管理工作应当遵循以下原则：坚持党的领导、坚持全面覆盖、坚持权责清晰、坚持务实高效。

（1）坚持党的领导。充分发挥企业党委（党组）领导作用，落实全面依法治国战略部署有关要求，把党的领导贯穿合规管理全过程。

（2）坚持全面覆盖。将合规要求嵌入经营管理各领域各环节，贯穿决策、执行、监督全过程，落实到各部门、各单位和全体员工，实现多方联动、上下贯通。

（3）坚持权责清晰。按照"管业务必须管合规"要求，明确业务及职能部门、合规管理部门和监督部门职责，严格落实员工合规责任，对违规行为严肃问责。

（4）坚持务实高效。建立健全符合企业实际的合规管理体系，突出对重点领域、关键环节和重要人员的管理，充分利用大数据等信息化手段，切实提高管理效能。

三、合规管理组织

合规管理组织设置九大部门（见图10-1），分别为党委（党组）、董事会、经理层、第一责任人（主要负责人）、合规委员会、首席合规官（总法律顾问）、业务及职能部门、合规管理部门、监督部门。

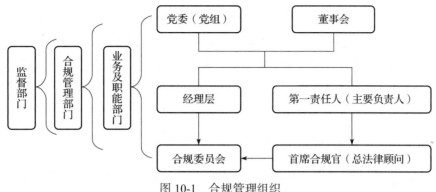

图 10-1　合规管理组织

在这九大部门中，党委（党组）发挥把方向、管大局、促落实的领导作用，在职责范围内积极推进合规管理工作，保障党中央关于深化法治建设、加强合规管理的重大决策部署在企业得到全面贯彻落实，而作为同一等级的董事会则发挥定战略、作决策、防风险作用。隶属第二层级的是经理层与第一责任人。其中，经理层发挥谋经营、抓落实、强管理作用。第一责任人是指将企业主要负责人作为推进法治建设的第一责任人，应当切实履行依法合规经营管理重要组织者、推动者和实践者的职责，积极推进合规管理各项工作。

《中央企业合规管理办法》对于合规管理组织还设置了三道防线，分别为业务及职能部门、合规管理部门和监督部门。其中，业务及职能部门是合规管理责任主体，负责日常相关工作，履行"第一道防线"职责；合规管理部门负责本企业合规管理工作，履行"第二道防线"职责；监督部门（纪检监察机构和审计、巡视等部门）在职权范围内履行"第三道防线"职责。

四、《办法》革新的重点

（一）加强党的领导

《中央企业合规管理办法》在立法目的中强调"为深入贯彻习近平法治思想，落实全面依法治国战略部署，深化法治央企建设，推动中央企业加强合规管理，切实防控风险，有力保障深化改革与高质量发展，根据《中华人民共和国公司法》《中华人民共和国企业国有资产法》等有关法律法规，制定本办法"。同时，第七条增加党委（党组）作为合规管理组织的第一层级部门，与董事会同级，并进一步强调"党委（党组）发挥把方向、管大局、促落实的领导作用"，在职责范围内积极推进合规管理工作，保障党中央关于深化法治建设、加强合规管理的重大决策部署在企业得到全面贯彻落实。

（二）国资委执行评价职责

考核评价是有效推进中央企业开展合规管理工作的重要手段。《中央企业合规管理办法》明确赋予国资委对中央企业合规管理情况开展评价的职责，以评促建，以考促改。同时，《中央企业合规管理办法》的第四章中规定"将合规管理作为法治建设重要内容，纳入对所属单位的考核评价指标"。

（三）构建合规风险数据库

《中央企业合规管理办法》要求中央企业建立合规风险识别评估预警机制，全面梳理经营管理活动中存在的合规风险，建立并定期更新合规风险数据库，对风险发生的可能性、影响程度、潜在后果等进行分析，对典型性、普遍性或者可能产生较严重后果的风险及时预警。《办法》还明确由合规管理部门归口管理合规风险数据库，组织业务及职能部门定期更新完善。

（四）建立健全合规管理制度

《中央企业合规管理办法》强调，中央企业应当建立健全合规管理制度，根据适用范围、效力层级等，构建分级分类的合规管理制度体系。制定合规管理基本制度，明确总体目标、机构职责、运行机制、考核评价、监督问责等内容。应当针对反垄断、反商业贿赂、生态环保、安全生产、劳动用工、税务管理、数据保护等重点领域，以及合规风险较高的业务，制定合规管理具体制度或者专项指南。应当针对涉外业务重要领域，根据所在国家（地区）法律法规等，结合实际制定专项合规管理制度。

此外，中央企业应当根据法律法规、监管政策等变化情况，及时对规章制度进行修订完善，对执行落实情况进行检查。

（五）将信息化融入合规管理

《中央企业合规管理办法》强调，中央企业应当加强合规管理信息化建设，结合实际将合规制度、典型案例、合规培训、违规行为记录等纳入信息系统。应当定期梳理业务流程，查找合规风险点，运用信息化手段将合规要求和防控措施嵌入流程，针对关键节点加强合规审查，强化过程管控。应当加强合规管理信息系统与财务、投资、采购等其他信息系统的互联互通，实现数据共用共享。应当利用大数据等技术，加强对重点领域、关键节点的实时动态监测，实现合规风险即时预警、快速处置。

第二节　ISO 37301 合规管理体系

近年来，全球贸易关系愈加复杂，全球产业链进入深度调整与重构时期。在国家层面，各国建立了严格的合规监管制度，监管机构加强了立法深度和执法力度，引导和督促企业实施更加主动的合规经营。在国际层面，联合国、经济合作与发展组织、世界银行集团、非洲开发银行集团、亚太经济合作组织、国际商会等国际性组织相继制定全球性契约、指南和指引等，对合规管理核心问题形成国际共识，在相关贸易活动中对不合规行为实施联合惩戒。构建合规管理体系已经成为各类组织可持续发展的基础。

为了满足全球贸易快速发展对合规管理的迫切需求，提升各类组织合规管理能力，促进国际贸易的交流与合作，ISO 于 2018 年 11 月启动了合规管理体系指南的制定工作，经过近 3 年的制定，基于最新的合规管理实践，于 2021 年 4 月正式发布了《ISO 37301 合规管理体系 要求及使用指南》（以下简称 ISO 37301）。

一、ISO 37301 的主要内容

ISO 37301 的制定对于各类组织的合规管理体系建设、政府监管活动、国际贸易交流与合作的改善等具有重要的意义。ISO 37301 规定了组织建立、运行、维护和改进合规管理体系的要求，并提供了使用指南，适用于全球任何类型、规模、性质和行业的组织。合规管理体系通用要素的框架如图 10-2 所示。

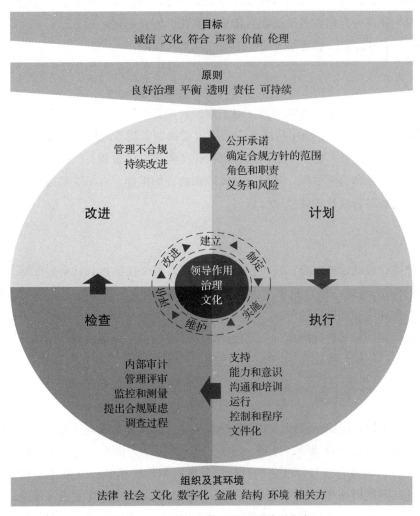

图 10-2　合规管理体系通用要素的框架

（一）组织环境

组织所处的环境构成了组织赖以生存的基础。这些环境既涉及法律法规、监管要求、行业准则、良好实践、道德标准，又涉及组织自行制定或公开声明遵守的各类规则。因此，建立合规管理体系首先要对组织所处的环境予以识别和分析。ISO 37301 从以下方面规定了识别和分析组织环境的要求：一是确定影响组织合规管理体系预期结果能力的内部和外部因素；二是确定并理解相关方及其需求；三是识别与组织的产品、服务或活动有关的合规义务、评估合规风

险；四是确定反映组织价值、战略的合规管理体系及其边界和适用范围。

（二）领导作用

领导是合规管理的根本，对于整个组织树立合规意识、建立高效的合规管理体系具有至关重要的作用。ISO 37301 对组织的治理机构、最高管理者等如何发挥领导作用做出了规定：一是治理机构和最高管理者要展现对合规管理体系的领导作用和积极承诺；二是遵守合规治理原则；三是培育、制定并在组织各个层面宣传合规文化；四是制定合规方针；五是确定治理机构和最高管理者、合规团队、管理层及员工相应的职责和权限。

（三）策划

策划是预测潜在情形和后果的活动，对于确保合规管理体系实现预期效果、防范并减少潜在风险具有重要作用。ISO 37301 从以下方面规定了策划合规管理体系的要求：一是在各部门和层级上建立适宜的合规目标，策划实现合规目标所需建立的过程；二是综合考虑组织内外部环境问题、合规义务和合规目标，策划应对风险和机会的措施，并将这些措施纳入合规管理体系；三是有计划地对合规管理体系进行修订。

（四）支持

支持是合规管理的重要保障，对于合规管理体系在各个层面得到认可并保障合规行为的实施具有重要的作用。ISO 37301 从以下方面规定了支持措施：一是确定并提供所需的资源，如财务资源、工作环境和基础设施等；二是招聘能胜任且能遵守合规要求的员工，对违反合规要求的员工采取纪律处分等管理措施；三是提供培训，增强员工合规意识；四是开展内部和外部沟通与宣传；五是创建、控制和维护文件化信息。

（五）运行

运行是立足于执行层面，策划、实施和控制满足合规义务和战略层面规划的措施相关的流程，以确保组织正常铺设合规管理体系。ISO 37301 从以下方面对运行做出了规定：一是实施为满足合规义务、实现合规目标所需的过程以及所需采取的措施；二是建立并实施过程的准则、控制措施，定期检查和测试这些控制措施，并做好记录；三是建立报告程序，鼓励员工善意报告疑似和已发生的不合规行为；四是建立调查程序，对可疑和已发生的违反合规义务的行为进行评估、调查和解决。

（六）绩效评价

绩效评价是对合规管理体系建立并运行后的绩效、体系进行有效性评价，对于查找可能存在的问题、后续改进合规管理体系等具有重要意义。ISO 37301 对于如何开展合规管理体系绩效评价做出了规定：一是监控、测量、分析和评价合规管理体系的绩效和有效性；二是有计划地开展内部审计；三是定期开展管理评审。

（七）改进

改进是对合规管理体系运行中发生的不合格或不合规情况做出的反应和评价活动，并根据问题发生的根本原因，决定是否需要采取或采取何种措施，以避免问题再次发生，最终确保合规管理持续推行。ISO 37301 从以下方面对改进做出了规定：一是持续改进合规管理体系的适用性、一致性和有效性；二是对发生的不合格、不合规采取控制或纠正措施。

二、ISO 37301 的作用

作为一类管理体系标准，ISO 37301 在以下几种情形中发挥作用。

第一，作为各类组织自我声明"符合"的依据。各类组织通过实施 ISO 37301，建立并运行合规管理体系，一方面使得组织的行为以及行为的结果合规，另一方面在需要时还能够据此标准追溯组织是否符合了合规管理体系规定的内容或证实是否达到了合规要求。

第二，作为认证机构开展认证的依据。ISO 37301 规定了合规管理体系的要求，并提供了建议做法和指南，认证机构在认证活动中，可以直接应用或者在其认证技术规范中明确规定将 ISO 37301 作为组织合规管理要求的认证依据。

第三，作为政府机构监管的依据。政府机构可以将 ISO 37301 确立的合规管理理念应用于行政监管活动，通过对组织的合规管理体系运行情况的评价结果来匹配相应的监管手段和措施，实施精准监管。

第四，作为司法机关对违规企业量刑与监管验收的依据。可以将 ISO 37301 确立的合规管理体系要求作为司法机关对涉及违规企业量刑的考量依据，可以作为落实依法"不捕不诉不刑"等司法意见的依据。

▶本章小结

企业合规对于企业的发展经营有着深远的影响，它不仅是一项内部性的重要管理工作，也是控制内部风险基础并且防范外部风险的前提。本章以国资委发布的《中央企业合规管理办法》文件为源头，从合规相关概念、合规管理原则等层面为大家详细解读《中央企业合规管理办法》的重点内容。《中央企业合规管理办法》整合了近几年企业合规管理的经验做法，吸收了国际国内合规管理的部分成果，结合国有企业治理的监管规定和最新要求，相较于《中央企业合规管理指引（试行）》，无论是在立法目的、体例原则、组织架构，还是在职责分工、信息应用等方面均有较大突破。紧接着，本章介绍了 2021 年 4 月由 ISO 最新发布的《ISO 37301 合规管理体系 要求及使用指南》，通过对国内外合规管理相关政策规定的解读，相信读者能够对合规管理有深层次的认识。

在企业管理中，依法经营、按法行事是实现企业可持续发展的必经之路，更是促进社会稳定发展的前提条件。在经济全球化的发展浪潮中，越来越多的企业认识到了合规管理的重要性，合规管理体系也会在未来的发展构建中愈加完善。

▶复习与思考

1. 为什么企业一定要实行合规管理？有什么长远的意义？
2. 对比国内外合规管理政策，思考其区别与联系。
3. 通过本章的学习，谈一谈你对国内企业开展合规管理有什么创新的构想。

第十一章

中央企业内部控制体系

> **引 例**
>
> ### 央企开启新一轮压减工作
>
> 2022年5月,国务院国资委召开中央企业压减工作"回头看"专项行动推进会。国务院国资委副主任翁杰明表示,通过5年多努力,中央企业法人户数和层级过多、管理链条过长的突出问题初步得到解决。国务院国资委已印发"回头看"专项行动工作方案,要通过防反弹、补漏洞、强管理、调结构、防风险、建机制等一系列措施,推动中央企业再瘦身、再优化。
>
> 2016年以来,国资委指导各中央企业采取有力措施推进压减工作,基本扭转了法人户数无序增长的局面,实现了户数增长与经营发展速度基本匹配、管理链条与资产收入规模基本匹配。2016年5月到2021年底,中央企业共压减法人19 965户,占比38.3%;法人层级5级以内企业已超过70%;97家中央企业集团管理层级全部控制在5级以内。
>
> 压减工作开展以来,中央企业累计减少人工成本449亿元,减少管理费用368亿元;年化全员劳动生产率由44.6万元/人增加到67.9万元/人,提升比例超过52%。企业从简单设机构、铺摊子的粗放式增长,逐步转向提升单户企业质量和实力的集约化发展。中央企业法人单位户均资产从9.52亿元增加到13.99亿元,户均收入从4.40亿元增加到6.72亿元,户均利润从0.23亿元增加到0.45亿元,增幅分别约为47%、53%、96%。
>
> 深化压减工作,必须标本兼治。国资委强调,着力健全制度机制,推动企业实施法人机构全生命周期管理。以压减为契机,建立更加符合市场经济要求的管理机制,为建设世界一流企业提供有力支撑。
>
> 资料来源:周雷. 央企开启新一轮压减工作[N]. 经济日报,2022-05-16(6).

持续推进中央企业"压减"工作，剔除了不符合市场经济发展的问题产业，优化了资本市场的产业质量，这个过程实质上是资本市场大环境下的内部控制。然而，作为留存的优质企业，2019 年，国资委《关于印发〈关于加强中央企业内部控制体系建设与监督工作的实施意见〉的通知》（国资发监督规〔2019〕101 号）进一步加强央企内部控制管理。这也是自 68 号文之后，时隔七年国资委第一次发布内部控制专业工作文件，为国有企业构建严格、规范、全面、高效的内部控制体系提供了有效指引。本章首先依据 101 号文件的规定为大家详细解读中央企业内部控制体系的建设要点，最后以企业资金层面为例，介绍企业如何建立资金内部控制体系。

第一节 央企内部控制建设

一、建立健全内部控制体系

（一）优化内部控制体系

国资委 101 号文件正式提出将"合规管理"和"风险管理"要求嵌入企业业务流程，目标是建立以"内部控制""风险管理""合规管理"为主导的"三位一体"内部控制新体系（见图 11-1）。

新的内部控制体系既保留继承了原有体系的理论成果，又从现实出发，创新性地在内部控制体系中引入风险管理、合规管理，帮助企业建立健全以风险管理为导向、合规管理监督为重点，严格、规范、全面、有效的内部控制新体系。为企业实现"强内控、防风险、促合规"的管理控制目标指引了方向，全面地优化了企业内部控制体系，促进企业更好地实现高质量发展。

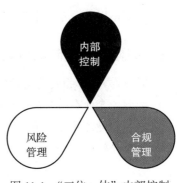

图 11-1 "三位一体"内部控制新体系

（二）强化集团管控

企业是否拥有明确清晰的组织结构以及责任划分是经营管理的基础。文件从决策、执行、监督三个层面为企业明确了职责分工。作为中央企业"一把手"的主要领导人要切实地完善企业内部管控体制机制。首先，企业应该组建专门职能部门或机构统筹内部控制体系工作职责；其次，内部控制的运行环节应由各业务部门承担；最后，企业的审计部门应该加强内部控制体系的监督。

（三）完善管理制度

企业内部规章制度的执行效力极大地影响企业的正常管理运行。文件强调企业应该将外部的法律法规监管与企业内部规章制度相结合，加大内部规章制度的执行力度，完善企业的管理制度。

（四）健全监督评价体系

内部监督管理是内部控制不可或缺的一部分。为了完善"三位一体"的内部控制体系，企业也应将"风险管理"与"合规管理"一并纳入企业内部控制监督体系。企业内部控制的监督程序、监督标准和方法要结合企业自身实际情况，按照定量与定性相结合的方式制定。

二、加强风险防控能力

文件指出了企业要将内部控制的工作重点放在重点领域、重要岗位、重大风险三大方面。首先，企业要将监管的重点领域放在诸如关键性业务、改革重点领域、国有资本运作以及境外国有资产上面。其次，要在投资并购、改革改制等重大经营事项决策前及时开展专项风险评估工作，制定风险应对预案。再次，企业要加强重要岗位的授权管理和权力制衡工作，具体表现在企业采购、销售、招投标、投资管理、资金管理和工程项目等业务领域。最后，企业要加强事前、事中、事后的全过程风险管控机制，健全重大风险防控机制。企业对外部运营环境、大宗商品价格以及资本市场指标的波动要及时监测和预警。

三、加强内部控制执行力

"执行力"作为企业运营的关键性因素是衡量企业的各项任务能否得到贯彻实施的重要目标。因此，企业在进行内部控制运营期间要不断地完善内部控制的执行力，树立和强化"管理制度化、制度流程化、流程信息化"的内部控制目标。文件对此从"信息化"和"监督"两大方面为企业的内部控制执行指明了方向。

（一）完善信息化管控

在信息化层面，从自我整合和相互整合两个方面进行分析。一方面，公司内控管理部门要切实加强自身工作的信息化。文件明确指出，企业应在风险信息收集、风险评估、风险监控、风险应对、风险报告和内部控制管理评估、内部审计的纠正跟踪和问责等方面加强信息化，以提高内部控制的有效性。另一方面，公司内控体系建设部门应与业务部门、审计部门、信息化建设部门合作，推动企业"三重一大"、投资和项目管理、财务和资产、物资采购、人力资源等集团管控信息系统的集成应用，逐步实现内控体系与业务信息系统的互联互通、有机融合。为加强企业信息化建设，企业应逐步探索利用大数据、云计算、人工智能等先进技术，通过与智能的结合，对内部控制系统进行实时监控、自动预警、监督和评估，帮助企业加强信息管理和控制，严格强化内部控制制度约束。

（二）加强监督体系

在监督方面，文件指出了企业要从企业自身与出资人两个不同的角度出发，对内部控制体系进行全方位的有效监督（见图11-2）。

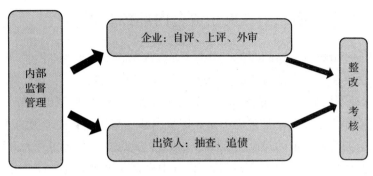

图 11-2　内部监督管理体系

1. 加强自身监督

文件通过四个方面对企业从自身监督的角度进行了介绍。这四方面分别为：定期进行子企业自评、强化子企业和海外资产的监督评价、有效地运用外部审计监督手段、充分运用监督评价结果。

具体来说，首先，企业应该定期对子企业进行自我评估，评估的重点应该是流程的标准化、消除盲点和有效运作。企业的自我评估必须以客观真实为基础，准确揭示经营管理中存在的内部控制缺陷、风险和合规问题，并编制自我评估报告，经董事会或类似决策机构批准后报上级单位。其次，中央企业普遍规模较大、子企业众多，主要业务大多集中于各级的子企业层面，因此加强子企业监督、制订年度监督评价方案便成为内部控制监督不可或缺的一部分。企业的海外资产也要列入监督评价当中。再次，企业要善于运用外部审计监督手段对内部监督进行补充。企业对于部分或全部子企业内部控制体系要展开定期专项审计并出具内部控制体系审计报告。最后，面对监督评价的结果，企业要充分利用、全面分析并及时落到实处。因此，企业不仅要加大督促整改力度，明确整改责任部门、责任人和完成时限，并对整改效果进行检查评价等，还要指导所属企业建立健全与内部控制体系监督评价结果挂钩的约束机制。

2. 加强出资人监督

国资委作为国有资产的出资代表人理应对企业进行监督评价，完善企业内部控制监督体系。

首先，出资人应加强国有资产监管政策制度执行情况的综合性检查，组织专门力量对企业经营的重要领域和关键环节进行抽查评价，发现问题及时整改。其次，投资者必须充分利用外部监管力量，完善公司治理，修订相关制度。同时，投资者还应整合公司内部监管力量，充分履行公司董事会或委派董事的决策、审查和监督职责，充分评价公司提出的监事会、内部审计、内部检查等监督检查结果。再次，在公司存在潜在风险和内部控制缺陷时，国资委应责令相关公司及时纠正，并完善企业提示函和通报工作制度，对整改不力的问题发布通报，继续落实整改责任，避免重复整改、流于形式等问题。最后，投资者必须加强问责制。对于存在的问题，国资委须及时发现，并严格按照《中央企业违法经营投资责任追究实施办法（试行）》（国资委令第 37 号）的规定，将其交由违规违纪单位处理。

第二节　央企资金内部控制管理

在内外部商业环境更迭迅速的今天，中央企业内部出现了许多内部控制管理缺陷，企业的资金相关问题尤为突出。很多企业的资金管理体系不健全，究其原因，诸如缺少有效的"执行力"、资金收支管理不规范、企业信息建设不完善等大大小小的问题层出不穷。

为此，国资委印发了《关于加强中央企业资金内部控制管理有关事项的通知》，为建立健全央企资金内部控制管理体系的建设提供了明文规定。此通知主要通过六大方面为构建资金内部控制管理体系提供指引（见图 11-3）：第一，各中央企业要建立健全资金内部控制管理体制机制；第二，各中央企业要切实加强资金内部控制制度建设；第三，相关监管方要持续强化对资金内部控制关键环节的监管；第四，各中央企业要加强资金内部控制信息化建设；第五，持续加强中央企业境外资金的风险管控力度；第六，各中央企业要对资金内部控制管理认真地做好监督和评价。这六方面要求的提出，为中央企业建立健全资金内部控制管理体系提供了切实的指引，为建成健全的央企资金内部控制体系奠定了基础。

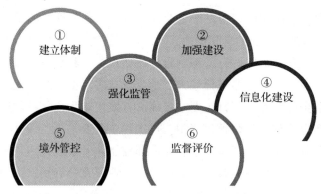

图 11-3　资金内部控制管理要求

一、建立健全资金内部控制管理体制机制

为了弥补中央企业出现的一系列诸如"资金管理体系不健全、制度执行不到位、支付管理不规范、信息化建设滞后"的缺陷，企业应该建立健全资金内部控制管理体制机制。文件要求"落实内控部门的资金内控监管责任、工作职责与权限，明确监管工作程序、标准和方式方法，构建事前有规范、事中有控制、事后有评价的工作机制，形成内控部门与业务、财务（资金）、审计等部门运转顺畅、有效监督、相互制衡的工作体系"。要求包含两方面的重要任务，首先，中央各企业应该严格落实内部控制部门的监管工作；其次，企业应该协调各部门在资金内部控制监管工作方面的职位权限以及岗位分工，这些部门包括但不限于企业各业务部门、财务部门、内部控制部门、审计部门。

（一）严格落实内部控制部门的资金内控监管责任

"监管"作为资金内控管理体系的重要环节，是保证资金内控管理工作顺利、有效地实施的关键。为了提升资金内控监管，企业应该做到如下几点。第一，企业应该设立资金内部控制管理的监管部门，明确监管部门的监管权限。企业的监管部门需要做到日常监管、定期评价并报送相关部门。第二，企业要设计并制定资金内部控制监管的工作流程，形成一套标准化工作程序。具体的业务流程包含日常监督管理、内部控制评价、特殊事项报告、缺陷问题追踪整改等。第三，企业还应该明确资金内部控制监管的监管领域、监管重点、监管标准以及评判方法等问题。第四，企业要通过学习并架构一套贴合自身的资金内控监管方法，然后配套相应的监管工具予以辅助监管。监管部门应该能够及时获取所需的监管资料与数据，如各业务的原始凭证数据、企业系统数据、统计台账、工作业务底稿等。

(二) 协调企业各个部门在资金内控监管方面的职责分工

前面提到，在资金内控监管方面协调职责分工应该涵盖企业的所有部门，在这里可将其归纳为业务部门、财务部门、内控部门和审计部门。首先，企业资金内部控制监管的主要监管对象还是"资金"，因此，企业的各个业务部门要切实地保证业务工作中所涉及的资金收取是真实可靠的，并对其真实性负有保证责任；其次，财务部门所接触到的资金应该是企业各部门中最多的，因此财务部门在涉及资金运营流转方面要合规地进行业务处理，并且为了增加财务数据的真实性、合规性，相关负责人员应该保留各资金业务的原始凭证以便资金监管方审查核定财务数据；再次，作为企业的内部控制部门，除了日常做好与其他部门的业务监管工作，还要对涉及资金业务的相关部门进行不定期审查、重点监管，最大限度地保证资金缺陷能够被及时发现并报送相关利益人整改修正；最后，审计部门要辅助并监督内控部门的监管工作，将监督范围放在资金管理的有效性和资金风险管控的效果上。

二、切实加强资金内部控制制度建设

文件要求："各中央企业内控部门要在推动完善财务资金制度的基础上，结合企业行业特点、业务模式和经营规模，抓紧建立资金内控监管制度……及时督促、提示业务部门和财务（资金）部门制定或修订资金业务管理制度，并对资金业务制度修订情况进行检查复核，为有效防范重大资金风险提供制度保障。"因此，在资金内控建设的前期，企业首先应该结合企业的业务模式、经营规模、行业特色等企业自身因素进行调研设计，力求建立贴合企业自身实际的定制化资金内部控制监管制度。其次，企业应该明确资金内控的监管内容，设计并制定监管标准。最后，企业要根据监管后期的实际监管变化完善资金内控监管制度并及时地对修改部分进行检查复核。

(一) 构建符合企业自身特点的定制化监管制度

构建定制化的资金内控监管制度需要考虑到以下因素：行业特点、业务模式、经营规模等。具体地，企业要明确资金内部控制监管的工作原则和任务、职责权限和控制程序；识别并划分涉及资金的内部控制主要环节，精准把握监管的关键；设计并制定资金内控监管的触发条件与控制标准，并根据专业知识与历史经验制定缺陷认定标准，力求将内部控制要求贯彻到资金业务活动的整个期间。

（二）资金内部控制的重要监管内容

企业要招录专业的内控工作人员，并且在后续的任职期间不断地进行专业能力培训。任职人员应该至少拥有财务会计相关专业的教育背景，并持有初、中级等会计师证书。财会领域的知识是不断发展变化的，涉及资金内控领域的专业发展更是不断迭代前进的，因此企业应该重视相关人员的后续职业教育。相应管理层应不定期地安排员工进行专业培训，鼓励员工参加继续教育，加强自身的专业技能。

企业应该制定权责分明的岗位分离机制。首先，涉及资金的业务要严格规避垄断岗位原则，应设置不同人员从事资金业务流程不同环节的工作，不能由一人从事业务活动的全过程；其次，涉及资金相关业务的票据、凭证和印章要分由不同责任人进行保管，避免冒用。除上述规定外，对于类似严禁一人担任会计与出纳等基本的会计岗位设计原则也应充分遵行，确保将问题遏制在源头。

企业应该充分考虑"轮岗机制"。企业的资金管理人员（如出纳、会计、稽核）需要实行"五年轮岗机制"，凡是在岗位持续工作五年以上的工作人员应该按期轮岗，如若出现特殊情况应交由审计部门进行专业管控。

资金业务相关部门应保留资金业务的原始数据，保留相关的原始凭证。业务活动应保留资金支出的"用途、金额、预算、限额、支付方式"等内容，以便日后查询核定。

企业要严格执行票据管理，设计并制定票据申领程序与使用规则。相关责任人要管理好相关业务的印章，不得在空白票据上提前加盖印鉴，严格匹配业务实质与形式。票据管理还需要建立票据登记簿，相关责任人应定期进行票据盘点以便监管部门监管。发现票据出现使用问题应该及时报经上级责任人处理，按照使用规则进行整改完善，尽可能地减少问题的流出。

企业资金除了留有必备的库存现金，其余应该统一存入各银行账户管理。相关责任人要规范开立账户，在后续涉及账户变更、账户撤销的需求时应该按照审批原则提前报批相关上级责任人审核再进行后续活动。银行账户的相关责任人应该定期清查账户资金，按月与银行对账，发现漏洞及时止损。企业应该严格管理银行资金的收支权限，防止他人利用企业的银行账户套取现金。

除了对银行账户进行规范化管理，企业在资金的收支管理方面更需要加大力度。首先，企业要设计并制定资金的收支标准和资金收支审批程序，规范资金收支的业务流程。各部门的管理人员应严格规范其部门员工的收支业务，业务活动期间收取资金应在当天及时入账，不得在企业账户之外私设账户、私设"小金库"，对于违规的问题责任人应按照处罚标准严格处罚。企业相关人员进行资金收支的过程中应该确保资金收支的真实性、合规性，资金收支应该附带相应的资金证明和审批文件。

企业应严格落实审批权限。资金的支付工作应按照"申请—审批—复核—支付"的流程进行。不仅对于企业预算内的资金要严格管理，对于超出预算的资金更要严格管控，降低资金外流的风险。对于企业中大额资金的支付业务更需要严格地按照资金支付程序一步步处理，必要时应该按照"三重一大"决策程序严格履行。

增设网银支付管理。信息化时代，企业面临的资金支付大多通过网上银行进行结算，企业应规范网银的支付审批程序，责令相关责任人妥善保管网上银行的账户密码，在使用期间应该至少建立两级复核的使用机制。为了增加资金流出的合规性，企业应开通网银支付提醒，并将提醒接入相应的上级责任人和负责资金监管的相关人员处，建立健全网银支付的全方位实时监管制度。

三、持续强化资金内部控制关键环节监管

文件要求各中央企业要建立"资金内部控制关键要素管理台账"。首先，资金内控管理部门要识别资金的关键要素，并对各类关键要素进行定期的备案管理，有助于实时掌握资金的去向。对于资金的关键要素变动情况保持持续跟踪并全程监测预警，如若风险出现可以第一时间启动风险应急预案，及时止损。

"资金内部控制关键要素管理台账"包含银行账户基本信息、网银账户使用情况、预留印鉴等。资金内控监管部门要加强对银行账户基本信息的监控，具体关键性要素包括单位名称、账户户名、账号、账户类别、开户银行名称、账户币种、账户用途、账户开立日期、是否为监管户、联系人、电话等。同样，对于网上银行的账户使用情况也需要实时监控，网银账户使用情况包括网银是否开通、网银功能设置、是否开启动账提醒、网银权限设置、网银U盾责任人等关键要素。最后，关于预留的印鉴也需要在银行预留印鉴信息、印鉴保管责任人等方面加强监控。明确了需要对哪些关键要素监控，那么资金内控管理部门需要设立监控预警条件，如资金内控关键要素变动、重要岗位权力制衡缺失、大额资金拨付异常等。

除了要加强上述关键要素的监管，企业还要严格管控银行账户和网银账户并持续加强大额资金支付监管，加强对资金业务岗位的监督、评价与核查工作。正如文件所要求的"严格银行账户和网银监管，定期或不定期对特殊银行账户开户审批、银行印鉴及网银U盾分设管理、银行账户和网银交接程序及密码定期更换等情况进行评估，确保账户和网银安全可控。加强大额资金支付监管，设置控制参数，对于异常情形及时预警风险，纠正违规问题，消除资金风险隐患。资金结算中心等重点单位进行重点检查，对不符合内控要求的，应当限期整改"。

(一) 严格银行账户与网银监管

资金内控监管部门需要不定期地监察银行账户和网上银行账户各类操作程序，对操作程序的合规性与真实性进行评估。这些操作程序包含在银行账户和网上银行账户的方方面面，如开户审批程序、银行印鉴以及网银U盾的交接程序、银行账户和网上银行账户的交接程序、密码更换程序等。

下面具体解释银行账户与网银U盾及印鉴监管的具体监管事项。首先，银行账户的监管内容应该包含以下几点。第一，银行账户的开立、后续信息变更和账户撤销是否经过合理性的审批程序检查，申请的内容是否具有充足的理由，能否对申请变化的事项负有担保责任。第二，资金管理人员是否按期与银行对账，对每月的银行日记账、银行对账单、银行账户存款余额调节表进行按期复核审查。第三，对于企业有资金往来的一些关键账户要不定期抽查，以便于及时掌握其银行对账单是否存在异常交易。当然，对于资金的性质、用途、往来账户、金额等基本内容也需要核查其异常情况。第四，对于银行账户的交易情况也需要定期核查，目的在

于清查是否存在闲置账户、久悬账户。第五，资金内控监管账户还包含专用账户和重点监管户，要不定期地抽查这些账户的往来流程是否合规。

其次，网银U盾及印鉴的监管内容包含以下几点。第一，网银U盾和印鉴保管是否符合前文所述的职责分离原则。第二，印鉴保管人是否存在人员变更情况，出现人员变更是否按照正规程序进行预先备案。第三，网上银行的查询功能、申请和支付权限的设置是否合理，对于大额资金的监管是否着重管控。第四，网上银行是否开启了资金变动提醒，上级管理层能否及时地接收提醒信息。

（二）加强大额资金支付监管

大额资金的变动往往会对企业资金流的持续产生较大的影响，企业应该加强资金内控管理部门对大额资金的监管力度，通过线上与线下相结合的方式进行支付监管，通过线上资金变动提醒设置实时掌控大额资金的支付去向，线下相关责任人应该向上级领导及时报送大额资金的变动情况。

（三）加强资金业务岗位的监督评价

企业要对资金管理人员的调动调整情况进行复核，审查是否按照"不相容岗位分离、定期轮岗、人岗相适"的原则进行人员调动以及是否存在其他不合规调动现象。企业还需要定期对各级企业的岗位任职情况进行巡检巡评，对于结算中心等重点单位进行重点检查，将巡查巡评的结果及时报送有关监管方进行业务评价处理，对不符合企业相应内控要求的限期整改。

四、加强资金内部控制信息化建设

现今，信息化技术的发展尤为迅速，企业如果能够将资金内控管理与先进的信息技术相结合，将极大地促进企业资金内控的监管效率，降低物力成本和非必要的人力成本。为此，文件首先要求"各中央企业内控部门要深度参与信息化建设顶层设计，通过完善财务资金信息系统权责设置，落实对财务资金风险监督预警职责，有效发挥信息化管控的刚性约束和监督制衡作用"。其次，企业要建立健全新型的财务资金信息系统，对于潜在的资金风险加强监控，及时做好风险预警措施。具体来说，企业要将"控制触发条件和控制标准、缺陷认定标准"等要求融入信息系统，设计并制定异常情形的预警条件，对资金管理实行全过程、全方位预警监控，加强资金管理活动的可控性、追溯性、核查性，进而间接地降低人为操作失误的发生概率。再次，企业要加快构建与优化资金内控体系的信息化建设进度。文件要求，对于现今尚未建立财务资金信息系统或者未能将上述所列的内控要求融入企业信息化系统的一些企业要加快建设进度，尽早布局信息化管理。文件明确了信息化建设的时间，规定"2022年底完成集团总部及所属二级子企业、三级及以下重要子企业财务资金信息系统内控功能建设或优化工作"。企业通过信息化建设，最终实现财务资金的全面有效监控。最后，文件还明确了企业应该运用新兴的信息技术加大企业的风险防控力度。企业应该加快将企业的财务资金账户扩大至中央企业银（财）企直连系统覆盖范围，对于特殊情形不能够实现银（财）企直连的账户应报经有关部门备案并制定其他内控措施与应急预警方案。相应地，监管方还应该定期抽查第三方支付账户监管、余额归集和资金对账管理等情形，对资金支付风险严格把控。

中央企业在构建信息化系统时应该考虑以下几点。第一，企业要制定明确的资金内控监管标准。资金内控监管部门要将资金内控各个关键环节的监控标准录入企业信息系统，包括管控目标、风险节点、控制标准与控制频率等。第二，企业的资金内控监管部门要根据以往的经营数据对内控可能出现的缺陷点进行建模预测。关于建模预测，企业首先应该梳理内控缺陷，找出缺陷的共性并对缺陷发生频率的大小进行排序选择，制定缺陷认定标准，将识别出的缺陷点录入缺陷库，通过信息化技术建设缺陷异常的自动预警系统，出现如资金付款审批不符合要求、累计付款超合同等问题自动归入缺陷库供核查。

上文提到企业加强新兴技术运用及风险防控时要建立银企直连，但是对于尚未实现银企直连的中央企业也需要制定一些替代措施和应急预案，加强对银行账户的管理。关于替代措施，这里给出以下几点建议。第一，企业要加强银行账户的操作管理规范。如果涉及新增银行账户抑或原有银行账户涉及后续的变更、撤销处理，要加强其审批、备案机制。企业还要加强银行资金数额监管，建立银行对账机制。对于银行账户被冻结等异常情况要配备相应的反馈与应对机制。第二，加强对银行账户的统计分析，梳理现有的银行账户，明确各类账户的性质、用途并按照其特点归类定义，同时还需要对账户的性质、账户的用途、账户资金的单位、账户资金的币种统计分析，并且对账户数量的变动情况实时监控分析。第三，加强银行账户的硬件管理，硬件管理包括网银U盾的分权管理、预留印鉴的保管、票据凭证的保管、台账登记管理、实地监督盘点。

五、有效开展境外资金风险管控

随着时代的发展，众多企业纷纷实行"走出去"的战略规划，这种战略规划会使企业面临一些困难，如缺少统一的管控体系，难以实现监控内外部资金收付及资金账户信息，风险识别与防范存在难度，等等。而且，面对境外的经济环境，其法律法规、税务政策、会计制度、金融环境、外汇政策等方面与中国境内相比存在较大的差异。因此，为了加强境外资金的管控，文件要求各中央企业内控部门要结合所属境外单位所在国家（地区）法律法规和本企业内控管理要求，建立健全境外资金内控监管体系，包括完善境外资金内控监管制度，加强境外资金风险防范，加大对境外单位大额资金监督力度。

根据文件，企业首先要完善境外资金内控监管制度。通过建立一系列的监管制度加强对境外资金的监管，这些制度包括境外大额资金审核支付、银行账户管理、财务主管人员委派、同一境外单位任职时限、资金关键岗位的设置等。其次要加强境外资金风险防范。由于身处境外，周围的经济环境存在极大的不稳定性，企业要加强境外人员对别国各类风险信息的收集工作，提前做好风险应急预案。收集的风险信息既包括与资金密切相关的经济风险、社会风险、安全风险，也涵盖政治风险、舆情风险。对于境外一旦发生外汇管制、汇率大幅度波动、通货膨胀率急速攀升等经济异常情况及时启动应急预案，做好风险应对准备。最后，企业还要加大对境外企业大额资金的监管力度。同国内企业一样，大额资金可能会占企业全部资金的很大一部分比例，对于大额资金的监管能够降低资金断裂的风险。具体的监管做法包含以下几点：第一，大额资金的流动要严格按照决策审批程序进行统一调度，不得跨级、跨程序私自挪为他用，企业要做好此方面的监管工作；第二，对于以下情况要建立备案跟踪内控机制，包括大额资金的决策程序、资金调度、资金收付渠道、资金支付联签及银行账户变动情况、境外项目佣金管理。如果出现异常的变动情况要及时采取应对措施，保障境外资金的安全。

六、认真做好资金内部控制体系监督评价工作

监督评价环节是内部控制体系的最后一环也是不可或缺的一个环节。加强资金的内控管理本身就是一项监督工作，但是为了保障资金内控管理工作的正常推进，企业还应该制定一系列监督评价方法加强对资金内控体系的监督，提升资金内控管理工作的执行力度。文件要求，各中央企业内控监督评价工作要明确监督评价方法、监督评价覆盖范围与开展频率、监督评价内容，同时加强成果运用与整改闭环管理，严格责任追究，认真做好内控体系的监督评价工作。

对于监督评价，文件的核心要义是"以评促建、以评促改，规范评价方法，提升评价质量，促进资金内控体系持续优化"。企业要通过两大监督评价形式加强资金内控管理的监督。第一层面，企业要加强企业自评，对于企业的"资金管理制度建设、重要岗位权力制衡、大额资金拨付程序、网银U盾管理"等内容进行监督评价。对于上述的常规领域，要定期地每年进行一次监督评价；对于新兴业务（开展时间三年内）、高风险业务以及风险事件频发领域至少做到半年进行一次监督评价。第二层面，企业要建立"上对下"的监督评价体系，换句话说，集团要加强对其所属子公司的监督评价。集团应该定期监督评价子企业的资金管理制度是否健全；子企业的资金内控管理体系是否能够有效地执行；子企业的关键性岗位是否遵循权责制衡原则；信息系统的操作流程是否符合规范。文件对此提出了"三年全覆盖"，确保中央企业的集团能够对所属子企业每三年至少全面评价一次。

监督评价的执行内容、执行方式上文已经为大家详细地做了阐述，而如何使监督评价的结果发挥其最大的效益也是一项重要的工作。为此，文件明确了三个核心要点供中央企业实际参考。首先，中央企业要加大监督结果的运用。诸如干部管理考核、职员岗位调配等工作都可以参考监督的结果，将结果作为一项评判因素辅助管理层做出决策。其次，相关责任部门要强化问题整改。对于监督评价的结果，企业应该细化到问题发生的具体部门、具体人员，并且要规定问题的整改期限。监管方还应该持续跟踪问题责任方的整改进程，将整改结果进一步考核评价并反馈给上级管理者。最后，企业要加大责任追究力度。俗话说"没有规矩，不成方圆"，企业也是一样，也需要制定相应的问题处罚规定。因此，监管方应该对资金内控缺失、虚假执行资金内控制度并造成一定标准的损失的一些中央企业开展责任追究工作，对相应企业予以处罚。

▶本章小结

本章首先为大家解读了国资委101号文件，分别从内部控制体系建设、内部控制体系执行与内部控制监督管理三个方面进行介绍。在内部控制体系建设方面，创新性地将风险管理、合规管理嵌入内部控制体系，构造出"三位一体"内部控制新体系，为企业施行全方位内部控制监管体系奠定了坚实的基础。在内部控制体系的建设过程中，文件要求企业严格把控"三重一大"。企业要加强日常重要领域的监管工作，对重要岗位要按照权责分明、制衡适当的理念进行划分，而且要加强重要岗

位的监督管理,切实将企业内控缺陷追究到底。对于日常业务的重大风险管理,企业也应当做到在事前谨慎地衡量风险程度,做好风险应对预案,最大限度地降低风险损失。企业还应该不断加强信息化建设,不仅要在内部控制体系里进行信息化方案构建,也应加强内部控制部门与企业其他部门的信息化建设,做到部门之间互联互通、相互融合。监督作为内部控制最后一个环节也是最重要的一环应该从多角度开展。不仅企业自身要加强对子企业、海外资产的监督评价,作为国有企业的出资人代表——国资委,也应做好监督的角色。此份文件为国有企业加快组建严格、规范、全面、高效的内部控制体系指明了方向。国有企业在具体实施过程中,应当紧紧围绕制度建设和执行能力两大核心要素。首先,要根据内部控制、风险管理、合规管理的具体要求,理顺三者之间的相互关系;其次,以制度建设为前提,通过构建职责清晰、相互衔接、有效制衡的组织体系等内容,充分地将内部控制运用到促进企业经营发展的过程中。

本章还为大家介绍了中央企业如何加强资金内部控制管理。首先,企业要建立健全资金内控管理机制并切实加强资金内控制度建设;其次,企业应该持续不断地对一些资金内控的关键环节重点监管;再次,中央企业应该引进先进的信息技术,加快企业的信息化建设;从次对于发生在境外的资金,企业也应加强其资金监管力度,建立健全境外的资金内控管理体系;最后,企业要把握好资金内控管理的最后一关——监督评价,保障资金内控管理的有效运行。

▶复习与思考

1. 国资委 101 号文件对于中央企业内部控制的具体实施提出了哪些创新性要求?
2. 试归纳出中央企业资金内部控制监管的重点。
3. 你对中央企业内部控制未来的发展有何建设性的构想?

第十二章

智慧国资监管

引 例

加强数字政府建设

2022年4月19日,中共中央总书记、国家主席、中央军委主席、中央全面深化改革委员会主任习近平主持召开了中央全面深化改革委员会第二十五次会议,审议通过了《关于加强数字政府建设的指导意见》《关于进一步推进省以下财政体制改革工作的指导意见》《关于建立健全领导干部自然资源资产离任审计评价指标体系的意见》《"十四五"时期完善金融支持创新体系工作方案》《关于完善科技激励机制的若干意见》。

习近平在主持会议时强调,要全面贯彻网络强国战略,把数字技术广泛应用于政府管理服务,推动政府数字化、智能化运行,为推进国家治理体系和治理能力现代化提供有力支撑。要理顺省以下政府间财政关系,使权责配置更为合理,收入划分更加规范,财力分布相对均衡,基层保障更加有力,促进加快建设全国统一大市场、推进基本公共服务均等化、推动高质量发展。要贯彻依法依规、客观公正、科学认定、权责一致、终身追责的原则,着力构建科学、规范、合理的审计评价指标体系,推动领导干部切实履行自然资源资产管理和生态环境保护责任。要聚焦金融服务科技创新的短板弱项,完善金融支持创新体系,推动金融体系更好适应新时代科技创新需求。要坚持面向世界科技前沿、面向经济主战场、面向国家重大需求、面向人民生命健康,树立勇担使命、潜心研究、创造价值的激励导向,营造有利于原创成果不断涌现、科技成果有效转化的创新生态,激励广大科技人员各展其能、各尽其才。

资料来源:人民日报编辑部. 加强数字政府建设,推进省以下财政体制改革 [N]. 人民日报,2022-4-20(1).

加强数字政府建设是创新政府治理理念和方式的重要举措，对加快转变政府职能，建设法治政府、廉洁政府、服务型政府意义重大。政府的数字化建设体现在业务办理、审批、监管等方方面面，而在国有资产的监管方面加强数字化建设，全面高效地监管国有资产，避免国有资产流失更是政府迫切需要解决的问题。其实早在2019年，国务院就印发了《改革国有资本授权经营体制方案》（国发〔2019〕9号）。该方案对国有资产监督管理委员会在加强信息化建设方面提出了"搭建实时在线的国资监管平台（智慧国资监管平台）"的要求，智慧国资建设再度成为政府改革的热点话题。智慧国资监管平台实际上就是为国资监管单位注入数字化技术，以便更好地管理国有资产。本章将为大家介绍智慧国资的发展历程，带领大家了解如何搭建智慧国资监管平台。

第一节 智慧国资的发展历程

党的十八大以来，党中央继续秉持改革开放的理念，全面推进深化改革。2013年11月召开了党的十八届三中全会，会议做出了全面深化改革的部署，与国有企业相关的改革大幕也由此拉开。在国有企业改革中，不仅包含国有企业主体，还包含作为出资人代表的国务院国有资产监督管理委员会的各级国资监管单位。

在国有企业改革中，应该加快从传统的"管人、管事、管资产"向以资本监管为核心的国有资产监管体制转变。因此，"想要建立以管资本为主的国资监管体制，关键任务是从监管企业向监管资本为主的监管体制转变"。在以资本为主要监管对象的监管体制中，要实现监管体制全方位、深层次、根本性的变革，不能走形式主义。首先，企业的监管体制要从国有企业自身监管向由出资人监管的双方管理模式转变。加大出资人对国有企业的监管力度，建立健全出资人监督评价体系，定期制作监督评价报告，及时责令相关问题单位整改。其次，在监管方式上，应该采用行政手段和市场化手段相结合的监管方式，加强市场自身的监管职能，放宽行政层面的管制。最后，企业应该加强对企业质量效益领域的监管，不能一味地追求规模效益，监管体制应该从追求"数量"转变到追求"质量"。

2016年12月，中央全面深化改革委员会第三十次会议通过了《国务院国资委以管资本为主推进职能转变方案》，并于2017年4月以国务院办公厅的名义下发。该文件的核心内容采用市场化、法治化和信息化的监管方式替代旧有监管手段。根据该方案的指引，加强信息化建设是改革国资监管体制的重要方法。国资监管单位应该充分地运用互联网、大数据、人工智能等先进的信息技术手段，加快建设新型国资监管体制。

为了加快构建新型国资监管体制，国资委先后出台了《国资监管信息系统建设管理办法》《国资国企在线监管系统建设工作方案》。其目标是能够在未来实现信息系统从分散建设到集中共享，再到在线监管的发展。新型国资监管体制能够显著地提高监管的效率和效果，能够为企业的改革发展提供有力的支撑。自此，智慧国资监管平台的构建正式拥有了明确的政策规定，构建智慧国资监管平台的脚步也在逐步向前迈进。

一、"萌芽"——信息化建设

国资委非常重视信息化建设工作,各级国资监管部门纷纷成立信息化建设小组,认真研讨国资监管的信息化建设。

经过初步的探索,信息化建设有了初步的成果。国资委的信息化建设主要包含两大层面。第一层面是信息化的基础应用建设和安全保障体系建设。随着建设工作的不断推进,国资委机关形成了机关涉密网、国资监管网、互联网等三张网络框架。三张网络框架的建成为信息化的后续建设奠定了基础,能够增强信息化安全防控能力,为进行信息化建设的企业保驾护航。

第二层面是针对国资监管、协同办公、政府服务的信息化建设。国资监管方面,国资委围绕国有企业财务分析、产权风险、投资管理、改革创新、薪酬分配、科技创新、干部管理、外事管理、企业监督、企业党建等业务,建成了一批信息系统,在国资监管工作中能够发挥重要作用。协同办公方面,信息化建设能够切实提升监管管理水平。信息化建设还能够适应国资监管人员的办公习惯,并简化办公流程、加强信息数据共享,最终协同工作人员实施监管工作,为其工作减负,提升办公效率。政府服务方面,信息化建设要设立门户网站。将门户网站面向公众,利用互联网的信息数据搜集能力,推进国有企业的新闻宣传和舆情处置。充分利用现有媒体软件,如微博、微信等加强政务公开程度,提升办公透明度。

二、"成长"——政府信息系统整合的契机

2017年5月,国务院办公厅印发了《政务信息系统整合共享实施方案》该方案提出"2017年12月底前,整合一批、清理一批、规范一批,基本完成国务院部门内部政务信息系统整合清理工作"的目标,以及在2018年中期实现将国务院各部门整合后的政务信息系统接入国家数据共享交换平台,初步实现国务院部门与地方政府信息系统互联互通。

政务信息系统整合实质上也是利用信息化建设,将政务信息实现共享,避免长期深陷"各自为政、条块分割、烟囱林立、信息孤岛"的政务处理局面。因此,国资委高度重视,加快进行政务系统的整合建设工作,并以此为契机,为智慧国资监管平台的建设提供"东风"。各级国资监管单位成立领导小组、办公室、工作组三级联动工作机制,分次有序地将政务信息整合系统工作向前推进。

三、"开花"——开展"三年行动计划"

2018年7月27日,国资委组织召开了中央企业国资监管信息化建设现场推进会议。为了完善国资监管系统,提升国资监管的效率,会议通过了"三年行动计划"的信息化建设方案。

根据"三年行动计划"的要求,信息化建设要把握好2018年、2019年、2020年三个重要年份。2018年为试点推动年,国资监管平台要逐步实现对大额资金的全方位动态监控,并初步建成国资监管综合信息检测展示系统;2019年为全面建设年,基本建成国资监管信息系统,通过借助大数据,初步构建监管系统的实时动态管理;2020年为巩固提高年,全面建成国资监管信息化建设系统,为实时动态监管提供有效的支撑。

第二节　智慧国资监管平台建设

　　传统的国有资产监管平台主要对三大方面进行监管，俗称"管人、管事、管资产"。而面对国有资产日益发展的今天，"管资产"顺理成章地演变成了国有资产监管平台的"心脏"。近年来，国有资产发展日益迅速，各领域的形势变化万千，传统的监管方式俨然满足不了对"心脏"的监管。在国资监管改革升级的关键时期，国务院印发的《改革国有资本授权经营体制方案》为国资监管指明了改革方向。该方案明确要求在国资监管领域要加快搭建实时在线国资监管平台。面对该方案中要求的"实时在线的国资监管平台"，国资委和国有企业管理者迎来了巨大的挑战。现如今，信息技术的发展尤为迅速，国资监管如何有效地利用云计算、大数据、区块链、人工智能等先进技术为台阶，加快推进国资监管平台迈上更高一级楼层，变成了各级国资监管部门提升监管效能、落实改革举措的关键一招。

　　关于"智慧国资"，各级国资监管部门先后推出了一系列政策措施和改革举措，使国有资产监管体制不断完善，监管效能不断加强，在国资监管信息化建设方面取得了建设性的成果。目前，国内最具典型的智慧国资监管平台当属南宁和长沙两地。作为西部和中部省会（首府）城市的代表，南宁和长沙两地的智慧国资监管系统已投入使用。2019年国务院国资委相关领导走访调研了南宁市国资委，对其智慧国资监管系统的各项智能应用给予了高度评价。这意味着，各级国资监管部门加快建设智慧国资平台，完善监督监管体系的脚步势不可当。

　　目前，社会各级国资监管单位都在"智慧国资"监管平台的构建道路上取得了颇丰的成果。但是，智慧国资的发展还有无限的空间，社会各界需不断完善国资监管，使得国资单位能够借助信息化建设更上一层楼。关于智慧国资监管平台的构建方案，本章梳理了现有的构建方法，总结归纳出一套基础性的构建方案。

　　智慧国资监管平台的构建方案包含方案的背景、方案的目标、方案的原则、方案的建设内容四大方面。

一、方案的背景

　　为了贯彻落实《改革国有资本授权经营体制方案》中"搭建实时在线的国资监管平台"的要求，国资监管平台要充分结合信息化建设思路，借助大数据、云计算、人工智能、移动应用等信息化先进技术加强监管力度、优化监管流程、提升监管效率。因此，加快构建"智慧国资"监管平台，实现网络互通、资源共享、监管在线、决策智能的目标，变成了各级国资监管部门的一项首要任务。

二、方案的目标

　　智慧国资监管平台的构建方案主要涵盖三大区块的内容，包括多品类信息化监管系统、全方位监管数据库、跨级数据交换系统。

　　构建多品类信息化监管系统，包含资金监控、财务运营分析、产权管理、投资管理、"三重一大"、企业基本信息、国资数据监管分析平台等国资监管应用系统，实现多品类信息化监管系统的互联互融，帮助监管部门进行实时动态监管，打造一体化智慧国资监管平台，提升监管效能。

构建全方位监管数据库，实现横向互联。监管数据库以监管为主题，数据库涵盖了监管单位各部门的实时监管数据，帮助各部门在权限内实现共享数据，完善数据分析，提升数据分析使用效能的目标。

构建跨级数据交换系统，实现纵向互联。跨级数据交换系统与市国资委"智慧国资"系统对接，预留插口。将跨级数据交换系统对接大数据平台，编制索引，链接数据。

三、方案的原则

（一）保密性原则

智慧国资监管平台涉及大量国资企业的数据，因此数据的保密性要成为监管平台的首要原则。技术开发人员要结合监管人员权限，设计制定一套全系统的密保屏障。严格地划分信息共享数据与私密数据，将数据与有使用权限人员直接挂钩，避免不法分子盗窃数据扰乱市场运营，达到数据共享与数据保密动态平衡的理想状态。

（二）可靠性原则

信息化建设的前提条件是做到数据真实可靠，只有获取真实的数据信息，信息使用者才能够充分地汲取数据的价值。监管系统要在数据获取的源头严格把关、层层审核，确保数据的可靠性达到最高。

（三）及时性原则

现如今，由于市场的供给和需求更迭迅速，企业的数据信息变化速度也变得越来越快。数据库的准确性要建立在及时性的原则之上才能够准确把握数据背后反映的业务信息。因此，监管平台要建立数据采集接口，及时更新数据信息。

（四）经济性原则

构建监管系统需要投入大量的人力、物力，为了避免以后重复性投资，系统功能应实现各企业共享，为以后的功能扩展节约资金投入。

（五）易用性原则

监管平台的构建要坚持以人为本，平台的操作系统要易于操作人员使用。充分地结合使用人员的文化习惯、界面友好、方便使用的原则，保证了各级操作人员能够短时间掌握平台程序。

四、方案的建设内容

智慧国资监管平台通过可视化的门户管理工具实现门户内容的编排和个性化设置，涵盖财务管理、资金监管、投资管理、"三重一大"、领导决策系统等板块的内容，并由统一的数据库支撑各板块正常运转；各板块将设置登录入口、待办任务、消息预警、通知公告等相关信息；各板块的运营设置人员操作权限，同时根据权限分别形成面向政府各委办局、国资委领导、业务部门、监管企业等不同层级的门户界面，建立一站式系统应用。

因此，智慧国资监管平台的建设包含四大关键性内容（见图12-1），包括建立全面的国资监管业务应用平台、构建智慧国资数据分析平台、建立数据采集平台、建立智慧国资监管平台的应用支撑平台。

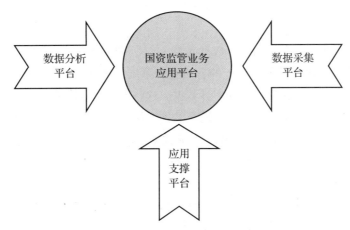

图12-1 智慧国资监管平台的四大模块

（一）国资监管业务应用平台

国资监管业务应用平台是智慧国资监管平台的核心模块。要通过建设多个应用专题系统，逐步实现国资监管工作的信息化管理：第一，在数据采集方面要通过数据动态系统实时报送各应用系统，打破数据滞后性壁垒；第二，通过信息技术简化人工业务处理程序，加强自动化建设；第三，逐步实现信息横向层级和纵向层级的互联互通，实现信息共享。具体的应用专题系统如下。

（1）财务运营分析系统。财务运营分析系统的功能包含财务信息业务的多个方面。首先，系统要按期（月、半年、年）采集企业的财务报表数据，并将财务报表数据结合企业运营状态实现自动化分析，将分析报告实时地报送监管单位和相应企业端。其次，系统要加强国有企业的日常监管，通过设置不同的财务指标，如风险临界点，对企业财务数据监管实现实时自动化预警监管。最后，系统应支持数据查询功能，包含企业财务状况数据、决算数据、预算数据。

（2）大额资金监控系统。大额资金监控系统应及时地采集企业实际现金流与现金存量，能够实时记录企业各项资金的往来以供监管部门查询分析。

（3）投资管理系统。投资管理系统应提供企业各项投资工作的投资数据查询功能，主要包括企业上报的年度投资计划、投资项目、月度以及年度投资完成情况的投资信息。此系统能够加强监管单位掌握企业的投资去向，减少资金损失，为国有资产的投资提供保障。该系统的其他功能还应该包括项目信息管理、投资计划管理、计划外项目管理、年度投资完成情况、统计分析等。

（4)"三重一大"决策运行系统。通过"三重一大"决策运行系统，企业需要及时完成"三重一大"决策信息的填报，系统会提供完善的报送审批流程。系统对接市国资委数据交换平台，实现数据的上报与下发。监管单位可以查询报送的有关信息，并进行分析。具体的功能应该包括基础数据设置、"三重一大"通知公告、"三重一大"填报、"三重一大"报送。

（5）产权管理系统。通过产权管理系统，监管单位能够全方位地掌握企业国有产权的关系，包括对产权变动情况进行监测和分析。

（二）数据分析平台

数据分析平台应建立数据库系统。数据库系统为业务应用平台提供实时的数据，主要包含两大层面的数据信息。第一是国有企业的各级业务系统数据，包含财务数据、投资数据、"三重一大"数据以及债务数据和第三方的审计数据。这些数据是监管单位实施监管工作的主要依据，因此，保证此类数据真实、及时地传送至数据库系统至关重要。第二是监管部门测算制定的各类评价指标，包含企业资金数据指标、财务数据指标等，以此来加强对企业的自动化监控。

（三）数据采集平台

数据采集平台应建立数据采集系统。数据采集系统是保证数据库系统正常运营的必要系统。首先，采集数据包含企业财务数据、投资数据、"三重一大"数据、债务数据和审计数据等数据库系统应有的所有数据。其次，数据采集系统主要通过两大方式实现数据采集：第一，将数据采集系统与企业 ERP 等智能系统对接，实现数据共享，实时采集；第二，预留企业端的数据接入端口，对于一些需要报送监管的信息由各企业相关人员定期及时录入信息采集端口。

（四）应用支撑平台

应用支撑平台除了应该建设前文所列的各个监管平台子系统还应该预留应用开发软件平台，包括数据交换平台、流程审批平台。此类应用开发软件平台可以满足实时的变化需求，对变化采取更新、升级处理。

▶本章小结

在信息技术飞速发展的今天，企业和国资监管单位都应该及时地借助信息化建设，完善自己的各项业务管理工作。国资监管单位应该加速推进智慧国资监管平台的建设。各级监管部门也应该细化国资监管体系，根据自己管辖区的实际情形建言献策、积极改进，建设各自独具特色的国资监管平台。

作为国有企业，企业应该依据监管单位的建设脚步实时跟进。企业也应该根据国资监管平台的建设思路构建自身的企业内部监管系统，同样需要通过加强企业内部信息化建设，实现信息共享，提升企业内部透明度，打破各级部门的业务壁垒。企业还应该在内部设置专门的监管业务对接部门，实现内部监管和外部监管相结合，提升业务执行力和企业经营质量。

▶复习与思考

1. 经过本章的介绍，谈一谈你对"智慧国资"的认识。
2. 你对"智慧国资"监管平台有没有新的构建思路？
3. 搜集最新的"智慧国资"监管平台建设成果，并做出评价。

第十三章

企业风险管理框架

> **引 例**
>
> ### 加强油脂油料产业风控意识
>
> 2022年，国际经贸摩擦加剧，全球粮食产业链、供应链不稳定性和不确定性增加。
>
> 2022年的中央一号文件对农产品供给和产能提升提出了更多要求，要求"大力实施大豆和油料产能提升工程"。《政府工作报告》也提出，促进大豆和油料增产。相关政策和举措密集出台。2022年3月17日，农业农村部下发通知，压实责任稳定春播面积。春播前要将任务分解落实到市到县，层层压实责任，引导农民合理安排种植结构，稳口粮、稳玉米、扩大豆、扩油料。3月18日，在扩种大豆油料工作推进电视电话会议上，中央提出采取过硬措施，增加大豆种植面积，因地制宜扩大油料作物生产，多油并举全面提高产量，不折不扣完成大豆油料扩种目标任务。当天，国家发展改革委发布《关于进一步做好粮食和大豆等重要农产品生产相关工作的通知》，提出下大力扩大大豆和油料生产。
>
> 江苏省江海粮油集团有限公司党委书记、董事长、总经理陈礼华接受采访时说："江海粮油成立30多年以来，见证了数次行业大规模的变动，从2004年至2005年大豆压榨厂大规模倒闭，到2007年至2008年行业大洗牌，再到2014年至2015年油脂油料融资商倒闭退出，每次在价格大幅波动下，产业内都要淘汰一大批企业。"陈礼华注意到，在2019年至2021年间，油脂行业与往常不同，并没有发生大范围的倒闭，他认为这主要得益于近年来产业普遍开展基差交易，同时，产业的风控手段与风控意识也大幅度提升。
>
> 资料来源：祝惠春. 发挥价格发现和风险管理两大功能：期市助力油脂油料产业发展 [N]. 经济日报, 2022-03-28（9）.

企业的风险管理应该基于基础理论并结合企业实际状况，全方位地实施风险管控。目前，全球较为权威的风险管理理论是由美国反欺诈财务报告委员会与国际标准组织各自制定的风险管理标准。

2017 年 COSO 发布了新版企业风险管理框架，即《企业风险管理——与战略和绩效整合》（简称"新框架"），这是基于 2004 年第一版框架的修订和完善。新框架无论从表述还是实质性内容上都做出了巨大的修改，准确地说是对风险管理框架进行了更深层次的剖析与总结，为企业风险管理运营提供了有效的指引。次年，ISO 发布了新版《ISO 31000 风险管理指南》（简称"ISO 31000"）。这是继 2009 年第一版本以来最新版本的风险管理指南，由 ISO 制定，并且普遍适用于社会任何企业、单位、组织以及个人。ISO 31000 也以其普遍的适用性得到了国际社会的认同。此次新标准的制定是在第一版本的基础之上对一些陈旧的、有缺陷的内容重新修改完善，为各个组织进行风险管理提供了更好的指引。

COSO 的新框架与 ISO 31000 各自在形式与内容上有何创新之处？二者对于风险管理的规定又存在着哪些区别与联系？本章将一一展开介绍。

第一节　新框架的主要内容

风险管理框架中最重要的内容当属"五大要素"。新框架包含五大要素，分别为治理和文化、战略和目标设置、绩效、审查和修订、信息交流和报告，五大要素附属 20 个实施原则（见图 13-1）。

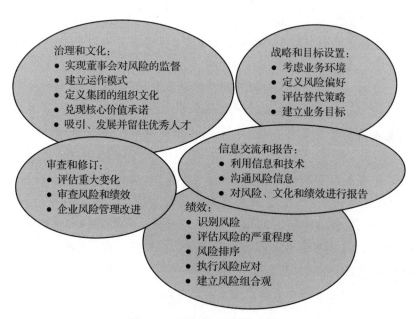

图 13-1　"要素＋原则"图解

新框架在内容上与旧版以及征求意见稿存在很大的差异，本书将主要的变化部分归纳为三个"内容"、三个"核心"、两个"连接"。

一、三个"内容"

（1）"要素+原则"。新框架中对五大要素的表达方式均采用"要素+原则"的论述方法，并且舍弃了2004版的"立方体"框架，而以全新的"要素+原则"框架形式呈现。五大要素的变化体现在两点：第一，五大要素均删除了在征求意见稿中五大要素的前缀——"风险"一词；第二，五大要素由原来征求意见稿的23项附属原则修改为20项原则，主要是为了将"原则"以更加精确、简洁的方式呈现出来。

（2）风险管理定义。对比2004版的风险管理定义"风险管理是一个过程，它由主体的董事会、管理层和其他人员实施，应用于战略制定并贯穿于企业之中，旨在识别可能会影响主体的潜在事项，在风险容量的范围内管理风险，为主体目标的实现提供合理保证"，新框架对"风险管理"给予了新的定义，表述为"组织在创造、保持和实现价值的过程中，结合战略制定和执行，赖以进行管理风险的文化、能力和实践"。新定义围绕"企业价值"理念展开，将风险管理与企业文化相结合，将风险管理提升为企业的一种内在文化，需要专业的执业者进行风险管理作业。

（3）风险管理与内部控制的关系。2013年COSO曾发布"内部控制框架"，虽然两个框架都采用了"要素+原则"的表达方法，但是两个框架的内容大相径庭。新框架明确表示，虽然2013年的内部控制框架至今并未更新，但是此次制定的"风险管理框架"并不是要取代"内部控制框架"。类似"控制活动"这种内部控制领域典型的要素，在风险管理框架中并未列示，故二者的侧重点不同，当然就不存在替代关系。

二、三个"核心"

（1）"价值"为核。新框架在进行"五大要素"的修改时，删除了"风险"这一前缀。因此，新框架认为企业风险管理不能仅仅将风险管理的视角局限于"风险"领域，而应该将风险看作在经营活动中不可或缺的一个因素，并且能够通过攻克风险而到达一个新的层级，创造出更大的价值。摒弃"风险"视角，新框架将视角转向了"企业价值"。新框架认为"价值"是企业存在的目的，将风险管理的核心理念定义为"企业价值"有利于风险管理更好地实施，更好地帮助企业达到经营的目标。

（2）"融合"为核。传统的风险管理工作往往是孤立的，而新框架认为企业风险管理应该融合到其他业务活动中。新框架认为所有的业务活动都包含风险因素，既然包含风险因素就要进行风险管理。因此，风险管理从战略目标的制定到商业目标的完成，最后到绩效考核都应该融合到具体的业务活动中，不能仅作为一个独立的活动。

（3）"文化"为核。新框架最大的变化之一是将"文化"作为一个重要的管理理念。在企业中，丰富的企业文化具有凝聚力。企业文化的提升有利于员工的团结，能够使企业的所有员工万众一心、步调一致，更好地为实现企业价值而努力。此外，对于企业外部，优秀的企业文化还具有引力，客户、供应商等合作伙伴会因为良好的企业文化而向企业抛出橄榄枝。因此，新框架强调"文化不仅会与商业环境紧密连接，还会对风险管理工作产生巨大的影响"。

三、两个"连接"

（1）连接"战略"。新框架总结分析了近年来企业失败的主要原因之一是企业没能够制定正确的战略规划。企业经过长久的经营容易忽略核心价值的坚守，换句话说，长期的利益诱惑容易让企业迷失最初的经营理念。一旦错误的"战略种子"埋入企业经营活动中，长此以往，会给企业带来不可挽回的潜在风险。因此，企业在进行战略选择的同时应该配套相应的风险应对措施，为企业的营运保驾护航。为了强调风险管理在战略选择层面的重要性，新框架从三个方面对风险应对进行论述，分别是战略与商业目标和使命、远景及核心价值观不一致的可能性；战略选择的风险内涵；战略实施中的风险。

（2）连接"决策"。企业的所有经营活动都会和战略选择一样会面临很多的决策，因为所有的活动都是为了创造和实现价值。因此，将风险管理融入决策的各个环节是十分必要的。关于如何通过结合风险管理来提升企业的决策水平，新框架分析总结了一系列的应对信息，这些信息包括"主体的风险文化和风险偏好"以及"如何影响商业环境，理解、识别和评估风险"。

第二节　新框架五要素

一、治理和文化

"治理和文化"是五大要素的根本，奠定了企业风险管理的基调。这一要素中的"治理"因素将风险管理工作提升到企业管理中重要的、不可或缺的一个管理环节；而"文化"一词蕴含了企业的经营价值观，提出要将风险管理工作看成是企业的一项文化工作，要将风险管理融入企业整体文化中，更好地为企业创造价值。该要素的具体原则包含以下内容。

（1）实现董事会对风险的监督。董事会成员需要对风险管理框架中的"战略实施"和"战略目标"进行监督，通过自身的领导力支持风险管理人员的工作，坚定不移地为战略目标的实现保驾护航。

（2）建立运作模式。风险管理需要设计风险管理运作框架，指引风险管理工作顺利实施，确保战略目标更快地实现。

（3）定义集团的组织文化。企业的文化理念彰显了企业的价值追求，良好的组织文化能够助推业务活动目标的实现，也能够助推风险管理目标的实现。

（4）兑现核心价值承诺。企业要制定自身核心企业价值观，在运营的过程中始终围绕着核心价值开展工作，帮助企业在正确的轨道上顺利行进。

（5）吸引、发展并留住优秀人才。人力资源是企业的"血液"，推动企业朝着战略目标稳步前行。企业要设定人才计划，将优秀的人才留在企业中并不断地培养和锻炼他们，使之更好地为企业创造效益。

二、战略和目标设置

风险框架在制定的过程中要将"战略"与"目标"两大要素融合在一起，二者相融合再加上对商业环境的理解，企业可以全方位地获得风险走向以及管理目标。因此，企业可以通过战略的制定而获取其"风险偏好",也可以通过制定业务目标而拥有明确的方向,便于进行战略实施。该要素的具体原则包含以下内容。

(1)考虑业务环境。企业面临的动态商业环境对业务的开展有着可变的影响,应该重视不同状态的环境对风险管理的影响,并制定相应的应对措施。

(2)定义风险偏好。风险偏好的制定应该涵盖"创造、保持、实现价值"三个环节。

(3)评估替代策略。风险管理是一种动态的商业管理模式,企业要预先评估风险的潜在影响,制定相应的替代策略,保证风险管理的正常运行。

(4)建立业务目标。业务目标制定过程中,要综合业务主体对业务风险进行考量,配备必要的风险应对措施。

三、绩效

"绩效"主要是针对"战略和目标"这一要素设定的,具体表现在:首先,企业要对风险管理中制定的"战略和目标"的完成情况进行实时评估;其次,在满足风险偏好的范围内对存在的风险按照风险严重程度排序;最后,管理人员应当对筛选出来的风险进行进一步的评估与应对,并及时向利益相关者汇报反馈。该要素的具体原则包含以下内容。

(1)识别风险。风险识别的客体主要包含"战略"和"商业目标绩效",对二者进行实时风险识别。

(2)评估风险的严重程度。要对识别出的风险进行严重程度评估,这有利于利益相关者直观地把握每个风险的严重程度。

(3)风险排序。按照风险严重程度进行排序,有利于下一步风险应对措施的制定。

(4)执行风险应对。按照上一步风险排序,对相应级别的风险制定风险应对措施,及时止损。

(5)建立风险组合观。企业根据战略结果从组合的视角多方位评估风险。

四、审查和修订

"审查"要素的实施客体是通过"绩效"筛选出的结果,企业要根据企业风险管理指南对结果进行审查,对审查完的结果进行修订完善。该要素的具体原则包含以下内容。

(1)评估重大变化。既然业务活动处在一种动态变化的商业环境中,企业应该实时评估重大变化的严重程度,降低变化对"战略"和"商业目标"的影响概率。

(2)审查风险和绩效。在"审查风险"和"绩效考核"的环节也需要融入风险管理的考量。

(3)企业风险管理改进。企业要结合环境变化和风险管理现状对风险管理进行不定期的修改、完善。

五、信息交流和报告

风险管理工作需要建立在信息对称的条件之上,因此,风险管理结果要及时地反馈给利益相关者,增强信息的流通性,使得风险管理结果更加准确。该要素的具体原则包含以下内容。

(1)利用信息和技术。风险管理工作需要先进的信息技术予以支持,便于简化风险管理流程,提升风险管理效率。

（2）沟通风险信息。风险管理的过程中要及时沟通，持续的沟通能够帮助利益相关者更好地了解实际风险管理活动，管理者也能够及时修改完善风险管理工作。

（3）对风险、文化和绩效进行报告。企业各级部门需要及时地做好"风险、文化和绩效"的汇报工作，帮助利益相关者及时了解业务动态信息，辅助管理者做出决策。

第三节 《ISO 31000 风险管理指南》的主要内容

2018 版《ISO 31000 风险管理指南》与 2009 版类似，全文从三大层面对风险管理展开论述，包含风险管理原则、风险管理框架、风险管理流程。新版 ISO 31000 运用"三车轮"的展现方法将原则、框架、流程表现出来（见图 13-2）。

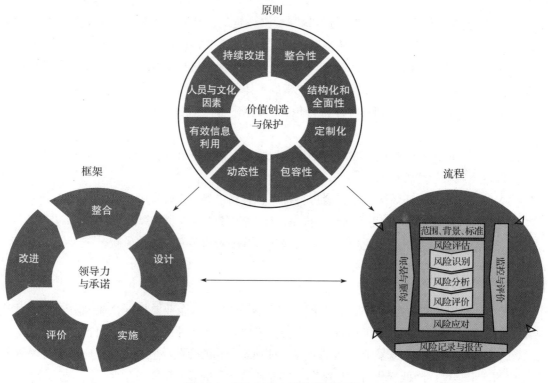

图 13-2　ISO 31000 风险管理框架

总的来说，新版 ISO 31000 的内容描述更加精确，更加易于理解，并且该标准融入了更多的企业管理活动。

风险管理原则。新版风险管理原则以"价值创造与保护"为核心理念，囊括了八个风险管理基本原则。八大风险管理原则包括"整合性、结构化和全面性、定制化、包容性、动态性、有效信息利用、人员与文化因素、持续改进"。相较于 2009 版的 11 项风险管理原则，2018 版的标准在"原则"部分的完善更加深入和升华。

风险管理框架。新版风险管理框架以"领导力与承诺"为其核心理念，囊括了风险管理的五大步骤。这五大步骤依次为"整合、设计、实施、评价、改进"。相较于 2009 版的风险管理框架，新版框架对风险管理步骤给予了更加清晰的指引，易于指导各个组织更好地实践。

风险管理流程。ISO 31000 包含六大风险管理流程：第一个流程是对范围、背景和标准的定义；第二个流程是风险评估的经典流程，包含"风险识别、风险分析、风险评价"；第三个流程是风险应对；第四个流程是风险记录与报告；第五个流程是沟通与咨询；第六个流程是监控与评价。

一、"三车轮"框架详解

（一）风险管理原则

（1）整合性。风险管理指南作为各个组织进行风险管理的核心指引，具有普适性的特点。标准的制定整合了组织中可能会涉及的所有活动的因素，因此作为统领地位的风险管理指南是具有整合性的。

（2）结构化和全面性。风险管理指南的制定从原则到框架再到各个风险管理流程，采用结构化的标准制定方式，涵盖面广，能够使组织在进行风险管理作业时采取同一风险管理指南，因而具有较高的可比性。

（3）定制化。风险管理指南中的框架与流程部分是标准制定者通过长期对各级组织内部与外部环境的观察、记录、分析、总结而架构出的一套贴合组织自身的定制化风险管理指南。各个组织均可通过风险管理指南的指引结合自身实际进行风险管理作业。

（4）包容性。在标准的制定与审核环节，制定者广泛地接纳业界各利益相关者的意见，谨慎地剖析标准试点过程中发现的各种问题，并对问题进行追根溯源，将问题的本质原因挖掘出来，加以修正。因此，标准在制定中充分地融入了业界利益相关者的观点，扩大了标准的适用范围，提高了准确性。

（5）动态性。组织的内部环境与外部环境时刻在发生变化，这就要求组织对于已经发生的风险、未发生的潜在风险，均需要进行实时的预测、评估、监控、掌控，因此，ISO 31000 根据这些动态变化的事件给出了不同的应对方法。

（6）有效信息利用。任何组织的风险管理都包括潜在风险、事实风险和未来风险，风险管理指南要求组织通过对相应风险主体的历史信息、实时信息、预测信息的获取分析将风险管理水平提升到最佳状态。

（7）人员与文化因素。风险管理指南作为一套国际化标准，面对的受众组织遍布世界不同区域。标准制定者充分地考虑了不同区域的人员与文化因素，将最适用的标准总结制定出来，以满足不同受众组织的需要。

（8）持续改进。各个组织均需要通过 ISO 31000 的指引，在实践中不断地学习各种方法，不断地累积各种经验，最终磨合出一套贴合自身实际的风险管理方法。

（二）风险管理框架

（1）整合。这里的"整合"是指各个组织能够将风险管理工作整合到各种业务中，而并不是单独分立的。因此，风险管理整合要依赖于对组织架构的理解，要根据不同组织适时调整与改变风险管理，最大限度地满足组织的需求、适应组织的文化。

（2）设计。组织的管理者在进行风险管理的设计时要考虑五大层面。首先，管理者要深入地了解组织内外部环境；其次，管理者需要进行风险管理的责任划分；再次，管理者要明确划分管理方的各级角色、职位与职责；从次，管理者要分配各级资源，包含信息资源、资金资源等；最后，管理者要建立沟通咨询平台，及时发现问题，及时解决。

（3）实施。首先，各个组织的管理者要制定适时的实施时间与计划安排，将计划安排透明化；其次，对于不同组织中差异化的经营活动，风险管理有着不同的实施方式，管理者还需要识别组织中各种经营决策的类别、特征以及做出决策的普遍时间、地点和责任人主体；再次，在决策流程的制定过程中要事先考虑好调整环节，便于在运营过程中及时调整与完善决策流程；最后，风险管理工作的相关利益持有人要知晓组织的风险管理细则，积极地配合组织进行风险管理作业。

（4）评价。风险管理运行的过程中，组织要定期地测试风险管理的各项指标是否达到预期，以此判断该风险管理框架是否贴合该组织的业务目标，便于及时调整与完善。

（5）改进。任何风险管理框架都不是一成不变的，组织需要结合自身内外部环境的变化，及时调整风险管理框架，力求发挥出最大的风险管理效果。

（三）风险管理流程

（1）沟通与咨询。管理者要及时地向利益相关者告知风险的程度以及风险管理决策的依据，加强沟通与咨询，了解利益相关者的思想动态，确保风险管理能够稳步推行。

（2）对范围、背景和标准的定义。制定"范围、背景和标准"是为了定制标准化的风险管理流程，对风险评估的准确性与合理性有着重要的意义，并且定义过程中要充分地结合组织的内部环境因素和外部环境因素。

（3）风险评估流程。风险评估是风险管理的基础，风险评估流程包含风险识别、风险分析、风险评价三大流程，是组织确定信息安全要求的主要途径。

（4）风险应对。风险应对是一个连贯的风险管理过程，首先要制定和选择风险应对的配套措施；其次要设计风险应对方案；最后要对风险应对方案进行评估，分析并判断残留风险是否能够接受。

（5）监控与评价。监控与评价是对风险评估流程的有效性进行监控和评价，并保障流程的正常推行。

（6）风险记录与报告。组织在进行风险管理的过程中要对风险管理涉及的各项数据信息记录和报告。

二、ISO 31000 的核心理念

（1）价值创造与保护。价值是风险管理原则的核心内容，也是《ISO 31000 风险管理指南》的核心理念之一。价值的创造本身就是组织中实现业务目标的必要途径，没有了价值创造，组织的存在也失去了意义。但是，价值的实现依赖于创造过程中的保护机制，否则，再大的价值也会因被窃取、滥用而失去其自身的价值。因此，不管是 ISO 发布的风险管理指南还是 COSO 组织发布的风险管理框架都将"价值创造与保护"作为先行要义。

（2）领导力与承诺。管理者作为企业中的上层工作者，掌握着业务活动的领导权，手中的权力越大，握有的领导力越大，担负的责任越大。因此，一位领导级别的风险管理人员需要拥有专业的风险管理知识，更需要拥有丰富的风险管理从业经验。唯有如此，他释放的领导力才能够更加科学有效，他做出的承诺才更加真实，他主导的风险管理作业才能更大限度地为企业发挥效益。

（3）决策。风险管理的新标准在不同的章节多次提到"决策"一词。任何业务活动的实施执行都依赖于最后的"决策"，因此，不同的"决策"往往会促使同一业务活动朝着不同的结果迈进。同样，COSO 最新推出的风险管理框架中也强调将"决策"环节作为风险管理活动中重要的程序，"决策"的重要性由此可见一斑。

（4）整合。前文说到在风险管理指南的制定过程中包含了大量的信息整合，企业的风险管理工作也需要整合到其他业务中，而不应该单独地作为一项附属性工作。如同 ISO 31000 中的描述"风险管理工作应该与组织的所有管理活动整合，成为任何管理经营活动的一部分，包括但不限于：战略和规划、公司治理、人力资源、合规、质量、健康与安全、业务连续性、危机管理与安全管理、组织抗风险能力，IT 等等"。

第四节 COSO 新框架与 ISO 31000 的区别与联系

2017 年由 COSO 发布的新框架与 2018 年 ISO 发布的《ISO 31000 风险管理指南》无论在论述的主体、实施细则上还是最终要实现的目标上均存在很大的差异，因此二者既不存在替代关系，也不存在包容关系，而是面对不同的主体解决各自不同的问题。

首先，COSO 新框架主要应用于企业的董事会成员、管理层人员及普通员工，而 ISO 31000 所面对的客体范围很广，涵盖风险管理相关业务活动的所有人员和非风险管理工作的其他管理人员；其次，COSO 新框架讨论的主体是"风险管理"，而且具体是指"事件将要发生并影响战略和业务目标实现的可能性"的风险，而 ISO 31000 的风险主体主要是指"不确定性对客体的影响"；最后，COSO 新框架的目标是将风险管理上升到企业价值和文化，或者说企业不能将风险管理工作孤立，而要将其融入其他业务中，将风险管理工作视为企业业务活动常态化必要的一环，ISO 31000 更侧重于提供一套通用的风险管理流程，指引企业进行实际的风险管理作业。

▶本章小结

经过本章对 COSO 新框架和 ISO 风险管理指南的介绍，相信读者能够很好地了解目前国际上在风险管理领域最具权威的实施指南。它们一个侧重于风险管理理念，另一个侧重于风险管理方法，二者有机结合能够帮助企业更好地进行风险管理工作。但是，任何指南并不是固定不变的，更不是绝对的标杆，ISO 与 COSO 对风险的认识还在不断发展中，期待未来在风险管理领域能有崭新的突破。

▶复习与思考

1. 结合前沿知识列举企业有可能面临的风险，应如何识别？
2. 企业应如何建立全面的风险管理体系？
3. 谈谈你对风险管理框架和风险管理指南的认识。

第十四章

数字化时代下的公司治理之道

> **引 例**
>
> ### 阿联酋力促数字经济发展
>
> 2022年初，阿联酋内阁批准一项包含30多项举措和计划的数字经济战略，并成立数字经济委员会，负责协调和帮助相关部门落实战略，以促进数字经济发展。阿联酋人工智能国务部长乌莱马称："我们的目标是在未来10年内，将数字经济对国内生产总值的贡献率提高到20%。"
>
> 近年来，阿联酋政府努力推动经济多元化，大力发展数字经济。政府支持智能基础设施建设，鼓励对数字化转型的投资，重点发展5G、人工智能、生物技术、绿色经济等前沿科技领域，以推动经济复苏和转型升级，减少对石油收入的依赖。
>
> 阿联酋还积极推动金融科技发展和银行业的数字化转型。2022年2月，阿联酋中央银行批准成立了新数字银行，总投资达23亿迪拉姆（1美元约合3.67迪拉姆）。阿联酋其他银行近年来也陆续推出针对年轻消费者的数字金融产品。阿联酋央行还在筹备发行数字货币。
>
> 电子商务也是阿联酋数字经济发展的重要领域之一。2022年1月，中东地区首个电子商务自由区——迪拜商业城宣布推出企业激励计划，为新老电子商务公司提供支持。根据迪拜电子商务区EZDubai近期发布的报告，2021年阿联酋的电子商务市场总额超过50亿美元，预计到2025年将超过80亿美元。EZDubai物流总监艾哈迈德说："政策支持是电子商务快速发展的主要因素。"
>
> 资料来源：沈小晓. 阿联酋力促数字经济发展[N]. 人民日报，2022-04-19（17）.

2022年，阿联酋开始全面推进数字经济建设，反观国内，数字经济的建设早已根植多年。近年来，企业的竞争再也不是以往的"大鱼吃小鱼"，而是"快鱼吃慢鱼"，企业要通过学习引入先进的数字化技术帮助企业在短时间内升级转型才能在行业中存活下来。现代企业迫切需要引进先进的技术工具优化公司治理，完成数字化转型之路。

第一节　企业数字化转型的概念

谈到"数字化"一词，相信读者并不陌生，不同行业的从业人员对"数字化与公司治理"持有不同的看法，甚至同一行业的不同人员也会持有不同观点。因此，针对"何为数字化转型？"这一问题，我们将为大家介绍一些行业管理者的观点，帮助大家理解数字化转型的概念。

一、科技业的观点

（一）阿里巴巴的观点

阿里巴巴副总裁、阿里 CIO 学院院长胡臣杰在 2019 年的"中国数字企业峰会"上发表演讲，演讲的主题为《从信息化到数字化》，围绕数字化转型为核心观点提出："今天我们正在经历一个非常伟大的阶段，就是物理世界数字化，同时又从数字世界反馈回到物理世界当中。"

阿里巴巴认为数字化转型在企业中意味着"一切业务数据化，一切数据业务化"，换句话说就是企业应该将业务和数据两大方面不断转化升级，最终相互融合，为企业创造效益。因此，阿里巴巴提出了数字化转型的三大关键点，分别为"IT 架构统一、业务互联网化、数据在线智能化"。

（二）戴尔的观点

2017 年，戴尔集团以"传统产业数字化转型的模式和路径"为研究主题，与国务院发展研究中心、管理世界杂志社合作展开研究。该课题的最终结论认为"数字化是指利用新一代信息技术，构建数据的采集、传输、存储、处理和反馈的闭环，打通不同层级与不同行业间的数据壁垒，提高行业整体的运行效率，构建全新的数字经济体系"。并且在课题研究的过程中，课题组成员通过理论与实践将数字化转型分为四大阶段，包括数字化转型试点阶段、中小企业数字化转型、企业内到行业的集成、构建完整的生态系统。这四大阶段也是中国企业逐步构建数字化企业转型的四个重要历程，目标是在 2035 年建成一套完整的生态系统。

（三）微软的观点

微软公司对数字化转型的实践可以追溯到 2017 年。当年，微软的 CIO（首席信息官）和业务战略运营总裁 DelBene 先生率先在 IT 部门领域提出 IT 部门要与业务部门的具体业务整合，这也开启了微软公司数字化转型实践的第一步。微软实行数字化转型的根本原因是它认为数字化转型是一条未来必经的道路，并且经历过数字化转型后，每家公司都将成为业务公司。它还认为数字化转型的关键难点在于"如何形成全公司的产品化思维"，换句话说，这一难点在于每个企业的内部运营团队需要具备软件开发的能力，只有具备软件开发的能力，企业才能实现运用产品化思维改造内部运营流程。

紧接着，微软进一步制定了内部运营团队的转型战略，致力于将内部运营团队转型为高效率的产品和战略组织。因此，微软的数字化转型道路可以概括为四大层级，包括客户交互、赋能员工、优化业务流程、产品与服务。

二、服务业的观点

（一）埃森哲的观点

埃森哲研究团队认为数字化转型最显著的特征是"通过数字化应用提升运营效率"，换句话说，数字化转型的目标就是通过建立企业各种数字化应用间接提升企业运营效率。2019年发布的《2019埃森哲中国企业数字转型研究》对数字化转型的企业进行了细致的统计对比分析。研究提到，"转型领军者的数量大约占行业的9%，比2018年增加2个百分点"。并且埃森哲提出"数字化转型"本身具有不确定性，转型没有固定的形态和一成不变的路径，转型所要达到的目标也随企业实际情况的不同而千差万别。这一观点也间接地反映了数字化转型并没有统一的标准，各企业主体要根据自身企业所处的环境一步步走完自己的数字化转型道路。

通过研究行业领军者的数字化转型道路的实践，埃森哲认为企业数字化转型的三大重点领域应该放在商业创新、主营业务增长和智能化运营中，转型道路上的焦点应该投入在"颠覆产业价值链的可能性"和"提升市场份额"之中，同时加强数字化转型的监督评估，缩短评估周期。

因此，从埃森哲数字化转型的实践当中我们可以看出，数字化转型并不是企业发展的最终目的，最终目的是通过数字化转型能够帮助企业更好地在未来解决问题，为企业创造价值。各企业的数字化转型道路也存在大的差异，企业首先要辨别自身的发展"瓶颈"，有针对性地对关键问题逐一改造完善。

（二）麦肯锡的观点

麦肯锡全球研究学院曾经在中国针对22个行业的数字化水平进行了主题研究，并提出衡量企业数字化水平的三大方面，包括资产数字化、运营数字化、劳动力数字化。因此，企业要加快数字化转型、提升数字化水平，应该从资产、运营、劳动力三个方面入手。

麦肯锡的研究还对数字化转型的未来发展做出了预测，研究报告中提出"预计到2030年，三种数字化推动力（去中介化、分散化和非物质化）或可提升10%～45%的行业收入，其中去中介化和分散化的影响最为显著"。

（三）IDC的观点

国际数据公司（IDC）是全球著名的信息技术、电信行业和消费科技市场咨询以及顾问和活动服务专业提供商。IDC中国副总裁兼首席分析师武连峰先生在2018年1月20日召开的企业数字化转型与创新案例大会上针对数字化转型内容给出了具体分类，包括领导力转型、运营模式转型、工作资源转型、全方位体验转型、信息与数据转型五个方面。结合上述麦肯锡的观点可以看出，IDC 在数字化转型的具体内容上更加准确和全面。企业对数字化转型会越来越重视，把数字化转型、数字化、信息化、基于信息化的数字产品作为未来大的发展战略。

（四）IBM 的观点

IBM 全球企业咨询服务部是全球最大的管理咨询组织。IBM 将数字化转型的重点分类为数字和物理要素，通过整合数字和物理要素，对企业进行整体战略规划，实现业务模式转型，并为整个行业确定新的方向。通过分析研究和不断地摸索实践，IBM 认为"数字化转型有三大战略方向，包括注重客户价值主张，注重运营模式转型，以及从更整体和整合的角度，将前两种途径结合起来，同时转型客户价值主张和组织交付运作方式"。

三、银行业的观点

（一）花旗银行的观点

花旗银行的数字化实践是基于自身所处的商业环境一步步向前推进的。2012 年花旗银行提出了"移动优先"战略，这是数字化战略的第一次尝试。2017 年花旗银行进一步提出"打造数字银行"的新战略，正式将数字化战略提上了发展日程。新战略将改革重点瞄准了客户核心需求、强化自身数字化能力、积极拥抱外部伙伴。随着数字化转型的不断推进，花旗银行在不同阶段都取得了丰硕的成果。

（二）摩根大通的观点

摩根大通的数字化转型道路与花旗银行如出一辙，也是在 2012 年提出"移动银行"战略，并在后续战略实施阶段开始逐步构建数字银行。摩根大通以" Mobile First，Digital Everything（移动第一，一切数字化）"的战略主题不断进行数字化战略实践。通过不断地实践探究，摩根大通数字化转型实现了打造领先的数字化体验、全方位布局生态圈、创新数字产品、打造技术型组织和能力等诸多成果。数字化转型成果的背后离不开专业的研发人员和充足的资金供给，摩根大通每年投入近 100 亿美元用于支持数字化转型，全行有 25% 的员工是技术或数据背景，这为数字化道路的成功奠定了基础。

（三）汇丰银行的观点

汇丰银行的数字化转型历程要从 2014 年开始说起。2014 年，汇丰银行首先从致力于推动客户旅程数字化这一方面开始了数字化道路。紧接着，2015 年汇丰银行已经对数字化有了初步的研究，于是将数字化转型目标确定为"从根本上将业务模式和企业组织数字化"，将转型重点放在业务模式和企业组织两大层面。基于上述两大层面，企业又详细地制定了五大方面的措施助力实施数字化战略，包括客户旅程数字化、数字化产品创新、运用大数据技术创造价值、优化 IT 架构和数据治理、加大投资力度。

（四）中国建设银行的观点

2019 年 5 月 9 日，在深圳召开的"金融数据治理与应用研讨会"上，中国建设银行信息总监金磐石先生解读了中国建设银行的数字化转型战略，其核心是"在金融科技战略指导下，以技术和数据为驱动，以知识共享为基础，以平台生态为逻辑，构建数字化银行生态体系，为客户和各类合作伙伴提供更便捷、更高效的金融服务，将建设银行建设为具有管理智能化、产品定制化、经营协同化、渠道无界化四大特征的现代商业银行"。

（五）中国银行的观点

中国银行的数字化道路起步较早，数字化战略规划清晰。2018 年 8 月 9 日，中国银行依据战略规划制定了"坚持科技引领、创新驱动、转型求实、变革图强，建设新时代全球一流银行"的数字化战略目标。在同期的战略布局中，中国银行将数字化的发展重点放在科技领域，通过引进国内外先进科学技术加强数字化转型。

中国银行的数字化战略规划围绕五大层面有序推进，可以概括为"1234-28 战略"。其内涵为"以数字化建设为核心、搭建两大架构（企业级业务架构与技术架构）、打造三大平台（云计算平台、大数据平台、人工智能平台）、聚焦四大领域（业务创新发展、业务科技融合、技术能力建设、科技体制机制转型）、重点推进 28 项战略工程"。

（六）上海银行的观点

上海银行副行长胡德斌先生在《中国金融电脑》杂志上撰文并对银行的数字化转型这样论述："银行的数字化是以数据为核心，在开放互联、数据智能的框架下，对内实现数据共享、流程重塑、效率提升；对外改变客户体验，提高风控能力，构建服务场景，实现数字化业务营收占比的不断提升。"

第二节　企业数字化转型的重点

谈到数字化转型，必须要介绍一篇数字化研究文章——《数字化转型的新要素》（以下简称《新要素》）。《新要素》是由迪迪埃·博内（Didier Bonnet）和乔治·韦斯特曼（George Westerman）于 2021 年 3 月在《麻省理工斯隆管理评论》上发表的新研究，他们对于数字化转型的研究可以追溯到 2014 年。二人凭借着敏锐的商业洞察力将企业的未来转型重点瞄准了"数字化"，并通过多年实践分析，于 2014 年制订了《数字化转型九要素》。因此，《新要素》实质上是近年通过在企业数字化发展道路上的不断深入研究在《数字化转型九要素》的基础之上不断完善的研究成果。

《新要素》对于了解企业数字化转型具有重要的意义，它像是数字化转型道路上的战略规划图，清晰明确地向企业管理者指明了数字化转型的方向。接下来我们将结合《新要素》的核心观点为读者阐述数字化转型的关键要素。

《新要素》论述了五大要素,包含商业模式转型、客户体验提升、员工体验提升、运营效率提升、数字化平台使用。然而这五大要素并不是互相独立的并列关系,各要素之间存在内在支撑作用,因此我们可以将这些要素分为三个类别。其中,商业模式转型属于经典的商业模式;客户体验提升、员工体验提升、运营效率提升均属于企业运营环节的发展因素,我们将其归类为运营模型;最后的数字化平台使用要素归属为数字化平台。

一、商业模式

一家新企业的创立首先要立足于基本的商业模式,商业模式是一个广义概念,几乎包含企业的各个组成部分。商业模式是企业的骨骼,它决定着企业的产品生产方向、基本经营理念,对于企业扎稳根基尤为重要。因此,如何在企业创立之初就将数字化转型理念浸入商业模式,使企业生产出与众不同的产品,带给顾客与众不同的服务便是企业管理者构建数字化模式的第一步。在这里,《新要素》在商业模式转型要素中列举了三类基本的新产品或服务:数字化增强、基于信息的服务扩展、多边平台。

1. 数字化增强

数字化增强可以运用到产品的方方面面。企业不能仅限于传统的产品销售,应该拓展多样化的产品服务。销售服务就是一个很好的方向。企业可以从原有的产品销售拓展到服务销售来提高数字化水平。这一点华为就做出了很好的实践,华为在创立之初面向企业客户销售的主要是包括服务器、网络等在内的硬件产品,但是随着企业的数字化转型、先进技术的提升,现在转为向客户提供云服务。现今看来,在实体产品销售的基础上增加服务销售无疑印证了商业模式转型的成功。

2. 基于信息的服务扩展

服务扩展的重点应放在企业研发上。企业应该不断增加产品的研发投入,为旧有产品增添数字化功能,让产品在使用过程中更加智能,给顾客带来更好的用户体验。这一点现实生活中有很多实例,比如越来越多的家用电器将旧有的机械按钮升级为显示屏触控面板,更有甚者增加语音控制功能,这种产品的优化在美观的基础上让产品更加智能化。

3. 多边平台

多边平台的重点是"联结",它强调任何企业都不是一个孤立的存在,任何企业的商业模式也不是唯一的,企业应该借助新型商业环境的需求,同时联合多方平台丰富自己的产品、服务等。换句话说,企业不能仅仅局限于"1"的束缚,而应该意识到"1+1>2"的企业经营理念。这类数字化转型并不要求企业必须独自创造,实现从无到有,而是要求企业能够利用合作共赢的方式实现"1+1>2"。现今最大的电子商务运营平台——淘宝不正是这种转型的典型成功案例吗?淘宝的运营模式如果仅靠淘宝一家官方管理绝不能够顺利运转。淘宝的多边平台涵盖很广,如多方物流平台、多方产品保险平台、多方卖家(个人或企业)等。美团平台亦是如此,原本以外卖业务起家的网上订餐平台如今演变成集购物、出行、消费于一体的全面型网络消费服务平台。

然而，多边平台的联结并不是一件简单容易的小事，它需要企业管理者拥有敏锐的社会洞察力，洞悉商业环境变化对消费需求产生的具体变化。因此，《新要素》的作者提出"基于信息的服务扩展需要高级分析功能、端到端服务设计，以及与客户设备和业务流程的紧密集成"。

二、运营模型

颠覆性的商业模式能够让企业在初创阶段就拔得头筹，后续的发展经营也水到渠成。然而，正如上文提及，这种颠覆性的商业模式并不能够简单地找到，对于正常运转的企业，即使找到了也不容易立即替换原有的商业模式，管理者承受不了巨大的风险。

那么，对于大多数企业来说就没有更好的办法了吗？当然不是，在企业内部运营中注入数字化血液未尝不是一个很好的办法。《新要素》的内部运营模型包含了三大要素，分别为客户体验提升、员工体验提升、运营效率提升，除了三大要素外，还要注意风险控制。

1. 客户体验提升

客户体验提升其实是将销售重点转向了消费者。我国的一些大中型企业，尤其是汽车企业和白酒企业，它们的销售方式有一个共同特点就是将"渠道销售"作为销售重点。换句话说，企业管理者真正关心的并不是销售给哪些消费人群，利润也并不是从消费者手中赚取，他们更关注的是通过哪些销售渠道售卖给第三方批发商并从中分得利润，至于批发商如何售卖给终端消费者、消费者的体验如何，源头企业的管理者并不将其放在首要关心的位置。

但是随着数字化的到来，企业应该改变旧的销售模式，完善客户体验，将客户体验放在第一位。企业通过改善产品的销售方式、产品性能等方面能够极大地促进客户体验。首先，企业可以设计并制定智能化的产品体验。家装行业的装修设计就是很好的证明。家装行业在没有智能化的年代仅仅通过图纸来为顾客展现装修效果，然而通过智能化的引进，现在的家装行业可以通过网上绘图、VR（虚拟现实）实景体验等多种体验设计带给消费者最直观的产品体验。这种做法不仅能够给消费者带来最合适的产品服务，更能够通过减少企业的售后流程来降低企业的外部损失成本，为企业增效。其次，产品智能化更是优化客户体验不可或缺的一点。有人说"科技改变了世界"，也有人说"懒惰带来了科技"。虽然这些说法有些以偏概全，但是转念一想，它们并不是完全没有道理。科技领域，尤其是近年来的智能化领域，带给人类的是便利、快捷的生活方式。因此，面对智能化时代的到来，要想抓住消费者的需求点，提升产品智能化程度无疑是一个好方法。现实生活中人们接触到的智能家电、智能家装、无人超市等都是很好的例子。

2. 员工体验提升

运营模型中的另一大关键要素是员工体验。企业员工作为企业发展经营的动力源也应当注入数字化理念。首先，企业员工应该配备数字化装备。数字化装备属于企业的硬件配套设施，网上云管理系统就能很好地体现这一要素。企业通过构建网上云管理系统实现业务云管理，极大地提升业务部门之间的办事效率，也能够提升企业的透明度，方便企业管理。国资委此前发布的加快建设"智慧国资"网上监管平台也是通过数字化的浸入加强企业管理。其次，企业应该加强员工后续学习能力的培养，定期开展员工培训，增强员工业务工作能力。最后，企业应该采用多种雇用方式，灵活雇用企业员工，降低企业成本。

3. 运营效率提升

运营效率的提升直接影响着企业的业务处理效率。运营效率的提升包含核心流程自动化、互联与动态运营、数据驱动决策三个基本方面。首先，企业应当重点完善核心业务流程的业务模式，增添自动化程序，实现核心流程自动化运营。制造业的流水线等以体力劳动为主的业务流程应该逐步实现自动化转型，释放劳动力，降低产品人力成本，实现现代化标准生产。其次，运营效率的提升也不能忽略业务互联。企业应该构建网上运营平台，联合企业各业务部门，避免出现业务障碍，以实现统一化、全方位管理。因此，面对商业环境的不断变化，企业应该加强动态管理，根据实际需求完善数字化管理模式。最后，企业决策应该充分利用大数据资源，模拟业务决策结果，根据数据结果辅助决策，尽可能地提升决策的有效性、准确性。

4. 风险控制

风险控制对于金融等行业的影响可谓是巨大的，企业不能忽视风险控制的存在。以金融机构为例，很多金融机构的风险控制部门不能在业务决策时怀有严谨的态度，或者面对风险不能及时地"踩刹车"，从而使企业陷入风险旋涡之中，再加上没有准确的风险应对措施，一旦陷入便难以抽身。如果企业能够借助数字化技术，精确地识别出风险所在，困境出现的概率或许会大大降低。因此，企业要想提升风险控制的运营效率，就应当借助智能化技术建立智能风控体系，进而实现风险自动预警、自动防御等效果。

经过上面关于运营模型的论述，相信读者对于在数字化技术中引入运营模型的效果有了很好的了解。但是，作为企业的管理者不能忽视的一点是，即使数字化的引入会给企业"降本增效"，企业也不能盲目跟风，一味地追求企业智能化管理。2017年，任正非在"人工智能应用GTS研讨会"上提到"人工智能在投资充分的情况下不要太冲动，要急用先行小步快跑，要聚焦在确定性业务、人工消耗大的项目"。这就告诉我们，要对企业数字化发展保持谨慎的态度，设计制定一套完善的数字化发展战略，做好风险控制，稳步有序地向前推进。

三、数字化平台

数字化平台建设属于企业数字化战略的基础建设。只有具备数字化平台建设的基础条件和能力，才能够搭建坚实的底层基础，更好地支撑商业模式与内部运营。数字化平台的构建包含三个方面，分别是构建核心数字化平台、面向外部的敏捷平台、集中数据平台。

第三节 "阿米巴"经营模式

早年间，以失败告终的众多"阿米巴"经营模式的实践企业让当时的"阿米巴"追求者感受到了沉重的挫败。然而，随着数字化转型实践的不断深入，近年来不少数字化转型研究团队将研究对象重新瞄准了"阿米巴"经营模式。"阿米巴"的追求者重拾信心，幻想着数字化转型之路能够扭转局面，使"阿米巴"经营模式能够广泛应用到中国企业中。

然而现实真的会如"追求者"所想吗?数字化转型真的能够改变"阿米巴"经营模式吗?接下来,我们来详细地为读者介绍一下"阿米巴"经营模式。

一、"阿米巴"概述

"阿米巴"是近年来在商业界褒贬不一的一种企业经营模式,最初是由日本"经营之圣"稻盛和夫提出来的。稻盛和夫是经营界的大神,创办了京瓷和 KDDI 两家公司,并且最后都通过运用"阿米巴"经营模式将企业带入世界 500 强行列。更值得一提的是,2010 年,在日本航空公司濒临倒闭申请破产之际,稻盛和夫大胆地引入"阿米巴"经营模式,随后力挽狂澜,日本航空公司实践了该经营模式 400 多天后实现了"V 形"复活并成为航空业的盈利冠军。

"阿米巴"是一个生物学名词,在生物学领域是指一种单细胞变形虫。这种叫作"阿米巴"的单细胞生物最大的特点是它的生物学属性——最小单位的生命体。稻盛和夫的"阿米巴"经营模式在本质上就是参照了其生物学特点,将一个庞大的公司集合体打散,把公司包含的各个部门拆分成最小的单位,使各个部门单位能够形成一个独立的经营主体,独立进行财务核算。这种经营运作方式就是"阿米巴"经营模式。

二、"阿米巴"经营模式的产生

很多企业在发展到中后期时都会遇到"瓶颈",这段时间也叫作"倦怠期"。由于企业的各项业务活动已经成熟,员工在日复一日的工作中会产生倦怠感,每名员工、每个部门只要能够做好本职工作就万事大吉了,员工不会自主地核算业务的成本利润,更不会积极地对问题业务做出改善。在此期间企业如若不及时调整,随之而来的可能是更大的经营风险。因此,如何让企业员工拥有独立经营的意识便是稻盛和夫创造"阿米巴"经营模式的根本缘由。为此,稻盛和夫创造性地设计出了"阿米巴"经营模式,将企业拆分成独立的部门,使每个部门能够独立经营,独立核算成本利润,让每名员工都负担起相应的经营责任。

三、"阿米巴"独特的京瓷会计学

在"阿米巴"经营模式下,企业的各部门独立运营,企业管理者可以很好地掌握每个部门的业绩成果。但是用何种方法去获得成果呢?相信略微懂点财务相关知识的读者首先会想到"利润 = 收入 – 成本"这个简单的公式。

举个例子,假如某企业在"阿米巴"经营模式下被分成了 A、B、C 等若干独立部门,且产品 P 是经过 A→B→C 这三个连续的独立生产部门产出的产品。那么,按照"利润 = 收入 – 成本"的价值核算方法,B 部门的当期价值应该用当期卖给 C 部门产生的收入,减去当期在 A 部门购买所需产品的生产原材料成本,最后减去当期 B 部门的管理成本,最终算得 B 部门的当期利润,即 B 部门当期经营的业绩成果。

这种价值核算方法固然简便易操作,其核算原理在理论和实践上也都是正确的,但是稻盛和夫并没有简单地采用这种核算方法。经过多年在商业界的摸爬滚打,他设计了一种新型的价值衡量模式——京瓷会计学。

京瓷会计学的设计理念实际上是为了最大限度地保密"员工薪酬"。如果部门运用普通的价值核算方法如"利润=销售收入－原材料成本－管理成本",其部门的员工薪酬将暴露在全体员工面前。企业的员工薪酬会根据各部门价值大小进行参考制定,一旦员工薪酬透明化,薪酬不同的员工之间就会有一方认为不公平,员工或者部门之间极易埋下消极因素,如若放大出来,同样会给企业带来可大可小的影响。于是稻盛和夫提出了一种匪夷所思的"奇葩"价值核算方法——京瓷会计学。

京瓷会计学本质上是通过核算"人效"来间接反映部门价值。它沿袭了普通利润核算理念,将核算出的当期部门利润除以相应部门的总工作时间。简单地举个例子,假如A部门3月的部门利润为60万元,A部门总共20个人,平均每人的月工时为150小时,那么A部门3月的价值为"60万元/(20人×150时)",共计200元/(人·时)。因此,京瓷会计学其实就是计算部门的当期人均利润,通过衡量人均利润的大小来比较部门之间的价值大小,这样便能够很好地绕过"员工薪酬"这一因素。

四、"敬天爱人"的稻盛和夫哲学观

构建了部门独立核算经营和京瓷会计学这两项基本经营框架,"阿米巴"经营模式开始初步应用到企业中。然而任何新型的经营模式的产生都不是完美的,都会在实践中遇到磕绊,"阿米巴"经营模式运作不久就出现了问题。经济人假设认为"每一个从事经济活动的人都是利己的,总是力图以最小的经济代价去获得自己最大的经济利益",企业的每名员工作为正常的人类个体,也都存在基本的利益观。在"阿米巴"经营模式下,各部门会绞尽脑汁地增加自己部门的价值量,这就为企业埋下了风险的种子。从京瓷会计学的公式可以看出,要想增加部门的价值量可以有很多种考量因素,包括增加收入、缩减成本、减少工时。在这三大因素之中,贪婪的员工会将方法瞄准"工时"这一因素,因为这项因素最容易改变。企业的很多员工为了缩减工时,纷纷采取了"外包"生产模式。具体来说,当部门接到产品生产任务时,为了缩短本部门的总体生产工时,员工们将大量生产工作外包给企业外部生产主体。通过"外包",部门员工成功地缩减了工时,提高了部门价值。而在稻盛和夫看来,这种让公司付出更多的成本,而让员工的价值越来越大的现象必定会将企业带向深渊。如何改变这种现象呢?造成此种现象的根源在于员工的思想价值观存在先天性的利己行为,而这又是每个人正常的行为理念。因此,简单的方法并不能从根源改变员工的思想,于是稻盛和夫将方法定位到哲学领域,他认为必须通过哲学思想向员工传递"敬天爱人"的理念。换句话说,"敬天爱人"传达的理念是"每个员工要'凭良心'做事,你的工作不仅是为了自己,更大程度上是为了集体,为了给整个社会创造价值"。

关于这套"敬天爱人"的经营哲学,稻盛和夫归集于"六项精进、经营十二条"。

六项精进是指:付出不亚于任何人的努力;要谦虚,不要骄傲;要每天反省;活着,就要感谢;积善行,思利他;不要有感性的烦恼。

经营十二条是指:明确事业的目的与意义;设立具体的目标;胸中怀有强烈的愿望;付出不亚于任何人的努力;追求销售最大化、经费最小化;定价即经营;经营取决于坚强的意志;燃起斗志;拿出勇气做事;不断从事创造性的工作;以关怀和诚实之心待人;保持乐观向上的

态度，抱着梦想和希望，以坦诚之心处世。

因此，与其说"阿米巴"是一套具体的经营模式，不如说是一门哲学。在稻盛和夫的观念中，大家都是敬天爱人的，所以大家都是为社会创造价值，在此期间我可以鼓励你、感谢你、表扬你，但是我不会给你"金钱"，因为我们同样都是为了社会。

五、数字化转型的"阿米巴"真的适合中国企业吗

通过上述对"阿米巴"的介绍，相信读者对其经营运作的原理有了一定的了解。那么，近年来为何众多追捧"阿米巴"的企业都不见起色？"阿米巴"的数字化转型会改变这一现状吗？针对这个问题，并没有一个准确的答案，这也是学术界一直争论的焦点。但是，经过众多企业多年的实践，包括从一开始的照搬到近年来注入数字化应用，我们发现"阿米巴"经营模式可能在中国茁壮不起来。

一粒种子实现从萌芽到茁壮成长，再到最后的开花结果是需要先天条件的，比如肥沃的土壤、充盈的水分。"阿米巴"的成功也是一样，管理者要充分认知到"阿米巴"是稻盛和夫在日本的商业环境下创造的一种商业经营模式，敬天爱人的经营哲学也可能只有在日本的土壤中才能更好地开花结果。

日本"肥沃的土壤"就是指日本商业环境特有的两条商业制度，即"终身雇佣制"和"年功序列制"。

终身雇佣制简单来说就是当某家企业招聘员工时并不和应聘者约定详细的雇佣劳动时长，而是一旦雇佣，员工将终身在这家企业劳动，企业并不会解雇员工。这种无条件终身雇佣制度不仅为员工做出了稳定性的保障，也为相应企业的终身劳动力做出了长期保障。其实催生这种雇佣制度的很大一部分原因在于日本一直短缺的劳动力资源，企业不按照此制度很可能面临劳动力供给不足的风险。

年功序列制是基于终身雇佣制，并且围绕员工基本劳动报酬而建立的一种劳动报酬制度。在企业，员工的工资并不按照他所在期间的贡献大小计算发放，而主要根据其工作年限发放。企业会根据工作年限制定出相应的薪酬额度，当员工每多增加一年工作年限，企业会认为员工的综合工作能力就提高了一分，所以相应地也要增长一定量的薪酬，这种薪酬核算方法就是年功序列制。同样，年功序列制也是劳动力短缺的内部原因催生的，企业为了吸引大量的年轻人才不得不制定此种雇佣制度。

通过终身雇佣制和年功序列制的"供养"，人们不用再担心失业问题，也不用担心薪酬分配问题。员工之间彼此合作，竭尽所能地工作，员工与企业之间也彼此忠诚，日本的商业社会变得越来越稳定。但是，事物都有两个方面，如此稳定的商业制度也导致了日本经济近年来不温不火，创新研发能力逐渐减弱，在某种程度上甚至阻碍了经济的长期发展。

了解日本的商业环境后，相信读者对于数字化转型的"阿米巴"究竟适不适合中国企业已经有了答案。无论是稻盛和夫的"阿米巴"还是经过数字化转型后的"阿米巴"，说到底其本质的运作模式并没有改变，改变的只是运作手段。"阿米巴"经营模式的正确与否并不重要，重要的是当中国企业追捧"阿米巴"经营模式时一定要真正地学习"阿米巴"，了解其产生的原因以及发展过程，客观地对其运作模式做出评价，最后依据自身的各种因素选择性地学习借鉴。

▶本章小结

经过本章的介绍，相信读者已经对数字化转型有了初步的了解。数字化转型道路带给企业巨大的挑战，同时也带给企业不同的机遇，它是每家企业的必经之路。企业所能做到的就是通过理论与实践的摸索，一步步探究数字化转型道路的正确路线。

本章通过结合前沿信息，为读者介绍了什么是数字化转型，不同行业对数字化转型有哪些不同的观点，进行了何种不同的实践，并且参考《数字化转型新要素》，分析了数字化转型道路上面临的五大基本点，这对读者以后从事数字化转型相关工作有着积极的意义。本章最后援引"数字化转型下的'阿米巴'"这个话题对"阿米巴"经营模式展开了详细的论述，重点帮助读者了解"阿米巴"的运作模式并告诫读者要学会保持理性的态度面对任何经营模式，不盲目跟风。

▶复习与思考

1. 简要论述"数字化转型"的五大要素，并阐述各要素的联系。
2. 谈一谈你对"数字化转型"的理解。
3. 结合专题，谈一谈企业数字化转型道路上的步骤。
4. 所有企业都应该视"数字化转型战略"为第一要务吗？为什么？
5. 你认为"阿米巴"经营模式适合中国企业吗？试说出理由。

第四篇

案例研究

案例一　獐子岛财务造假案
案例二　中国联通的混合所有制改革
案例三　康美药业财务造假案
案例四　万科的预算管理
案例五　瑞幸咖啡财务造假案
案例六　行政事业单位内控建设案例

案例一

獐子岛财务造假案

农业是财务舞弊的重灾区，近年来，獐子岛集团的"扇贝跑路"事件引起社会广泛关注。自证券市场建立以来，受到高额利益的诱惑，一些企业抱着侥幸心理牟取不正当利益，这些企业不仅违反了法律和商业道德，损害了投资者的利益，还给整个证券市场造成了严重的负面影响。本案例分析了獐子岛内部控制失效的原因，指出了獐子岛在内部控制方面存在的缺陷，引发大家对农产业内控问题的思考。

一、獐子岛事件发展脉络

獐子岛集团股份有限公司（以下简称"獐子岛"）成立于1992年，注册资本为71 111万元人民币，法定代表人是吴厚刚，公司经营范围主要包括水产品养殖、捕捞、销售等方面。

监管核实獐子岛2016年和2017年的财务报告业绩，以及2018年《秋测结果公告》《年终盘点报告》等存在造假行为。而獐子岛的相关闹剧早在2014年就已经爆发，其中著名的就是"扇贝跑路"事件。

据了解，2014年，獐子岛扇贝"突然跑了"，震惊市场。獐子岛公告称，因水温波动幅度高于历年平均水平，北黄海冷水团强度减弱等原因，公司100多万亩底播虾夷扇贝绝收，合计影响净利润7.63亿元，全部计入2014年第三季度，从而使獐子岛在2014年巨亏11.89亿元。

2018年2月，獐子岛扇贝再出事故，从跑路"升级"为死亡。獐子岛公告称，经海洋牧场研究中心分析判断，降水减少导致扇贝的饵料生物数量下降，养殖规模的大幅扩张更加剧了饵料短缺，再加上海水温度的异常，造成高温期后的扇贝越来越瘦，品质越来越差，长时间处于饥饿状态的扇贝没有得到恢复，最后诱发死亡。受"扇贝饿死事件"的影响，2017年，獐子岛亏损6.76亿元。

2019年4月，獐子岛宣布"底播虾夷扇贝受灾"，2019年第一季度财报亏损4 314万元，被戏称"扇贝又跑了"。

2019年11月，獐子岛又上演"扇贝集体死亡"的闹剧。獐子岛公告称，"底播扇贝在近期出现大比例死亡，其中部分海域死亡贝壳比例约占80%以上，死亡时间距抽测采捕时间较近"，也就是说，正是在临近抽测采捕之时，扇贝们突然集体死亡。

然而，2020年5月，"扇贝跑路连续剧"还有第五集。2020年5月，在獐子岛的2019业绩网上说明会上，面对投资者关于扇贝事件的提问，公司董事长吴厚刚声称："专家调研组认为近期獐子岛底播虾夷扇贝大量损失，是海水温度变化、海域贝类养殖规模及密度过大、饵料生物缺乏、扇贝苗种退化、海底生态环境破坏、病害滋生等多方面因素综合作用的结果。"

历时6年，獐子岛扇贝5次出事故，引来大量质疑，甚至有投资者表示"骗我可以，请注意次数"。

二、獐子岛财务造假的动因和方式

(一) 獐子岛财务造假的动因

1. 内部财务压力巨大

2014年扇贝事件发生后，獐子岛财务上计提巨额资产减值，2014年造成巨额损失，2015年持续亏损。对獐子岛而言，如果公司在2016年扭亏为盈，可以暂时避免退市的风险，如果继续赔钱，那么将被迫退出名单。因此，2016年的经营状况对獐子岛而言非常重要。退市的风险给獐子岛的管理带来了巨大压力，因此，为了提高公司业绩，公司2016年虚假增加利润1.31亿元，降低经营成本，虚假减少营业外支出，造成扭亏为盈的假象。2013年至2019年，獐子岛的资产负债率持续上升。2014年和2015年，公司资产负债率超过75%，面临较高的财务风险。同时，公司连续两年亏损，不仅导致公司经营活动现金流不足，还导致商业信用下降，融资能力减弱，财务风险加剧，公司扭亏为盈的动机十分强烈。

2. 股权结构不合理

公司管理的缺陷是公司问题的根源，也为财务欺诈提供了机会。2006年，獐子岛正式登陆中小版A股后，三大股东均成为持有相对稳定股份的当地集体公司。截至2015年12月31日，本公司持有净股本总额59.82%。集体企业存在的主要问题是缺乏规范的股权分置改革，产权不明晰，所有者缺乏负责任的所有权意识。根据大连市中级人民法院（2017）辽02刑初140号《刑事判决书》，2014年1月至9月，獐子岛发生重大损失。在公开披露亏损信息之前，第一大股东利用内幕信息秘密减持股份，以避免高达1 131万元的亏损。由此可见，獐子岛的主要股东只关心眼前利益，而不注重业务决策和监督。该公司董事长兼总经理吴厚刚虽然持有5.49%的股份，但仍占据第四大股东的位置。公司大股东缺位，股权结构不合理，导致獐子岛运营商话语权过大，缺乏监督制约，为公司财务舞弊提供了机会。

3. 内部控制存在重大缺陷

大连市证券监督管理局2014年开展专项检查，发现獐子岛部分决策程序不规范，内控制度实施过程不规范。在发出的警告信中，中国证监会明确强调，獐子岛深海底播缺乏足够的证据，在披露背景信息和风险方面存在问题。此外，獐子岛海底存货的现场核查仅限于上半年的春季调查和下半年的秋季调查。大华会计师事务所发布的2017年度内部控制审计报告也指出，獐子岛库存风险监测预警机制存在缺陷，无法预测海底存货可能出现的异常情况。

4. 存货的特殊性

农业企业的生产经营容易受到自然因素的影响，存在较大的商业风险。一旦发生自然灾害，存货可能遭受巨大损失，并对公司的正常经营活动构成严重威胁，因此，自然灾害和事故往往成为农业企业进行财务欺诈的工具。獐子岛的主要鱼类是虾和扇贝，它们的活动种类繁多，很难观察到，受传统审计技术和方法的限制，注册会计师在盘点过程中很难发现存货的实际金额，这为獐子岛的财务欺诈提供了空间。

5. 利益的诱惑

獐子岛管理层名义上以公司股东利益最大化为经营目标，追求公司的可持续发展，但实际上却成为管理层进行财务欺诈的借口。獐子岛是当地的集体企业，许多当地居民是该公司的股东，名义上为居民谋福利，保障就业，促进当地经济发展，事实上管理层通过财务欺诈掩盖了公司管理不善的真相，损害了投资者、债权人、客户和员工的利益。

（二）獐子岛财务造假的方式

1. 操纵成本结转，调节利润

獐子岛在2016年年报中虚假增加利润约1.31亿元，约占当期利润总额的158.15%，原因是公司没有客观、真实地对披露区域实施全部捕捞，导致虚假降低营业成本6 002.99万元；库存区未打捞，但进行了底播，虚假减少营业外支出7 111.78万元，实现虚假增加利润1.31亿元。然而，经过追溯调整后，2016年的业绩从盈利转为亏损，净亏损约为5 500万元。

2017年，为了减轻第二年利润的压力，抵消上一年虚增的利润，獐子岛采用同样的欺诈手段进行了相反的操作。披露上的捕捞面积额外增加了5.79万亩，而且随意结转。上一年的一些实际捕捞区域调整至2017年，并结转了相关成本。这种随意调整导致公司2017年经营成本虚假增加6 159万元，占全年利润总额的38.57%，虚假减少约2.79亿元。

2. 发布虚假的存货盘点结果

经调查，獐子岛发布了虚假的存货盘点结果，而公布秋季调查结果的内容并不真实。在2017年秋季存货抽样结果中，存货没有显示存在减值风险，然而，在当年的年报中，该公司的库存异常。在年终盘点之后，当年的利润可能会亏损5.3亿～7.2亿元。

2018年的盘点总计划是现场检查120个点位，然而，中国证监会获取的獐子岛现场控制船舶的导航定位数据显示，实际情况与之不符。根据定位数据，在采样船的监测期间，实际采样点很少，未完成的任务数量达到总计划的55%，至少38%的实际采样点是在前一年捕获的。

三、獐子岛内部控制缺陷

(一) 獐子岛的内部控制环境

根据獐子岛 2013 年的内部控制评估报告，獐子岛内控制度设计合理，符合《企业内部控制基本规范》的要求，但各部门在有效实施中存在诸多问题。据公司前高管介绍，獐子岛内部治理非常混乱，经常发生业务违规经营；企业文化建设不到位，没有培养员工正确的价值观和社会责任感，部分资源被盗；对公司员工的评估并不严格，许多员工受雇于外部，没有良好的扇贝养殖技能。由此可见，獐子岛内控制度的实施效率并不高。

(二) 獐子岛的风险评估

自 2006 年獐子岛在深圳证券交易所上市以来，该岛迅速扩展海洋播种区的面积和深度，海洋养殖面积 2006 年约为 65 万亩，2014 年扩大到 360 万亩左右，并且底播种植面积从 2007 年的约 30 万亩扩大到 2011 年的 130 万亩。由于缺乏对相关水产养殖区域水产养殖风险的有效评估，致使大量库存死亡，财务上计提了大额的存货跌价准备。盲目扩张投资活动意味着公司的现金流基本上依赖贷款等融资活动来维持，导致公司财务不稳定，财务压力巨大。由于扇贝养殖具有短期融资和高风险的特点，所以不适合长期融资。然而，獐子岛的融资活动过于依赖短期债务，这给公司的运营带来了高昂的财务成本和巨大的财务风险。

(三) 獐子岛的控制活动

獐子岛公司治理混乱，大量业务违规经营，业务员与个体种苗供货户串通导致贝类种苗不足，并且缺乏对可扩展有机产品投资质量和数量的监控。此外，虽然公司开发了"月度调查"和"24h 连续监控"的双重监控体系，并且理论上讲，这种风险监控体系对于传统水产养殖企业来说已经比较完善，但在冷水群体事故测试下的内控体系却显得脆弱，这表明该公司存在严重的内部控制问题。

(四) 獐子岛的信息与沟通

2014 年 10 月"冷水团"事件发生后，獐子岛没有及时向投资者通报黄海"冷水团"的具体情况。面对公众和专家对"冷水团"及其库存欺诈的质疑，公司没有做出详细回应，给投资者造成了恐慌和巨大损失。在"冷水团"事件中，獐子岛暴露出信息和沟通的不足，表明獐子岛存在严重的信息和沟通缺陷。

(五) 獐子岛的内部监督

由于海洋底播种植的特殊性，很难控制其库存的数量和质量，这是审计中的一个重要问题。尽管审计人员对库存进行了现场检查，并进行了样本预测，但仍不能真正了解库存的具体情况，因此，应该起草一份有保留意见的审计报告。然而，会计师事务所对獐子岛 2013 年度报告和 2014 年半年度报告发表了无保留意见审计报告，并且獐子岛在 2012 年和 2013 年的公司内部控制评估报告中没有解释公司内部控制的缺陷，使程序流于形式，难以发挥内部监督作用。

四、完善獐子岛内部控制的建议

(一)改善内部控制环境

控制环境不仅是内部控制体系的基础,也是内部控制有效实施的保障,对内部控制的实施以及总体业务和战略目标的实现有着直接而重大的影响。针对獐子岛在控制环境方面存在的缺陷,首先,提高管理层对内部控制重要性的认识,率先带头执行内部控制制度各项措施,使内部控制制度能够有效运行;其次,只有加强企业文化建设,提高员工素质,才能团结一致,促进企业发展;最后,建立内部信息系统,完善公司治理结构,实现内部控制制度与公司治理结构的有机结合。

(二)健全风险评估机制

风险评估是指对公司当前的潜在风险进行分析和识别。它是实施内部控制的前提。獐子岛应有效评估海洋水产养殖业面临的生产经营风险,完善公司内部控制风险评估机制,更好地应对不确定性风险,建立健全预警和应急机制,最大限度地减少业务损失。对于融资问题,獐子岛应完善融资结构,合理降低短期借款比例,降低融资成本和金融风险。

(三)加强企业控制活动

控制活动旨在确保管理层的指令能够有效地执行,不仅是内部控制的重要手段,也是内部控制的核心。针对内部治理混乱、违规经营等问题,獐子岛应规范业务流程,加强业务管控活动,如此既能提高公司员工的工作效率,又能减少违法和个人违规行为。企业还应建立职权分离制度,减少工作中的失误和以权谋私行为。针对獐子岛监测预警措施和"月度调查"无效的问题,公司应加大制度的实施力度,充分发挥其应有的效率,从而加强企业的管控活动。

(四)构建及时有效的信息与沟通机制

信息沟通是指及时、准确、完整地收集与公司经营管理有关的信息,这是实施内部控制制度的重要条件。獐子岛需要在信息系统和信息传输方面进行改进。第一,制定内部信息系统,确保信息系统安全、稳定、高效地运行。内部信息的流动性直接影响企业经营管理的效率和效果。第二,建立外部信息系统,建立良好的信息披露制度,提高公司信息透明度。獐子岛应尽快将感知到的风险向公司和公众披露,以便投资者及时采取规划对策,减少投资损失。

(五)完善内部监督机制

内部监督的重点是企业内部控制的持续有效运行,能够随着时间的推移弥补和控制漏洞,从而发挥良好的控制作用。由于水产养殖业的专业性和存货的复杂性,很难在年度财务报表审查和公司内部控制审查中实施有效的控制,从而影响内部监督职能的行使。企业要完善内部监督机制,充分发挥獐子岛内部审计人员了解企业基本情况、了解企业内部控制薄弱环节的优势,切实加强内部控制环节的制约作用,防止内部监督流于形式。充分发挥公司内部监督职能,及时发现公司内部重大错误、欺诈和违法行为,及时止损,促进公司发展。

▶案例小结

近年来,我国上市公司频发的财务舞弊事件,给投资者造成巨额损失的同时也扰乱了国内正常的资本市场秩序,对社会经济的发展产生了负面影响。本案例通过介绍农业知名上市公司——獐子岛的财务造假事件,带领大家深入财务舞弊的真实情境中,了解獐子岛事件发生的前因后果,帮助大家建立财务舞弊与企业内部控制制度缺陷之间的内在联系,最后根据獐子岛企业的实际情况提出相关完善建议,希望大家能够从中获得一些有益的启示。

▶复习与思考

1. 面对社会舆论,为何獐子岛不断出现暴雷事件?事件发生的动因有哪些?

2. 查找文献,梳理獐子岛内部各管理机构设置,探究其与财务风险存在的关系。

案例二

中国联通的混合所有制改革

党的十九大报告指出,"深化国有企业改革,发展混合所有制经济,培育具有全球竞争力的世界一流企业",明确了"发展混合所有制经济"是深化国有企业改革的关键途径。同时,党的十八届三中全会还指出,"国有资本、集体资本、非公有资本等交叉持股、相互融合的混合所有制经济,是基本经济制度的重要实现形式",国有企业作为公有制经济的物质载体,国有企业混合所有制改革是混合所有制经济在企业中的微观体现,承载着国家和政府推动我国经济体制改革的重要使命。

就国有企业混合所有制改革而言,其目的是以混合所有制改革为手段,实现企业体制、经营方式、公司决策、员工激励、利益分配等全方位的改革。随着混合所有制改革的持续深入,现已涌现出一大批改革成功的企业,本案例将从混合所有制改革的基本理论出发,结合中国联通企业的改革历程,为大家详细介绍混合所有制改革。

一、混合所有制概述

为促进生产力发展,保障社会经济持续稳步向好,我国创造性地提出了混合所有制改革(简称"混改")思路。与单一的公有制或非公有制经济形式不同,混合所有制是一种介于公有制与私有制之间的所有制模式,是利于参与方融合协同发展、利益共生的创新型经济模式。十八届三中全会科学阐述混合所有制的实质和内涵,认为国有企业与民营企业的融合发展,能实现优势互相补充、劣势互相冲销,有加强推广实施的必要。国家随后也出台了《关于国有企业发展混合所有制经济的意见》,用于指导国企改革实践。

(一)混合所有制的概念

混合所有制既是一种社会经济成分,又是一种企业资本组织形式。它是股份制的一种形式,既包括公有制经济,又包括非公有制经济,是不同所有制经济按照一定原则实行联合生产或经营的经济行为,是适应我国现阶段所有制结构,在改革开放中形成的特殊形态的股份制,是被证明了的行之有效的公有制的实现形式。

十八届三中全会以来,"混合所有制经济"这一概念备受关注,各种解读引发了热烈的讨论,各种声音又不同程度地对呼之欲出的新一轮企业产权改革施以影响。混合所有制经济存在广义和狭义两种理解,广义的理解认为,混合所有制经济既可以是公有资本与非公有资本的融合,也可以是国有资本与集体资本的融合,或者是私营资本与外国资本的融合;狭义的理解则把混合所有制经济界定为公有资本与非公有资本的融合。混合所有制经济中的国有成分、集体成分,都是公有制经济的重要组成部分,随着社会主义市场经济的发展,投资主体的多元化,混合所有制经济在我国将进一步发展。

(二) 混合所有制改革的基本操作流程

2019年10月31日,国务院国有资产监督管理委员会发布了《中央企业混合所有制改革操作指引》,此指引全面贯彻了党中央、国务院关于积极发展混合所有制经济的决策部署,为中央企业混合所有制改革提供指引,同时促进了各种所有制资本取长补短、相互促进、共同发展,极大地夯实了社会主义基本经济制度。

混合所有制改革的基本操作流程包括可行性研究、制订混合所有制改革方案、履行决策审批程序、开展审计评估、引进非公有资本投资者、推进企业运营机制改革。

1. 可行性研究

计划实施混合所有制改革的企业要遵循"完善治理、强化激励、突出主业、提高效率"的总体要求,坚持"因地施策、因业施策、因企施策,宜独则独、宜控则控、宜参则参,不搞拉郎配,不搞全覆盖,不设时间表"的原则,依据相关政策规定对混合所有制改革的必要性和可行性进行充分研究。

2. 制订混合所有制改革方案

混改企业应制订混合所有制改革方案,方案一般包括以下内容:企业基本情况;混合所有制改革必要性和可行性分析;改革基本原则和思路;改革后企业股权结构设置;转变运营机制的主要举措;引进非公有资本的条件要求、方式、定价办法;员工激励计划;债权债务处置方案;职工安置方案;历史遗留问题解决方案;改革风险评估与防范措施;违反相关规定的追责措施;改革组织保障和进度安排等。

制订方案的过程中,要科学设计混合所有制企业股权结构,充分向非公有资本释放股权,尽可能使非公有资本能够派出董事或监事。注重保障企业职工对混合所有制改革的知情权和参与权,涉及职工切身利益的要做好评估工作,职工安置方案应经职工大会或者职工代表大会审议通过。科学设计改革路径,用好用足国家相关税收优惠政策,降低改革成本。必要时可聘请外部专家、中介机构等参与。

3. 履行决策审批程序

混合所有制改革方案制订后,混改企业应按照"三重一大"决策机制,履行企业内部决策程序。混改企业属于主业处于关系国家安全、国民经济命脉的重要行业和关键领域、主要承担重大专项任务子企业的,其混合所有制改革方案由中央企业审核后报国资委批准,其中需报国务院批准的，由国资委按照有关法律、行政法规和国务院文件规定履行相应程序。混改企业属于其他功能定位子企业的，其混合所有制改革方案由中央企业批准。

4. 开展审计评估

企业实施混合所有制改革，应合理确定纳入改革的资产范围，需要对资产、业务进行调整的，可按照相关规定选择无偿划转、产权转让、产权置换等方式。企业实施混合所有制改革前如确有必要开展清产核资工作的，按照有关规定履行程序。

混改企业的资产范围确定后，由企业或产权持有单位选聘具备相应资质的中介机构开展财务审计、资产评估工作，履行资产评估项目备案程序，已经备案的资产评估结果作为资产交易定价的参考依据。

5. 引进非公有资本投资者

混改企业引进非公有资本投资者，主要通过产权市场、股票市场等市场化平台，以公开、公平、公正的方式进行。通过产权市场引进非公有资本投资者，主要方式包括增资扩股和转让部分国有股权。通过股票市场引进非公有资本投资者，主要方式包括首发上市（IPO）和上市公司股份转让、发行证券、资产重组等。中央企业通过市场平台引进非公有资本投资者的过程中，要注重保障各类社会资本的平等参与权利，对拟参与方的条件要求不得有明确指向性或违反公平竞争原则的内容。

6. 推进企业运营机制改革

混合所有制企业要完善现代企业制度，健全法人治理结构，充分发挥公司章程在公司治理中的基础性作用，各方股东共同制定章程，规范企业股东（大）会、董事会、监事会、经理层和党组织的权责关系，落实董事会职权，深化三项制度改革。企业还应该用足、用好、用活各种正向激励工具，构建多元化、系统化的激励约束体系，充分调动企业职工积极性。混改企业应根据国有资本与非公有资本的不同比例结构协商确定具体管控方式，国有出资方强化以出资额和出资比例为限、以派出股权董事为依托的管控方式，明确监管边界，股东不干预企业日常经营。

二、中国联通混改的主要历程

中国联通拥有通达全球、覆盖祖国各地的通信服务网络，致力于积极促进我国移动互联网与固定上网服务的宽带化，核心业务涵盖 GSM、WCDMA 和 FDD-LTE 制式的移动互联网服务、国际信息通信设施服务、国际专线及卫星服务、固定电话服务、各种信息通信增值服务和互联网接入服务、数据通信业务、与信息通信技术服务等有关的系统集成业务，能为全国及全球客户提供高质量、全领域的信息通信服务。

中国联通的混合所有制改革历经前期启动、方案研究和实施落地等阶段，积极响应国家号召，速度快、效率高，有着重要的象征意义和实际意义。中国联通不仅是中国大型央企第一批试点混改的企业，而且还是中国电信行业最早进入混改范围的公司，采取了战略投资者引进、员工持股激励、公司治理优化等重点措施，相较于其他试点公司，中国联通的国企混改速度也是全国最快的。其混改主要历程如下。

（1）2016年9月28日，参加发改委国企混改试点专项会。

（2）2016年11月30日，公告澄清：联通集团第一批混改试点的相关事项尚需进一步研究，存在不确定性。

（3）2017年4月5日，公告2017年4月6日停牌，联通集团正推进混改有关重要事宜。

（4）2017年5月10日，公告称：联通集团拟以中国联通为平台，积极筹备混改的有关事宜，采用非公开增发方式引入战略投资者。

（5）2017年6月26日，公告澄清：非公开增发的具体方案处于规划讨论阶段，尚未最终确定。

（6）2017年7月23日，与潜在战略投资者谈判。

（7）2017年8月20日，混改方案发布，中国联通拉开国企混改大幕。

（8）2018年，中国联通深化国企混改，站在新起点，打开新局面，力推互联网化运营，打造培育"五新联通"（新基因、新生态、新动能、新运营、新治理）。

三、中国联通混改的动因

（一）党和国家的政策要求

党的十八届三中全会明确提出推动混合所有制市场经济健康发展，鼓励国资项目的非国资加入，鼓励混合所有制企业职工参与持有公司股份。2015年9月，国务院印发了《关于国有企业发展混合所有制经济的意见》，出台了一系列的配套性政策，形成了"1+N"指导性文件，提出进一步快速发展混合所有制经济的总体方案，引导社会各类资金资本的投入，做实做细国企混改工作。2016年12月举行的中央财经工作座谈会，要求进一步开展试点，在电力、天然气、铁道、石化、电信、军工、民航等领域，逐步把国企国资改革推向深入，尝试国企混改。中国联通顺应党和国家的政策要求，将开展试点混改工作视为贯彻十九大精神的生动践行。

（二）中国联通面临严峻的市场竞争形势

中国联通在2015年和2016年两年间，经营绩效持续下降，净利润、营业收入逐年走低，2016年营业收入较2015年降低30亿元，年度净利润低至4.80亿元，在我国三大电信运营商中，整体竞争实力明显处于劣势，处于最不利地位；至2016年年底，中国联通、中国电信和中国移动拥有的用户数量分别为1.05亿、1.22亿和5.35亿，对应的市场份额分别为13%、17%和70%；同年，中国联通、中国移动和中国电信的固网宽频客户数依次是7 524万、7 762万和12 300万，中国联通此项原有优势业务被中国移动超越，中国电信的用户规模更是大大超过中国联通；2017年前6个月，中国联通、中国电信、中国移动的营业收入分别为1 381.6亿元、1 841.2亿元、3 868.7亿元，总盈利依次为7.8亿元、125.7亿元、626.8亿元，从经营效果看，中国联通的盈利能力仅为中国移动的1/80，营业收入也仅为中国移动的1/2.8；中国联通要做到不被整个市场彻底淘汰，就需要整合优质资源，吸引更多的用户。

中国联通布局4G业务较晚，导致在中国移动、中国电信4G业务用户数量和营业收入迅速增加时,中国联通的营业收入和用户数量因业务缺陷急速流失,被另外两家国有运营商大幅超越;同时,随着互联网相关业务在社会传播、增值服务、支付等领域规模的不断扩张,京东、腾讯、阿里巴巴、百度等互联网企业迅速发展,给包括中国联通在内的国有电信运营商带来严峻挑战;另外,移动通信市场已经形成过度竞争局面,中国联通要想在竞争中处于不败之势,实行必要的改革已经刻不容缓。

(三) 公司治理需优化升级

同大多数国有企业一样,中国联通在混改前存在办事程序烦琐复杂、办事耗时周期长、职工工作效率低、改革变通阻力大的问题,而非国有企业因为普遍看重经营效益和盈利能力,往往效率相对较高;混改前中国联通的员工收入情况也同其他国有企业一样,基本以固定工资为主,缺乏与市场接轨的激励机制,较低的固定收入,导致员工工作积极性不高,创新性不足,责任感不强,不能实现员工命运和企业利益的有效捆绑,达不到二者互相促进、共同发展的效果;联通集团的董事席位在董事会占有绝对优势,董事会的决策基本由联通集团自己说了算,管理层也均为自有固定人员,一家独大,对公司的经营管理有绝对的控制权,容易出现"一言堂"的局面;董事会下本应该设置的战略与投资决策委员会和提名委员会欠缺待完善;监事会全部成员均由联通集团内部人员出任,极易产生监督不力;经理层建设未实现市场化选聘与管理,未推行任期制和契约化管理方式;中国联通期待借助这次混合所有制改革,进一步激活公司内生力量,改革组织机构,完善与加强公司治理。

(四) 国外企业已进行过混改尝试

法国垄断国企的混改。法兰西电力集团(简称"法电")从1946年至今,始终在法兰西能源供给中占据着最重要地位,是一家技术领先的国际性电力行业企业,被称为法兰西的"共和国长子"。2004年5月,新的执政党主张进行经济结构调整,以增强本国经济实力,政府部门向国会呈报《法国电力公司和法国石油天然气公司改制法案》,最后得以通过。至2014年12月底,法国政府在法电的持股为84.5%,员工持股为1.7%。法国政府还在其本国的上市公司中拥有不少于10%的关键少数股份,如雷诺汽车、法国宇航、欧洲宇航、法国电信公司等。

新西兰国企混改。新西兰是世界上第一个对国有企业进行改制的国家,最初的实现途径是将国有企业私有化,其改革方式是将新西兰钢铁公司、新西兰航空公司等企业出售给私人投资者,但二者最后都濒临破产。2012年6月26日,新西兰通过议案,允许政府在国有资本拥有控制权的前提下,对四家能源公司和一家航空公司实施国企混合所有制改革,要求混改企业的股权构成满足以下条件:国家股控股大于51%,每个认购者的股份上限为10%,新西兰人优先认购,外资认购比例不大于15%。通过采取混合所有制形式,上述公司获得了更多的市场收益,企业综合实力进一步提高,不再对资金短缺的新西兰政府产生过度依赖。由此可见,混合所有制早已成为世界范围内国企改革改制的重要实现方式。

四、中国联通混改的内容

中国联通的混改是以协同共生论为理论基础,协同共生的实质是从无序到有序,是指共生单元通过不断主动寻求协同增效，实现边界内组织成长、跨边界组织成长、系统自进化，进而达到整体价值最优的动态过程。协同共生论既是一个概念，也是一套管理方法，包括协同共生定义、协同共生架构、管理模型以及影响协同共生价值的关键要素，它是在有序参量的基础上，共生经济系统中的共生单元通过不断地动态发展，并采取主动协同、提升效应，从而达到总体最优化的方法。协同共生论是企业或组织在获得整体价值最优的动态发展过程中，搭建协同共生架构、建立协同共生管理模型、完成协同共生价值重构、实现协同共生增效的理念和管理方法。"协同共生"理念对国企混改，"十四五"时期我国完成经济体制改革，全面转入高质量发展，开启全面建设社会主义现代化国家新征程，具有深远意义。

（一）引入战略投资者，搭建协同共生架构

协同共生架构的搭建，重点从效率和价值维度考虑，让企业效率更具竞争力、让价值更具成长性，实现效率与价值上的进化。中国联通混改通过引入战略投资者，搭建协同共生架构，实现产权多元化，加强异质股东间合作，实现战略、营销、人力资源与财务管理协同，提升经营决策和管理效率。扩大业务协同互补，强化产业链、供应链的有效链接，实现价值共生、共享，壮大企业规模，增加企业价值。通过共享资本、市场、技术、管理、经营业绩和声誉，赋能中国联通，提升管控水平。混改各参与单位在实现组织边界内成长发展的同时，实现跨边界的共同成长，形成协同共生股权架构，增强企业的综合竞争力。

1. 战略投资者进入使股权架构优化

混改首先是对产权单位进行全面改制，以建立多元化产权，逐步构建起现代企业股权体系，并利用混改引入的外部力量和资源，实现提升公司经营效率和效益的目的。国企混改主要是通过引进民资背景的战略投资者实现产权多元化，以产生股东间新的彼此制衡与共生能力，并在各方利益互相约束的过程中，引导异质股东加强合作、深度协同、融合共生。

中国联通在混改尚未开始、引入战略投资者加入前，企业股权构成情况为：国有股东联通集团持有 62.74%，占据着绝对控股地位；公众股东和其他发起人共同拥有其余 37.26%，此部分股权因比较分散，不利于经营决策权利的行使。

中国联通 2017 年 10 月非公开发售新股，向战略投资者转让不多于 9 037 354 292 股的股份。托管登记备案价格为 6.83 元/股，参与的战略投资者股东完成了总额为 61 725 129 814.36 元的股票认购，壮大了企业规模，增加了企业价值。中国联通引入战略投资者所获得的资金主要用于 4G 项目能力提升、5G 相关业务和其他创新型业务的开展，为公司的经营前景不断向好提供必要支持。中国联通通过国企混改引入的 3 类 14 家战略投资者，一类主要是互联网企业，包括腾讯、百度、京东、阿里巴巴和苏宁云商；二类是淮海方舟、兴全股权基金等产业基金；三类是国家人寿等金融机构。由于这些企业主业能力强、与中国联通业务互补性高，企业间的融合可提升创新能力，形成战略、营销、人力资源、财务管理与业务协同和经济拉动效应。

引进战略投资者，经过非公开增发和股票转让的有机结合，联通集团实际拥有的股权下降了 25.04 个百分点，从 62.74% 降低至 37.70%，从绝对控股转变为相对控股。中国联通 35.2%

的股权由 14 家实力雄厚的战略投资人共同拥有，建立起了由多个战略投资人分散持股，多家国资公司联合控股的多元化股权结构。

从中国联通混改前后的股权结构图（见图 1、图 2）可看出，中国联通混改形成了包括战略投资者在内的各方股东共同持有的多元化股权结构。混改后的国有资本在中国联通所占有的股份比例虽然有所降低，但总和仍然大于 50%，这就决定了在这个事关国家信息安全和大众民生的中央企业中，国资的绝对控股地位仍然保持，国家意志和话语权仍然处于首位，可以避免因控制权而引起的不必要争论。混改后的国有资本虽然控股，但股权总数和民营资本非常接近，仅高出 1.5%，实际上形成了国有和民营资本对企业控制力的有效制衡，这将使各种决策更为民主公平，也较能体现相关各方的关切，有效避免了"一言堂"和一股独大现象的出现。企业实现了产权多元化升级转型，非国有股东积极参与到公司管理中，利于国企混改参与各方实现共同发展。

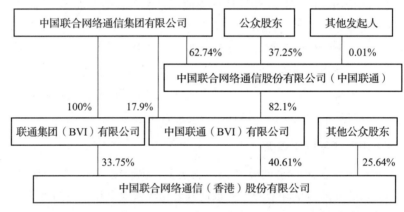

图 1　2016 年 12 月 31 日中国联通混改引入战略投资者前股权结构图

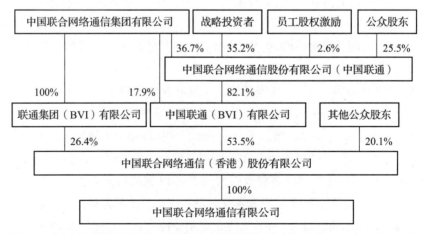

图 2　中国联通混改引入战略投资者后股权结构图（截止到 2019 年 3 月 5 日）

2. 战略投资者间实现业务协同和优势互补共生

中国联通通过混改引入了战略投资者，特别是互联网类高新技术企业和金融类国企的加入,有效促进了中国联通的成长进步和高效发展。百度、阿里巴巴、腾讯、京东等战略投资者具有强大的资本实力、高度的市场占比、前沿的先进技术、成熟的管理方式、领先的行业地位、巨大的资产规模、高效的运营质量、良好的经营业绩和声誉,中国联通与其深度融合,强化产业链、供应链的有效链接,整合产业链的上下游资源,形成良好的互补和组合协同效应,通过共享资本、市场、技术、管理、经营业绩和声誉,实现价值共生、共享,赋能中国联通,填补过往业务领域的空白,培育创新业务新业态,激发传统业务的新活力,开创了效益提升新蓝海,通过赋能和管控,促进国家和社会资本在电信服务领域的互惠共赢。

中国联通还和京东、百度、阿里巴巴、腾讯等企业开展服务协同创新,开辟业务拓展新通道,升级企业核心竞争力。与腾讯合作成立智慧文旅集团,依托大数据,实现智慧旅游云和智慧景区业务创新,布局全域旅游,强化智能服务,做好文化旅游产业运营;协同腾讯,推出王卡与冰激凌套餐,拓展4G用户6 000余家;协同阿里巴巴,开展新零售业务,联建智能生活体验馆,云货架、AR购物、天猫精灵等最新产品在联通智慧门店得以应用;协同百度,在大数据业务领域实现产品、研发、平台拓展的重大突破,2018年营业收入较2017年提高283.5%,达到6.1亿元;多家协同,开展云计算、物联网服务,做足公共云、云联网文章,构建全网云资源池,打造互联网云品牌商,为智慧城市、智能穿戴、智慧交通、智慧金融、智慧健康等社会运行与发展领域提供网通道和云基础;与企业战略投资人的深度合作使联通实现业务量大飞跃,也使战略投资者得到了理想的投资回报。中国联通混改既实现业务创新,实现国有电信企业从"单兵种"模式向"集团军"的升级转型,实现混改各参与方的优势互补和业务协同,又改善了公司的治理结构,有效增强了国有电信企业的综合竞争力。

(二)构建股权激励机制

中国联通混改中实行股权激励,核心员工在工作中形成良性竞争,员工与企业形成利益共同体,员工为实现预定绩效和预期收益而主动努力工作,实现与企业的共存与双赢,实现企业绩效的主动增加。共同目标、价值观与资源、技术共享、协同驱动等序参量,使企业自组织和核心员工"同频共振",促使实现自我优化和效率提升。设置限制性股票解锁条件,使员工与企业形成协同共生效应,按时完成预定的绩效目标,员工股票即可增值变现。

在中国联通混改中,对公司员工的长期激励机制包括激励对象范围、比例、公开性、公平性等一系列问题。企业将与公司员工充分发挥协同共生功能,形成利益共同体,更利于构建持续稳定、蓬勃发展的新局面。中国联通在2018年2月11日公开发布了面向公司核心员工的中长期激励计划,通过向公司员工增发限制性股票的模式,对公司员工7 550人(大部分为中高级管理人员和金融市场、网络系统、数据中心等公司骨干员工)实施激励,以3.79元/股的价格定价(复盘前股价是7.47元/股),向核心员工授予8.479亿元的激励股份,占总股本的比例为4%,其中计划预留10%,折合8 479.00万股作为将来"三高"人才引进的激励储备;激励计划规定核心员工获授股权激励的总有效期为10年,首批激励计划周期为5年,实现三期的预定绩效目标后,公司员工所持有股份将可以全部解锁。在员工限制性股票的激励授予额度方面,不是单纯按级别划分,还与企业未来三年的运营绩效目标高度相关。

股权激励实施前员工会进行竞争以获得核心员工资格,实施股权激励后为完成企业绩效目标、达到解锁条件，核心员工间仍存在良性竞争，以此提高企业效率。尽管激励股权在短期内无法实现转让交换，但只要公司员工为企业创造新价值，公司业绩提升，按期解锁的目标就可以实现，这种长期激励使企业利润和职工收益之间形成了共生经济和协同效应。

对用于核心员工激励的限制性股票，设置解锁条件和解锁期是为了做到员工利益和企业发展的协同一致。解锁条件的设置以 2017 年为基年，在基年数据的基础上，按企业发展综合形势，合理计算限制性股票持有期的各项指标增幅，算出以后三年即 2018 年、2019 年和 2020 年应实现的企业经营目标，并明确规定营业收入增长率要高出行业平均水平，利润总额增长率要超越行业平均水平的 75%。如果以上三年每年目标得以实现，对应部分的激励股票才得以解锁，股票才会增值变现回到员工手中。员工只要努力工作、主动学习、与企业深度融合、共享技术与资源、协同驱动、积极创造价值、贡献才智，与企业形成价值观相同、奋斗目标一致的利益共同体，将带来组织的主动增效，这个目标就完全有可能得以实现。如果解锁条件不能达到要求，中国联通将回购对应部分的股票，员工将失去此部分激励股份。对于非限制性股票的解锁期，中国联通规定持有的前 24 个月不得出售或转让，是禁售期；在以后的 36 个月内，如果每期能达到解锁要求对应的绩效条件，可以分别按每年 40%、30%、30% 的比例给予解锁，完成激励，做到目标协同、利益共享。

（三）完善公司治理模式，建立协同共生管理模型

协同共生管理模型（SDAP）通常是指在"场景"（scene）中，有"意愿"（desirability）、有"能力"（ability）通过"过程"（process）实现协同共生。通过混改完善企业治理模式、构建协同共生的管理模型，是中国联通混改的关键一环。中国联通的公司治理，以坚决服从中国共产党的领导、服从国家利益要求为前提，融入法商管理理念，加强法律风险防范，在保障国有资本不受损失或威胁的前提下，通过战略投资者的引入，让中国联通的股份构成更加多元，国有资本和非国有资本股东协同合作，共同参与公司治理和企业管理，实现了不同所有制形式的有效融合与制衡；调整董事会构成，以市场化方式运营，逐步形成运转高效、相互制衡、权责匹配的治理体系。

中国联通混改后，联通集团拥有股权 36.7%，企业战略投资人合计持股 35.2%，社会公众股东持股 25.5%，员工股权激励持股 2.6%，实现多元股权相互控制、不同资本互相融通。2018 年 2 月完成董事会调整，董事人数由原来的 7 人增加为 13 人，百度、阿里巴巴、腾讯、京东四家民营企业，选派董事进入中国联通核心决策层，构成了"独立董事（5 人）+ 新加入企业战略投资人董事（5 人）+ 联通公司董事（3 人）"的市场化、多元化、科学化董事会架构。中国联通混改前董事会的 7 人中，仅联通集团就派出 4 人，有绝对话语权，国有企业非独立董事委派经国资委审批同意后实行，带有鲜明的政府管理特征，决策过程容易多体现政府意志。

中国联通混改后引入战略投资者，国有资本股东代表人在董事会中席位减少，民营资本代表人席位增加、话语权加重、影响力增强，企业管理与公司治理体现一定程度的民企特色，董事会决议事项由少数股东说了算现象得以改变，决策过程更严谨、程序更合理、结果更科学。混改后中国联通董事会的 13 名董事中，来自联通集团的只有 3 人，已经不可能做到所谓的"一言堂"，为充分体现新引进战略投资者的决策与经营权力，获得相应的非独立董事席位显得

非常重要，中国联通与各出资人协商，并报上级主管部门批准，放宽民营资本产生董事的条件限制，通过超额委派董事的途径，允许战略投资者腾讯、百度、阿里巴巴、京东各委派1名董事进入董事会，实现各方在董事会治理层面决策把关、内部管理、深化改革和风险防范的有效协同。

在混改场景下，中国联通调整董事会、监事会人员构成，逐步完善董事会下设投资决策委员会、审计委员会、薪酬与考核委员会和提名委员会，规范公司决策、监督和激励机制，加强公司治理，加快形成权责法定、协调运转、有效制衡的治理机制，构建协同共生管理模型，提升主体协同共生愿望和能力，规划协同共生成长提升路径，制定下一阶段协同计划与决策。

在做好董事会治理的基础上，中国联通加强经理层治理建设，探索市场化选聘和管理手段，推行任期制和管理契约化。构建核心员工人才体系，对符合要求的核心中高级管理人员给予中长期激励，并建立与之配套的约束机制。让绩效考核结果与薪酬分配情况关联，实施限制性股票式股权激励，通过员工与企业共享利益、共担风险，形成互利互惠的协同共生关系。中国联通一方面通过股权激励保留吸引公司核心员工，另一方面制订实施"瘦身计划"，设立专门的体制机制改革工作领导团队，在系统内开展瘦身健体、干部政策改革等工作，优化工作界面，改革内部管理制度，减少管理层级，重新梳理生产流程，处理不符合网络等新兴产业发展的管理难题。混改后公司总部机关部门减少了1/3，人员编制数压减51.6%；省属子公司管理机构缩减52.5%，企业管理人员职数下降15.5%；地市企业领导班子职数缩减4.2%，地方管理机构压减26.7%。中国联通全面实施人力资源制度改革，实行人才动态化管理机制，各级管理层首聘人员退出比例达到14.3%，公司管理层每年常态化离职率为1.5%。与中国互联网企业内部"小团队+大平台"的管理模式相似，中国联通还进行划小承包单位的改制，筛选诞生了上万名"小CEO"，下放资源配置权、绩效分配权，实现增量利益共享。公司治理的优化完善和协同共生管理过程模型构建，为中国联通国企混改成功提供了重要保障。

（四）完成企业价值重构，实现协同共生增效

中国联通混改中，决策模式由原来联通集团为主转变为包含战略投资者在内的多元化异质股东共同决策。战略投资者进入前后，企业经营发展边界发生重大变化，从单个企业有形边界到多个企业融合，从单一规模优势发展到范围经济。混改各参与单位间的共同销售渠道、市场、运营活动，以及共同的人力、技术、采购等支持活动，可以在价值链上进行活动协同共享；混改各参与企业平台技术与知识的外溢、交叉和穿透，形成混改后企业主体统一、效率高效、资源易得、成果共享、创新持续的多价值主体协同共生平台，通过混合所有制改革过程中的企业价值重构，实现企业增效目标。

▶案例小结

党的十八届三中全会提出推动混合所有制市场经济发展，为顺应党和国家政策要求，国企迫切需要深化企业改革，推进国企引入民营资本，实施国企混改。本章首先为大家介绍了什么是混合所有制，并根据《中央企业混合所有制改革操作指引》为大家阐述了中央企业在混合所有制改革中需要经历哪些基本流程，最后介绍了中国联通的混合所有制改革。

中国联通的混改以协同共生论为理论基础，通过引入战略投资者、搭建协同共生架构，采用股权激励机制、形成协同共生效应，完善公司治理模式、建立协同共生管理模型，完成企业价值重构、实现协同共生增效。中国联通国企混改的实践和案例研究，能为今后国企混改提供可借鉴路径，为国家有关部门出台政策措施提供依据。

▶复习与思考

1. 结合案例，谈一谈国企开展混合所有制改革的必要性。
2. 结合案例分析，讨论企业混改过程中的改革重点。
3. 中国联通的国企混改以协同共生为指导理论，蕴含哪些优势？

案例三

康美药业财务造假案

2019年5月17日,证监会在官网通报调查结果,康美药业股份有限公司(简称"康美药业")2016年到2018年财务报表存在重大虚假,康美药业股价迅速下跌,市值从最高点1 391亿元跌落到208亿元。康美药业是如何造假的?促使该公司进行造假的原因有哪些?如何规范企业内部控制进而防范财务造假行为?本案例首先分析康美药业的财务造假方式和造假动因,进而分析该企业内部控制存在的缺陷,针对内部控制存在的问题提出一些建议,引发大家对解决内部控制问题的思考。

一、康美药业财务造假事件脉络

康美药业成立于1997年,是一家以中药饮片、化学原料药及制剂生产为主导,集药品生产和研发以及药品、医疗器械营销于一体的现代化大型医药企业、国家级重点高新技术企业。2001年3月,康美药业A股股票在上海证券交易所挂牌上市,证券代码:600518。公司现有总股本约76 440万股,总资产约222亿元,净资产超过120亿元。

康美药业财务造假案是我国现今为止最严重的财务造假案之一。2018年12月,证监会开始立案调查康美药业。据公告显示,2018年之前,康美药业营业收入、营业成本、费用及款项收付方面存在账实不符的情况,导致2017年财务报表进行重述。

其修正的内容如下。

第一,公司采购付款、工程款支付以及确认业务款项时的会计处理存在错误,造成公司应收账款少计6.41亿元,存货少计195.46亿元,在建工程少计6.32亿元;公司核算账户资金时存在错误,造成货币资金多计299.44亿元。

第二,公司在确认营业收入和营业成本时存在错误,造成公司营业收入多计88.98亿元,营业成本多计76.62亿元;公司在核算销售费用和财务费用时存在错误,造成公司销售费用少计4.97亿元,财务费用少计2.28亿元。

第三,公司采购付款、工程款支付以及确认业务款项时的会计处理存在错误,造成公司合并现金流量表销售商品、提供劳务收到的现金项目多计约103.00亿元;收到其他与经营活动有关的现金项目少计 1.38 亿元；购买商品、接受劳务支付的现金项目多计 73.01 亿元；支付其他与经营活动有关的现金项目少计 38.22 亿元；购建固定资产、无形资产和其他长期资产支付的现金项目少计 3.52 亿元；收到其他与筹资活动有关的现金项目多计 3.61 亿元。

上述差错导致 2017 年归属于公司普通股股东的净利润加权平均净资产收益率从 14.02% 下降到 7.2%，基本每股收益从 0.784 元下降到 0.388 元；扣除非经常性损益后归属于公司普通股股东的净利润加权平均净资产收益率从 13.76% 下降到 6.92%，基本每股收益从 0.769 元下降到 0.374 元，几乎腰斩。

二、康美药业财务造假的方式和动因

(一) 造假的方式

（1）虚增银行存款。根据康美药业 2017 年的资产负债表数据，其库存现金为 224.45 万元，银行存款为 340.44 亿元，其他流动资金为 1.04 亿元。然而，在这些数据调整之后，300 亿元货币资金不知从哪里消失了，而且大部分减少的货币资金都是银行存款。对此，康美药业解释说，采购款、项目款和款项确认时的处理存在错误，导致 300 亿元货币资金的会计处理存在错误。随后，康美药业总裁马兴田致歉并解释，300 亿元货币资金的消失是内部控制不完善和信息披露不规范造成的。

（2）虚增营业成本、营业收入和现金流入。根据康美药业 2018 年初发布的《2018 年前期会计差错更正专项说明的审核报告》，康美药业在中国证监会立案调查后进行了自查。2018 年之前，公司的费用、运营成本、运营收入和付款与实际账目不符。公告还指出，2017 年财务报表因之前的会计错误而被更正，涉及 14 项数据。其中，企业营业成本 76.62 亿元，营业收入 88.98 亿元，销售商品和提供劳务收到的现金近 103 亿元。

（3）违规挪用资金。根据康美药业 2018 年年报，截至 2018 年 12 月 31 日，其他应收款余额涵盖了公司向关联方提供的 88.8 亿元资金。虽然注册会计师采取了一些审计程序，但他们尚未取得充分、适当的审计证据。因此，注册会计师无法确定资产负债表中提供给关联方的资金金额和余额是否准确，也无法准确估计关联方之间资本交易的可收回性。金融欺诈使曾有千亿元市场价值的康美药业在中国的市值降至 330 亿元。然而，在连续 5 天下降后，康美药业的市值又出现连续 4 天上涨。根据中国证监会的调查，上涨的原因是康美药业向两家关联公司转移了 88.8 亿元资金，用于买卖康美药业股份，涉嫌操纵股价。

(二) 造假的动因

（1）营运资金短缺。对 2017 年年报数据进行调整后，可以推断，康美药业的营运资金需求从 2016 年的 135 亿元大幅增加至 2017 年的 338 亿元，而货币资金需求则从 2016 年的 273 亿元大幅下降至 2017 年的 42 亿元。同时，与 2016 年相比，自 2017 年以来，应收账款周转天数、存货周转天数和营运资金周转天数要长得多，因此康美药业的营运资金压力很大。

（2）银行贷款受限。康美药业的付息债务余额从 2010 年的 28.5 亿元大幅上升至 2018 年的 290 亿元。然而，从付息债务的比例来看，自 2012 年以来，长期银行贷款的比例一直低于 1%。

（3）大股东质押比例高。2018 年，康美药业的大股东质押比例从 90% 上升至 2019 年的 99%。此番造假的目的是优化经营指标，配合股价炒作，便捷买卖公司股票和融资。

三、康美药业内部控制缺陷

（1）缺乏对实际控制人的权力和平衡控制。截至 2018 年 12 月 31 日，康美药业实业投资控股有限公司持有康美药业的 32.83% 的股本，马兴田夫妇为康美药业实业投资控股有限公司股东，持股系数分别为 99.68% 和 0.32%。马兴田的妻子许冬瑾也持有康美药业 1.87% 的股本。此外，马兴田曾任普宁市金信典当行有限公司执行董事，许冬瑾担任普宁市国际信息咨询服务有限公司执行董事。综上所述，马兴田夫妇对康美药业的控制权远远大于剩余股东，他们的"一股独大"不利于康美药业的发展。与股东集体决策过程相比，马兴田夫妇对康美药业的经济决策过程可能是错误的，甚至是盲目的，同时，其他没有发言权的股东无法向康美药业提供合理的建议和批判性意见，以便及时纠正错误。

（2）内部控制的设计存在严重缺陷。康美药业的董事会下设审计委员会、战略委员会、薪酬与考核委员会。其内部控制设计看起来合规且可靠，事实上却存在严重缺陷。首先，董事长和总经理是两个不相容的职位，但马兴田同时担任董事长和总经理，破坏了董事会与管理层之间的控制和平衡关系。其次，康美药业 2018 年年报显示，公司 2018 年召开了 14 次董事会会议，所有独立董事都出席了会议，但所有独立董事从未反对过提案，可见独立董事也没有真正发挥作用。最后，内部审计机构通常只向公司首席执行官报告，导致许多问题涉及自身利益，无法解决，即内部审计缺乏足够的独立性。

（3）未能有效控制日益增长的金融风险。根据 2017 年的修正数据，康美药业的营运资金需求从 2016 年的 135 亿元大幅增加至 2017 年的 338 亿元，而货币资金量则从 2016 年的 273 亿元大幅下降至 2017 年的 42 亿元，资金短缺致使康美药业负债经营。2015 年至 2018 年，康美药业的短期借款从 6.2 亿元大幅增加至 115.77 亿元，流动负债几乎翻了一番，资产负债率从 50.56% 上升至 62.08%。康美药业大部分的债务期限较短，财务风险较高。面对高财务风险，康美药业管理层没有采取任何重大防范措施，而是选择用股权融资，继续大幅扩张业务，未能随着时间的推移放慢业务扩张的步伐，这不利于康美药业的持续健康发展。

（4）信息交流并不顺畅。作为上市公司，康美药业应根据相关法律法规及时、准确地披露相关信息。然而，康美药业 2016 年至 2018 年发布的年度报告中存在大量虚假财务信息。在中国证监会介入调查并宣布其财务欺诈行为后，康美药业纠正了虚假财务信息，并再次予以披露。另外，作为康美药业的有效控制人，马兴田"一股独大"，这意味着剩余股东没有发言权，信息交流受阻，难以及时纠正公司战略决策过程中的错误。与执行层相比，管理层拥有更多的信息。企业上下级之间存在信息交流不规范的现象。如果信息披露不规范，财务欺诈在初始阶段就不会被发现。

四、完善康美药业内部控制的建议

从上面的分析可以看出，无论是管理制度还是内部控制，无论是财务信息还是审计监督，康美药业都存在严重问题。

康美药业在资金管理和关联交易管理方面存在缺陷，关联方之间存在资金交易，其行为违反了基金管理的日常规则和关联交易管理制度。公司财务账目未披露完整信息，未反映公司实际财务状况，导致前期重大会计差错更正。公司内部审计部门对日常内部控制的监督不到位，导致公司的审计监督体系无法在日常工作中发现上述缺陷并按要求及时报告。

完善内部权力制衡控制机制。马兴田夫妇持有的康美药业股份远远超过剩余股东，形成了"一股独大"的局面，并对康美药业拥有绝对控制权，给康美药业的财务欺诈埋下了隐患。企业应引入机构投资者，因为机构投资者一般是进行长期战略投资，因此对公司有更严格的披露要求并存在强烈的监管意图。引入机构投资者后，公司应适当增加机构投资者在康美药业的持股比例，以有效分散股本，避免实际控制人操纵公司造成财务欺诈。

完善公司内部控制设计。一是完善独立董事制度，康美药业可以采用建立人才库的方式，其独立董事必须来自独立董事人才库。二是成立独立董事协会，负责保护、监督和管理独立董事，并确定独立董事的薪酬。康美药业采用股东投票方式决定独立董事的任命，以避免因大股东的私利而损害其他股东的合法权益。三是确保独立董事依法行使职权，确保独立董事相互控制和约束，维护独立董事的独立性，建立对不履行职责的独立董事的制裁制度。

增强公司全体员工的内部控制意识。康美药业的欺诈事件是中国迄今为止最严重的财务欺诈案件之一。根据康美药业的年度报告，财务欺诈的责任不能完全归咎于财务人员，所有公司员工都应意识到预防财务欺诈、参与内部控制和增强内部控制意识的重要性。首先，公司管理层应意识到欺诈行为的严重性，不能以非法手段牟利。财务舞弊虽然能使公司在短时间内摆脱一些困难，但不能从根本上解决问题，不利于公司的长远发展。康美药业是中国传统医药行业的领导者，但在财务欺诈被曝光后，其股价大幅下跌，以致亏损。其次，企业应加强对财务管理人员的教育和培训，加强职业道德建设。企业各部门要加强沟通，团结一致，重视内部控制，及时发现存在的问题，确保内部控制有效运行。

提升业务信息的沟通能力。对外，康美药业应及时、真实地披露其财务信息，即康美药业应按照公司和法律的相关规定合法经营，以确保其财务信息的真实性和准确性。对内，康美药业应保持上下级部门之间以及同级部门之间的沟通，使执行层能够掌握更多关于企业的信息，更准确地理解管理层传递的信息，并有效地实施。管理层可以在做出战略决策的同时传递信息。对于公司内部审计部门，应提供各方面的信息，包括与审计成员的沟通、审计人员与管理人员的沟通以及与公司外部的沟通，善于在沟通中合理运用沟通技巧，及时了解相关法律的变化，努力降低财务欺诈的可能性。

康美药业自身也在不断完善各项运营机制，以提升自身竞争力。对于未来的发展，康美药业表示，随着国家对中药监管力度的不断加大，未来产业集中度的不断提高将给公司带来更大的发展空间。面对政治、经济的变化，公司将专注于核心业务，全面提升公司在整个中药产业链中的基本竞争力，以中药为核心，以智慧药房为起点，以药葫芦为服务平台，形成高屏障、高黏度的"B+B+C"商业模式，实现从传统中药制造企业向以中药精准服务为导向的大型医疗保健企业的转型升级。未来三年，公司智慧药房业务将在全国范围内加快结构覆盖，结合"智能+"大健康平台、医院销售、OTC、零售、连锁药房等，实施立体化、服务化的多渠道营销网络，并将大力发展和建立 C 端市场品牌。

▶案例小结

本案例首先梳理了康美药业财务造假事件的脉络，剖析其造假的方式和背后的动因；其次根据它造假的方式和内部运营现状，探究其内部控制存在的缺陷；最后尝试提出一些建议，帮助康美药业完善内部控制。

然而，康美药业财务造假暴露的问题只是冰山一角，资本市场上存在太多这种铤而走险的公司，究其原因是利益的驱使，治愈顽疾需要外部的治理，换言之，国家层面要加大对上市公司的监管，加大违规处罚力度。对于中介机构，要建立有效的受托责任制度，加强对上市公司的约束。

▶复习与思考

1. 康美药业在未来的转型升级过程中应该着重完善哪些问题？

2. 康美药业内部控制缺陷的关键点在哪里？为什么它没能及时给出风险管理措施？

案例四

万科的预算管理

近年来,碧桂园、恒大等房地产公司借助"三、四线城市利好政策"得以飞速发展,万科企业股份有限公司(以下简称"万科")痛失国内房地产行业头把交椅。很多人说,万科的江湖地位早已不在,然而,截至 2020 年 12 月 31 日收盘,万科仍以 3 334 亿元市值蝉联榜首,从某种角度上说,万科仍然是当仁不让的房地产老大哥。

万科 2021 年年报显示,公司 2021 年实现合同销售金额 6 277.8 亿元,营业收入 4 528.0 亿元,归属于上市公司股东的净利润 225.2 亿元;财务状况安全健康,持有现金 1 493.5 亿元,净负债率为 29.7% 且长期处于行业低位。发布年报的同时,万科推出回购方案和上市以来最高比例分红派息预案,在兼顾企业长远发展的前提下,用实际行动保障股东的利益。公司称将在未来三个月内择机开展 20 亿~25 亿元回购,分红比例拟由 2020 年的 35% 跃升至 50%,合计拟派发分红 112.8 亿元,基于当前的股价,股息率约为 5.1%,是 A 股中唯一一家连续 30 年进行现金分红的公司。

万科稳健发展的背后,依靠的是成熟的经营体制,其中,万科独特的预算管理制度在公司经营发展中的重要作用更是不言而喻。其优秀的预算管理制度在战略目标的制定、部门关系的协调、日常活动的控制、业绩考核等方面都发挥着重要作用,有效提升了公司竞争力,为公司稳步发展保驾护航。

一、预算管理概述

"凡事预则立,不预则废。"预算管理已经成为现代化企业不可或缺的重要管理模式。它通过业务、资金、信息、人才的整合,来实现企业的资源合理配置并真实地反映出企业的实际需求,进而对作业协同、战略贯彻、经营现状与价值增长等方面的最终决策提供支持。

(一)预算管理的概念及原则

1. 预算管理的概念

预算管理是指企业以战略目标为导向,通过对未来一定期间内的经营活动和相应的财务结果进行全面预测和筹划，科学、合理配置企业各项财务和非财务资源，并对执行过程进行监督和分析，对执行结果进行评价和反馈，指导经营活动的改善和调整，进而推动实现企业战略目标的管理活动。

企业的预算管理主要包含经营预算、专门决策预算和财务预算。经营预算也称业务预算，是指与企业日常经营活动（日常业务）存在直接联系的预算，如采购预算、生产预算、销售预算、人力资源预算等。专门决策预算是指企业重大的或不经常发生的（非日常活动），需要根据特定决策编制的预算，包括投、融资决策预算等。财务预算是指与企业资金收支、财务状况或经营成果等相关的预算，包括资金预算、预计资产负债表、预计利润表等。

2. 预算管理的原则

预算管理原则是促使企业预算管理得以完整、高效实施的重要保证。根据《管理会计应用指引第 200 号——预算管理》的规定，企业实施预算管理应遵循战略导向原则、过程控制原则、融合性原则、平衡管理原则、权变性原则。

（1）战略导向原则。企业应严格围绕预算管理的业务计划有序实施业务活动，始终将战略目标作为企业预算管理的核心理念，指引各预算责任主体聚焦战略、专注执行、达成绩效。

（2）过程控制原则。预算目标得以实现靠的是战略实施过程中通过及时监控、分析等把握目标的实现进度，同时对相应时期的工作进度实施有效评价，以此才能实现对企业经营决策的有效支撑。

（3）融合性原则。预算管理应以业务为先导、以财务为协同，将预算管理嵌入企业经营管理活动的各个领域、层次、环节。

（4）平衡管理原则。预算管理应平衡长期目标与短期目标、整体利益与局部利益、收入与支出、结果与动因等关系，促进企业可持续发展。

（5）权变性原则。预算管理应刚性与柔性相结合，强调预算对经营管理的刚性约束，又可根据内外部环境的重大变化调整预算，并针对例外事项进行特殊处理。

（二）预算管理的作用

（1）实现战略目标。企业通过对生产、销售、分销和融资实施预算管理来明确其战略目标，在此基础上实施、控制、分析和调节目标与现状之间存在的差异及距离，据此制订相应的战略实施计划，使企业能够在市场竞争环境中寻求优势，规避风险，立于不败之地，最终实现企业的战略目标。

（2）优化企业管理。预算管理通过制衡相关责任人的利益与权力之间的关系能够优化企业内部管理机制。同时，对外部频繁波动的市场环境进行研究和预测，将残酷的外部竞争、潜在的风险与内部管理机制联系起来，使预算管理体系成为一个有效的平衡体，不仅有助于完善企业的内部管理机制，同时也为优化公司治理结构提供了新的手段。

（3）确定各部门工作目标。预算管理是采用定量的方法对经营方针、经营目标和工作计划进行数据化分析预测，并以图、表等可视化的形式展现出来，据此，能够更加具体地制定企业各部门、层次和人员需要实现的工作目标。换句话说，它是将企业总目标分解到各部门的过程，使各部门都明确其工作目标与任务。因此，为了避免各个部门忽视企业总体利益，片面追求部门利益，企业的总体目标必须在各个部门的共同努力下才能够得以实现。

（4）协调部门关系。预算编制能够使各部门负责人了解本部门与企业总体之间的关系。每个部门在合力完成企业总目标之后，才能主动调整自己的工作，并配合其他部门实现企业目标。预算的制定是企业各部门之间信息相互传递的过程，可促进各部门与管理层之间的沟通，使企业能够协调一致。合理的预算可以处理好各部门的关系，减少内部矛盾的发生，兼顾公平和效率，鼓励员工为了完成共同目标而努力，最大限度地发挥企业内部资源的功效。

（5）加强考核评价。考核评价包含两大方面，一方面是当预算总目标完成之后，对企业完成既定目标过程中所包含的经营业绩考核评价；另一方面是将考核对象转向企业管理层及各部门基层员工，评价其相应期间的工作情况，同时，将相关责任人的实际工作状况和预算进行比较，考核其工作业绩。各部门应该对考核出现的差异进行全面分析，在整体层面及时、统一地调整，以便减少未来期间差异的产生。

（三）基本的预算管理体系

基本的预算管理体系主要包括五大板块，分别是预算目标、预算组织、预算编制、预算执行以及考核评价（见图3）。

（1）企业实施预算管理需要根据企业战略经营目标结合企业实际状况拟定预算目标，它是预算管理的起点，也是预算管理最终需要达到的目的。

（2）根据企业组织架构，成立预算组织，包括决策机构、工作机构和执行机构，承担预算编制、审批、执行、控制、调整、监督、核算、分析、考评及奖惩等一系列任务。

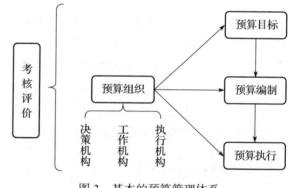

图3 基本的预算管理体系

（3）预算编制的依据是事先设定的预算目标，是将预算内容通过信息处理技术转换成量化的、具体的表格与文件。

（4）预算执行是企业所有人员根据预算编制的内容而开展的一系列经营活动，以便最终达到预算目标的过程。

（5）考核评价贯穿于整个预算执行过程中和预算执行完成后，并且考核评价是一种动态考核，更是一种综合考核。它具有两个层面的含义，一个层面是对整个预算管理体系的考评评价，考核对象为企业的经营业绩，如通过计算各种经营指标（包括生产能力指标、销售能力指标、市场开拓能力指标、资金运作能力指标等）的方式考核评价；另一个层面是对预算执行者的考核，考核对象是企业预算执行的相关责任人，它的意义是通过考核评价过程对业绩完成较好者给予激励，对业绩完成不理想者进行惩罚。

二、万科公司的预算管理

(一) 万科公司概述

万科企业股份有限公司成立于 1984 年 5 月,总部位于中国广东省深圳市。经过 30 多年的发展,万科已成为国内领先的城乡建设企业与生活服务商,在所属的房地产行业举足轻重。公司业务聚焦全国经济最具活力的三大经济圈及中西部重点城市。

2016 年公司首次跻身《财富》"世界 500 强",位列榜单第 356 位,2017 年、2018 年、2019 年、2020 年和 2021 年接连上榜,分别位列榜单第 307 位、第 332 位、第 254 位、第 208 位和第 160 位。

在住房领域,万科始终坚持住房的居住属性,坚持"为普通人盖好房子,盖有人用的房子",在巩固住宅开发和物业服务固有优势的基础上,业务已延伸至商业、长租公寓、物流仓储、冰雪度假、教育等领域,为更好地服务人民美好生活需要、实现可持续发展奠定了良好基础。万科始终坚持"大道当然,合伙奋斗",以"人民的美好生活需要"为中心,以现金流为基础,深入践行"城乡建设与生活服务商"战略,持续创造真实价值,力争成为无愧于伟大新时代的好企业。

(二) 万科的预算管理组织

万科的预算组织承担了预算编制、研究、实施、调节以及考核评价等预算管理全过程任务。该集团的预算组织系统设置成三个板块,分别为预算管理决策机构、预算管理执行机构以及预算管理工作机构(见图 4)。

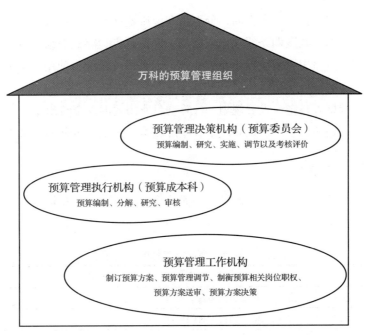

图 4 万科的预算管理组织框架

预算管理决策机构是指万科成立的"预算委员会",其成员涵盖了企业重要领导与专门的主管机构,负责预算编制、研究、实施、调节以及考核评价。

预算管理执行机构是预算管理的核心机构,承担企业预算管理过程中的预算编制、分解、研究与审核任务。考虑到专业技能与公司成本效益,万科将该执行机构设定在财务部门,命名为"预算成本科",并将该科室分设在财务部的下属子部门。

预算管理工作机构覆盖了企业所有业务与组织机构,该机构的主要职责是将预算标准应用到各个生产运营的具体活动中,并且根据本部门生产经营的实际状况与预算标准差异向上级提出反馈,同时根据反馈结果做出单位预算编制与预算调节。

(三) 万科的授权审批制度

为了确保各级主管部门能够有效执行任务,有效控制生产活动,领导层及其员工能够严格遵守公司的授权、批准和检查原则,万科公司的预算管理制度规定,预算的编制必须要根据万科企业的实际情况,合理、高效地制定出不同的经济标准,并对相关原则、审计权利、预算调节、编制程序等方面做出更详细的规定和要求。

万科公司的授权审批制度具体程序如下:第一,万科公司的董事会领导授权万科企业预算委员会编制预算方案,并将方案下达给各组织部门;第二,各个机构从自身实际状况出发,依据"谁花钱、谁编预算、谁负责、谁控制"的原则将各个分支部门预算计划交至万科的预算委员会;第三,预算委员会根据预算计划结合相应部门实际情况经预算委员会成员商讨后进行预算调节,然后送至公司董事会进行再次审核。

(四) 万科预算管理的内容

万科的预算管理主要包括三大方面,分别是现金流量预算、投资预算以及损益预算。

现金流量预算依据"收支两条线、量入而出、确保重点、略有节余"的原则进行编订,其内容涵盖了现金流入、流出、盈余或不足的运算,以及对盈余部分使用方案或对不足部分进行筹措等。

投资预算就是根据万科企业发展规划,计算项目所需要的现金流出量。

损益预算涵盖了销售、生产、期间成本、生产成本、人工成本和物资采购成本等预算。

(五) 万科预算编制的重点

万科对于下一会计年度经营安排的预算编制工作一般设在当年第四季度。历年预算编制工作时间安排如表 1 所示。

表 1 万科预算编制工作时间安排表

时间安排		工作内容
10月	上旬	召开预算委员会项目会议
	中旬	开展生产与销售预算的编订
	下旬	预估销售费用、收入和利润目标

(续)

时间安排		工作内容
11月	上旬	整理与归总各个机构上交的预算，进行预算平衡调节，完成总预算的编订
	下旬	预算委员会对总预算给予审核
12月	上旬	董事对总预算给予审批
	下旬	完成对预算指标的分解以及落实

万科在预算的初始编制方面，重点放在现金流量的预算编制上，具体流程如下：首先，根据总预算确定现金流量年度持有额，并将指标进行分解，明确各个项目机构的现金流量；其次，根据生产运营的具体现状，平衡月度现金流量，明确各个责任机构月度总额掌控指标；最后，将各个责任机构现金流量的月度掌控指标按日控制。

预算指标的逐级分解是保证预算管理有效运行的重要部分。万科的预算指标分解流程主要有两个步骤：首先，万科公司的预算委员会将获得董事会通过的预算目标进行分解，从而落实到各个业务机构（或预算责任中心），再由各个业务机构将指标划分到各个预算责任方；其次，各个预算责任方将万科下发的预算责任指标结合自身具体现状，进一步分解，划分至各个科室、车间、班组以及个人。这样就可以在公司内部构成一个指标分解系统。

（六）万科预算管理中存在的问题

1.预算管理流程不全面

预算管理流程包括预算目标制定、预算组织设定、预算编制、预算执行、问题研究、问题回馈、预算指标评判以及考核评价等，并且每一道流程都应该严格执行，如此才能达到更好的预算管理效果。然而，万科的预算管理将重点放在预算的编制、实施流程上，缺乏对预算管理的事后考核评价机制。考核评价是验证预算编订是不是合理的主要标杆，为审核评判各个机构业绩以及生产运营成果提供主要根据，也是对企业员工进行激励的一种方式。预算考核评价的缺失或者考核不力，可能造成企业预算目标不能很好地实现。

2.预算编制范围不全面

预算管理应尽可能地覆盖企业投资、资金管理、销售等所有环节，而万科的预算只针对损益类、现金流量以及投资，并未对资本负债表、预估利润表以及预估现金流量表进行编制，从而导致其预算编制不够完善。

3.预算组织设定不合理

万科实行以现金流量为核心的预算管理模式，再加上董事会对万科企业预算委员会的掌控权，导致万科在资金支出的审批上过于集权，审批的程序也过于烦琐，影响资金支出的时效性，从而导致编制的预算在执行过程中难以发挥作用。

▶案例小结

近年来,战争、贸易关系紧张等非市场化风险的出现,造成资本市场的波动性越来越大,预算管理通过专业技术结合历史经验与数据能够在很大程度上为企业未来的运营周期事先做好充足的运营准备,提升企业的竞争优势。因此,本专题以房地产企业万科为例,对其预算管理问题进行了全面分析,重点分析了万科的预算组织设置、授权审批制度、预算管理的具体内容等,并进一步分析了其预算管理过程中存在的问题,供读者学习思考。

▶复习与思考

1. 通过学习,思考影响预算管理效率的因素。
2. 阅读文献,通过对比其他房地产企业,思考万科的预算管理制度在同行业具有的优势。

案例五

瑞幸咖啡财务造假案

瑞幸咖啡于 2017 年创立,截至 2019 年底短短 3 年时间,直营门店数已达 4 507 家,数量上超过了潮流咖啡品牌星巴克。瑞幸咖啡创立仅 18 个月就成功登陆美国资本市场,刷新了一家公司从创立到 IPO 的全球最快纪录,公司股价一度高达每股 51.38 美元。然而,随着 2020 年一纸报告的揭露,瑞幸咖啡光鲜外表下不为人知的财务问题暴露人前。

企业财务造假案件不断出现,内部控制对防止财务造假行为有重要作用。本案例通过梳理瑞幸咖啡财务造假案的全过程以及后续处理结果,整体把握案件的详细节点,深入分析该公司内部控制存在的问题,引发大家对解决内部控制问题的思考。

一、瑞幸咖啡事件发展脉络

2020 年初,一家有多年经验的做空机构——浑水研究,发布了一则令人震惊的报告,该报告直截了当地指出瑞幸咖啡公布的数据存在造假行为,然而,瑞幸咖啡随后否认了该报告中所有的指控。

2020 年 4 月 2 日,瑞幸咖啡被曝出存在虚假交易,其金额高达 22 亿元人民币,因此,瑞幸咖啡的股价暴跌 85%。紧接着,4 月 4 日凌晨,瑞幸咖啡被曝造假 22 亿元的事件持续发酵,周五收盘,瑞幸股价再次大跌 15.94%。最终,4 月 7 日,瑞幸咖啡不得不宣告停牌处理,交易即刻起将一直暂停,直到完全满足纳斯达克要求的补充信息。

2020 年 4 月 3 日,中国证监会高度关注瑞幸咖啡财务造假事件,对该公司财务造假行为表示强烈的谴责。证监会指出,"不管在何地上市,上市公司都应当严格遵守相关市场的法律和规则,对于信息披露一定要真实完整。中国证监会将按照国际证券监管合作的有关安排,依法对相关情况进行核查,坚决打击证券欺诈行为,切实保护投资者权益"。

2020 年 6 月 27 日,瑞幸咖啡发布声明称,公司将于 6 月 29 日在纳斯达克停牌,并进行退市备案。

2020 年 7 月 31 日,财政部表示,已经完成对瑞幸咖啡境内运营主体的会计信息质量检查。在检查中发现,自 2019 年 4 月起至年末,瑞幸咖啡公司通过虚构商品券业务增加交易额

22.46亿元（人民币，下同），虚增收入21.19亿元（占对外披露收入51.5亿元的41.15%），虚增成本费用12.11亿元，虚增利润9.08亿元。不久后，市场监管总局及上海、北京市场监管部门，对瑞幸咖啡（中国）有限公司、瑞幸咖啡（北京）有限公司等公司作出了行政处罚。

二、瑞幸咖啡财务造假的方式

浑水研究发布的做空报告主要从3个方面怀疑瑞幸咖啡2019年第三季度和第四季度收入端财务数据存在虚增，包括夸大销售订单、销售商品数量及单位商品价格。整个证据收集过程调动了92名全职和1418名兼职人员进行实地监控，记录了981个工作日的门店流量，覆盖了瑞幸咖啡100%的营业时间，共收集到11 260小时的门店流量数据记录备份，将实地收集到的订单证据与瑞幸咖啡已公布的财务数据进行对比分析，以发现财务数据明显夸大的事项。

（一）虚增收入

瑞幸咖啡虚增收入的主要方法有两种。一种是虚构多家B端客户，以隐性的关联公司居多，这些公司经查实一部分与瑞幸咖啡的多名董事和高管存在共同投资关系，甚至有一家公司的公开电话及电子邮箱地址与瑞幸咖啡实际控制人名下的公司信息相同。虚构的B端客户进而与瑞幸咖啡虚构了大量咖啡券采购业务，瑞幸咖啡通过与这些具有关联关系的B端大客户的虚假销售，在2019年虚增了至少15亿元的收入。

另一种是利用已有的客户虚构交易。这种财务造假的方式隐蔽性更强一些，因为其业务逻辑前期已经验证过了。瑞幸咖啡还利用员工通过手机号注册个人账户，用个人购买咖啡券充值的方式制造虚假收入，2019年瑞幸咖啡2亿~3亿元的虚增收入是通过这个方式完成的。

对于与收入相对应的成本端，瑞幸咖啡通过与关联公司伪造原材料采购交易，以单杯成本为基础测算需要虚构的原材料金额，虚构对应原材料采购金额及成本结转，并向具有关联关系的供应商支付原材料购货款，该款项作为虚构销售的款项又回到瑞幸咖啡，以此实现业务流和资金流的不断循环。

随着监管力度的不断加大，财务造假越来越注重整个业务环节的逻辑性，通过业务流、证据流和资金流的三方统一应对监管，这也使得财务造假越来越难被第三方审计机构发现。

（二）虚构销售交易

瑞幸咖啡拥有完全自主研发的订单系统，管理层首先根据再融资和市值管理的业绩确定需要的营业收入目标，据此制定咖啡代金券销售数量，并安排关联公司汇入购买代金券的账款，同时通过IT手段分摊所发放的咖啡代金券，模拟咖啡消费行为，虚构销售交易。

细节方面，瑞幸咖啡通过订单跳号来减少模拟订单的难度，它们只需要简单地在财务记录中编造更多的订单即可。通常而言，数据公司或审计机构在控制测试的时候会关注订单编号的连续性及订单号的自行跟踪可能性，因此"跳订单"成为一种误导投资者的简单方法。

目前大多数审计监管机构对于互联网工具的运用还不是特别擅长，虽然IT审计的需求越来越高，但要及时发现依托互联网工具的财务造假，需要审计人员同时具备非常高的审计和IT技术两方面的能力，这方面人才的缺失也为基于互联网的财务造假方式提供了掩护。

三、瑞幸咖啡内部控制缺陷

利润指标仍然是推动国内上市公司股价的有利因素，收入指标对于纳斯达克上市公司股价尤为重要，这两个指标使得上市公司受经济利益的驱使，有了更多粉饰财务报表的动机。内部控制缺陷为财务造假提供了便利，可以说每一项财务造假案件都能追溯到相应的内部控制缺陷。

（一）内部治理结构不完善

瑞幸咖啡公布的初步调查结果，只将财务造假的责任溯及COO（首席运营官）即止。第三方审计机构——安永在调查阶段获取的审计证据表明，至少管理层CEO（首席执行官）这个层级的人员也参与了此次财务造假。另据中国监管方面掌握的证据，已经将财务造假的责任人，追溯到了瑞幸咖啡的大股东和实际控制人。由此可见，内部治理结构的不完善客观上为财务造假提供了条件。

对于以管理层为核心的财务造假，根本原因是公司在内部控制建设中缺少对管理层权力的有效制约，导致管理层的权限过大，甚至出现了管理层凌驾于内部控制之上的恶劣后果。这种以管理层为核心的财务造假一旦曝光，对公司的影响是毁灭性的。此次卷入瑞幸咖啡财务造假事件的员工、COO、CEO都被解聘，实际控制人还将面临被追究法律责任的风险。

（二）关联交易相关内部控制缺失

根据财政部2006年颁布的《企业会计准则第36号——关联方披露》的规定，关联方交易是指在关联方之间转移资源劳务或义务的行为，而不论是否收取价款。在企业财务和经营决策中，一方控制、共同控制另一方或对另一方施加重大影响，以及两方或两方以上同受一方控制、共同控制或重大影响的，构成关联方。

关联交易行为在上市公司生产经营中非常普遍，尤其是工业企业。主要原因是大股东在公司中的地位非常容易陷入"一人独大"的局面，使得管理层存在利用关联交易操纵利润的动机。瑞幸咖啡的原材料供应商以及购买咖啡券的客户，两家公司的实际控制人皆为同一自然人。从2019年5月至11月，其关联方以大手笔订单方式购买咖啡代金券100多次，每次订单金额高达90多万元。

对于上述频繁发生且反常的关联交易，瑞幸咖啡内部控制建设并未进行有效识别，任由企业将资质存在瑕疵的客户或供应商引入业务体系，为业务部门通过关联方交易进行财务造假提供了便利。

（三）内部监督管理低效

企业对内部控制体系的建立与实施情况进行监督检查，称为内部监督，以此评价内部控制的有效性，一旦发现内部控制缺陷，应当及时加以改进。缺少了内部监督，整个内部控制体系就无法形成闭环，内部控制建设将无法发挥真正的意义。

从瑞幸咖啡自行以及第三方监管机构披露的信息来看，不论是员工还是关联方实施的财务造假，最早可以追溯至瑞幸咖啡上市前的四五月份。如果说第三方审计机构可以以暂未进行年度报告审计为由推脱其监管责任，那么企业内部控制部门自始至终并未提出过预警则属于严重失职。

（四）IT 审计执行不全面

瑞幸咖啡拥有自主研发的订单处理系统，这个系统为业务部门实施财务造假提供了工具。随着互联网的发展，越来越多的企业建立了专属的数据处理平台，也对内部控制建设提出了新的要求。参与 IT（信息技术）及其系统开发的过程是内部审计师的必要职责，要重点考虑关于软件的监督、修改、可靠性及软件测试等问题。也就是说，内部控制部门应该在初期参与系统开发，对于系统框架的设计、系统内数据的处理及修改方式等进行审查，在计算机系统中建立一定的控制程序，并保留审计线索，同时应定期对系统设置变更进行审查。

系统建设中内部控制的关注点集中在业务数据的一致性、连贯性和可靠性，瑞幸咖啡自行修改了订单系统的编码规则，改变了订单需连续编号的设置，允许订单跳号处理，然而，内部控制人员未保持应有的警觉，导致业务部门通过 IT 手段造成财务造假现象的更加泛滥的后果，增加了监管部门核查相关信息的难度。

四、完善瑞幸咖啡内部控制的建议

1972 年，美国审计准则委员会（ASB）发布了《审计准则公告》，该公告对内部控制给出了如下定义："内部控制是在一定的环境下，单位为了提高经营效率、充分有效地获得和使用各种资源，达到既定管理目标，而在单位内部实施的各种制约和调节的组织、计划、程序和方法。"内部控制目标包括五部分：保证经营活动的经济性、效率性和效果性；保护资产的安全完整；保证会计信息资料的正确可靠；防止和发现舞弊与错误；确保经营方针的贯彻执行。

内部控制建设对于企业的发展有着非常重要的作用，科学的内部控制不仅能够不断提升企业的管理效率，更能有效防控财务造假。内部控制建设既包括内部控制设计的科学性、合理性，也包括内部控制执行的有效性。尤其是在执行内部控制的每一项工作过程中，有效的反馈和监督也是非常重要的保证措施。因此，内部控制建设对企业的重要性不言而喻，是不可替代的企业管理手段，必须得到企业的重视。

（一）落实企业内部控制的全面性及重要性原则

内部控制建设应遵循全面性原则，包括过程的全面性和人员的全面性两个方面。内部控制是全体员工参与的过程，员工是内部控制的第一道防火墙，管理层只有具备较强的内控意识才能真正让内部控制体系的作用发挥得更好。

在全面性控制原则的基础上，内部控制建设应该针对企业重点业务和具有较高风险的事项，如管理层舞弊、关联交易、财务造假等，制定更加详细或特有的内控措施，以防范重大风险。重要性原则要求公司在风险评估的基础上，综合分析风险影响程度，对于"重要、灾难性"的风险重点防范。

全面性和重要性两个原则应始终贯穿内部控制建设的全过程，主要体现为内部控制目标的设定、内部控制的范围、内部控制的执行和监督。不放过任何高风险的领域,也要考虑成本效益原则,将重点放在关键的业务和事项上。

(二)强化企业内部控制意识,加大对管理层及员工的内部控制培训

提高全员的内部控制意识是内部控制充分发挥作用的基础,首先是法律层面,要求公司高管增强法律意识,提高职业道德素养;其次是职业道德层面,加强对企业员工的诚信管理,通过定期培训提高企业的内部控制意识和职业道德水平,一定程度上可以遏制上市公司因利益驱使而进行的财务造假行为。

具体有以下几种措施。①编制详细的企业内部控制基本规范,让企业内的每个员工都能时刻了解和执行相关规定,从而建立合理、科学的内控管理体系,为企业的健康持续发展提供助力。②加大内部控制在相关会议中的宣传力度,定期通报内部控制相关的典型案例,包括正面的和负面的,不断地让员工认识到内控管理的重要性。③对于企业高层领导者,需要使他们明确自身对企业内部控制建设负有不可推卸的责任,要求他们全面参与到内部控制建设过程中。

(三)完善公司治理结构,成立企业内部控制管理机构

国内上市公司要求建立审计委员会,并直接汇报给董事会,以保证内部控制部门的独立性,形式保障的同时要强化实质上的独立性和客观性。主要可以采取以下几种措施。①强化公司的内部治理机制,要尽量减少职权的交叉,重点加强对公司高管权、责、利的制衡。②进一步提高董事会和监事会的独立性,避免董事和高管联合操纵公司。③要注重优化公司股权结构和董事会结构,避免股权过度集中于个别股东手中,从而避免"一股独大"局面的出现,另外也要防止股权过度分散和不稳定致使股东无法联合起来对高级管理人员实施有效影响。④成立企业内部控制管理机构,通过实施定期内部控制评估计划及召开公开通报会议等,加强对公司治理及经营过程的监督,并辅之以外部机制建设,通过加强与外部约束力量的沟通,提高对企业的监管效力。

(四)保障内部控制有效执行

俗话说:"没有规矩,不成方圆。"企业在设置一系列内部控制活动前,首先要制定相关的内部控制制度,这是内部控制活动得以有序开展的基础。企业制定内部控制的制度规范时,应将企业内部控制活动的内容、流程、处理措施以及相关部门和负责人的职责义务纳入其中。制定完备的内部控制活动相关制度,是内部控制活动有效进行的前提与基础。

在很多企业的内部控制建设过程中,企业往往已经制定了比较完整的内部控制相关制度,覆盖范围也比较全面,但是往往存在制度过多、执行无人的现象,所以说,有了制度规范,并不等于内部控制活动就可以顺利开展。企业建立相关规范对内部控制活动的开展是必要的,但同时也必须依赖于企业的执行力。如果企业员工对于内部控制的认识或重视不够,则会导致内部控制活动效果不理想,因此,企业必须通过培训和宣讲逐步提高员工的思想认识。

基于此,加大监督和处罚力度也是具有决定性作用的,如果企业对内部控制违反事项处罚的力度不够,就不能对企业和管理人员形成足够的威慑力。例如,针对财务造假事件,公司相

关制度应与国家法律保持高度一致，一旦发现造假，立即启动"零容忍"机制。此外，制定相关的内部控制绩效考核指标，并设置相应的奖励惩罚举措，落实企业的奖惩考核机制。针对不合理行为或违规行为，可以采取扣减绩效工资、降职、辞退等人力资源管理手段，以此警醒其他企业员工严肃执行内部控制制度。

（五）提高内部控制人员的业务能力

新时代对内部控制人员提出了新的要求，不仅要求内部控制人员要具备过硬的业务素质，掌握扎实的专业知识、熟练的业务技能，能够快速、准确地发现企业存在的传统内控问题，还要与时俱进，在内部控制团队中配备法务会计人员及IT审计人员，能够利用大数据等信息技术构建财务舞弊识别模型，提升发现内控缺陷及财务舞弊行为的能力。同时，注重培养内部控制人员的职业道德和素质，树立强烈的社会责任感，做到在利益诱惑面前公正廉洁、遵纪守法。

内部控制的建设与执行是企业制度建设的重要组成部分，更是企业规避风险、规范管理及实现战略目标的必要手段和保证。以识别和防范财务造假为重点的内部控制建设，更是企业，尤其是上市公司得以健康稳定发展的基石。建立健全适当而有效的内部控制不仅是现代企业管理的要求、法律的要求，也是社会诚信监督体系的要求，更是企业预测防范风险、面临风险时权衡企业利益和股东利益最大化的选择结果。

▶案例小结

本案例首先介绍了瑞幸咖啡财务造假事件的来龙去脉，剖析其造假的方式以及企业的内部控制缺陷，最后为完善瑞幸咖啡内部控制提出相关建议，供大家学习。

"知错能改，善莫大焉"，人如此，企业也是如此。瑞幸咖啡陷入财务造假的"泥沼"之后，并没有一蹶不振。2022年6月6日，瑞幸咖啡在官博上宣布，截至2022年6月，瑞幸咖啡全国门店数量已突破7 000家，覆盖北京、上海、广东等28个省级行政区。从声名狼藉到重新开始，瑞幸咖啡能够及时认识到内部控制各方面的缺陷，并采取有效的手段及时止损，背后的付出值得大家学习。

▶复习与思考

1. 瑞幸咖啡存在哪些内部控制缺陷？应该如何完善？
2. 查找资料，探究瑞幸咖啡面临财务危机时的风险管理措施，并分析其蕴含的风险管理理论。
3. 瑞幸咖啡在造假事件过后是如何一步步"自救"的？请查阅相关资料了解并学习。

案例六

行政事业单位内控建设案例

行政事业单位一般是指以增进社会福利，满足社会文化、教育、科学、卫生等方面需要，提供各种社会服务为直接目的的社会组织。行政事业单位履行的是执法监督和社会上的一些管理职能，一般不以营利为直接目的，其工作成果与价值不直接表现或主要不表现为可以估量的物质形态或货币形态。事业单位是相对于企业而言的，事业单位包括一些有公务员工作的单位，是国家机构的分支。我国的公立学校就是最典型的行政事业单位。

行政事业单位相对于企业而言，内部控制管理起步较晚，发展也较慢。为了强化行政事业单位内部控制体系建设，财政部印发了《行政事业单位内部控制规范（试行）》，之后又发布了《关于全面推进行政事业单位内部控制建设的指导意见》，标志着内部控制体系建设在行政事业单位全面铺开。自此，各行政事业单位内部控制建设工作得到积极推进，也取得了初步成效。目前，虽然大多数行政事业单位都实行了内部会审制度、不相容岗位分离制度、严格批准和执行制度等，但行政事业单位的内部控制建设还存在一些问题，需要引起单位重视并加以改进。

本部分将借鉴周亚男（2023）构建的某街道办事处案例，通过分析该案例单位的内部控制体系顶层设计与落地之间的障碍进行深度思考，结合行政事业单位内部控制理论，立足实地，全面分析行政事业单位内部控制实践。

一、S 街道办事处内部控制建设现状分析

（一）S 街道办事处基本情况

S 街道紧邻内环，辖区总面积 4.73 千米^2，常住人口 11.5 万，其中户籍人口 8.1 万，目前共有 27 个居委会。S 街道党工委是区委的派出机关，根据区委的授权，负责街道辖区的经济、政治、文化、社会、生态文明和党的建设等工作，是地区社会治理的领导核心；S 街道办事处是区政府的派出机关，依据法律法规的规定，代表区政府行使相应的综合管理职能。

S 街道办事处主要职能如下。

（1）加强党的建设。落实基层党建工作责任制，加强基层服务型党组织建设，统筹推进区

域化党建和"两新"组织党建、居民区党建工作,实现社区党建全覆盖,提高党建工作的有效性。

(2)统筹社区发展。统筹落实社区发展的重大决策和社区建设规划,参与辖区公共服务设施建设规划,推动辖区健康、有序、可持续发展。

(3)组织公共服务。组织实施与居民生活密切相关的社区公共服务,落实人力资源和社会保障、民政、教育、卫生健康、体育等领域相关政策。

(4)实施综合管理。对区域内城市管理、人口管理、社会管理等地区性、综合性工作,承担组织领导和综合协调职能。

(5)监督专业管理。对区域内各类专业执法工作组织开展群众监督和社会监督。

(6)动员社会参与。动员各类驻区单位、社区组织和社区居民等社会力量参与社区治理,引导驻区单位履行社会责任,整合辖区内各种社会力量为社区发展服务。

(7)指导基层自治。指导居委会建设,健全自治平台,组织社区居民和单位参与社区建设和管理。

(8)维护社区平安。承担辖区社会治安综合治理有关工作,处理群众来信来访,反映社情民意,化解矛盾纠纷等。

(9)做好国防教育和兵役等工作。

(10)法律、法规、规章规定的其他职能和区人民政府交办的其他事项。

(二)S街道本级机关组织架构现状

S街道本级机关内设15个党政机构,分别是党政办公室、社区党建办公室、社区自治办公室、社区管理办公室、社区服务办公室、社区平安办公室(信访办公室)、社区队伍建设办公室、社区综合事务办公室、监察办公室、司法所、武装部、工会、团委、妇联、人大代表联络室,核定编制63名。其中党政办公室负责归口管理街道本级机关及下属居民区的预算、收支、政府采购、合同、工程建设项目、资产业务,其他科室根据职责划分,各自负责条线工作,每个科室指定一个报销岗负责本条线的报销工作。27个居委每个居委指定一个报销岗负责本居委的报销工作。

(三)S街道内部控制体系建设启动情况

(1)成立内部控制领导小组以及工作小组。S街道成立了以单位领导班子为主要成员的内部控制领导小组,其中办事处主任为组长、各党工委委员为副组长、部门负责人为组员,领导小组下设内部控制工作小组,负责牵头指导内部控制建设工作,其中纪工委书记兼任办公室主任,财务负责人兼任办公室副主任,办公室成员为具体负责财务、资产管理、工程建设项目和政府采购等主要经济业务以及内审工作的工作人员。

(2)建立"三重一大"集体决策机制。S街道制定了《党工委"三重一大"事项集体决策制度的实施细则》,规定重大决策、重要人事任免奖惩、重大项目安排和大额度资金使用事项,必须由领导班子集体做出决定,并对议事规则和议事程序进行规定,以提高决策水平,防范决策风险。

（3）制度体系基本覆盖全部重要经济业务。S 街道本级现有制度覆盖了预算、收支、政府采购、资产、工程建设项目以及合同六大经济业务，同时在内部审计方面，建立了《内审工作管理办法》。

二、S 街道办事处内部控制存在的问题

（一）单位层面内部控制存在的问题

1. 不相容岗位未有效分离

（1）银行对账不相容岗位未有效分离。银行对账工作等不相容岗位未有效分离，目前 S 街道财务部门有 3 位工作人员，分别是 1 位财务主管、1 位会计和 1 位出纳人员。实际银行对账工作由出纳负责，未能实现单位"钱、账"分离管控。银行对账工作实际是财务工作监督检查的一种方式，通过银行流水与会计账核对，发现钱与账的差异，以此对单位资金的使用起到复盘检查的作用，出纳本身存在隐瞒支付错误或掩盖舞弊的动机，若由出纳对账，则不能形成良好的控制效果。

（2）固定资产采购与验收未有效分离。目前 S 街道仅有 1 位固定资产管理员，负责街道的固定资产采购、验收入库与后续固定资产管理工作。S 街道存在固定资产采购与验收不相容岗位未有效分离的情况。因机构定编限制，新增人力不现实，因此无法通过新增岗位来实现采购与验收的职责分离，也无法完成定期盘点工作。

（3）合同审批与用印未有效分离。单位内部由合同章保管岗负责把控合同审批单流转，将审批单传递给各位审批人员签字并负责后续用印，未实现审批与用印职责有效分离。

2. 内审人员非专岗且专业胜任能力不足

目前 S 街道未单独设置内审部门，内审工作由机要秘书兼任，负责和外部审计对接，主要审计工作由街道委托第三方事务所完成。该内审人员无学历专业背景、无内审专业资质，专业胜任能力不足可能影响内审工作的质量。但由于机关定岗定编的限制，S 街道办无法新增内审岗位，且无其他财务或审计专业背景人力能独立负责此项工作，可能影响单位审计工作质量。

3. 制度缺失方面的问题

（1）根据《中共中央 国务院关于全面实施预算绩效管理的意见》，单位预算管理应结合全面绩效，预算编制应提交绩效目标，中期应及时跟踪执行进度，项目结束后应进行绩效评价及结果应用。实际上，单位预算管理制度未结合全面绩效的内容，未对绩效目标编报、预算跟踪、绩效评价与结果应用方面进行规定，预算管理制度脱离实际。

（2）财务收支管理制度中缺少对银行账户、银行对账、现金、公务卡、印章方面的要求（因银行账户、现金等虽然在性质上属于资产，但在实际管理中，属于财务部门管理，因此将资金、财务章、公务卡等与其他资产剥离，纳入财务管理业务，提高制度实用性）。

（3）固定资产采购缺少验收环节，固定资产管理办法缺少报修、清查盘点和处置环节。

（4）政府购买服务缺少验收结项环节，无法对第三方服务质量把控，也无法对第三方履行合同形成有力约束。

（5）工程项目管理办法缺少项目立项、验收与移交、工程档案管理环节。

（6）合同管理办法中，未规定合同需经法务审核，可能造成合同条款存在法律风险或条款内容不能保障单位合法权益的风险。

制度的缺失导致实际业务办理存在无据可依的乱象，实际业务不规范或错误增加，无法落实责任，部门间相互推诿，业务运行效率低下等问题亟待解决。

（二）业务层面内部控制存在的问题

1. 预算方面，存在部分项目预算执行率低的情况

原因分析：①预算编制不合理，未按照年初工作计划编制预算，或预算测算与实际偏差较大；②未定期分析预算执行率，未能及时掌握预算执行进度从而对项目的开展情况进行整体把控，导致工作未按计划开展，资金未按项目进度支付；③未及时调整预算，年中预算调整时，未能结合实际工作安排预估资金使用计划，未及时申请调整预算，导致财政资金的闲置浪费。

2. 收支方面，存在费用报销不合规的问题

对于购买服务支付缺少结项验收材料、办公经费报销的材料不合规的问题，除了因为费用报销细则制定得不规范、不细致外，也存在审核审批把关不严的原因，虽然内部设置了审核审批的环节，但各个审核岗位不清楚应在哪些审核点上进行把关，审批流于形式，财务人员在审核报销材料时，把关不严格。一份完整的报销材料，各项材料应该相互印证，应体现整个事项从申请审批，到执行、验收的逻辑闭环，才能完整地证明支出事项的合规性、真实性，防范资金使用风险。

3. 采购方面，存在单位自行采购的项目不规范的情况

虽然单位针对政府采购限额以上的货物、服务及工程制定了相关制度，但针对政府采购范围以外或限额以下的自行采购部分缺少把控。存在政府采购范围以外或限额以下的货物及服务，未经过比价、询价，采用直接委托或沿用以前年度供应商及合同价格的方式进行，采购价格未经市场验证，存在采购金额不合理导致浪费财政资金，以及采购过程不规范的风险。

4. 固定资产方面，固定资产账实不符情况普遍存在

S街道固定资产管理普遍存在有实无账、有账无实的情况。因S街道固定资产分散在机关本级及下设27个居委会内，难以集中管理。居委会工作人员流动性高，存在交接工作不到位的情况。且街道仅1名同时负责固定资产采购、验收、后续管理的工作人员，人力不足以支撑定期全面盘点清查工作，导致未及时完成盘点工作，可能未及时发现固定资产管理漏洞，存在国有资产流失的风险。

5. 工程项目方面，存在部分工程项目未保留质保金的情况

工程项目在竣工验收之后，应保留一部分质保金，待工程质保期结束，验收合格后，支付

给施工单位。实际街道的工程实事项目，未保留质保金，在工程竣工验收后支付全部尾款。若质保期内出现工程质量问题，则不能对施工单位形成有效约束。

6. 合同管理方面，存在合同审批不规范的情况

发现单位存在某采购合同未按照审批单上法务意见修改合同条款，经调查，实际该单位合同审批通过线下纸质审批单进行，保管合同章的人员负责跟进合同的审批单传批流程，因合同经办人催办，未等审批完成，合同章保管岗提前盖章交与经办人，再补齐审批手续。

三、S 街道办事处内部控制整改建议

（一）单位层面现存问题对应的整改建议

1. 不相容岗位未有效分离的整改建议

（1）针对银行对账不相容岗位未有效分离。

建议：银行对账工作由会计负责，发现差异及时查找原因，对于因未达账项导致的差异进行调整并编制余额调节表，交会计主管审批。若发现异常事项，应及时上报财务分管领导及领导班子，加大资金管控监督力度，保护财政资金安全。

（2）针对固定资产采购与验收未有效分离。

建议：根据《行政事业单位内部控制规范（试行）》，对于实际确实无法进行不相容岗位分离的人员，进行专项审计，委托第三方会计师事务所对固定资产管理员进行审计，降低不相容岗位相互牵制的问题。

（3）针对合同审批与用印未有效分离。

建议：合同章保管岗不得参与合同文本审批流程，由合同经办人把控，降低合同越权签署、合同审批规范性不足的风险。

2. 内审人员非专岗且专业胜任能力不足的整改建议

建议：内审人员提高汇报层级，直接向领导班子汇报审计工作；定期参加财政局组织的内审培训，提高业务胜任能力；外审机构连续承接单位审计业务不得超过 5 年，以降低审计风险。通过以上几类措施降低单位审计人员专业性不足或审计工作非专岗负责的风险。

3. 制度缺失方面的整改建议

（1）依据《国务院关于进一步深化预算管理制度改革的意见》（国发〔2021〕5 号）、《项目支出绩效评价管理办法》（财预〔2020〕10 号），预算单位对绩效目标编报、预算跟踪、绩效评价与结果应用方面进行规定。

（2）依据《关于加强和改进基层会计管理工作的指导意见》（财会〔2013〕12 号）、《关于加快推进公务卡制度改革的通知》（财库〔2012〕132 号）等，在财务收支管理制度中补充对银行账户、银行对账、现金、公务卡、印章方面的要求，明确银行账户开销变、银行对账、现金管理、公务卡、财务章管理的责任岗位和流程。

（3）依据《行政事业单位资产清查核实管理办法》（财资〔2016〕1 号）、《地方行政单位国

有资产处置管理暂行办法》（财行〔2014〕228号）等文件，在固定资产采购制度中补充验收的岗位职责及验收标准，明确验收单据；补充固定资产报修、清查盘点和处置环节的责任部门和岗位，对于无法自行完成盘点工作的，通过购买服务的方式委托第三方进行，对于需报废的资产，委托第三方进行评估并报财政、国资等监管部门批复后方可处置，若存在残值收入，应及时上缴国库，并调整账务。

（4）依据《关于推进政府购买服务第三方绩效评价工作的指导意见》（财综〔2018〕42号），在政府购买服务管理制度中增加购买服务绩效评价环节，在服务结束后及时对第三方的服务情况进行评估，形成《购买服务绩效评价报告》，作为支付尾款的证据，对于未按合同履约的第三方酌情扣除部分尾款进行支付，不得支付全部合同尾款。

（5）依据《国务院办公厅关于开展工程建设项目审批制度改革试点的通知》（国办发〔2018〕33号）、《城镇保障性安居工程财政资金绩效评价暂行办法》（财综〔2015〕6号）、《建设工程价款结算暂行办法》（财建〔2004〕369号）等文件，在工程项目管理办法中补充项目立项、验收与移交、工程档案相关内容，项目结束后开展绩效评价并落实结果应用。

（6）依据《行政事业单位内部控制规范（试行）》、支付采购等相关文件中对采购合同的要求，在单位合同管理办法中，明确所有单位对外签订的经济合同均需要法务审核，若是简单的、金额较小的经常性项目，可使用经法务审核条款后的制式合同。若项目单位无法务人员，可通过购买服务的方式委托律师事务所提供法律服务。

（二）业务层面现存问题对应的整改建议

1. 预算执行率低的整改建议

建议：①预算编制结合实际情况，预算测算提供翔实的数据支撑或评估，如提供三方比价数据、预算评审报告；②每月分析各项目预算执行率，对未按计划开展的项目，或资金支出慢的部门及时通报，督促它们按计划开展工作，及时执行预算；③对于确定无法按照预算支出的部分，各业务部门应及时报财务部门，申请调整预算，避免财政资金的浪费，从而提高预算执行率。

2. 费用报销不合规、报销材料缺少验收材料、审批流于形式的整改建议

建议：除完善费用报销细则，明确各报销事项需提供的表单及内容外，还需明确各审核审批岗的审核要点，落实各岗位的审批责任，财务人员需审核报销材料附件的完整性，对于不符合报销规定的事项，严禁支付。

3. 政府采购限额以下由单位自行采购的项目不规范的整改建议

建议：单位内部制定自行采购制度，对政府采购目录以外，限额以下的部分的采购范围、采购方式、合同签订及资金支付等进行规范，对于金额较大的项目，应采用三方比价、询价的方式提高采购价格合理性，比价或询价记录应作为支付凭证的一部分。

4. 固定资产账实不符的整改建议

建议：针对内部资源有限的单位，无法自行完成资产全面盘点工作的，可以委托第三方机

构进行全面清查，查清账实不符的原因，对于因使用不当或管理不善等人员原因造成损失的，根据相关规定追究当事人责任，对于待报废的资产，由第三方评估机构出具评估报告，监管部门批复后，进行报废，上缴残值收入并调整账务。

5. 工程质保金管理不规范的整改建议

建议：在制度中明确，工程项目必须保留部分质保金，待质保期结束后，无未决事项的前提下，办理质保期验收，并将验收报告及领导批复文件作为支付凭证，以保障第三方能够按照合同约定履约。

6. 合同审批不规范的整改建议

建议：合同章保管岗不得参与合同文本审批流程，建议由合同经办人把控，印章保管岗根据完整的审批流程文件盖章。

▶案例小结

内部控制是一个循序渐进、循环往复的动态过程，非一次内部控制体系建设就能一劳永逸。行政事业单位每年应及时根据外部政策、指导意见等上级部门发布的文件，以及内部业务调整、岗位变化，及时评估现有制度是否需要重新调整，并结合实际重新修订，以避免原有制度脱离实际，不符合上级部门要求的情况，避免内部业务无据可依、无迹可查。针对单位业务人员对制度掌握力度不足导致制度执行不规范的情况，各部门应加强宣导，组织制度内容专题培训、内部控制专题培训，提高单位业务人员及领导的风险防范意识，财务人员应把好最后一道支付审核关口，对报销凭证完整性负责。

▶复习与思考

1. S街道办事处单位内部存在哪些内部控制问题？未来如何完善？

2. 除单位内部原因，单位外部是否存在某些原因共同造成了单位内部控制缺陷？

第五篇

学术研究

文献综述一　内部环境建设
文献综述二　风险评估
文献综述三　控制活动
文献综述四　信息与沟通
文献综述五　内部监督

文献综述一

内部环境建设

内部控制环境是董事们做出建议和监督权力的信息源头和场所（Sun et al.，2012），更是公司成长的"土壤"。瞬息万变的资本市场和飞速发展的经营环境源源不断地滋生新的问题，如何建立高效稳定的内部控制环境引起了学术界激烈的探讨：究竟公司应该建立怎样的内部控制环境？内部控制环境在新时代与传统意义层面有何区别？实现内部控制环境为企业赋能需要把握哪些要素及条件？思考这些问题，有助于我们更系统地研究内部控制环境变化对公司内部控制与风险管理的影响，加深我们对风险规避、降本增效和公司成长的理解。

国内外学者从不同视角探讨了上述问题。例如，代理理论解释了董事会权力分配对公司业绩的影响，并分析了董事特征与领导者更换关系（Yang，2014；Hillman et al.，2006），信号理论重点关注影响审计师变更的因素（Barton，2005；Abbott et al.，2013），高管梯队理论指出高管背景特征带来不同的公司行为，涉及战略、投资、研发等多个方面（Fraser et al.，2006；Peng and Wei，2007；姜付秀等，2009）。不同层次的文献暴露出研究碎片化的特征，依托不同理论和视角对同一现象产生的矛盾观点和不同结论（Bedard et al.，2014；Brouck et al.，2018）；不同年代的文献反映出研究断层式的问题，对不同研究方向和话题彼此之间的内在联系关注较少，对待同一问题研究人员也缺乏接力式协作研究；不同地区的文献呈现出地缘性的属性，多元化的国家意识形态、地理特征及民族信仰往往催生差异化的文化风俗与社会环境，进而引发不同的内部控制问题。美国COSO整合框架在1992年将内部控制作为组织管理的重要部分，是保障工作效率和财务报告可靠度的有效手段。

相比于成熟的国外资本市场，高速发展的国内资本市场仍处于新兴阶段，相对不完善的资本市场使得复杂的公司治理环境受到多种因素和动机的共同影响，导致出现较多的管理漏洞。应如何更系统地分析内部控制环境并基于中国情境开展更加深入细致的研究？本文献对国内外内部控制环境研究中的相关研究成果进行梳理，并分析其背后的研究动机和经济后果，以期为中国情境下的内部控制研究提供理论和经验支持。

一、组织架构层面的研究

在经历了亚洲金融危机（1997—1998）和西方世界全球金融危机（2008）之后，人们认识到公司治理原则的重要性，金融丑闻和公司欺诈的背后是企业治理原则实践的失败（李成 等，2016）、缺乏优秀的董事会结构（谢志华 等，2011）和内部较差的信息透明度等问题（刘彬，2014；Gupta and Sharma，2014）。内部控制的公司治理原则明确提出了由首席执行官、董事长、内部董事和外部非执行董事组成的董事会结构，以促进内部控制做出良好的决策。公司内部控制环境一般具有三个显著特征，使它区别于其他环境：第一，内部控制环境的形成相对简单，主要受到组织战略、人力、文化和责任等层面的内在因素影响，创造价值和提高效率是公司内部控制环境塑造的主要动力；第二，内部控制环境可通过人为创造，与外部环境相比具有相对稳定性和适度封闭性；第三，组织间内控环境的差异本质上是不同价值观和所有者意志的体现，但其可模仿性使它具备普适价值。

从理性经济人视角来看，满足股东或公司利益最大化成为董事会成员选择的最大权重标准，因为董事会成员的监督身份和监督效用直接决定了经理层和大股东之间的利益一致性，董事会作为公司"脑组织"对内部控制环境建设的开展起到决定性作用，这也是代理理论的假设原则（Jensen and Meckling，1976）。需要注意的是，董事会成员权力过大会增加大股东侵害中小股东权益等行为发生的概率，如何有效平衡组织架构之间的博弈成为国内外学者研究的重点。谢志华等（2011）认为董事会结构合理性的评判应当以决策效率是否提高为标准，互补性质的董事会结构值得提倡。因为董事会的监督和咨询职能一定程度上会改变内部控制缺陷的认定标准，为了弥补信息不对称劣势造成的影响，严格的认定标准对外部董事发挥效力的作用对利益相关者保护自身权益而言至关重要（谭燕 等，2016）。Klijin 等（2013）对国际合资企业董事会治理的研究发现，董事会承担的控制和协调功能水平对国际合资企业的表现具有积极影响，对于复杂的终端市场重叠交易，董事会的谈判议价能力显得尤为突出。董事会成员的纵向兼任在不改变董事会结构的同时给公司治理提供了方便，例如，CFO（首席财务官）兼任内部董事能够强化董事会监督职责，对解决 CEO 权力集中、国企代理问题和弥补外部治理缺陷有积极影响（孙光国、郭睿，2015）。因财务舞弊受到上交所和深交所谴责的公司会损害公司声誉，其董事会在公告前一年和公告后第三年期间通常会发生较大变更，出于传递积极信心、关注审计努力和划清前任董事工作界限的目的，会对审计师变更造成一定影响（刘明辉、韩小芳，2011）。对于资本市场的监管和公司治理同样有重要意义的是关于董事会秘书身份定位的研究。由于信息披露对于企业财务信息质量等方面具有较大影响，多重身份的董事会秘书在信息披露环节发挥的作用远大于单一身份的董事会秘书，该效果在治理环境或信息环境较差的公司更加明显（卜君、孙光国，2018）。

削弱内外部环境不确定性从而起到保护作用是资源依赖理论的目的之一，而为公司发展提供附加的关键资源也尤为重要（Pfeffer and Salancik，1978）。从嵌入视角来看，董事联结行为构成董事网络，而董事网络属于社会网络的一部分（Granovetter，1985），社会资本更多的是对董事公司治理职能的反应。谢德仁和陈运森（2012）分析了董事网络与独立董事的关系，他们发现声誉激励是主要的治理动机，治理能力则主要通过独立能力和专业胜任能力进行衡量，对董事网络的计算和研究缓解了"过度社会化"和"低度社会化"的方法论个人主义极端，对提升公司治理有效性具有借鉴意义。然而，研究董事的知识资本比研究董事会的结构和组成要困难得多，因为它独立于企业内外部资源并具有无形性，董事的知识资本主要来源于公司独特的董事会主体和关键机制，由其他关联方产生且不依赖主要雇员（Berezinets et al., 2016），即知识、技能、能力、经验和董事会成员可能拥有的联系所贡献的价值。麦肯锡也表示愿意为符合良好国际治理标准的新兴市场公司的股票支付更高的溢价，这说明未来选择董事会成员将更加关注受选者的知识资本，而如何去衡量该指标也会成为学者重点关注的话题。董事作为公司股东和实际控制人的代表，在行使监督职权的同时给公司带来了社会资本、知识资本、收购经验等资源，审计委员会合理的成员选拔和人员比例则能够对组织结构失衡和权责分配欠妥起到缓解作用，达到降低机会成本的目的。具体地，董事的知识资本会通过董事网络的方式得以体现，例如，董事会委托审计委员会提供财务报告和披露信息，对公司治理透明度和准确性、审计有效性、控制系统稳健性、反欺诈水平、道德和系统的合规性以及审查举报人机制的功能做出保证（Alhaji, 2012）。有研究发现更加清晰的董事会非正式层级可以增加企业资本结构的调整速度并减少偏离度（王晓亮、邓可斌，2020），但金字塔层级弱化了现金持有竞争效应，造成过度依赖外部融资，在不确定性较大的环境中更加明显（刘慧龙 等，2019）。董事会成员会因为相似特征互相吸引形成内部联结，高度的内部联结降低了独立董事对企业税收规避监督的力度，CEO和独立董事联结下相对激进的税收规避和适当的放松监管能够提升企业价值（李成 等，2016）。但我们认为有限度地放松监管和缓和的税收规避在企业可持续和社会责任承担方面具有积极意义。为了进一步探究如何提高高管团队稳定性，张兆国等（2018）通过实证研究对产权性质的分析发现，非国有企业高管团队稳定性可以通过股权激励和老乡关系得以增强，但货币薪酬和校友关系则在国有控制公司更显著，高管团队稳定性对企业技术创新绩效具有积极影响。

近年来，审计委员会成员的独立性、经验和知识成为研究的重点，Collier和Zamam（2005）通过对欧洲16个国家的审计委员会研究发现，这些国家的公司绝大部分虽然都拥有审计委员会，但在成员资格、独立性、财务资格和会议频率方面的规范并不一致。同样，审计委员会在财务报告、外部审计员选择、内部控制和风险评估方面的更广泛作用并不总是明确的。在内部控制审计制度方面，国内反腐意识和反腐制度虽然被提上日程并且取得较大进展，但宏观层面的制度建设仍有待提高。尽管代理问题的源头通常发生在管理层，但是高管和控股股东总能找到以权谋私的突破口，如在职消费、操纵股票、盈余管理、资产转移等，然而内部控制审计制度的确有力打击了管理层的显性腐败，尤其是在国有上市公司，给权力异化戴上了枷锁（池国华 等，2021）；另外，具有时效性的法规能够对高管的隐性腐败产生震慑作用，而财务报告鉴证准则等规定对财务信息的准确性和市场环境的维护也具有正向作用。澳大利亚审计费用的水平、内部审计的使用与审计委员会会议频率之间存在显著的正相关关系，审计委员会的独立性、专业知识和会议频率之间存在着显著的三方交互作用（Stewart et al., 2006）。有学者认为审计委员会能够提高公司财务水平。Yin等（2012）发现会计专家的比例、审计委员会的独立性与审计委员会会议的数量之间存在显著的正相关关系，审计委员会成员之间相同的专业知识和独立性领域能够改善审计计划和结果。对新加坡上市公司财务报告质量的研究发现，如果审计委员会在会计、财务或监督方面有不同的专业知识，那么财务报告的质量将会更高（Kusnadi et al., 2015）。Baxter（2010）发现董事会组成、董事会活动、审计师类型和杠杆作用有助于提升审计委员会质量，较强的审计委员会独立性与能力有助于实现更好的内部控制

(Larry and Taylor, 2012)。而变更"污点"审计师同样对上市公司恢复声誉有重要意义，因为股权集中度会由于原审计师的处罚和变更趋于集中，能够从侧面起到进一步提高审计质量的作用（刘笑霞、李明辉，2013）。由于审计委员会的职责是与外部审计员、内部审计员和管理层进行审核和联络，过多的委托责任会增加风险（Zaman，2001），因此需要开展非正式不定期会议，使审计委员会和内部审计职能作为正式会议的补充，给审计委员会监督内部审计职能创造额外机会（Zaman and Sarens，2013）。在审计委员会质量方面，Rahim等（2015）认为为保证审计监督过程中的透明性和完整性，除了强调技术和系统的完善外还需解决伦理问题。审计师独立性、审计程序合理性和被审计单位可信任程度是现阶段内部控制较为敏感的话题，由关键审计事项披露对内部控制审计利弊分析的争论，学者们也各执一词。在内部控制审计信息质量方面，披露信息的质量主要受到管理者素质、公司财务绩效、内部控制质量等因素影响，但由于不同公司对不同影响因素存在状态依存性（胡原木、谭友超，2013），结合我国长期渐进式演变的转轨经济发展阶段，财务信息和非财务信息的披露具有异质性特点。我国东部与西部、南部与北部地区较大的经济环境和文化属性差异导致了我国上市公司建设内部控制环境的动因和经济后果比国外发达的资本市场更加复杂。

二、战略决策层面的研究

对战略资源的渴望和对专业技能的刚性需求促使公司不断强化对内部人员，尤其是决策者和管理层素质的要求。战略规划是可持续性经营的选择，建立在对内外部环境的识别和先进技术的升级基础上。理性经济预期下的宏观经济政策对公司治理的内部资源进行了新一轮的筛选，董事会和特殊员工作为一种内在资源在公司治理中发挥着日益重要的作用。例如，企业在政治关联和能力建设中明显地更倾向于前者，当跨国公司抢占高端市场并由此造成贫富差距加大时，导致本土企业的处于低端市场或沦为产品的生产者并加剧对政治关联的渴望（杨其静，2011）。从贸易网络视角来看，企业和客户之间的供销关系复杂化拓宽了企业获得信息的渠道，为了实现技术追赶和较强的议价能力，企业会充分利用贸易网络深入挖掘技术信息（孙浦阳和刘伊黎，2020）。这也证实了表外资源对财务与战略融合的重要意义，对知识产权、人力资源和组织资源的追求是无形资产财务战略的贴切反应，对实现过程控制和预算管理具有战略层面的指导意义（向显湖、刘天，2014）。而合理的董事会性别比例有助于战略实现和资源获取，良好的董事会结构可以改善或替代企业内部治理。在孟加拉国，公有制与外国所有权的公司属性以及董事会、审计委员会的机构属性成为企业社会责任披露的主要影响因素（Khan et al.，2013），Flammer和Luo（2017）发现低廉的失业成本与完善的社会福利体系带来的高额州失业保险福利相关联，当公民不再为失业带来的压力而焦虑时，员工从事不良行为的动机也会愈加强烈。因此，为了提高员工敬业度，减少员工逃避、旷工等不良工作行为，尤其是在劳动密集型、竞争压力大、利益相关者不满影响严重的行业中，公司可以将企业社会责任由原先的战略管理工具上升至员工管理工具。杨光等（2015）发现企业的生产波动率的增加导致的资本边际报酬的差距归因于调整成本，是行业内部资源配置的不足。由经济波动造成的严重资源错配使得企业投资预期无法得到满足，延缓了企业扩张的速度。国内学者也开始注意到内部资本市场的资源配置效率问题，寻租行为在一定程度上扭曲了内部资本配置（王化成 等，2011），因此建立为资本运作和资本再配置服务的经营战略和财务战略显得尤为重要。在结构性去杠杆形势下，降低对混合所有制企业的"监管重复"和"监管真空"有利于提高资产质量并约束过度投资，清理僵尸企业是降低金融体系的资金成本和实现资源优化配置的有效手段。

技术和市场需求的日新月异使得公司内部控制的关注重心开始向外延伸，不再简单地满足于战略设计，而是往更深层次的执行层拓展。从整体角度来看，相比于审计或财务会计，技术在管理会计中的应用和推广具有更普遍、更直接、更主导的特点。以在线视频公布公司新闻、CEO 线上发布收益重述等传播方式的普及正在推动公司逐渐摆脱纸质印刷的传统信息传播方式。悄然转变的公司信息传播方式也给公司带来了一定的影响。例如，投资者会对以视频发布的公司信息产生不同认知，而影响会根据 CEO 是否接受重述的责任或将原因归于外部来源而改变（Bonson and Bednarova, 2015；Elliott et al., 2012）。综合信息系统，如企业资源规划系统、管理会计系统和管理控制系统导致公司治理的基本方式产生了变化（Seethamraju, 2005），但管理会计人员需要真正认识到的是，很大程度上，自动化智能管理系统在组织中应用已经从根源上改变了管理会计和管理控制的本质（Beaubien, 2013）。例如，ERP 系统中的附加软件——智能系统，它能够统计和回答 2 900 个业务绩效问题，自动汇总超过 500 个 KPI（关键绩效指标），并完成大量的计分卡工作，可以称之为预编程的管理控制系统，它能够自动识别输入 ERP 系统中的数据，将所有的管理会计和管理控制信息快速传播到整个组织中，无论是操作经理的数字仪表板还是 CEO 的智能手机的信息，决策者可以立即获得他们正在做出决定的信息。宋华和陈思洁（2021）从核心能力视角研究了高新技术产业打造创新生态系统所需具备的系统层次的核心能力，他们认为掌握协调能力、知识触达能力和创新扩散能力是基本要求。制造业企业要在提升核心能力时充分吸收和学习普遍制度、政策安排和共性创新，结合我国独特的环境和资源基础培养不可复制或不可替代的技术能力（黄群慧、贺俊，2015）。此外，外部经济代理和运输设施之间的地理邻近性对上市公司的业务失败有决定性影响（Mariluz and Fernando, 2018），碳中和政策的出台也给内部控制增添了新的压力。我国对环境管理会计的研究还处于萌芽阶段，对数据计算和流程管理尚缺乏统一的体系，难以满足横向和纵向的有效对比。肖序和熊菲（2015）以"物质流 – 价值流"二维起点构建了 PDCA 循环的标准、流程与体系，对工业企业的环保经济效益提高起到积极作用，同时推动了我国环境管理会计的应用。

三、人力资源层面的研究

管理风格和非正式企业文化对公司经营造成持续性影响，在商品和服务的生产、分销和消费方面的可持续性问题日益挑战公司的合法性。刘笑霞和祁怀锦（2019）发现自信的管理者能够提高企业投资效率，相比于过度自信的高管造成的过度投资行为或自信不足导致的错失优质投资机会，适度自信的高管对标的资产的处理和投资机会的把握都更加优越。管理风格也是处理员工、领导层及其他利益相关者的感情和忠诚度问题的直接手段。电商时代和平台经济的发展带来了价值共毁问题，对其成因的分析与阐释大多围绕参与方个体行为展开（Corsaro, 2020；Laud et al., 2019），国家文化维度（特别是个人主义、权力距离和女性气质）决定了战略规划在推动企业创业导向方面的有效性（Bachmannn et al., 2016）。企业成立之初，领导者会为该企业注入灵魂，即以个人性格或个人愿景为出发点的独特企业文化，由此，国家文化对企业文化的影响得以彰显。肖红军（2020）通过"罗盘模型"分析了中国传统平台领导方式失败的原因，他认为新时期的责任型平台领导方式应体现去中心化、生态共治和价值共享，而不是传统的中心化、生态控制和零和博弈。对专业性较为看重的技术型高管往往拥有更多的权力，因其对专业知识和个人声誉的执着对企业的财务绩效会产生正向影响，也对企业的风险承担能力有益（朱焱、王广，2017）。此外，审计委员会成员的海归背景与内部控制质量之间的正相关关系在国有产权性质下会得到进一步强化，能够有效提高内部审计质量。Holderness（2017）则发现，一个国家对平等主义持正面态度的比例增加，意味着社会对平等，而不是对个人的等级待遇的偏好，该国上市公司的所有权变得更加集中。此外，文化对公司的所有权产生的影响某种程度上要超过国家法律的影响，因为人不会为了去违反法律而入狱，却可以打破文化的束缚或改变文化的连接关系，上市公司的大股东可以利用这点来改善劳资关系并创造价值（Muller and Philippon，2011）。

人力资源开发不仅为公司内部控制解决了主要的人才储备问题，更给公司带来了一定的社会资源。社会资本、知识资本等作为人力资源开发的附加值，给处于上升期的公司提供了新的动力。Renwick 等（2013）认为绿色人力资源可以通过多维性质来衡量，Tang 等（2018）发现候选人的人格因素（如绿色意识、责任心和亲和性）是人才选拔的基本面，具有环境价值观的员工可通过自己拥有的环境知识来提升公司环境绩效。雇主的绿色品牌，如具体的公司形象和声誉可以为求职者提供与组织价值观等方面是否契合的参考（Wild and Jones，2013），这种积极的绿色信号和正向的绿色品牌是吸引与选择潜在绿色员工的好方法。在员工培训方面，意识提高、知识管理和气候建设是重点环节，例如，中国的环境知识和价值观是驱动员工绿色行为的关键因素。对国内城市生态文明的研究发现，城市生态健康指数对跨城市劳动力流动有积极作用，教育水平、城市规模、是否沿海等原因综合体现在劳动力的收入水平上，主要会影响新一代年轻从业者的身心健康，通过对劳动力流动的观察可以促进地方政府和企业的资源配置（张海峰 等，2019）。在中国出口行业，企业体现出对女性聘用劳动者的偏好，低成本优势成为出口企业的优势（郑妍妍 等，2018），互联网劳动者的出现则将外包工作推向新的高峰，隐藏的超额劳动佐证了马克思的剩余价值理论，互联网的信用机制也能够削弱劳动者的议价能力和保障水平（杜鹃 等，2018）。因此，为员工设定绿色目标，创建绿色绩效指标，评估员工的绿色绩效，以及使用福利是绿色绩效管理的重点，Ahmand（2015）认为这将影响后续奖励和薪酬的过程及有效性，而适当的负面措施对员工非绿色行为的约束也易于绿色目标的实现（Renwick et al.，2013）。Jabbour 等（2013）指出绿色薪酬和奖励是财务和非财务指标，旨在吸引、留住和激励员工为实现环境目标做出贡献，大多数研究人员表示金钱奖励对员工的激励更加有效（Renwick et al.，2013），但包括绿色旅行福利、绿色税和绿色认可在内的经济奖励与非经济奖励并行效果可能会更好，此外，把清晰的绿色视觉、绿色学习环境、各种沟通渠道、提供绿色实践作为鼓励绿色参与的考察指标具有创新意义（Tang et al.，2018）。Huo 等（2020）对中国煤炭企业的研究发现，绿色人力资源管理将促进煤炭企业的绿色创造力，研究绿色人力资源管理也获得"美丽中国"和"双赢"战略的支持，为企业承担社会责任以及创新发展提供了新视角。

高端人才的选用作为人力资源开发的另一个重要组成部分对一个企业而言则更加重要，

对关键高管的评估和筛选涉及人力资本的价值，并且同样面临机会成本。例如，罗进辉等（2016）发现关键高管的突然去世会对公司股价造成负面影响，而负面影响的严重程度与个人拥有的权力大小成正比。在劳动力流动率较高的今天，人才的流失会阻碍资本深化的进程（宁光杰、张雪凯，2021）。董事的选择是个体向组织发展的上升过程，董事的选拔和任命的过程受到理性经济和社会因素的共同作用（Michael et al.，2012）。董事选择最终决定了董事会结构（Johnson et al.，2013），但在董事选择过程中对中心假设的多样性判断失误往往成为得到正确研究结果最大的障碍。例如，尽管研究人员都注意到董事会成员数量、性别比例、资本属性等关键话题，但他们可能没有考虑到董事会权力和状态差异或差异指数。短期业绩指标通常会得到内部董事更多的关注，而外部董事则更倾向于长期的可持续性投资与回报，对公司短期的经济表现兴趣不大（Johnson and Greening，1999）。挪威的董事性别配额受到现有性别福利政策、劳动力市场、权力政治联盟等原因影响（Terjesen and Aguilera，2015），较好的社会福利水平、倡议男女平等的历史和左倾的政府党派成为董事会制定性别配额立法的最大助力。Gregoric 等（2017）发现北欧国家的女性董事机会存在独特性，北欧国家宽松的女性董事准入现象与国家监管、同行竞争压力以及男性董事年龄和国籍多样性有关。Anja Kirsch（2018）也从多层次分析了女性董事在人口结构、人力资本、社会资本特征以及董事的价值观和特征方面存在的一些性别差异。从宏观层面看，机构结构和性别差异的跨国差异削减了女性董事的数量（金智 等，2015），拥有高等教育的机会（Grosvold et al.，2016）、完善的育儿服务（Iannotta et al.，2016）、核心家庭的文化氛围（Chizema et al.，2015）以及董事选拔关键参与者的影响（Marquardt and Wiedman，2016）是女性获得董事席位的重要驱动因素。从中观层面看，导致 STEM 和金融行业女性董事普遍较少的主要影响因素有公司规模、公司年龄和网络效应等（Adams and Kirchmaier，2016；Nekhili and Gatfaoui，2013；De Jonge，2014）。但女性董事比例的提升确实加强了对董事会内部的监控，这也有利于缓解董事性别监管压力，并且可以很好地规避"老男孩网络"问题。例如，女性董事在零售行业具备更高的亲和度，一度被视为消费者和利益相关者的代表。从微观层面看，主要通过"社会嵌入"视角分析董事会成员构成。例如，女性被排除在董事会之外的阻力一方面源自以传统男性董事为主导的提名委员会存在同性恋或者人口特征相似性吸引行为（Hutchinson et al.，2015），另一方面则体现在遵守男性游戏规则上（Pesonen et al.，2009）。此外，董事会精英民主化对外部人准入的排斥（Heemskerk and Fennema，2014）也是女性获得董事职位的壁垒。公司开始纵向地关注人力资源公司通常用于应对合法性问题的三种策略：适应外部期望，操纵其利益相关者的感知，或与那些质疑其合法性的人进行对话，其中最佳单向方法、偶联方法和悖论方法则是最常用的三种方法（Scherer et al.，2013）。然而无论是多好的策略和可行的方法都离不开领导者的明智抉择和员工的高效执行，因此人力资源作为连接决策与实施的关键节点显得格外重要。

四、企业文化层面的研究

国家治理和社会信任与国家文化的各个维度有非常相似的双变量关联。当不控制文化对治理的影响时，社会信任和国家治理是补充。然而，研究结果表明，在考虑了民族文化后，治理的剩余部分与社会信任几乎没有相关性。这些结果与共同文化条件下的社会信任与国家治理的正相关关系相一致（Goodell，2017）。不同的治理机制源自不同的企业文化，会影响公司治理中的领导能力、权力分享、决策、信任等方面。文化是企业内部控制建设的灵魂（王清刚，2014），它能够决定或促成员工的行为方式，通过道德诉求、人文关怀来指导和约束不正当行为（姜付秀 等，2015），是对正式规则的补充或替代。Grewatsch 和 Kleindienst（2017）研究了企业可持续性与企业财务绩效的中介效应，可持续性受到跨国差异的重大影响，文化、制度和监管方面的差异很可能会导致不同的活动和期望回报，进一步的研究发现企业社会绩效对企业财务绩效的注入取决于文化（Shi and Veenatra，2020）。例如，一项基于文化价值框架对马来西亚和澳大利亚上市公司的公司会计师的采访证实了文化和会计师对企业环境报告实践的看法之间的可能的联系（Yosoff et al.，2017）。外部环境特征可以通过促进企业内部价值链延伸，间接驱动企业履行战略性和反应性社会责任（祝继高 等，2019），共益企业的使命漂移、边界模糊和组织运作难题同样给企业社会责任承担造成压力（肖红军、阳镇，2018）。实际上，集体主义、不确定性回避、一致性、保守主义和保密性等来源于文化价值观念的因素均直接或间接地对两国的企业环境报告产生了影响。尽管马来西亚和澳大利亚与报告实践有关的文化和亚文化维度的类型是相似的，但与国家文化价值观（Hofstede，1980）和亚文化价值观（Gray，1988）相比，实际上好坏参半。综合报告作为一种旨在代表公司在短期、中期和长期的价值创造的新公司报告系统，其信息连通性和报告质量虽然已受到学者的广泛关注，但质量的内在决定因素却少为人知。企业文化在促进公司治理进步的同时，也为企业社会责任的承担树立了正确的态度，内部管理制度与企业文化协同建设，才能使内部控制效果更加突出。陈维政等（2004）发现领导风格的变革维度和交易维度具有高度相关性，企业文化和领导风格的协同性能够提高员工满意度，广泛的认同感和归属感有利于企业绩效的提升。而受国家文化影响的企业文化对商业创新下的销售代表同样具有强烈作用，而企业文化同样也会促进社会责任承担（靳小翠，2017）。Vitolla 等（2019）通过利益相关者理论证实了霍夫斯特德权力距离、个人主义、男子气概、放纵心理与综合报告质量反方向变动，与不确定性回避正方向变动。尤其是在权力距离更小、不确定性回避程度更高、集体主义更浓厚、女性气质和约束更强的文化体系国家，公司更强调可持续性、道德和良好的治理，因此，这些公司提供了更高质量的综合报告。

企业文化会潜移默化地关系到公司经营，并产生经济后果。Li 等（2013）对总体影响的经济意义分析表明，文化在企业冒险方面具有重要的解释能力。更大的盈利自由裁量权强化了企业文化，而更大的企业规模削弱了文化对企业风险承担的影响。文化通过影响企业的"风险偏好"，从而影响企业决策的风险，文化的直接和间接影响形成的文化价值观经常指导来自世界各地的公司做出不同的企业决策，从而导致偏离最佳实践的决策。Brochet 等（2019）发现那些语气更加乐观且表现出较多自我参照效应的经理人员，大多来自对个性主义文化的种族观念较重的地区或国家，而管理者的民族文化会逐渐与不同的民族文化交互碰撞，对工作经验的积累产生持久的影响。如果你足够细心，便会发现民族文化会逐渐在实时交互的对话中有所显露，而在程序性的管理讨论中却不明显。研究人员对经理层乐观的积极态度喜闻乐见，但只有具备种族背景的经理才会根据管理态度的文化成分来调整他们的收益预测，因为管理者的种族背景会直接干预其自身与资本市场沟通的方式，还会影响到他们对市场信息披露的反应。此外，CEO 的文化背景也会对股息政策造成影响。个人主义的首席执行官们更有可能获得股息，与控制和信号假说的私人利益相一致，这一结果在有严重代理问题和信息不对称的公司中更为明显（Naeem and Khurram，2020），该项新发现为文化在决定支付股息的倾向方面发挥着重要作用的观点提供了支持。从家长式交流结构观察领导者威权与仁慈主义，你会得到不一样的见解。家长式领导在特定的环境中导致了追随者典型的组织公民行为和对监督者的尊重。经典的家长式领导（领导者威权和仁慈主义达到平衡状态）最有可能促进基于角色的家长式交换（Wang 等，2020），而基于角色的家长式交换又与追随者的结果正相关，这对于领导者管理风格的塑造和个人威信的积累具有借鉴意义。

五、社会责任承担层面的研究

社会责任承担主要与企业管理者的意愿有直接关系，受到政府或社会媒体的监督，在给企业带来成本的同时也会伴随相应的好处。合理的董事性别比例有助于社会责任的实现，内部董事会规模大、女性董事多、CEO 和董事长离职的公司更有可能参与企业社会责任保证，董事独立性和 CEO 海外背景并不影响企业社会责任的保证决策，而拥有外国董事的公司不太可能参与自愿的企业社会责任保证（Liao et al.，2016），这说明董事会多元化和多样性能够影响企业社会责任战略的实施并增强信息方面的比较好处。意大利上市公司的环境、社会和公司治理（ESG）披露与董事会的多样性之间关系的研究也证实了这一点，公司的企业社会责任披露与独立董事和委员会的企业社会责任有关，董事会的组成影响了 ESG 评分和公司治理机制在鼓励环境可持续性方面的有效性（Cucari et al.，2017）。Ben-Amar 等（2017）发现加拿大的上市公司中女性董事的增加会加大自愿披露气候变化风险的可能性，性别多样性提高了董事会对利益相关者管理的有效性，并促进了可持续性倡议的采用。Elmagrhi 等（2019）对中国上市公司的研究同样佐证了该观点。社会和环境影响报告逐渐引起股东和债权人之外的代理人的兴趣，因为它区别于财务报告但同样反映了公司可持续性发展的能力，对治理透明度、参与者利益保护、董事会质量等方面十分重要（Frias et al.，2013），因为这三者动态关联结合良好的激励措施能够增强股票价格信息性进而提高收益质量（Gul et al.，2011）。企业社会责任与社会责任报告的形成是董事会决策的结果，不能仅通过观察董事多样性对财务绩效的影响，新的定性方法和新的研究重点（如董事会成员信念等）在决策过程中显得至关重要（Rao and Tile，2016）。

董事会对企业社会责任造成影响通过对环境的改变来实现。Corinne 等（2011）通过对电子、化学类上市公司的董事会组成与企业环境社会责任的关系研究发现，良好的公司治理部分功劳来自外部董事对公司声誉的长期关注和维持，外部董事为企业树立起正向、可靠的环境信誉，很大程度上提高了公司的环境披露绩效。此外，他们预测当公司董事会中有三名或三名以上女性董事时可以有效提高环境强度。Shaukat 等（2013）发现公司的企业社会责任战略设计和取向是否全面并能否积极主动地贯彻落实，与董事会独立性、性别多样性及审计委员会的财务专业知识密切相关，而较高的社会和环境责任绩效与董事会属性的这种联系具有内源性和自我强迫性。当公司具备良好的社会责任保证且有意向完成该决定时，其董事会通常具备规模较大、女性董事多、CEO 和董事长存在离职情况的特征。

内部控制研究发现适度的董事会规模有利于缓和公司内部环境，对公司绩效有积极作用。例如，对马来西亚上市公司的实证研究发现，董事会规模和 CEO 二元性与企业业绩呈显著负相关。过大的董事会规模加剧了代理成本问题，CEO 的二元性导致个人权力膨胀，董事会的双重领导结构的出现造成内部监督和控制功能失效，而非执行董事带来的技能、经验、知识和对企业外部环境出色的理解沟通能力给公司业绩带来了正向作用（Khan et al.，2019）。遵循收益假说认为，内部控制审计能够显著减少代理问题的发生，但遵循成本假说却发现强制性内部控制审计实际上增加了审计成本。在经济体制转型的浪潮中政府干预理论作为我国早期内部控制的主要依据，政策不确定性和市场波动成为民营企业发展最大的隐患，因此，早期的民营企业一方面会通过聘请政府工作员或具有政治背景的高管负责公司管理来达到政治关联的作用；另一方面加强企业内部控制来有效应对市场风险，从而给企业带来更多资源，达到风险控制机制构建的"促进效应"和"替代效应"（逯东 等，2013）。新时期的公司治理不再简单地依赖遵循收益假说或遵循成本假说，免疫系统理论的延伸与运用，拓宽了内部控制的视野。王嘉鑫（2020）、于鹏（2019）、池国华（2021）认为内部控制审计制度的完善有利于保证内部控制的有效执行，对企业内部控制水平和内部治理水平具有重要意义，由于制度的"短板"逐渐被补齐，审计延迟、高管自利行为等内部控制重大缺陷的空间被逐渐压缩，常见的董事网络、高管联结问题也会随着企业绩效、财务信息质量、信息透明度、企业创新能力的提升而减弱。孙龙渊等（2021）证明了共享审计师的"联结公司"会因为出具关键审计事项而提升审计效率和审计质量，由于审计师"执业网络"将知识、技能和信息内化为自身经验并提升专业胜任能力，且该行为具有"传染效应"。关键审计事项段对内部控制的具体影响落脚点在于文本特征和责任归属的市场反应，二者能够向市场传递增量信息，增加审计报告沟通价值（王艳艳 等，2018），从资产减值切入，注册会计师以往可能由于事务所资源紧缺、审计时间不足等客观原因并未充分识别重大错报导致审计信息质量无法达到理想标准，这意味着风险导向审计可能存在某些缺陷（吴溪 等，2019）。需要注意的是，相较于自愿性披露，强制性财务报告内部控制审计对公司内部控制质量的提升往往是建立在投入更多的审计费用和弥补实质性缺陷的基础上（张国清、马威伟，2020），这说明公司本身对关键事项的披露动机并不强烈。然而，一些公司却认识到关键审计事项的好处，出于增强投资者信心或挽回财务重述声誉等目的，主动披露关键事项段或非财务信息。张金丹等（2019）发现关键审计事项的披露对审计质量的影响并不体现在报表盈余方面，而是主要作用于公司对市场环境的感知能力上，但她并未对关键审计事项的数量、内容详尽程度以及具体会计账户关系对注册会计师行为的影响做出深入研究。

我国早期研究内部控制有三条主线。第一条主线是围绕内部控制概念界定展开的研究，主要是针对内部控制的内涵、范围、关系等研究，以争论和辨析为主要特征，具有必要性和重要意义。第二条主线则是以内部控制与公司治理为中心的理论研究，以委托代理理论等理论为基础来解释企业舞弊问题（李连华、聂海涛，2007）。第三条主线是按照"发现问题—解释原因—提出建议"的思路对内部控制效果的实物性研究，现如今该研究主线也成为实证研究的主流研究方向。由于我国产权性质和经济基础的差异，自愿性财务报告无法满足市场需求，2012年强制性内部控制审计制度的实施将内部控制审计分割为国有控股、民营主板上市公司以及其余主板上市公司三部分，在制度上与美国 SOX 法案基本趋同（王嘉鑫，2020）。

文化作为商业伦理的外部重要影响因素之一（Chen et al.，2018），关系到运营环境中的人际信任，对公司财务信息（Jha，2019）、企业避税行为（Hasan et al.，2017）、企业资源利用

(Gao et al., 2020)、外部合同监督（Audi et al., 2016）等产生重要影响。我国上市公司内部环境的经济后果研究进展相对缓慢，研究呈碎片化，系统的整理与总结不足。内部控制审计经济后果的研究还停留在自愿实施阶段且伴随着一些内生性问题，对强制性阶段的研究不多（王嘉鑫，2020）。其中，会计信息质量、审计质量和审计师责任是关键审计事项披露经济后果的常用角度。张继勋等（2019）发现投资者对投资吸引力判断的准确度与被投资单位是否出具了关键审计事项结论性评价有直接关系，更高程度的关键审计事项增强了投资者信心。而行业专家审计师对关键事项的充分披露进一步降低了客户盈余操纵和财务重述的可能性（陈丽红 等，2021），但对"新审计报告"的研究发现，关键事项的披露比例与公司股价同步性成反比，且二者关系明显程度受到非行业共有特征和披露详尽程度的影响。此外，企业销售力量及其指导效率很大程度上取决于销售代表（Hohenberg and Homberg, 2016）。企业文化会与领导者产生共鸣，并对其产生影响进而关系到公司决策。具体地，Chen 等（2017）提出了指令实现领导理论，作为一种新的层次领导理论，它强调了中国儒家的等级控制的实现主要通过清晰的角色认知和信任关系，进而达到上级与下属之间的正向工作绩效中介关系。但独裁领导对下属的角色清晰度、信任度或工作表现没有影响，而在由白种人、西班牙裔和非裔美国人组成的美国样本中，具有地位等级和权威成分的家长式作风与员工组织承诺显著正相关。实现指令的领导在西方可能是有意义的和可识别的，尽管它的积极影响可能比在中国文化中更弱（Pellegrini et al., 2010）。与审计师和审计机构的关系管理也对内部控制环境造成重大影响，地理位置对审计质量的影响同样关键。例如，申慧慧等（2017）发现本地审计师与公司合谋进行盈余管理会导致异常审计费用，但这并不影响外地审计师出具非标准审计意见的概率，这大大提高了外部人监督公司的难度。然而，高质量审计会增强综合运营效率和捐赠者决策（陈丽红 等，2015），造假得来的标准无保留意见破坏了资本市场的平衡，也违背了利益相关者的受托责任，危害我国慈善事业的发展。Jiao 等（2017）依托 CEO 价值取向从基于利益相关者的绩效方面考察了组织绩效的影响因素，包括商品和服务质量、组织正义、利益相关者隶属关系和机会成本。他们发现，对关键 CEO 价值取向的长期关注是问题的突破口，CEO 在自身利益与与组织利益相关者有关的利益之间的抉择表明了 CEO 价值观对组织绩效的影响是通过利益相关者文化的中介因素间接发生的。此外，经理的种族文化背景也是重要因素。

▶启示

这里对内部控制环境五个主要因素的文献进行了梳理，在中国情境下尝试开展内部控制环境建设研究时，应充分考虑以往研究中的隐含假定，应更加关注市场机会的开发、数字化资产的作用，以及内部控制环境中精神文化方面。未来研究应在现有研究的基础上，更多地考虑情境因素，从而提升理论创新。具体应从以下几个方面开展工作。

（1）深化精益化组织管理。在组织设计之初应该充分考察公司内部的优势，通过对外部竞争者的学习和模仿来充分认识公司组织架构的缺陷，争取在弥补缺陷的基础上有所创新和突破，建立依托人力资源或地理位置优势的组织结构，可适当裁撤合并部门或雇佣员工以避免机构过于臃肿或人浮于事的情况。领导者在做出重大决策之前应该有一套完整的评估和预测系统来提供技术支撑以避免重大决策失误，在日常经营管理过程中要充分发挥各部门的作用，既要提高部门之间的信息沟通与协作，加强员工与领导的对话与沟通，减小跨层沟通难度和缩短所需时间，又要防止部门权力越位或关键负责人舞弊行为的发生。为提高组织信息透明度可适当成立监管部门，为保证监察人员的独立性和可信度可适当修改公司章程或进行部门之间的权力制衡安排。还应当密切关注供应链上下游企业之间的经营关系，为公司获得一手信息和及时调整经营战略做好准备。

（2）成立后备人才培养方案。一个组织的发展永远建立在人才基础之上，优秀人才不仅可以依靠出色的能力完成上级领导交付的任务，还能够通过其独特的社会地位或人际关系为公司创造效益。如同一个消费者背后伴随着若干个潜在消费者一样，公司聘用的高级人才背后的同乡关系、校友关系等人际网络同样会对公司运营产生影响。在人才选拔方面，可适当开展与高校的产研结合工作，将理论与实际相结合达成共赢。公司内部对薪酬体系和晋升通道的考核与披露应当尽量透明和公开，看得见的目标激励可以充分调动员工积极性，而公正的人才选拔制度则可以培养良性竞争环境，必要时也可采用"鲶鱼效应"理论为员工提供动力。在人才培养方面，可建立员工再培养体系，例如征得员工同意后可通过鼓励或投资优秀员工进修以取得更高学位或某项职业技能和证书等，通过满足部分优秀员工的身份认可和地位追求形成示范效应，逐渐为公司建立一支高水平的复合型、高素质人才队伍。

（3）加强企业文化培养和建设。文化是企业的灵魂，在建设企业文化的过程中要能够充分吸收国内外优秀文化的精神内核，并将其本土化应用到公司中。例如，为防止员工逃避行为可适当融入儒家思想，增强员工的责任意识和奉献精神。在公司治理和投融资过程中，强调国外的企业家精神来培养公司狼性文化和竞争意识，一方面可以提高风险防范水平，另一方面能够拓宽投融资渠道，加快投融资目标的实现。在中外多元化价值观的碰撞中，以批判性思维和创新思维践行公司治理，行之有效地考察治理水平和员工归属感。创新性的领导风格和管理方式能够给员工带来新鲜感，突破僵化的固有思维。在信息技术日新月异的今天，由员工新旧更替造成的对退休员工和被淘汰员工的安置问题同样应该受到重视，在关注年轻员工的技艺传承和胜任能力时，妥善安置退休员工不仅能够为公司树立良好的形象和一定的社会声誉，来自退休员工子女的好感虽未被证实但可能会存在一定的商业价值。

综上所述，我们发现基于不同视角、不同理论对不同地区和同一地区不同现象的分析，学者们得出了对内部控制环境建设不同的结论和成果。对他们的研究视角和理论依据的梳理，有助于我们从交叉学科的角度了解公司内部控制环境建设的一致性和差异性。公司内部控制环境建设关系到公司经营质量和可持续发展。虽然近年来内部控制的研究相对分散，但通过我们对现有文献的梳理和评述，可以认为，公司内部控制环境建设是公司协调审计机构与外部投资者的创造价值并进行动态价值共享的过程。公司内部控制需要参考自身和外部因素，对内完善权责划分、资源优化、提高管理水平，对外参考市场环境和开拓新资源、吸收新技术，根本目的是实现公司可持续发展和快速成长。

▶思考

1. 内部控制环境的影响因素有哪些？
2. 内部控制环境影响因素的成因与内在逻辑是怎样的？
3. 内部控制环境影响因素造成的经济后果有哪些？

文献综述二

风险评估

公司经营所面临的层出不穷的风险与公司业务密不可分,一系列风险的滋生和暴露可归集到具有社会属性的"人"的身上,从所有者、管理层到公司员工的金字塔层级与职能划分为风险的滋生与蔓延提供了"温床"。风险来源于真实信息和数据的失真,而人为地刻意隐瞒、故意误报和蓄意欺诈是导致失真的主要原因,这种行为往往区别于收益管理并且是多种要素混合作用的结果(Amiram et al., 2018),包括未来销售损失、股价的下跌、资本成本的增加、声誉及信任的丧失等。由于财务风险和审计风险的评估是通过特殊变量和相对指标呈现的,自由裁量权的放宽为企业违规操作提供了机会。尽管目前已经发现更多的外部董事席位能够提升董事会和审计委员会质量从而减少财务舞弊行为,但关于内部控制的监督是否真的对不正当财务行为产生约束效应一直存在相互矛盾的结论。值得注意的是,由经理策划实施的财务报告不当行为需要股东支付货币,经理达成了个人目的却使股东利益受损。

因此,减少财务报告欺诈行为的发生需要从根本上增加识别手段和评估过程中的可复制性并减少主观性来实现相对的公平,而方法则是在监管执法行动中使用欺诈指控(Karpoff et al., 2017),如美国1933年的《证券法》或1934年的《证券交易法》;中国2009—2010年发布"三个办法一个指引"。代理理论证明了由高管舞弊造成的企业风险对公司运营而言往往更具有致命性且难以识别这一结论,高度的信息不对称加大了资本市场资源配置的难度,因此不能单纯地依赖证券交易委员会和司法机构的资深律师来完成欺诈识别的任务,为提高对风险根源的高度警惕应建立行之有效的监督防范机制。

一、国外风险评估的研究述评

(一)风险评估的动机研究

投资组合理论的内核是通过对不确定性的判断和选择获得收益并规避风险(Markowitz, 1952),"理性投资者"假设体现了大多数投资者对风险规避的重视态度,但对投资收益最大化的强烈渴望迫使部分投资者人为地产生风险偏好,而VaR(风险价值)的出现使得在证券投资组合风险度量方面补齐了投资组合理论的短板。在审计风险方面，Fan 和 Wong（2005）发现高昂的审计费用往往伴随着较高程度的审计师两权分离，出具的审计意见也多以非标准为主。高昂的审计费用与审计师付出的审计努力有关，但对审计质量的本质提升效果有多少？审计努力通常与被审计单位在审计过程中使用的审计小时数直接相关，过多的审计时间是否能够片面地说明公司内部控制本身存在较大问题？关于审计费用原因的分析，不同学者给出了不同看法。Raghunandan 和 Rama（2006）认为高额审计费用源于为解决较高内控风险问题而增加额外的审计投入，Hogan 和 Wilkins（2008）则认为审计费用的增加是为降低事务所诉讼风险而增加的审计溢价所致。是事务所的谨慎性原则增加了审计工作负担抑或是公司内控本身对风险评估重视程度不足，我们恐怕难以单纯地给出结论，但一些学者从侧面给出了具有参考价值的见解。Bedard（2010）等认为对审计期限和审计成本施加影响的主要因素是内部控制缺陷的严重性，而审计时间和审计费用成正比。Hoitash（2008）等则指出在内部控制缺陷披露对审计费用相关性的作用机理中，强制性披露的效果要远超自愿性披露。可控风险是指需要注册会计师实施实质性测试的检查风险，审计定价既包含了审计成本，也包含了风险溢价。随着人们对商业信用的认识不断加深，赊销业务成为供应链两端企业间的常规业务，为解决资金流动产生的应收账款问题，Beaver（1966）设计了 5C 专家法的单变量评估模型，Altman（1968）构建了 5 变量 Z-score 模型；1993 年 KMV 公司为探究如何提高目标客户付款积极性并计算出准确的违约概率，构建了 KMV 模型。

　　商业信用风险是风险评估的重要内容，对商业信用风险的研究一直都是风险评估的主要驱动因素之一。传统文化和契约理论为商业信用提供了基础，而法律规范则使商业信用成为资本市场要素，目前国外资本市场对商业信用的研究主要依赖体系化相对完整的相对值指标来评估，如赊购额与总资产比值（Petersen and Rajan, 1997）、应收应付款差额与总销售收入比值等（Ge and Qiu, 2007）。商业信用融资是资本市场融资的常见方式，合理使用商业信用融资不仅可以发挥它的低成本和信息不对称优势并拓宽融资渠道，更能够有效降低由传统的银行贷款、股票融资等方式造成的高昂费用（Schwartz, 1974；Jain, 2001）。商业信用融资具有为企业融资减压的战略意义，尤其在传统融资渠道受限的情况下，可以很好地缓解融资约束，由于新融资渠道的拓展也会使资金链更加完善，在风险承担上也有一定优势（Petersen and Rajan, 1997；Niskanen, 2006）。高风险高产出的创新活动往往要求企业具备强大的抗风险能力（Tian and Wang, 2014）。在创新引领世界潮流的新时代，世界各国政府均出台了各种政策为研发创新"开绿灯"，财政补贴能够刺激企业加大研发投入（Hsu et al., 2014）。有学者赞同研发补贴对企业创新有挤入效应。研发补贴有利于企业实现技术转移以增强知识外部性和分散研发风险，良好的公司形象带来融资成本优势（Montmartin and Herrera, 2015）。持反对意见的学者认为政府创新资助并不能达到预期的激励效果。Goolsbee（1998）指出补助政策会引发企业间关于研发资源的恶性竞争，无形中增加了研发成本。Klette 和 Moen（1999）认为可能被高估的研发补助激励效应实际上是无效或负效应状态。同行业研发水平的提高可使削减研发支出的企业享受同样的收益，这种"搭便车"心理对全行业研发水平起到了压制作用（Mamuneas and Nadiri, 1997）。Guelle（2003）对公共投资与企业研发行为影响的研究表明研发补贴绩效呈"倒 U 形"。

(二) 风险评估影响因素研究

宏观上看，商业信誉的供给问题主要受到国际货币政策（Meltzer，1960）和金融行业发展水平（Fisman and Love，2003）的影响；微观上看，商业信用融资对银行贷款等传统融资方式具有替代效应（Fisman and Love，2003）。企业或机构投资者更倾向于结交具有生产性投资机会的客户，因为这些客户通常本身缺乏资金或缺少获得资金的渠道（Schwartz，1974），向该群体提供商业信用贷款在增强企业业务能力的同时又能够深入挖掘其背后的潜在客户。因此，向外部市场提供商业信用贷款成为大公司、跨国企业或者正处于企业扩张阶段公司的主要信贷手段之一（Ng et al.，1999）。此外，企业商业信用的好坏也受到产权性质的影响（Ge and Qiu，2007）。Garner 等（2002）指出研发支出与技术更新频率高度正相关，技术更新频率会促进企业价值增长。Lev 和 Sougiannis（1996）认为研发支出可以提升公司绩效，Griliches（1981）证实了研发投入和专利数量可增加企业市场价值，并且研发支出给公司带来的长期价值增长甚至可长达十年之久（Hirschey and Weygandt，1985）。但研发支出往往也伴随着些许隐患，Jeny 等（2011）发现，经营不善的公司会为了实现扭亏为盈或达到预期盈利指标而故意将费用化研发支出资本化，虚增利润以掩盖实际情况，向市场传递错误信号。

审计工作量和审计风险作为审计定价模型两大支撑变量，与审计定价呈显著正相关（Simunie，1980）。Lyon 和 Maher（2005）探究了客户公司行贿对审计定价的影响机理，作为高风险投资的贿赂行为会使经营风险大幅提高，而审计活动中的供给与需求要素相互满足直至均衡状态形成了审计定价（Hay et al.，2006），目标客户动机控制审计需求，审计师动机支配审计供给要素（DeFond and Zhang，2014），代理成本、审计支出成本等因素是主要驱动力。完整的审计定价包括审计投入、审计工时和询问成本（Ball et al.，2012）。Doogar 等（2015）发现恰恰是最常见的审计成本最具备异常审计收费的代表性，这与审计师更换和审计费用持续性特征有关，该结论为供给要素主导审计定价观点提供了事实依据。

二、国内公司风险评估的动机及经济后果研究

近年来，内部控制的研究主要从管理者行为视角展开，对于内部控制缺陷的分析主要围绕公司治理结构及特征进行（张萍 等，2015），尽管国内学者在相同方面也取得了丰富成果，但对于风险评估和内部控制有效性的研究一直没有达成共识。我国理论界对企业内部控制和公司治理关系持三种态度：第一种观点认为内部控制是进行公司治理工作的前提（杨雄胜，2005）；第二种观点强调应当把企业的公司治理范畴作为内部控制实施的场景（阎达五、杨有红，2001；李明辉，2003）；第三种观点是承认企业内部控制与公司治理活动是有机统一的关系（王蕾，2001；李连华，2005）。持这三种态度的学者看待内部控制与公司治理关系的态度虽然有所区别，但都坚持风险管理包含内部控制的结论。谢志华（2007）提出了基于内部控制的公司风险防治四维框架，丁友刚和胡兴国（2007）解说了组织领域三者关系基本概念。李维安和戴文涛（2013）则构建了战略管理层面的三者的关系框架，解决理论误区的同时，给政府和企业风险管理的规范提供了参考。此外，为了理清中国独特的市场环境对内部控制的影响，宋建波等（2018）依据中国国情设计了新体系框架图，通过研究他们认为应当适当放松《企业

内部控制应用指引》的约束力度，拓宽企业能动空间；降低《企业内部控制评价指引》的负担，弱化对公司评价的压迫感；删改《企业内部控制审计指引》要求，调整审计人员目标。

公司治理因受规模扩大、经营调整、市场变化等多种因素影响，时刻面临层出不穷的风险，如何有效防治成为学术界和实务界关注的重点。王彦超等（2016）指出作为债务融资成本范畴之内的债务履约成本受执法效率和执法成本影响，而潜在诉讼风险造成的负面影响更加严重。关于企业风险承担的研究，胡国柳和胡珺（2017）发现，我国在吸收和尝试引入外国董事和高管职权责任保险制度时，尽管没能够产生"道德风险效应"，但企业的风险承担能力的确得到了一定提升。张腾文等（2016）发现低分险认知无法促成良好的投资收益，公司风险认知能力培养是一个长期积累的过程，投资收益只有在风险认知能力达到一定水平后并逐渐提高才会呈现显著态势。

（一）我国上市公司风险评估的动机研究

审计费用风险一直是国内热点学术话题，我国学者从事务所偏好（刘笑霞 2013；陈胜蓝等，2013）、公司财务结构（蔡春 等，2015；方红星 等，2016）、公司治理特征（翟胜宝 等，2017；夏宁 等，2018）等多种角度展开了实证研究并取得了丰富成果，已有研究大都从内部控制和内部审计视角展开，当审计时长和审计难度增加时会导致审计费用增加从而提高审计定价。而当被审计单位存在更多或较为严重的内部控制实质性缺陷时，对缺陷的披露可能会造成会计错报的发生，为弥补缺陷披露所付出的资源以及聘用的外部审计单位出于责任承担的考虑会收取相应的审计费用（汶海、李培功，2020）。在股权结构方面，郭梦岚和李明辉（2009）指出第一大股东持股比例与审计收费的非线性关系，而关联方交易则会导致审计费用同方向变动（马建威、李伟，2013）。盖地和盛常艳（2013）强调对审计收费影响更大的是公司治理中特定的内部控制缺陷。然而，较低的审计费用并不意味着公司治理就相对出色，例如，朱春艳等（2017）发现大股东掏空不严重的公司两权分离度较高时，第一大股东持股比例越大，审计费用越低。而弹性信息的存在同样会对审计风险造成一定的影响，例如，非财务信息披露等弹性信息的披露水平与审计费用成反比，能够起到进一步降低审计费用的作用。杨肃昌和马亚红（2020）发现审计师会通过职业判断来决定是否由对外投资而增加审计风险和审计成本的公司加收审计费用。高审计定价可预防诉讼风险、声誉风险等风险（宋衍蘅，2011；张天舒、黄俊，2013）对事务所的损害。陈胜蓝和马慧（2018）发现审计定价差异与地区影响力和审计师议价能力密切相关，反腐败政策降低了有政治背景的公司操控性应计值。影响审计定价的其他重要因素还包括宏观经济（张立民 等，2018），该观点受到直面经济波动中审计风险威胁的事务所的高度重视，也引起了相关监管部门对审计市场审计定价等事项的关注和重视，对维护我国资本市场具有借鉴意义。汶海和李培功（2020）探究了内部人举报制度对审计定价的影响，研究发现不同企业该制度存在与否确实造成了审计定价波动，而制度本身的完备性关系到企业内部风险识别与风险分摊，从而降低审计费用。但负面报道与审计定价之间的正向关系并不是由审计延迟主导，其根本原因是风险溢价（刘笑霞 等，2017）。刘国城和王会金（2016）在信息系统审计风险研究中创造性地运用 AHP（层次分析法）与熵权理论，不仅弥补了文献和理论空白，更是对风险评估方法和审计工作模式的革新。

应收账款风险与信贷融资风险同样是国内财务风险评估不可忽视的部分。当前应收账款风险评价的相关指标属于事后管理，具有滞后性。第一，企业的商业信用会受到管理者背景（何威风、刘巍，2018）、差异化商业战略（方红星、楚有为，2019）和非正式文化氛围（周建波等，2018）等微观因素的影响。而事前管理研究集中在应收账款风险的定性描述层面（李恩柱，2007；徐欣彦，2009）。徐明圣（2007）发现贝叶斯网络能够解决风险建模过程中出现的数据损失难题，拓展了极值理论的应用。程建等（2009）检验了贝叶斯估计量对信用风险模型中违约预测力的作用，丁东洋（2009）的信用评级和违约概率模型进一步证实了贝叶斯方法的优越性。肖奎喜等（2011）建立的应收账款风险评价拓扑结构使企业可事先对应收账款风险进行评估，再决定是否进行该项赊销业务，对企业合理避险和完善风险管理方法具有参考价值。利用数学模型预测和评价信用风险的确对资本运营具有良好的借鉴和监控意义，同时也推动了实物层面研究的进程。第二，银行通常制定有差别的信用配置政策来降低不同行业的产权性质风险（余明桂、潘红波，2009），而在制定政策的过程中对企业应收账款管理的观察和考核是十分重要的环节，例如，应付、预收款项及票据之和与总资产的比值（陆正飞、杨德明，2011）等，企业良好的应收账款体系和低坏账率会较大程度地提高银行的投资信心和信任程度（余明桂、潘红波，2010）。第三，我国的信贷调控政策受到经济转轨和政府干预的影响与国外企业存在一定差异，商业信用对信贷体系表现出同步性反宏观经济周期规律的特点（石晓军等，2009），因此商业信用融资规模成为政府管控工作的重中之重。在应对商业信用融资风险时，供应链特征发挥了比较优势。例如，修宗峰等（2021）发现当供应商由于共享基础设施开始扎堆时会形成一定的聚集效应，供应商内部之间的合作与竞争对商业信用融资可能导致的财务舞弊行为起到了很好的削弱作用。因为一旦企业的财务舞弊行为被监管单位查处会对彼此之间的合作关系和信任程度造成巨大的冲击，在股价、高管声誉、公司商誉等多方面带来极大的负面影响。供应商通常出于降低市场交易风险的目的，会重新评估合作企业的诚信经营水平和持续经营能力，由于供应商建立了更为谨慎的经营体系并保持对企业的长期关注，商业信用融资数额降低，在供应链环节上降低了商业信用风险。

供应链是承接企业上下游产业的重要环节，是公司持续经营的"大动脉"，供应链是贯穿公司运营的生命线，供应链风险直接关系到公司的存亡。首先，供应链风险能够通过营收关系直接对公司利润造成影响；其次，供应链风险异质性经常造成行业间、公司间风险差异和影响成分差异较大；最后，对于公司可持续经营而言，供应链风险具有最致命的特点。以直接性、异质性和严重性为主要特征的供应链风险，逐渐引起企业所有者、高管层和信息使用者的高度关注。在风险披露上，供应链的整体特征是一种普遍能够接受的视角，审计费用风险一般分布在客户集中度等相关特征层面（王雄元 等，2014），如薛爽等（2018）发现公司购买审计意见的概率和动机会随着供应商与客户集中度的提高而增加，方红星等（2017）指出会计信息的可比性很大程度上依赖于良好的法治环境基础和较高的供应链集中度支撑。在供应链金融研究方面，窦超等（2020）发现客户的政府背景能够有效地增强企业的融资约束，此举有利于降低审计成本。崔蓓和王玉霞（2017）发现供应链结构、关系强度和企业间风险分担呈倒U形关系，能够有效负向调节风险分担关系。风险传递层面，陈良华等（2016）提出了"分配—环境—约束—博弈"的成本配置权变结构，该结构受商业行为自利性、管理目标多样性、政治维度复杂性三种因素交叉影响。孙新波等（2019）指出供应链敏捷性的实现主要依赖大数据的支撑。底璐璐等（2020）发现公司的年报语调会影响供应商的现金持有量，二者的反方向变动关系证明了客户年报负面语调在供应链上具有传染效应。唐斯圆和李丹（2019）发现供应链信息优势降低审计费用的功效主要通过客户与公司地理距离优势可降低交流成本、监督成本以及审计成本来体现。杨志强等（2020）通过对资本市场信息披露的研究发现供需关系的结构性失衡可以通过溢出效应来缓解，下游客户的信息披露质量会降低供需波动偏离度，同样的长鞭效应在供应链上游公司同样存在。由于公司获取信息的渠道较多且存在明显的替代效应，当行业的证券化率上升或者供应链上下游企业间形成战略联盟时，可以有效减弱公司信息披露效果。

内部控制缺陷作为公司治理最棘手的问题之一，对公司现金流管理、会计信息质量、企业融资等均会产生影响，较为明显地会导致财务报告重述的发生，进而影响到盈余管理（袁敏，2012；宫义飞、谢元芳，2018），以描述性统计为主要手段的学术研究发现财务报告重述主要表现形式为成本费用、估值计价、税费相关、股权投资及收入等。我国学者对内部控制缺陷的成因进行了深入的分析与研究。例如，郑伟（2015）认为现有会计确认的维度过于单一会导致会计确认理论和财务会计框架陷入难以避免的困境，他建议应当针对不同财务报告和对象建立一种多层次、差异化的会计确认标准体系来促成多重报告体系和平行报告模式的转变，依托业务报告语言（XBRL）等信息技术来实现实物层的可行性。此外，他强调现有概念框架理论缺陷的根源是内在逻辑的混乱与冲突，在建立确认原则和计量属性的过程中应当以"兼顾"多重目标为逻辑起点，形成以"复合架构"为主的财务报告体系。但这种做法会不会造成对会计资源的过度浪费并在一定程度上给信息使用者造成困扰，还有待验证。而在实务研究中一些学者也有发现，例如，独立董事的提前辞职往往代表了公司存在治理缺陷，而独立董事的政治关系加剧了这种负面信号（戴亦一 等，2014）。"人情董事"或"花瓶董事"的独立董事，在实际治理中可能成为摆设，较为固定的薪酬体系经常致使独立董事"失语"乃至"用脚投票"，提前退出存在重大缺陷的公司一方面能够有效避免问责，另一方面可以最大程度保全声誉。而管理层变更也会导致类似情况的发生，新任管理层上任之初往往会在短期内刻意降低业务指标或考核标准，根本原因是高管主观的卸责动机，由于放宽了内部控制缺陷认定标准，管理层长期对内部控制缺陷的低估甚至不报最终会导致更严重的后果。

补贴作为我国经济转轨时期重要的经济措施，一定程度上成为上市公司中和或分担风险的重要手段。刘继兵等（2014）发现，通过政府补助可以显著提高信息技术行业的创新效率与成果。而研发支出很有可能会刺激关联方股东或外部投资者增持定向增发的新股（章卫东等，2017），认购的比例与研发支出成正比，而额外增加的研发支出其附加值会提高公司股票价格（周晶、唐清泉，2008）。王亮亮（2016）发现高税率的公司科技研发支出的资本化率较低，这主要是由于它本能地选择了成本化率较高的税收收益，然而税收征管会对公司纳税筹划产生抑制作用。宋建波等（2020）则发现高研发补助会削弱资本化与专利数的正相关关系。此时，公司内部控制水平变得格外重要，因为通过分析师跟踪能够有效降低资本化倾向。企业因取得研发补助可能会利用研发支出资本化延缓营业利润的下降，由于研发支出的真实性无法得到保障，会计信息不匹配容易导致企业增加盈余管理的动机，导致更为严重的会计信息失真。

(二) 风险评估的经济后果研究

风险评估是否真的使企业在经营决策中占据有利地位，一直以来受到学者们的争议。杨洋等（2015）通过对比分析我国国有企业与民营企业的创新实践绩效之间的差距，发现了政府的补贴在后者中的影响力更加明显的事实。张杰等（2015）分析了接受创新基金资助的中小企业，他们发现研发补贴的挤入效应只出现在知识产权保护不到位的地区或取得贷款贴息补贴的企业中。陈红等（2018）发现良好的内部控制能够刺激研发补贴绩效，该结论在研发投入费用化或资本化两种区分中无差别。在非金融上市公司，研发补助对研发投入的逆转效应表现出先减弱后增强、先挤出后挤入的特点，数据表现只是挤入与挤出效应不同情况下强弱竞争的结果（吴武清 等，2020）。江静（2011）发现政府补贴的挤出效应出现在港澳台地区和外资持股企业，肖文和林高榜（2014）认为从总体上看创新效率受政府补贴的正向影响十分有限。李万福等（2016）指出创新税收优惠带来的"激励效应"会随着调整成本的上升而逐渐降低，创新补助也并未对企业自主创新投资起到推动作用（李万福，2017）。吴伟伟和张天一（2021）发现新创公司由于缺少相关历史信息，研发补贴得到外部信息使用者较多的关注，该过程中消极信号会通过风险传递到外界。许罡和朱卫东（2010）指出通过研发支出的资本化实现盈余管理是国内上市公司的常用手段，造成该现象的原因是企业的研发支出会计处理自主权（肖海莲、周美华，2012）。

在相关对策上，陈卫东和王有鑫（2016）认为伴随着跨境资本不断注入国内市场以及汇率波动，金融监管的监测和预警作用显得更加重要，最直接有效的手段是建立健全资本管制工具并制订相关应急方案。为实现相关风险对冲手段对汇率风险管理的影响，企业应当完善切合实际情况的风控策略，可以通过经营对冲和金融对冲两种办法降低汇率风险发生概率，利用宏微观管理办法有效缓解汇率冲击程度形成动态比较优势（邵丽丽、孙铮，2017）。实际上，较强的金融市场约束力和较差的产品创新能力在很大程度上抑制了企业灵活度，反向地抑制企业过度金融化出发点很好，但可能是以牺牲企业部分创新管理能力为代价的。从长远来看，投资驱动向创新驱动的转变是具有战略意义的，但实际行动中需要更长的周期并倾斜更多的资源。张文珂等（2017）认为操控性信息风险几乎不会造成企业被并购重组风险，发生并购重组的公司往往具备较大的基本面信息风险且增量变动较大。由于我国东西部、南北部发展差异，资本市场的审计资源也明显向经济发达地区倾斜，审计风险防止存在许多实质上的差异。面对复杂多变的市场，国家审计对在风险预警、增量风险控制和存量风险化解等层面的作用不可忽视（崔雯雯、张立民，2021）。在面临独特情景的公司治理问题中，定性研究显得格外重要。何捷和陆正飞（2020）发现分析师对抗风险能力优秀的企业往往关注程度不高，富有经验的行业专长分析师可以通过对供应链风险披露的信息含量有效分析公司成本，利用客户风险披露可以降低预测偏差，对公司监管人员的披露也具有鉴定作用。个体风险和外溢风险需要专门的贷款损失准备，该发现同样适用于金融类上市公司。此外，袁琳和张伟华（2015）发现虽然目前大多数集团公司已经建立并完善了组织架构和风险管理制度，但尚未建立独立于预算管理、第三方审计和银监会考评之外的基于风险管理与考评的单独体系，对财务公司自律性管理依赖程度较高且并未实现与薪酬挂钩，基本丧失对风险事项的重要性排序能力，而对公司信贷的直接决策是财务独立性无法得到有效保障，对财务公司的过度干预加大了信用风险。为有效建立风险管控体系并提高对财务风险的防治水平，他们建议应当将财务风险监控作为风险管理的重心之一，在部门设置上要实现独立性与垂直型要求，弱化指令性行政指挥，支持财务公司独立开展业务工作，公司在经营过程中要明确目标审慎行动。

▶ 启示

通过对国内外文献的分析，我们发现虽然学者们对风险评估的研究成果较为丰富，但缺乏在理论和框架层面的深入研究，对现有财务理论和概念框架的补充或突破性研究不足。此外，在实务层面出现研究滞后性特征，研究大多于公司的案件或丑闻发生之后展开，主要通过对相关问题或弊端事后研究的方式，对行业和公司治理的预测能力不足。

公司风险评估是保证财务预警和风险规避的重要手段，风险评估一方面需要依赖对行业环境风险的识别，另一方面则依托对内部财务管理体系的把控。前者需要克服组织与环境之间的"非均衡"不适应、不匹配状态（祝志明、杨乃定，2005），后者则需要满足存量和流量兼顾的要求而不断完善短期财务风险综合评估体系（王竹全 等，2020）。在全球经济下行环境下，公司治理面临着内外部不确定因素的重重考验，决策者和管理层需要保持清醒的头脑，建立切实有效的风险评估体系，并善于利用市场环境和政府政策充分发挥"免疫系统"功能，争取做到对公司运营合法有效的监督。

▶ 思考

1. 检索并阅读相关文献，深入思考内部控制与风险管理的范式研究利弊。
2. 查阅内部控制与风险管理实证研究文献，充分了解变量的含义及选取原则。
3. 尝试建立关于内部控制与风险管理中风险识别问题的实证模型，并尝试检验其有效性。

文献综述三

控制活动

控制活动是指企业根据风险评估结果，结合风险应对策略，确保内部控制目标得以实现的方法和手段。然而，每个企业实现内部控制目标的方法和手段均存在差异，即使两个企业具有同样的目标和结构，其控制活动也会不同。企业的复杂性及其活动的性质和范围，也影响其控制活动。行为多样的复杂组织较行为单一的简单组织，可能面临更困难的控制问题。分权经营的企业将重点放在地区自治和改革上，较之高度集权的企业，具有不同的控制环境。其他影响企业复杂性和控制性质的因素包括：地区地理分布、经营的广泛性和复杂性以及信息处理方法等。控制活动需综合考虑各种因素加以制定，以实现企业的目标。

学术界关于内部控制中控制活动要素的研究也随着资本社会的活动需求不断发展。本部分就不相容职务分离与内部控制质量、会计控制与内部控制有效性、管理控制与内部控制缺陷三个方面为大家介绍控制活动的历年研究课题及成果。

一、不相容职务分离与内部控制质量

不相容职务分离是指在企业内部，将关键的职责和权限分配给不同的人员，以防止潜在的冲突利益和滥用权力的发生。企业财务管理中的重要组织原则，就是需要对财会中的不相容职务进行分离控制。不相容的职务需要在企业处理经济业务过程中，让一人处理容易产生弊端和漏洞的两项或超过两项的职务。不相容职务的分离控制，需要分开经济业务的执行者和授权者，对监督者、记录者、执行者进行分离，对物资财产使用者、记录者、保管者进行分离。这样一来，就避免了舞弊的行为。

通过实施不相容职务分离，企业可以将关键的职责分配给不同的人员，减少潜在的舞弊和错误的可能性。例如，财务人员负责记录和报告财务信息，而与其无关的员工负责进行资金的支出和收入，这样可以确保财务信息的准确性和可靠性。不相容职务分离有助于增强企业的内部监督和审查机制。当不同的人员从事互为独立的职责时，他们可以相互监督和审查对方的行为，减少不当行为和错误的发生。例如，财务人员可以对资金的支出和收入进行审查，确保资金的正确使用。不相容职务分离可以提高企业的信息披露透明度。通过将关键的职责分配给不同的人员，企业可以确保财务信息和其他重要信息得到正确和及时地披露，减少信息被篡改或隐瞒的可能性。综上所述，不相容职务分离对于提高企业内部控制质量具有积极影响。它可以减少潜在的舞弊和错误，增强内部监督与审查，提高信息披露的透明度，进一步保障企业财务信息的准确性和可靠性。因此，在建立和完善内部控制体系时，应重视不相容职务分离的实施。

2012年1月，中国工商银行内部审计局（北京）公布的上市公司内部控制审计问卷调查显示，几乎所有参与调查的公司都承认内部控制审计早已存在于以往或正在进行的审计活动中，他们表示通常通过内部管理层、外部审计师等多重视角，以风险导向为主，采用随机抽样等多种方法来确定内部控制审计重点。下面将从会计信息披露、审计意见购买、问询函监管、审计经理监察和CEO特征影响五方面展开对上市公司内部控制质量研究的综述。

（一）会计信息披露

在企业通过会计报表的形式向信息使用者披露信息的过程中，永远绕不开管理层的利己主义行为，这将导致企业面临高成本与高风险危机，因此信息披露成为各方关注的对象。Sharfman等（2008）在对环境信息披露质量与债务融资成本间关系的实证研究中发现，拥有高度环境意识的公司，债务融资成本随公司内部风险管理水平呈反方向变动。Karjalainen等（2011）发现，上市公司债务融资难易度与是否聘请行业内知名会计师事务所进行审计工作有关，若被"四大"会计师事务所出具无保留审计意见报告，其债务融资难度较低，债务融资成本也会随之降低。袁放建等（2013）认为，公司财务报告的审计工作由"四大"会计师事务所负责，可增强会计信息真实性与可靠性，提高外部财务信息使用者对企业经营风险和业绩考核的评价水平，易于降低债务融资成本。谢获宝和惠丽丽（2016）发现，非效率投资造成的成本黏性增加会给企业带来更多风险；耿云江和王丽琼（2019）提出了内部控制质量对成本黏性起到削弱作用，进而降低公司投资风险。因此，对会计信息的高质量披露能够使管理层从整体利益出发合理配置资源，克制利己主义行为，有效参与成本管控决策，提高企业风险防范水平。

（二）审计意见购买

审计意见购买原先是管理层在企业财务报告重述过程中为了解决先前财务报告问题的补救措施，但近年来企业购买审计意见的方式越来越隐蔽，以至于可以逃脱外部投资者的监督，因此逐渐被人们关注。Lennox（2000）设计的审计意见预测模型显示，审计意见的改善需要合理变更会计师事务所和注册会计师。李青原和赵艳秉（2014）在此基础上进一步研究了不同审计意见可能带来的不同经济后果，得出了上市公司更倾向于以有意增加当前会计师事务所审计费用的手段来获取有利审计意见的结论。投资者对会计师事务所变更的敏感性远大于会计师变更，该行为更容易成功实现审计意见购买且不易被投资者及监管部门发现。拥有"产品型"专长的审计项目团队，在高额审计费用作用下产生的审计溢价可有效提高审计质量（宋子龙、余玉苗，2018）。

由供应链关系驱动的审计意见购买可以强化企业在供应链中的地位。公司商誉折损、交易成本增加等由非清洁审计意见导致的不良后果会给公司运营造成巨大隐患（Chen et al., 2016），明显地会使公司在供应链中的议价谈判地位发生转换，或将对供应链关系的长期保持造成损害（Bauer et al.，2018）。内外部监管者、大小投资者、上下游供应商及客户等利益相关者对公司负面信息出于本能的长期关注和高度警惕，强化了对审计意见购买的关注，若被披露则造成不利影响；相反，隐蔽地完成审计意见购买则能够利用信息不对称增强投资者信心，建立供应链与客户关系优势。曹丰和李珂（2019）提出股权质押和审计意见购买正相关的观点，上市公司的某些特征，如高控股股东质押比例、高股价下跌概率、高频率负面信息报道等，会强化审计意见购买的动机。

（三）问询函监管

最近一种创新监管模式——问询函监管进入人们的视野。学者们对问询函持有两种不同观点。Brown 等（2018）研究发现，问询函可以提升公司信息披露的信赖程度。Cunningham 等（2020）则认为问询函一方面可有效抑制公司应计盈余管理，另一方面也驱动了公司真实盈余管理。Dechow 等（2016）指出，问询函会诱发公司策略性的内幕交易行为。

耀友福和薛爽（2020）指出，年报问询函的时效性、问询压力特征在内部控制意见购买治理作用上表现明显。上市公司应周期性变更内部审计师并在问询方面适度施压，治理效应和溢出效应会有更出色的表现。武恒光等（2020）从换"师"不换"所"的角度分析了上市公司在高审计市场集中度下签字 CPA 层面的内控意见购买现象，对于会计师事务所或 CPA 的客户重要性水平越高、媒体监督越弱，内控意见购买行为越明显，但分析师跟踪对内控意见购买行为不具有调节效应，此外，成功购买内控意见能够解释"缺失"的非清洁审计意见，成功购买内控意见公司的内控审计报告具有更高的激进性。

（四）审计经理监察

王玉兰和简燕玲（2012）对上市公司内部审计机构设置及履行情况的问卷调查显示，并无公司开通董事会或高层管理人员与审计师交流渠道。这说明，上市公司内部审计以监督评价为主，缺乏高效认证和咨询，反映出我国上市公司存在内部审计机制不完善、审计人员综合素养不高、审计方法落后等客观问题。

企业违规行为一直作为学者们研究关注的热点（Chen et al.，2006；王守海 等，2010；Brazel and Schmidt，2019；Xiong et al.，2018；Afriyie et al.，2019）。如今，审计经理作为上市公司内审部门的重要职位，已经引起学术界和实务界的高度关注。内部审计经理监察能力突出能够提高公司财务报告质量，使财务信息更加透明，有利于深度清理企业违规环境（Dal Mas and Barac，2018）。协同效应理论认为，内部审计经理兼任监事会相关职位，可以通过其对内部信息的有效认知和出色的业务能力，相对缓解监事会成员和高管队伍之间的信息不对称问题（Khanna et al.，2015），而监事会重要的组织地位不仅赋予了内部审计经理在监察工作中更多的"砝码"，同时又扩大了内部审计监管的范畴，解脱了内部审计经理在监察工作中的束缚。李世辉等（2019）指出，内部审计经理的监察能力在国有企业中相对受限，在非国有企业显著。

王兵等（2018）研究发现审计总监兼任监事可有效缓解公司投资问题，当审计总监有"高年龄、高职称、高背景"等特征时，有助于公司摆脱非效率投资困境。这一表现在非国有企业中更加突出。吕梦等（2021）从审计委员会与审计总监任期重叠的视角出发，发现二者任期时间越长，公司盈余质量管理越高，并且当审计委员会信息获取成本高和企业股权制衡度高时，二者关系更显著。

（五）CEO 特征影响

家族企业自改革开放以来在我国 A 股上市公司中始终占据重要地位，因其公司内部所有权结构的复杂性，赋予了一般上市公司所不具备的"亲缘色彩"等特征，因而其 CEO 特征同样会对上市公司内部控制质量产生影响。Mullins 等（2016）发现，当 CEO 权力越大时，越有能力通过在高管团队中安排家族成员的方式来削弱监事会的监管。从专家权力角度的分析，高管团队的"堑壕效应"正是任期时间的延长带来的个人权威过大所导致的。胡明霞和干胜道（2018）认为，从企业生命周期理论来看，实际控制人主要近亲属任公司 CEO 这一举动，无形中把大股东和中小股东摆在对立面，激化了二者之间的心理矛盾和利益冲突。家族内部高管或实际控制人出于帝国构建或保护自身利益等动机，建立更低质量的内部控制制度，而由血缘关系建立起的信任或情感会对内部控制造成一定的替代效应，导致内部控制投入资源的减少。除此之外，董事长和总经理由地缘关系产生的合谋行为同样会影响内部控制质量（俞俊利 等，2018）。

二、会计控制与内部控制有效性

在公司制企业的基本制度中，会计控制系统起着重要的基础性作用，其控制目标的实现与企业治理目标具有内在的不可分割的辩证关系。公司控制权矛盾的变迁是引发公司会计控制目标偏离的基本原因，公司权利的和谐配置是会计控制目标实现的基础条件，这一现实不仅要求学者们反思会计控制理论，同时要求业界人士在具体分析公司控制权矛盾的基础上重新思考会计控制的目标及其实现问题。会计控制与内部控制有效性是密切相关的。会计控制是指企业通过建立一套完善的制度和政策，确保财务信息的准确性和可靠性。而内部控制则是通过建立风险管理和控制机制，确保企业的各项活动符合法律法规和内部规定，保障企业的目标实现和财务信息的安全性。有效的内部控制可以提高会计控制的有效性，而会计控制的完善和执行也是内部控制有效性的体现。因此，会计控制与内部控制有效性是相互依存、相互促进的关系。企业要做到会计控制有效，需要建立健全内部控制机制，并不断监督和改进。

内部控制有效性从逻辑起点上说是为了提高会计信息质量进而使财务报告更具有可信度，不仅是公司内部所有权划分的直观反映，更直接关系到战略目标的实现。内部控制有效性的研究将从审计监督博弈、董事会特征、风险投资和股价崩盘四方面介绍。

（一）审计监督博弈

博弈论率先应用于审计定价和审计人员在审计业务投标中的投标行为的研究，后被引入内部审计中，以复杂的数学模型研究审计博弈问题。Antle（2009）将审计师建模为期望效用最大化者，给出了所有者、管理者和内部审计师博弈环境下强独立性、独立性和非独立性的三个定义。Lizzei（2010）运用博弈论的"囚徒困境"模型对内部审计环境进行了解释，并提出在审计过程中，内部审计应与上市公司其他部门保持良好的沟通，以促进合作博弈的形成。

刘颖斐和余玉苗（2006）探讨了"审计团"审计模式与大客户审计市场上博弈。胡有顺和戴玉平（2008）研究了内部审计的博弈主体、各博弈主体的可选行为策略和收益矩阵。王奇杰（2014）运用博弈理论构建了企业内部审计质量控制的数学模型。赵保卿和毕新雨（2012）构建了内部审计部门与企业会计部门、内部审计部门与公司高层管理者以及内部审计部门、董事会、高层管理者和会计部门的两阶段博弈模型。当作为主导者地位的董事会采取强弱两种控制的审计监督时，管理层和会计部门会动态衡量成本效益做出相应的舞弊与否抉择，进一步导致有效审计和无效审计结果。孙凌志等（2016）则分析对政府和社会资本合作模式建设项目审计监督的必要性，对国有上市公司具有借鉴意义。

（二）董事会特征

董事会的规模和勤奋与自愿披露有着积极的关系。审计委员会会议的频率也对自愿披露的信息量产生了积极的影响。研究还发现，董事会委员会、董事会组成和法学博士的存在，与自愿披露没有关系，而 CEO 的二元性表现出负面影响，其重要性水平较低（Allegrini，2013）。较大的董事会与自愿披露有正相关的关系，越来越多的研究使人怀疑传统观点，即更小、更独立的董事会是更好的治理结构（Coles et al.，2008；Boone et al.，2007；Lynck et al.，2008；Larmou and Vafeas，2010）。Steven 等（2014）从 SOX 法案第 404 节中股权激励和物质弱点之间的联系出发，研究了与股权所有权相关的货币激励措施是否会促使管理者保持强大的内部控制的问题。他们发现，高管拥有高股权激励的公司不太可能有不利的内部控制意见，这符合激励相对一致的观点，即股权薪酬提供管理层激励以加强公司内部控制的观点，但股权激励在降低公司层面的内部控制风险方面更为有效。包括倾向评分和变化分析，限制性股权与避免物质弱点比无限制性股权更密切相关，而 CFO 的激励措施比 CEO 更重要。

凌华和董必荣（2021）基于自我归类理论和社会认同理论展开董事会断裂带对内部控制有效性的研究。结果表明，董事会认知能力断裂带会加强内部控制有效性，而董事会生理特征断裂带则起到反作用，董事会生理特征断裂带会增加自利行为概率，间接影响到内部控制有效性。

（三）风险投资

风投退出的 IPO 方式以我国 2009 年创业板的建立为契机，会计信息质量在新股定价这一重要的融资环节牢牢占据着主导地位，为了"增值"而引发的风险投资行为出现了"逐名"动机（Gompers，1996）。风险投资者和管理层为了助推实现 IPO 的一致目标，更加倾向于正向的盈余管理，股权分置的出现也为风投的二级市场退出大开方便之门。基于此，风投可通过介入管理层的方式直接操纵会计信息，影响到关键环节的内部控制有效性（蔡宁，2015）。

李曜和宋贺（2017）探讨了风险投资对企业并购绩效的影响。风险参与度包括持股机构数和持股比例，公司并购绩效与风险投资参与度成正比，并购绩效在高声誉影响下更加显著，风险投资可以正向地提高内部控制的有效性。然而，伴随着机构投资者及其持股数量的增加，在公司内外部长期信息不对称的固有隐患下，一定程度上增加了将来公司股价崩盘的风险（曹丰等，2015）。

（四）股价崩盘

继我国股权分置改革和2008年全球金融危机之后，解禁"限售股"等规则的实行为股价崩盘埋下了隐患。内部人抛售套现行为在"敏感期交易""高管限购""高管限额减持"等规定下仍然广泛存在，由内部人抛售引起的负面信息很大程度上使外部投资者滋生了"退出保值"心理，投资机构因信息不对称或股价超越预期等原因对持有份额的调整进一步加剧了股市动荡，对股价崩盘产生了连锁反应（吴战篪、李晓龙，2015）。

现有文献显示，对于股价崩盘的研究大多从委托代理视角展开，依托坏消息隐藏理论，从如薪酬契约、股权激励、职业发展和帝国构建等方面分析股价崩盘的根本原因。如 Jin 和 Myers（2006）发现，在金融体系和公司治理不健全的国家，行业内部人员通常不会放弃剩余索赔权，他们善于利用市场透明度在公司的市场反应良好时趁机赚取超额现金流，选择性地放弃向外界披露负面信息，不仅不用付出昂贵代价，也使得下行风险对他们的约束变得十分松散。与此同时，不会产生大额负残余回报，即规避了股价崩盘的风险。Kim 等（2011）指出，首席财务官的期权投资组合价值直接对 CFO 期权敏感性与股价崩溃产生作用，对于具有高杠杆的公司而言是导火索，也具有致命性。

国有企业高层领导的利己主义行为最直接地表现为利用信息不对称，对公司的坏消息进行周期性隐瞒或封锁，以满足自身对超额津贴的需求，而这可能导致不久的将来公司股价的"滑铁卢"。王超恩和张瑞军（2015）研究了大股东掏空和内部控制的经济后果对股市稳定性的作用，他们得出股价崩盘往往与大股东掏空挂钩。为此，有学者对防治股价崩盘做了相关研究。熊家财（2015）发现，审计行业专长在信息不对称严重、投资者异质性较大的公司，对股价崩盘的抑制作用更为显著。然而股价崩盘在威胁上市公司经营的同时，也给公司治理传递了相应信息。刘喜和周妙雯（2020）指出，股价崩盘风险的大小直接影响到企业非效率投资程度，这种约束效应在内部监督压力大时较为明显，而对外部压力则有待进一步确定。这暴露出我国上市公司当前普遍存在的问题，即以事后监督为主的外部监督机制不完善，内部控制缺陷较为明显。

三、管理控制与内部控制缺陷

管理控制是指企业为实现目标而采取的各种措施和制度，以管理和监督各项活动的过程。而内部控制是管理控制的一种具体实施方式，旨在确保企业活动的合规性、风险管理、财务信息的准确性和可靠性等。内部控制缺陷是管理控制的一种失败，如果企业的内部控制无法达到预期的效果，出现了缺陷或失效的情况，这可以被视为管理控制的一种失败。内部控制缺陷可能是制度设计不当、操作失误、人员行为不当等原因造成的，但其根本原因通常可以归结为管理层对内部控制的关注和监督不足。管理控制可以预防和解决内部控制缺陷，应包括对内部控制的设立、实施和监督等方面的工作。通过健全的管理控制，企业可以预防内部控制缺陷的发生，并及时解决已经存在的缺陷。例如，管理层可以制定明确的制度和政策，建立有效的风险管理和控制机制，加强对内部控制的培训和监督等，以确保内部控制的质量和有效性。内部控制缺陷可能导致管理控制问题，例如，财务信息的准确性和可靠性可能受到影响，风险管理和内部监督机制可能失效，企业目标的实现可能受到阻碍。这些问题都会对企业的整体管理控制产生负面影响。所以，管理控制与内部控制缺陷之间存在密切的关系，管理控制可以预防和解决内部控制缺陷，并提高内部控制的质量和有效性。而内部控制缺陷则可能导致管理控制问题的出现，对企业的整体运营和管理产生不利影响。因此，企业应重视管理控制与内部控制的建立和完善，以确保企业的正常运营和可持续发展。

经营环境的不确定性和信息的不对称性成为内部控制缺陷滋生的"温床"。由于从缺陷认定到内部控制评价是不可逆的过程，缺陷认定标准的合理性和披露真实性与公司内部控制质量和有效性密切相关。五部委于2010年联合发布的《公司内部控制评价指引》及其后续相关规定赋予了上市公司内部控制缺陷标准认定"自由裁量权"，但沪深两市披露的上市公司内部控制过于乐观，与国外上市公司存在较大差异。内部控制缺陷将从缺陷认定标准、内部治理活动、外部因素影响三方面展开介绍。

（一）缺陷认定标准

对于内部审计缺陷认定标准的研究，国外学者的重点在公司特征、影响因素和经济后果等方面，如Dehow和Ge（2006）研究了收益和现金流的持续性及特殊项目对应计异常的影响；Gong等（2013）对交叉上市公司授权的内部控制防御（ICD）披露研究发现，国内投资者保护和所有权结构对公司的财务报告行为有重大影响；Ashbaugh-Skaife等（2008）发现，善于利用应计噪声和绝对异常应计数来衡量应计质量的公司会更主动地披露内部控制缺陷，为此，他们提出了内部控制缺陷的相关补救措施。国内学者王慧芳（2011）分析了上市公司内部控制缺陷认定所处的困境，对破解思路给出了自己的看法。陈武朝（2012）发现美国有部分上市公司因披露导致交易或账户层面的重大缺陷，这对我国上市公司治理具有借鉴意义。丁友刚和王永超（2013）尝试从缺陷事件性质、可能性和影响程度三个维度制定缺陷认定标准。王海林（2017）基于神经网络构建了BP缺陷识别模型，为人工智能与内部控制结合打开了新思路。杨婧和郑石桥（2017）发现，内部控制缺陷认定标准的设定与选取在不同行业上不同程度的差异主要是由行业异质性和行业特征所导致的。

（二）内部治理活动

邵春燕等（2015）认为国有终极控股下的上市公司规模和人员机构复杂系数，会给终极控股股东的利益侵占提供保护伞。谭艳等（2016）指出董事会监督和咨询两大职能越强，对内部控制缺陷的认定标准越显著，且该影响在后续定量标准样本中进一步增强。尹律等（2020）认为年长的高管趋向于宽松的内部控制缺陷认定标准。在内部控制缺陷信息披露方面，进攻型公司往往比防御型公司更加积极主动，然而过大的高管权力则会削弱公司战略对内部控制缺陷信息披露的影响（张霁若、杨金凤，2020）。尚兆燕和扈唤（2016）提出了独立董事的主动辞职行为与收到非标审计意见成正比的观点，年轻的独立董事辞职反映出的内部控制缺陷严重程度更加直观。宫义飞和谢元芳（2018）对内部控制缺陷等级进行了划分，上市公司的盈余持续高低与是否存在实质性缺陷呈反向关系。顾奋玲和解角羊（2018）认为审计师意见对内部控制缺陷导致的融资约束具有传导作用，他们指出融资约束会随着内部控制缺陷程度加深而提高。Doyle 等（2007）发现公司整体对内部控制弱点的披露伴随着应计质量标准的下滑，他们提出了自由支配应计、平均应计质量、历史会计报表和收益持久性四种应计质量指标。

（三）外部因素影响

Kim 等（2011）发现，银行对在 SOX 法案第 404 节下披露 ICW（内部控制弱点）后开始的贷款收取比披露前开始的贷款收取更高的利率。这表明私人债务市场的信贷利益相关者认为，对财务报告的内部控制的重大弱点是一个信息风险增加因素，超越了传统的信贷风险因素。Bedard（2006）研究了 SOX 法案第 302 节和第 404 节的内部控制要求是否与改善收益质量有关，他发现年度内部控制弱点的意外累计增加的绝对水平被披露与收益质量的增加是一致的，并表明在内部控制弱点披露年度，管理层自愿或应审计员的要求进行逆转，之前的应计金额太大。杨婧和许晨曦（2020）指出产品市场竞争和管理层股权激励，在对内部控制缺陷认定标准的正向影响上，具有显著协同作用，然而其约束功能还只在竞争较为激烈的行业得以发挥。谢凡等（2016）认为，公司规模和上市年限是阻碍内部控制目标实现的主要影响因素。施赞等（2018）指出，上市公司内部控制缺陷及内外部缺陷认定差异与定量认定标准的严格程度成反比。

▶启示

通过对近年来学者们研究的热点的分析，我们发现在控制活动研究中交叉学科的运用明显增多，其根本原因可能是单纯靠内控思维和手段已无法满足当前研究的需求。学者们对控制活动中的弊病更加敏锐，不断尝试对影响因素的发掘和分析，下一阶段需要在进一步弥补内部控制审计监督完善理论体系空白的基础上，不仅要从控制环境、内部监督等微观层面把握研究方向，更多是关注宏观层面的研究，实现经济后果与弥补措施方面的新突破。

▶思考

1. 检索并阅读相关文献，深入思考内部控制活动在企业运营中如何有效实现。
2. 查阅我国最新的内部控制与风险管理规章制度，结合实时信息分析学者寻找问题的思路。
3. 尝试建立关于内部控制与风险管理中控制活动问题的实证模型，并尝试检验是否显著。

文献综述四

信息与沟通

信息与沟通是指在人员能够履行责任的方式及时间范围内，识别、取得和报告经营、财务及法规遵守方面相关资讯的有效程序和系统。企业有效的信息沟通是内部控制的重要保证，为管理层监督各项活动和在必要时采取纠正措施提供了保证。良好的信息与沟通系统可以使企业及时掌握运营状况，提供高质量的会计信息，并在有关部门和人员之间进行沟通。有效的信息与沟通系统应具备以下特点：能够生成企业经营所需的，关于财务、经营及法规遵守的报告，帮助做出精明的商业决策，以及对外发布可靠的报告。

信息与沟通得以实现，凭借的是企业构建的完善的信息与沟通系统，这里将梳理会计信息系统与管理信息系统的研究课题和理论成果，带领大家走进信息与沟通课题的研究历程。

一、会计信息系统

对传统基于线性经济学的会计创新的成本、效益评估的声讨越来越多（Wagner et al., 2011），经济和效率的驱动因素一方面取决于技术和组织有效性之间的平衡（Hyvonen et al., 2009），另一方面取决于更广泛的组织、制度和社会影响之间的平衡（Ma and Tayles, 2009）。会计创新研究有一种制度化的倾向，即培养一个关注单个组织的"外部"视角（Modell, 2014）或多层次视角（Guerreiro et al., 2014）对组织领域层面会计创新的持续建设和制度化具有积极意义，会计信息系统则是该方面的突破口。

会计信息系统对组织的合规、功能、效率、决策和沟通至关重要，它提供的管理形式和法定财务报表的信息与报告，满足了会计、行业标准和立法中不断变化的法规。全球运营、电子商务的发展速度和压力、实时信息的压力以及财务信息的透明度需要会计信息系统的持续开发和管理，以优化组织绩效结果（Prasad and Green, 2015）。

（一）成本方面

随着数智时代的到来，大数据和人工智能在成本估算建模中扮演着日益重要的角色，最常见的人工智能（AI）技术，如模糊逻辑（FL）模型、人工神经网络（ANNs）、回归模型、基于案例的推理（CBR）、混合模型、预测树（DT）、随机森林（RF）、支持向量机（SVM）、AdABoost、可扩展增强树（XGBoost）和进化计算（EC），如遗传算法（GA）（Elmousalami，2020）。公司之间不断增加的交易，如材料和信息的交换是"隐藏工厂"的主要成因，意味着高制造管理成本，供应链管理（SCM）支持公司管理公司间的材料、信息和财务流量，以共同提高生产力、绩效和盈利能力（Templar et al.，2016），整个供应链的成本透明度也被视为一个关键的成功因素（Hoffjan et al.，2011）。

成本系统设计的四个关键属性：提供的细节级别、根据行为分解成本的能力、信息报告的频率以及计算方差的程度。成本数据的相关性是通过比较管理者对成本信息需求的信念与成本系统实际提供的信息来衡量的，具体包括绩效评估、合同谈判、预算和定价等。Pizzini（2004）对美国医院的实证研究发现更多成本细节的系统提供了更相关和更有用的数据，而拥有这种系统的医院明显更有利可图，拥有较大的现金流和低比例的管理费用。功能性的成本系统向经理提供更相关的数据，他们使用这些数据来做出提高绩效的决策，表明成本控制工作是针对行政过程而不是临床过程（Shortell et al.，1995），相似地，在内部控制过程中需要重点关注的是行政管理类成本。Franklin等（2019）发现在计算成本效益分析中的成本信息时，所使用的方法和信息来源的选择将对后续的协同管理结果以及信息如何呈现给决策者产生影响。重要的是，使用最适当的方法来忽略成本数据的复杂性，这可能会导致向决策者提供不准确的信息。成本效益分析旨在提供分析，为决策提供信息，判断应该包括或排除哪些成本的关键因素是决策者本身的优先事项和预算（Drommond et al.，2015）。当成本不确定性成为常态时，确定性敏感分析和概率敏感分析是解决问题的好方法。

（二）营运方面

虽然信息系统越来越国际化，但不同地区仍然表现出不同的研究方法和重点。北美洲作为信息系统研究的先驱者，Cordoba等（2012）认为目前的信息系统研究正在经历一个吸收阶段，其核心是最适合预测模型、实证主义和定量研究。在营运资金存量上我国大多数行业趋于饱满状态，但总体资金配置长期保持向投资活动倾斜，对经营活动重视不足导致营运资金管理绩效持续恶化，资金回报率下滑趋势明显，财务风险水平整体较高等问题成为燃眉之急（王竹泉 等，2016），建立横向组织已作为一种借鉴来自市场营销、生产、组织行为和人力资源管理的想法的方法被提出（Chenhall，2008）。解决国内上市公司债务问题需要动态考虑经济周期、融资约束和营运资本的协同作用（吴娜，2013），营运资本向最优水平的调整速度的提高可通过市场化进程与创新投资来实现，从而逐步实现营运资本管理目标并提高存量资本运行效率（吴娜 等，2017）。房小兵和胡思玥（2016）发现心理账户效应开始在我国房地产行业母子公司之间蔓延，由于母子公司之间的利益权衡问题对货币资金管理产生了不利影响，可适度利用市场化程度优势来降低投资羊群效应对应收账款的消极影响，从而实现提高营运资金质量的目标。

水平组织确定以客户为重点的特定价值主张，然后开发流程效率和持续改进、以团队为重点的扁平结构、与授权有关的人力资源政策以及支持和承诺的文化，以帮助变革制度化，与传统的垂直功能结构的区别是它已经开始转向横向结构的信息传递和处理过程。王竹泉等（2017）发现企业上游利益相关者（如供应商）会对上市公司的经营风险发起"信用配给"，这将导致供应链出现"信用风险传染",进而引发融资困难,造成更大的营运资金缺口。值得注意的是,可以被称为战略管理会计的创新具有与水平组织各方面相关的特征,因为它们旨在将战略与价值链联系起来,并将整个组织中与成本对象相关的活动联系起来。这些实践包括基于活动的成本管理和综合成本系统(Ansari et al., 2007)。温素彬和焦然(2020)研究发现,管理会计工具的妥善应用能够大幅提升营运资金管理效率。管理会计工具的综合应用效果、应用年限、掌握难易度、员工对管理会计工具的认知程度、改造力度、战略依存度、重视度等对营运资金管理效率具有显著正向影响作用。而多种管理会计工具应用的均衡性对营运资金管理效率同样存在显著影响,管理会计工具应用的均衡性越差,营运资金管理效率越低。

(三)生产方面

从传统意义上讲,上市公司产出会计信息,受到会计师事务所检验,最终流向证券市场。在这一会计信息流通过程中,会计职能无法得到有效保障,注册会计师独立性受限,整合社会资源速度较慢。在过去的十年中,随着基于互联网和通信的技术的扩展,许多新的概念和方法已经被提出来实施先进的产品设计和制造系统,例如,分布式协作设计与制造、分布式并行工程、分布式虚拟现实、虚拟企业等,产品信息共享和可视化是所有这些方法的基础,互联网的协作设计和制造是一大助力(Zhang et al., 2004)。很少有研究探讨 IT 技术在国家或行业层面的供应链适应中的作用,学者们往往强调采用 IT 技术对评估的作用(Lin and Kao, 2013)。为了整合和精简不同组织内部和不同组织之间的财务信息,可扩展的业务报告语言(XBRL)的开发与制度化实施实现了企业会计信息的效率、准确性和透明度的提升(Troshani et al., 2014),加深了上市公司对目前媒体行为者的感知、行为和策略的理解,因为他们在组织领域互动,并促进和发展了会计创新。Gunasekaran 等(2015)更加关注公司内部的特定技术能力对其组织和供应链目标实现的影响,IT 作为战略资源以实现竞争优势体现在对潜在的人力和组织因素开发上,而供应链和 IT 战略的制定需要利益相关者的参与,以使这些目标与不同的利益相关者目标保持一致(Sheu, 2011)。

由于基于互联网的协作环境下的产品设计和制造过程一般涉及多个学科、多个部门和多个系统,产品数据访问方法必须适应不同领域和平台的操作需求;产品数据模型不仅要由专业技术人员,还必须由管理、营销、维护、培训人员和最终用户轻松访问。因此,当代物流和供应链必须应对来自城市和农村需求的多重挑战,如何利用竞争对手作为合作者、增加跨渠道可见性和激励、分析和建模之间的权衡、复杂性优化、分配间接支出的能力、根据预期结果和激励的变化(Gunasekaran and Ngai, 2011),如何管理客户的复杂性以及物流活动,特别是物流经理如何作为信息控制塔的指挥官来指导工作成为重中之重(Cegielski et al., 2012)。在该过程中生产信息的快速获取和识别成为决定供应链优势的关键点,为了获得竞争优势,供应链需要开发"敏捷性""对齐性""适应性"(Lee, 2004),敏捷性强调上下游企业之间的信息快速反应,关系到市场需求和意外变换,对齐性能影响到企业供应链的可持续性,适应性则主要作用于供应链并能够根据战略、产品和技术方面的市场变化而发展。供应链已变得越来越全球化、相互联系和相互依赖,全球供应链的复杂性增加,降低了急需的能见度,使其管理进一步复杂化,而不同利益相关者之间日益增长的联系和相互依存性,导致了许多不可预见的环境和社会问题

（Erhun et al.，2020），供应链应有能力应对市场需求意外的变化，并具有适当的将这些变化转化为机会的能力（Yusuf et al.，2014；Brusset，2016）。

（四）库存方面

许多现有的研究对供应链灵活性的定义有限，并将灵活性简单地描述为应对不确定性的一种反应性手段。供应链的灵活性已经出现在制造灵活性的文献中，因此迄今为止主要局限于制造环境而忽视了服务的作用（Stevenson and Spring，2007）。Kauremaa等（2009）通过多案例研究发现库存管理模式可以影响利益相关者（供应商和买家）销售环节的操作和战略利益，而结果取决于围绕给定实施的双重意图和价格等相关因素。为了应对复杂的供应链挑战，供应链成员必须努力建立一个统一的系统，并相互协调，具体应在供应链不同功能、各种接口、采购与生产、生产与库存、生产与分销、分销与库存等方面协调统一（Arshinder et al.，2008），缩小供应链合同（Ding and Chen，2008；Zou et al.，2008）、信息技术（Ajorlou et al.，2018）、信息共享（Buhmann et al. 2019）、联合决策（Kim and Oh，2005）等协调机制上的差距。

目前，供应链的成功高度依赖于有效的库存和订购决策，决策者往往偏离定量模型规定的最优排序行为，这种偏差往往伴随着过高的库存成本或销售损失（Perera et al.，2020）。组织依赖于经验丰富的从业人员来做出库存和订购决策，在信息系统的帮助下，个人呼叫订购多少、什么时候订购以及持有多少库存（Williams and Tokar，2008）。认知反射理论（Moritzetal，2013）、冲动平衡理论（Ockenfels and Selten，2014）和解释水平理论（Cantor and MacDonald，2009）作为当前供应链成员行为研究的主流，研究者更加倾向于对个体差异的研究（Hyndman and Embrey，2018），如供应商过度自信行为（Lee and Siemsen，2017）、经验与专业胜任能力（Bolton et al.，2012；Moritz et al.，2013）、可信赖程度（Ozer et al.，2014）、性别差异（Villa and Castaneda，2019）等，此外，库存信息可视化（Bendoly，2016）和观察决策者如何应对库存和订购决策中的货币变化也将是一件很有趣的事情（Li et al.，2019），二者对最终决策也有相当大的影响。

二、管理信息系统

组织理论表明，遵循创新的"勘探者"战略的公司很可能比遵循有效的"防御者"战略的公司有更弱的内部控制，业务战略作为内部控制财务报告和审计师内部控制报告质量强度的潜在决定因素，表明内部控制报告是勘探者类客户审计质量改善的一个重要领域（Bentley-Goode et al.，2017）。管理信息系统在内部控制中是以财务报告、管理报告、信息系统为主要控制对象来确保并提升内部控制质量的系统和方法。

（一）财务报告

美国上市公司的最高管理人员负责设计和运行SOX法案所规定的有效的内部控制体系。在当今的业务环境中，组织严重依赖IT来控制和提高业务性能，管理IT风险的最佳方法在由信息系统审计和控制协会的IT治理研究所发布的"信息和相关技术的控制目标"（COBIT）框架中规定。有关IT流程的相对重要性的信息应与独立公司审计的计划和实施有关，独立审计公司在其许多审计活动中都使用了 COBIT 框架。因此，了解该框架的哪些 IT 流程对于获得可靠的财务报告最为关键，对上市公司内部控制具有实际意义。美国监管机构一再担心，经理和审计人员未能及时发现或向利益相关者报告重大弱点（Hanson，2013；Croteau，2015；DeFond and Lennox，2015）。战略理论家假设不同公司的控制系统因战略不同而存在差异，谨慎性较高的上市公司内部控制往往是针对内部决策的，而不是针对外部报告的财务信息的控制系统。

针对财务报告，Bentley 等（2017）发现公司治理较大的复杂性、内部控制方面的灵活性和频繁的控制修改可能会增加审计人员评估客户是否设计和实施适当及有效的控制程序的难度，而保守型公司的内部控制应减少审计人员未能正确评估内部控制和识别控制系统中的遗漏的可能性。此外，较高的财务报告重述使得审计人员在缺乏重大错报陈述的证据时，难以检测到这些客户的重大错报弱点。Kerr 和 Murthy（2013）检查了访问参与者对实现财务报告有效内部控制背景下 34 个 IT 控制和安全过程的相对重要性的评级，发现了几个被认为是特别关键的指标（确保系统安全、管理更改、评估风险、管理数据、评估内部控制需求、确保符合外部要求）。此外，作为受访者的就业类型和地理位置的功能也会对财务报告可靠性产生影响，这为 IT 专业人员从组织内部控制的角度开展调查阐明了一个广泛使用的 IT 治理框架。Feng 等（2015）发现存在库存相关重大弱点的公司会降低库存周转率，报告库存减值的可能性也更大；而修复与库存相关的重大弱点之后，周转率的增加会对公司销售额、毛利润和营运现金流产生补救性效应。贷款人面对存在内部控制弱点的公司会减少对金融契约和基于金融比率的绩效定价条款的使用，并使用相应替代方案，如价格和安全保护以及基于信用评级的绩效定价条款，这表明内部控制弱点导致的债务合同设计的变化与重述后的变化显著不同，贷款人会加大对经理的监控，但不会减少他们对财务报表数字的使用（Costello and Wittenberg-Moerman，2011）。Qi 等（2017）通过检查内部控制中的重大弱点对公司现金持有和资本支出价值的潜在影响来检验财务报告内部控制（ICFR）是否减轻了对企业资源的管理征收，他们发现财务报告促进了资本市场的审查，从而减少了代理问题，该结论也佐证了高财务报告质量以减少经理使用公司资源的自私行为为前提。Hoitash 等（2009）发现较大规模的审计委员会和较高的董事会话语权加剧了上市公司披露材料缺陷条款的可能性。这些上市公司中只有少数公司承认它们在错误陈述期间存在的控制弱点，而且这一比例会随着时间的推移而下降。报告现有弱点的可能性与外部资本需求、公司规模、非审计费用以及大型审计公司的存在呈负相关；它与财务困境、审计师的努力、以前报告的控制弱点和重述以及最近的审计师和管理变化呈正相关（Rice and Weber，2012）。Christ 等（2015）在对审计执行官和审计委员会主席的半结构化访谈基础上建立了相关模型，他们发现补偿性措施（如审计委员会监督、管理监督等）确实可以减少转换人员配备带来的不利财务报告影响。Cheng 等（2013）给出了财务报告质量与投资效率关系的更直接的证据：在信息披露之前，上市公司在财务受限时投资不足，在财务不受约束时过度投资；在信息披露后，这些公司的投资效率显著提高。

（二）管理报告

内部控制方面的重大弱点必须在审计员和管理报告中披露。Chan 等（2008）发现，管理报告内部控制重大弱点的公司比其他公司有更积极和绝对的自由裁量权。由于审计员根据

SOX 法案第 404 条发现内部控制无效，可能导致公司改善其内部控制，SOX 法案第 404 条的潜在好处是减少故意和无意的会计错误发生的频率，并提高报告收益的质量，而糟糕的内部控制则会导致经理有更多的机会操纵报告的收益，不良的内部控制造成的故意和无意的错误可能导致收益不太贴切地反映公司业绩。在公司特征和内部控制管理报告自愿披露的研究中，拥有更大的规模、更频繁的董事会会议、更高水平的机构拥有权以及更快的收入增长速度等特征的上市公司，自愿披露内部控制管理报告的比例较小，中低收入国家的上市公司几乎不会自愿提到任何重大弱点。披露的报告也没有审计人员的证明，用于评估有效性的报告则微乎其微（Bronson et al.，2006）。

针对内部控制管理报告披露等问题，很多学者进行了原因层面的研究。归因理论和说服研究认为投资者对公司披露信息的偏见的程度取决于披露的信息是否与公司感知到的披露激励一致。例如，强制性披露对投资的影响与 SOX 法案第 404 条的"披露控制和程序"（DCP）披露的未经审计的实质性弱点具有更强烈的负相关关系（Doyle et al.，2007；Beneish et al.，2008），与第 302 节相比，要求管理披露 ICFR 有效性（第 404a 节）和对大型发行人的独立 ICFR 审计（第 404b 节）增加了重大弱点的披露率，其程度与仅要求对小型发行人进行管理披露（第 404a 节）相同（Kinney and Shepardson，2011）。对投资者和债权人提供重大错报风险的有价值保证，降低投资者和债权人的监控成本，可以增加他们向公司投资或贷款的意愿（Lennox and Pittman，2011）。经济理论认为，财务报表审计允许管理层承诺自愿披露可信的私人信息，如收益预测（Ball et al.，2012）。强制性的 ICFR 审计为投资者提供了超出财务报表审计规定的独立保证，并且应该有助于提高有潜在偏差的无分子量披露的可靠性。鉴于 ICFR 审计的巨大成本，自愿审计制度中的自愿 ICFR 审计在实践中很少见。因此，强制性（相对于自愿）ICFR 审计机制将增加管理弱点披露的可靠性，以及管理弱点披露影响投资者决策的程度，因为 ICFR 审计在强制性（与自愿）审计区域中进行的可能性更高（Kelly and Tan，2014）。D'Mello 等（2017）发现内部控制弱点与不平衡的资本配置有关。公司整体层面的内部控制弱点造成公司在资本市场博弈中受损，内部控制缺陷对公司内部资本转移的负面影响主要表现为对多元化的超额价值的削弱。

越来越多的投资者和利益相关者正在寻找关键的可持续发展相关信息。在解决办法上，披露的程度受经营特征影响随公司固有的风险暴露而变化。De Villiers 等（2016）构建了一个推动企业走向可持续发展的新概念模型，并显示出将可持续性报告与管理控制系统，特别是平衡计分卡集成的优势。新的概念模型表明，外部利益相关者在影响平衡计分卡措施、可持续发展报告措施和管理重点方面具有重要作用，这三种结构相互影响并通过分配和执行个人员工责任承担的系统得到加强，同时驱动企业走向可持续发展。Bomheuer 等（2020）研究了关于如何使用外部保证过程来加强内部报告和管理系统，从而加强董事会和 CEO 席执行官对材料及值得信赖信息的依赖关系，通过对跨国公司的健康、安全和环境（HSE）数据管理现状的考察，确定了 HSE 数据管理表现最差的地点位于累积环境影响超过 66% 的位置。此外，实施内部控制的 50% 的站点不符合合理保证声明的要求。提供关于实施紧急措施的建议和 HSE 数据管理改进树等研究工具并加强公司内部参与者之间的过程，可以提高可持续发展会计、管理控制和内部沟通与报告方法之间的联系。

（三）信息系统

随着工作流程的变化、系统的相对开放、碎片化的信息和数据共享，ERP 系统已然改变了企业的运营环境和风险控制的内容及方法。会计信息系统嵌套在 ERP 系统中，内部控制的相关事项都需要根据 ERP 系统进行调整以适应内部控制的要求（Yao and Yang，2014）。Chang 等（2014）提出了一个包含 37 个控制项目的 12 维内部控制框架，旨在通过检查 ERP 系统中的基本内部控制点以及管理层及员工的道德和诚信特征。Askarany 等（2010）通过对新西兰采用 ABC 法（作业成本法）的企业规模和行业研究发现，上市公司会通过提高组织中对 ABC 法的采用来改善供应链管理和组织的绩效，与大型企业相比，无论其行业如何（制造业与非制造业），小型企业对 ABC 法的采用需要更多的关注。然而，当决定实施 ABC 法时，非制造业企业（而不是制造业企业）需要更多的关注，以进行更高水平的 ABC 采用。

标准化的业务处理规则和信息处理流程，以及根据内部控制规范进行的风险控制，反映了企业信息系统（EIS）的可靠性、效用性。在 EIS 中集成内部控制概念、规则和法规、标准化流程和措施，通过在设计阶段进行是否包含所需的内部控制特性分析，以指定、建模、验证 EIS，可以在 EIS 实施的早期阶段快速有效地发现缺陷和漏洞，降低 EIS 中内部控制效率低下或失败的风险（Chen and Ouyang，2013）。Stebniart 等（2018）认为网络犯罪对财务的影响越来越大，企业信息安全风险管理已经至关重要。长期以来，内部审计职能（IAF）可以在提供有关信息安全的保证和产生关于如何提高组织信息安全的洞察力方面发挥重要作用。内部审计与信息安全的质量表明更高层次的信息安全管理支持以及让首席信息安全官（CISO）独立于 IT 功能进行报告，对内部审计和信息安全功能之间关系的质量有积极的影响。Baker 等（2017）指出银行交易信息系统中，未能发现与中层衍生品交易员持续欺诈相关的内部控制故障。他们对法国兴业银行事件研究得出，在风险交易实践实现利润期间，银行管理可能忽视了对银行交易信息系统的内部控制的覆盖，但当交易实践导致损失时，管理层迅速采取行动纠正内部控制覆盖，从而重新强调了内部控制环境中最高基调的关键重要性的结论。

▶启示

通过整理和评述国内外学者们对内部控制中信息与沟通的研究成果，我们发现国外关于信息与沟通的观点更加前沿，外国学者热衷于新理论的探索和新技术的开发与运用，他们善于将内部控制研究与先进的互联网、物联网技术相结合，充分利用交叉学科的便利，并对信息与沟通给上市公司带来的影响以及防治办法十分重视，例如信息与网络安全、报告披露与弱点分析、组织沟通灵活性与风险防范等，并对长期关注互联网、计算机技术的发展对公司治理的影响，不单单从传统的观点和角度来观察企业内外部的变化，高效的资本运作手段、完善的供应链结构、敏感的财务报告风险意识都对国内公司治理研究具有借鉴意义。

▶思考

1. 会计信息系统的研究主要有哪些方面？
2. 影响管理信息系统质量和有效性的因素有哪些？
3. 信息系统的使用和推广对公司治理有哪些积极影响？

文献综述五

内部监督

内部监督是对内部控制整体运行情况进行跟踪、监测和调节，企业应当根据基本规范及其配套指引，制定内部控制监督制度。并且，内部监督是在尽可能不影响企业正常经营管理活动的情况下，对内部控制实施情况进行评价，及时纠正企业发生的错误和舞弊，将内部控制制度的缺陷和改进意见反馈给管理者，对发现的内部控制缺陷及时予以弥补。

内部监督作为内部控制不可分割的一部分，与内部控制环境建设、风险评估、控制活动、信息与沟通等环节有机统一，但又独立于上述内部控制环节，主要体现在对各个环节（包括审计环节）的质量和有效性的监督与把控层面。这里将从监督检查、评价披露两方面分析对比国内外学者的观点及研究成果，结合中国环境以期提出新的研究展望。

一、监督检查

SOX 法案成立了上市公司会计监督委员会（Public Company Accounting Oversight Board，PCAOB），以提供对上市公司审计的监督。审计公司的检查是 PCAOB 的核心功能，也是国会提供的使 PCAOB 能够履行其监督职责的主要工具，但审计专业人员对检查计划持严厉的批评态度，并声称它在很大程度上是无效的（Johnson et al., 2015）。审计专业人员认为，检查员发现的缺陷通常是捕捉专业判断差异的结果，而不是系统的审计失败（Glover et al., 2015），PCAOB 检查员缺乏激励和技术专长来识别可能提高审计质量的缺陷；而不是随机选择的被检查事项将导致确定的缺陷没有代表性，那它们的补救措施可能无法提高全公司的内部控制审计质量，这使得 PCAOB 有效性受损（Johnson et al., 2015），审计公司可能会拒绝实施昂贵的补救措施，因为它可能会增加审计费用和发布不利的内部控制意见，这两者都增加了审计员被解雇的风险（Newton et al., 2016）。

在一项对不同级别和不同公司审计员的调查中，受访者认为 PCAOB 检查员很强大，他们往往代表了审计行业的"起诉人""法官""陪审团"。因此，Westermann 等（2019）将 PCAOB 检查的结构隐喻为司法"审判"，因为可以控制评估绩效标准，PCAOB 检查员有权反复"传唤""询问"，并对公司（审计师）作出"裁决"。那些被判"有罪"的人需要通过被监督来争取

"缓刑"。这一过程确实提高了审计质量，但也付出了高昂的代价。部分受访者表示，过分强调审计过程同时降低对会计技术的重视，最终可能导致审计本身的不足。由于检查员和审计员对风险的看法明显不同，可能表现为检查员以标准为重点，而审计员（公司）以方法为重点。一些审计师认为检查过程带来的超出预算和费用的压力降低了公司在未来吸引和挽留审计人才的可能性。

（一）社会审计

行为因素是影响社会审计的决定性因素。会计师事务所、标准制定者和监管机构都将专业性和判断力作为高质量审计的显著特征（Deloitte，2015），但审计研究证明了公共会计固有的"商业主义"（Picard et al.，2014；Carter and Spence，2014）可能已经改变了审计人员的专业"理想"（Cooper and Robson，2006），PCAOB 发挥监督职能的一个意图是恢复专业精神的"灵魂"（公共服务意识、专业怀疑态度、客观性和独立性等）。事实上，PCAOB 检查员（而不是董事会）有毫无疑问的权力对会计师事务所施加控制和责任，监管机构的引入适度消除了自我监管的概念（Westermann et al.，2019）。审计监管滑坡框架理论认为行为因素（例如，对 PCAOB 的感知能力和信任程度）可以影响审计师行为合规的水平和形式（Dowling et al.，2018），证券交易委员会（SEC）也试图从根本上寻找这些行为因素的具体表现，Johnson 等（2019）发现 PCAOB 具有高度的强制力，这表明 PCAOB 可以极大地影响审计员的行为，但审计员内部不接受自身为满足 PCAOB 期望而需要进行工作的理由。Defond 和 Lennox（2017）发现当 PCAOB 检查员报告内部控制审计的缺陷率较高时，审计员通过增加发布内部控制的不良意见来回应。审计员对客户的错误陈述发表更多的不良内部控制意见，较高的检查缺陷率会导致更高的审计费用，从而促使审计员纠正其内部控制审计中的缺陷，如此便提高了内部控制审计的质量。Christensen 等（2016）从审计师和投资者的额外视角发现，投资者对审计质量的定义更多地关注审计过程的资源输入而不是审计师的努力程度，投资者将 PCAOB 缺陷的数量视为公司整体质量的指标。此外，审计员的特征可能是审计质量的最重要的决定因素，而财务重述可能是获取较低审计质量信号最容易的方式。及时广泛且有效地传达与系统风险相关的信息是宏观审慎监管机构的一项关键任务，视觉界面则是支持决策者正确判断的一种有效手段。宏观审慎监管机构的任务往往单纯地强调甚至关注的重点仅限于发布的风险警告、政策建议以及整体沟通反馈结果，这突出了系统风险信息的时效性和重要性（Sarlin，2016）。Aobdia（2019）利用 15 个代理、5 个基于应计制、5 个额外方面的产出指标与 5 个基于审计质量的输入指标，评估了学者使用的审计质量可观察性测量标准与两个从业者使用 PCAOB 和内部检查测量的审计质量的观点之间的一致性，他发现重述财务报表的倾向、达到或超过零收益阈值的倾向以及审计费用作为学者最常使用的三个审计质量指标与审计师和监管机构使用的两个审计过程缺陷指标有显著关联，侧面说明了从业者和学者在确定低质量审计方面有共同点，这符合未来的审计质量研究人员的实际选择要求，而且经验强大的代理可能激励更多的研究来增加可用代理集。

媒体和社交成为影响社会审计不可忽视的关键因素。在欧洲，一些学者和国际组织建议公共部门审计机构使用社交媒体与利益相关者进行沟通，实际上审计机构采用 Web2.0 和社交媒体工具还处于起步阶段，监督质量取决于人口规模、使用水平以及在国家一级的透明度水平（Torres et al., 2020）。政府可以预测的监管模型与较低的公民意识共同导致了作为在透明度和问责制方面的基本公共实体的公共部门审计机构（分别是最高审计机构、高级审计机构和区域审计机构）等主要外部控制机构（Cordery and Hay, 2019），延续传统继续被看作为其他政府组织服务的孤立和技术官僚实体，逐渐与公民和更广泛的治理问题渐行渐远。大多数审计机构不允许通过社交媒体与利益相关者进行任何类型的互动，这表明媒体的关注被认为是相当大比例的审计机构的潜在冲突来源（VanAcker and Bouckaert, 2019），而采用社交媒体的环境压力导致了"相同"改革的不同配置证实了审计机构采用公共管理改革是受环境因素条件影响的（Torres et al., 2019）。高额的审计定价往往与高质量审计相关联，然而真的如此吗？Callen 和 Fang（2020）发现美国一些赌博规范更自由的县级地方公司索要了更高的审计费用，在控制了已知的影响审计定价的公司层面、审计师层面和县级政府层面特征后，这种正向关联度是逐渐显著的。由于更自由的地方赌博规范会诱发投机性公司的冒险行为，进而影响审计定价额决定，这也证实了社会因素影响企业文化和管理行为的观点。

为了探究更深层次的其他外部审计影响因素，许多学者进行了更加深入的研究。Tusek 等（2021）发现分析程序（AP）在克罗地亚内外部审计人员之间的审计区块链（BCT）技术方面的应用存在较大差异，外部审计人员比内部审计人员明显拥有更高的审计 BCT 技能。通过对外部和内部审计人员进行分析程序和区块链方面的专门教育，并在审计活动中应用高级分析程序，将提高 BCT 支持的企业业务运营的效率和有效性。Diallo（2021）对东欧和中东地区 33 个国家的文化维度，即自治性、嵌入性、平等主义和等级结构与审计关系的研究表明，框架审计与文化自治和平等主义之间的关系是非常积极的。在有效的自主性中增加一个标准差（SD）会使上市公司进行外部审计的可能性增加 3.37%，平等主义一个单位标准差的增加也使上市公司参与外部审计的可能性增加了 8.36%，但目前还没有明确的证据支持外部审计与嵌入性和层次结构之间的关联。Manita 等（2020）采用定性研究方法采访了来自法国五大审计公司的审计人员，他们发现数字技术在以下五个关键层面影响审计公司，特别是审计作为治理机制的作用：①数字化将提高审计相关性；②允许审计公司通过提出新的服务来延时报价；③将主要通过分析所有客户数据来提高审计质量；④创造或衍生出新的审计师档案；⑤使审计公司内部的创新文化成为可能。Raudeliuniene 等（2020）研究了信息技术与社交网络对中东审计和咨询公司知识管理过程的影响，他们证明了信息技术和有技术支持的社交网络对知识获取、创建、存储、共享和应用过程的积极影响，构成了整个知识管理周期，从而促进了整体组织绩效的改善。企业管理供应商违反社会责任行为有两种合作方式：共同审计共同供应商（联合审计）和与其他公司共享独立审计结果（审计共享）。然而这两种合作方式都不一定会改善社会责任，特别是当一家公司可以从他人的违规行为中获益时，即正外部性很高时（Fang and Cho, 2020）。即使在进行个别审计之前没有达成合作协议，激励企业仍然可以通过以适当设计的机制与他人分享其私人审计结果，从而提高社会责任，因此，必须谨慎监督制造商的审计努力，特别是在竞争激烈、消费者容易更换品牌的市场上实施合作时。投资者已经开始通过其环境、社会和治理（ESG）实践来评价公司的声誉，ESG 风险可能会影响业务流程和控制，并可能增加财务风险，威胁到公司的生存。审计人员通过付出更多的审计努力来管理受损的 ESG 声誉所传达的高预期参与风险，增加的努力与审计人员可能发现和需要调整的重大错误陈述有关，而受损的 ESG 声誉与较少的错误陈述相关（即降低审计质量差），受损的 ESG 声誉和审计质量之间的关联主要是由于审计报告延迟的增加，而不是由于审计费用的增加（Asante-Appiah，2020）。Cheng 等（2020）发现个人审计合作伙伴声誉的披露会影响客户公司的外部融资选择。将由低质量合伙人审计的公司确定为处理公司，将由同一审计事务所的其他审计合伙人审计的公司指定为控制公司，通过观察具有审计合伙人身份的长期面板数据发现，在识别个别审计合伙人质量后，处理公司的投资类型从股权融资转换为信贷融资。此外，减少的股权融资主要集中在那些选择保留低质量合伙人的公司当中。通过在未受制裁的公司和受制裁的公司之间共同的审计合伙人建立起隐性联系，这表明投资者可以通过审计师层面的信息来推断外部审计的质量，从而在经验上支持 PCAOB 要求披露合伙人层面信息的新规则。

（二）内部审计

持续的内部控制改进应该在未来的季度财务报告中显示，而不改变同时的财务报表审计。然而，内部控制审计最初确实带来了内部控制质量的好处，但 2007 年审计标准变化后，ICFR 审计公司与未审计公司的内部控制质量不断恶化（Schroeder and Shepardson，2016）。组织理论家发现会计和审计的目标与注意力发生转移，工作流程中过强的功利性不断增强，为提升效率而增加的官僚主义日益膨胀，对专业判断的信任逐渐下降以及专业目的危机对内部控制与风险管理造成巨大负面影响开始显露（Shore and Wright，2015）。如何有效提高内部审计质量和有效性成为国内外学者不断探索的研究焦点。

内部审计质量受到上市公司不同层次业务和多种因素的共同影响，同时又反作用于公司治理。Richardson 等（2013）发现，在澳大利亚如果一家公司建立了有效的风险管理系统和内部控制体系，如聘请大型审计师事务所、其外部审计师的服务涉及比例小于非审计服务，并拥有更独立的内部审计委员会，那么这家公司就几乎能够实现完美地合理避税。进一步实证研究结果表明，董事会组成（即董事会中独立董事的比例更高）与建立有效的风险管理体系和内部控制之间的相互作用效应共同降低了税收侵略性。监管监督影响审计费用以及内部公司治理和审计费用之间的关联，Boo 和 Sharma（2008）将受监管公司支付的较低的审计费用归因于内部监管对外部审计监管的部分替代作用。董事会、审计委员会的独立性与审计费用之间的关联，以及董事会、审计委员会的规模与审计费用之间的关联比非监管公司要弱，而拥有更多董事职位的董事会和审计委员会要求在监管监督存在的情况下进行更广泛的审计作业，以保护其声誉资本。组织中渗透着各种各样的绩效会计和审计实践（Bromley and Powell，2012），除了传统的财务账户外，各组织现在还提供了其在多样性、可持续性、质量、安全性、数据质量、客户满意度、员工参与度和许多其他价值观方面的绩效报告。Power（2021）建立了一个审计社会微观基础的表现模型来分析审计跟踪的"元逻辑"或"表现类型"是如何自我实现、自我调节和自我放大的。审计程序正在重新定义问责制、透明度和良好治理，并重塑组织和个人的运作方式，它们还破坏了职业自主权，并产生了意想不到的和功能失调的后果（Shore and Wright，2015）。审计文化也对财务会计的技术和逻辑具有"领域""分类""个性化和综合""治理""反常"效应等五种审计效果。Felix 等（2005）发现当没有向客户提供重大的非审计服务时，内部审计的质量和内外部审计员的协调水平会对审计员的内部审计依赖决策产生积极影响；但当提供重大的非审计服务时，客户压力显著增加了内部审计的依赖的程度。外包常规的内部审计任务更有可能导致经济联系，并有可能威胁到内部审计人员的独立性，但特殊项目和EDP咨询等非日常内部审计活动的外包与有效的审计委员会没有负相关性（Abbott，2007）。

董事会对内部审计的影响主要作用于审计委员会层面。Omer等（2020）通过网络分析检查了连通性的多个维度，发现在控制了经营业绩和公司治理特征后，拥有良好关联的审计委员会的公司不太可能歪曲年度财务报表，这说明通过董事网络的审计委员会联系缓和了董事会联锁对财务报告质量的负面影响。荷兰的医疗机构内部审计人员赞成与外部监事分享内部审计结果，以减轻监督负担（Hanskarnp-Sebregts et al.，2020）。外部审计师在从事企业风险管理咨询时决定使用内部审计师的证据或直接协助的决定，虽然这种咨询为一个组织提供了价值，但它也可能使内部审计员的客观性和独立性处于危险之中。因为审计委员会的有效性对依赖决策的影响是由外部审计人员对内部审计师的客观性的感知所传导的（Cular et al.，2020）。Barua等（2010）对181名SEC注册者的分析表明，对内部审计（内部审计预算）的投资与委员会中审计专家的存在和审计委员会成员的平均任期呈负相关，但与审计委员会会议的数量（审计委员会调查的代理）呈正相关。这些观察结果表明，审计委员会和内部审计之间存在潜在的补充和替代效应，这对未来的研究产生了重要影响。Sarens和Lamboglia（2014）将战略人力资源管理（SHRM）引入内部审计（IA），共同来源或外包的内部审计部门（IAD）与内部审计师的档案和审计活动之间的不匹配明显更相关，而不匹配与内部审计师的高周转率没有显著相关关系。这可能意味着需要吸引新的内部审计员，并重新定位现有员工在共同采购、外包等一些内部审计活动中的位置。Abbott等（2012）发现以色列空军与上市公司审计委员会建立的更密切的联系（相对于管理层）、对外包的内部审计师依赖以及不断增加的资金承诺会导致监管指导允许外部审计师利用印度空军的协助进行高风险、关键性和重要判断的工作，也允许外部审计师以更少的再测试和监督来开展自身的工作，这些影响将转化为更高的费用并减少相应的审计小时数，可能会削弱内部审计质量。审计时间也反映了审计师对公司的看法。先前的研究表明，高企业社会绩效（CSP）与管理人员道德相关，导致审计时间减少，而审计人员对CSP的看法取决于他们对公司的潜在风险的了解。强调事项段（EOM）包括与风险相关的因素，如持续经营意见或诉讼，当审计员确定用户需要检查在审计过程中获得的信息时，应考虑这些因素（Kim and Jung，2020）。Abbasi等（2020）发现审计委员会的女性董事和女性会计专家与审计质量呈正相关，这解释了女性财务专家与财务报告监督之间关联的矛盾证据，也表明具有女性比例协调特征的审计委员会的公司其审计质量可能会增加。尽管许多审计委员会似乎是"完全"独立的，但事实证据表明，CEO们经常从他们的社交网络中任命董事，而这些社会关系对代表监督质量的变量有负面影响。那些审计委员会与CEO存在"友谊"联系的公司购买的审计服务更少，并更多地参与收益管理。当存在"友谊"关系时，审计员也不太可能发表持续经营意见或报告内部控制弱点；另外，通过"咨询网络"形成的社会联系似乎并不妨碍审计委员会监督的质量（Bruynseels and Cardinaels，2014）。提高内部审计职能与公司审计委员会之间的沟通和互动质量，也意味着内部审计职能和审计委员会的合作影响更大，从而提高内部审计业务的效率。从内部审计员和审计委员会成员的角度来看，所述的相关性具有同样的强度（Tusek，2015）。Aldeman和Jollineau（2020）调查了审计委员会成员的感知独立性和财务专业知识对外部审计师的法律责任风险影响，他们发现对审计委员会独立于管理层的看法与审计师独立性的判断呈正相关，与审计师责任呈负相关。具体地，当审计委员会被认为具有更高的财务专业知识但管理独立性较低时，审计责任的判断力会更高。在评估当前和潜在客户的诉讼风险时，审计员可能需要仔细考虑审计委员会成员与管理层的独立性，特别是当审计委员会成员具有财务专业知识时。如果审计失败，非独立审计委员会成员的财务专业知识可能会对陪审员对审计师独立性和责任的看法产生负面影响。

二、评价披露

SOX 法案要求对内部控制有效性进行管理评估和独立审计，这项任务对公司来说成本高昂，但也可能通过较低的信息风险来产生收益，意味着更低的股本成本。例如，最初披露无效内部控制的公司在经历了市场调整后股权成本显著增加，而随后改善其内部控制的公司（由 SOX 法案第 404 条款审计意见证明）得到市场调整后的股权成本下降的结果（Ashbaugh-Skaife et al.，2009）。会计信息的质量和产生这些信息的系统以两种方式影响公司的资本成本：直接方式上，更高质量的会计信息本身不影响公司现金流，但确实影响市场参与者对公司现金流量的评估和公司现金流量的协方差；间接方式上，高质量的信息和更好的内部控制影响公司内部的实际决策，包括经营决策的质量，以及适合自己的公司资源的经理数量。因此，我们可以得出高质量内部控制的评价与披露成为公司治理的关键环节的结论。

（一）自我评价

内部审计评价受到自身和外部两方面影响，通过对公司内在架构和外部环境的分析得到反馈，以及时地捕捉到关键信息并迅速做出反应。Wolfe 等（2009）发现在内部控制审计中，控制问题的经济后果和评估人员的主观性能够激励管理人员试图说服审计人员降低观察到的控制偏差的评估严重程度，审计人员在接受了基于让步或拒绝的说服策略后，评估信息技术或手动控制偏差可能表明存在重大缺陷，当管理层承认 IT 控制偏差反映了控制失败时，审计人员评估缺陷的重要性比管理层否认控制失败的存在更低，感知解释充分性更高。CEO 们是在由他们无法控制的因素造成的公司业绩不佳后被解雇的。因此，标准经济理论预测，公司董事会在决定保留 CEO 之前，会过滤掉公司业绩中的外源性行业和市场冲击。Jenter 和 Kanaan（2015）发现市场回报影响了强制 CEO 失误的频率，董事会在评估首席执行官时，对同伴群体的绩效进行了部分调整，但调整过小无法消除所有的同伴绩效效应，对此，董事会允许利用公司业绩的外源性冲击来影响他们的 CEO 离职决定。对能见度更高的外部绩效指标进行更有效的过滤，如行业和市场价值加权平均数等，这表明董事会的绩效仅针对更显著的同行绩效衡量基准。好的内部控制同样离不开预算管理，Yang（2016）发现被黑箱模型识别为有效率的经销商实际上是低效的，效率分解在反映经销商的组织表现方面更加现实。他构建了具有非可控变量的台湾汽车零部件经销商网络性能评价模型，通过对经销商的一般内部结构，包括需求预测、销售力量和库存控制研究表明经销商了解每个内部流程对组织效率的相对贡献，并为低效的经销商分配了提高组织效率和过程效率的目标。

源于社会学习理论的控制位点是各种工作相关结果的关键预测因子，从工作态度、影响动机和行为，组织科学的现代研究倾向于将其定位为更高阶、核心自我评价的多维结构的指标（Rotter，1966），然而最近将控制位点定位为一种应该被认为不同于核心自我评估的结构以及自尊、广义自我效能和情绪稳定的指标（Lin and Johnson，2016），Galvin 等（2018）强烈建议控制位点应作为一种结构在组织文献中进一步发展为一个基本的个体差异变量，特别是当结合有关双侧预期和基于状态的概念化的最新进展时。本书认为控制位点可纳入内部控制与风险管理中，以促进企业内部控制的发展和内控质量的提高。

审计员通常会从管理层处收到关于账户余额或内部控制的汇总信息或结论，然后开始收集证据以评估这些信息是否得到了公平的陈述。在这种情况下，管理层可以被认为是"先发"，审计师是"第二搬家者"。具体来说，由于来自管理层的信息可能不正确或有偏见，审计人员必须对相关项目进行独立评估，如年终账面价值、会计估计或内部控制，而认知重组任务可以减轻管理层对审计师判断的"先发"影响（Earley et al.，2008）。Sclcedo 等（2013）在供应链系统的生产库存控制中加入了一个双自由度的内部模型控制结构，提出了一种直观而简单的控制器参数化方法。其中库存目标跟踪和库存级别问题中的干扰（需求）拒绝应该分别进行处理，在考虑到提前时间是已知的同时提供了一个完美的延迟补偿，使稳定问题处理起来更加方便。该控制结构通过两种方式为串行供应链制定（使用集中的和分散的控制方法）提供了有效途径，控制器评价结果表明，集中控制方法增强了供应链系统在库存目标跟踪、需求拒绝和"牛鞭效应"方面的行为效能。Zhang 等（2020）通过上海和深圳 A 股上市公司的数据研究发现，具有学术经验的高级领导可以显著提高企业内部控制质量，这些结果被归因于更高的道德标准。具有风险厌恶倾向和较强风险管理能力的高管在他们的学术经验中提升了他们实际工作中的风险管理能力和潜力。

（二）社会评价

许多研究认为，公司的披露是"公开的"，因此，投资者可以毫无代价地将信息从披露转化为价格。然而这一结论真的成立吗？披露处理成本的存在意味着披露不是传统定义的"公共"信息，而是昂贵的私人信息的一种形式。将披露概念化为私人信息清楚地表明，从披露中学习是一种积极的经济选择，披露定价不可能完全有效（Blankespoor et al.，2020）。在北美和欧洲大陆，基于网络的非金融信息披露水平与股权资本的隐含成本之间呈负相关。基于网络的非金融信息披露水平较高的欧洲大陆公司也往往受益于较低的信息不对称性和较低的债务资本成本，而北美公司则没有受益（Orens et al.，2010）。非财务披露在评估公司的经济概况和使用网络报告、特定语言作为合适的信息来源上可以说是利用成本效益传播非财务信息。现有的理论表明，加强财务披露可以降低估计风险和交易成本，导致财务成本降低，但关于非财务披露与财务成本之间的关联，先前的经验证据存在争议。为了对具有模糊综合评价特征的企业内部控制环境进行客观、真实、有效的评价，Liu 等（2009）在构建多指标评价系统的基础上，利用基于熵的数据挖掘方法，建立了一个基于信息融合的企业内控环境评价的模糊综合评价模型。Arellano-Gault（2012）对墨西哥政府实施的内部控制组织绩效评估模型（MIDO）的初步评估揭示了其对这些机构的组织文化的实际影响，他发现"网络组织"与 MIDO 陈述的目标不同：内部控制组织不仅采用了绩效的话语，而且还在适应自己的目的，同时保持其传统监督功能的完整。他认为网络组织并没有像组织绩效评估模型提出的那样内化承担共同责任的文化。

公司治理的其他环节同样存在信息评估与披露的问题，并对内部控制施加压力。采购环节可能影响外部审计人员依赖内部审计工作的两个因素包括：内部审计的采购安排和内部审计对系统咨询的参与被操纵。就采购安排而言，参与者在依赖内部审计已经进行的工作时，通常没有区分高质量的内部职能和专业的外包供应商。然而，参与者更有可能使用内部审计员作为实质性测试工作的助理（Munro and Stewart，2010）。Desai 等（2017）将审计员的实际强度判断与模型预测的强度水平进行比较并评估相似性和差异，他们发现在所有情况下，强度判断中没有一个因素占据主导地位，这说明审计人员往往对消极证据比积极证据更敏感，而将审计师的信念从有积极证据的消极立场转移，比将这些信念从有消极证据的积极立场转移更难。Wang 等（2021）对中美上市公司内部控制理论的分析发现，中美两国在内部控制的定义、目标和要素上存在一定的差异，公司治理水平、市场化、信息披露、内部控制评价、审计环节薄弱，是造成中美上市公司业绩差异的主要环节。两种权利和董事会规模的分离对上市公司的内部控制效果的影响最大，说明公司治理越好，内部控制效果就越高；营销指标越高，营销程度越高，内部控制就越有效；信息披露的及时性和可靠性是采取有针对性的整改措施的关键。研究发现，公开的内部控制信息越多，内部控制效果就越高；在财务报告中发现的自我评价缺陷越多，内部控制效果就越弱；审计的失败越多，内部控制效果就越弱。

▶启示

通过对国内外学者不同的内部监督研究观点和成果的评述，我们发现他们着眼于内部监督在公司治理各个环节关键节点的把控。国内外学者通过对财务报表、绩效评估等指标的衡量与评估、内外部审计人员和机构的特征的分析、能力及行为目的的探讨，结合对董事会、审计委员会等重要职能部门的沟通互动的观察，来分析和阐述内部监督的重点并试图寻找出薄弱处或新的缺陷及漏洞。他们善于从监督检查到审计披露的整个过程出发，对比不同国家和地区政治体制、信息技术和风俗文化之间的微妙联系和差异，从更加微观的视角或更加宏观的层面总结内部监督环节的发展态势和经济后果。

▶思考

1. 内部监督的主要环节有哪些？
2. 内部监督质量的影响因素有哪些？
3. 内部监督造成的经济后果对公司有什么影响？

参考文献

[1] 李维安，戴文涛. 公司治理、内部控制、风险管理的关系框架：基于战略管理视角 [J]. 审计与经济研究，2013，28（4）：3-12.

[2] 谢志华. 内部控制、公司治理、风险管理：关系与整合 [J]. 会计研究，2007（10）：37-45；95.

[3] 张立民，彭雯，钟凯. 宏观经济与审计定价：需求主导还是供给主导？ [J]. 会计研究，2018（2）：76-82.

[4] 汶海，李培功. 内部人举报制度、舞弊风险与审计定价 [J]. 审计研究，2020（3）：86-94.

[5] 刘笑霞，李明辉，孙蕾. 媒体负面报道、审计定价与审计延迟 [J]. 会计研究，2017（4）：88-94；96.

[6] 徐明圣. 极值理论（EVT）在金融机构操作风险建模中的应用与改进 [J]. 数量经济技术经济研究，2007（4）：76-83.

[7] 程建，连玉君，刘奋军. 信用风险模型的贝叶斯改进研究 [J]. 国际金融研究，2009（1）：63-68.

[8] 陈胜蓝，马慧. 贷款可获得性与公司商业信用：中国利率市场化改革的准自然实验证据 [J]. 管理世界，2018，34（11）：108-120；149.

[9] 石晓军，张顺明. 商业信用、融资约束及效率影响 [J]. 经济研究，2010，45（1）：102-114.

[10] 陆正飞，杨德明. 商业信用：替代性融资，还是买方市场？ [J]. 管理世界，2011（4）：6-14；45.

[11] 修宗峰，刘然，殷敬伟. 财务舞弊、供应链集中度与企业商业信用融资 [J]. 会计研究，2021（1）：82-99.

[12] 王雄元，王鹏，张金萍. 客户集中度与审计费用：客户风险抑或供应链整合 [J]. 审计研究，2014（6）：72-82.

[13] 薛爽，耀友福，王雪方. 供应链集中度与审计意见购买 [J]. 会计研究，2018（8）：57-64.

[14] 方红星，张勇，王平. 法制环境、供应链集中度与企业会计信息可比性 [J]. 会计研究，2017（7）：33-40；96.

[15] 窦超，袁满，陈晓. 政府背景大客户与审计费用：基于供应链风险传递视角 [J]. 会计研究，2020（3）：164-178.

[16] 陈良华，祖雅菲，韩静. 供应链成本分配的权变结构研究 [J]. 会计研究，2016（10）：50-55；97.

[17] 孙新波，钱雨，张明超，等. 大数据驱动企业供应链敏捷性的实现机理研究 [J]. 管理世界，2019，35（9）：133-151；200.

[18] 底璐璐，罗勇根，江伟，等. 客户年报语调具有供应链传染效应吗：企业现金持有的视角 [J]. 管理世界，2020，36（8）：148-163.

[19] 唐斯圆，李丹. 上市公司供应链地理距离与审计费用 [J]. 审计研究，2019（1）：72-80.

[20] 杨志强，唐松，李增泉. 资本市场信息披露、关系型合约与供需长鞭效应：基于供应链信息外溢的经验证据 [J]. 管理世界，2020，（7）：89-105；217-218.

[21] 陈红，纳超洪，雨田木子，等. 内部控制与研发补贴绩效研究 [J]. 管理世界，2018，34（12）：149-164.

[22] 吴武清，赵越，田雅婧，等. 研发补助的"挤入效应"与"挤出效应"并存吗：基于重构研发投入数据的分位数回归分析 [J]. 会计研究，2020（8）：18-37.

[23] 李万福，杜静. 税收优惠、调整成本与R&D投资 [J]. 会计研究，2016（12）：58-63；96.

[24] 吴伟伟，张天一. 非研发补贴与研发补贴对新创企业创新产出的非对称影响研究 [J]. 管理世界，2021，37（3）：137-160；10.

[25] 章卫东，黄一松，李斯蕾，等. 信息不对称、研发支出与关联股东认购定向增发股份：来自中国证券市场的经验数据 [J]. 会计研究，2017（1）：68-74；96.

[26] 王亮亮. 研发支出资本化或费用化：税收视角的解释 [J]. 会计研究，2016（9）：17-24.

[27] 宋建波，张海晴，苏子豪. 研究开发支出资本化反映了研发水平吗：基于研发补助情境 [J]. 会计研究，2020（6）：3-23.

[28] 杨雄胜. 内部控制理论研究新视野 [J]. 会计研究，2005（7）：49-54；97.

[29] 程新生. 公司治理、内部控制、组织结构互动关系研究 [J]. 会计研究，2004（4）：14-18；97.

[30] 黄世忠. 强化公司治理完善控制环境 [J]. 财会通讯，2001（1）：33-34.

[31] 吴水澎，陈汉文，邵贤弟. 企业内部控制理论的发展与启示 [J]. 会计研究，2000（5）：2-8.

[32] 宋建波，苏子豪，王德宏. 中国特色内部控制规范体系建设的思考 [J]. 会计研究，2018（9）：11-16.

[33] 袁放建，王梅，韩丹. 金融生态环境、外部审计与债务资本成本 [J]. 经济与管理，2013，27（10）：58-63.

[34] 谢获宝，惠丽丽. 投资效率、成本粘性与企业风险：基于宏观经济不确定性的视角 [J]. 南京审计学院学报，2016，13（2）：3-11.

[35] 耿云江，王丽琼. 成本粘性、内部控制质量与企业风险：来自中国上市公司的经验证据 [J]. 会计研究，2019（5）：75-81.

[36] 李青原，赵艳秉. 企业财务重述后审计意见购买的实证研究 [J]. 审计研究，2014（5）：101-107.

[37] 宋子龙，余玉苗.审计项目团队行业专长类型、审计费用溢价与审计质量[J].会计研究，2018（4）：82-88.

[38] 耀友福，薛爽.年报问询压力与内部控制意见购买[J].会计研究，2020（5）：147-165.

[39] 武恒光，张龙平，马丽伟.会计师变更、审计市场集中度与内部控制审计意见购买：基于换"师"不换"所"的视角[J].会计研究，2020（4）：151-182.

[40] 王玉兰，简燕玲.上市公司内部审计机构设置及履行职责情况研究[J].审计研究，2012（1）：110-112.

[41] 李世辉，杨丽，曾辉祥.内部审计经理监察能力与企业违规：来自我国中小板上市企业的经验证据[J].会计研究，2019（8）：79-87.

[42] 王兵，吕梦，汪振坤.审计总监兼任监事、专业能力差异与企业投资效率[J].会计研究，2018（9）：88-94.

[43] 吕梦，王兵，苏文兵.审计委员会与审计总监任期重叠影响公司盈余质量吗[J].会计研究，2021（1）：155-166.

[44] 胡明霞，干胜道.生命周期效应、CEO权力与内部控制质量：基于家族上市公司的经验证据[J].会计研究，2018（3）：64-70.

[45] 俞俊利，金鑫，梁上坤.高管地缘关系的治理效应研究：基于内部控制质量的考察[J].会计研究，2018（6）：78-85.

[46] 凌华，董必荣.董事会断裂带与上市公司内部控制有效性[J].学海，2021（1）：102-109.

[47] 蔡宁.风险投资"逐名"动机与上市公司盈余管理[J].会计研究，2015（5）：20-27；94.

[48] 李曜，宋贺.风险投资支持的上市公司并购绩效及其影响机制研究[J].会计研究，2017（6）：60-66；97.

[49] 曹丰，鲁冰，李争光，等.机构投资者降低了股价崩盘风险吗？[J].会计研究，2015（11）：55-61；97.

[50] 吴战篪，李晓龙.内部人抛售、信息环境与股价崩盘[J].会计研究，2015（6）：48-55；97.

[51] 夏宁，马忠美.后现代组织理论下的企业内部控制制度设计[J].财务与会计（理财版），2014（3）：57-59.

[52] 温素彬，焦然.管理会计工具应用对营运资金管理效率的影响研究：基于利益相关者视角的分析[J].会计研究，2020（9）：149-162.

[53] 夏宁.基于超循环理论的内部控制评价体系研究[J].会计之友，2014（8）：4-8.

[54] 樊行健，夏云峰.对上市公司会计信息生产模式转换的探讨[J].会计研究，2003（10）：47-49.

[55] 夏宁，孟焰.内部控制环境的"三分法"：理论框架与内在检视[J].中央财经大学学报，2013（4）：86-91.

[56] 夏宁.基于和谐管理理论的企业内部控制框架研究[J].理论学刊，2013（7）：56-59.

[57] 夏宁，刘淑贤.中国企业软文化对内部控制有效性的影响[J].当代会计评论，2010，3（2）：81-97.

[58] YANG T, ZHAO S. CEO duality and firm performance: evidence from an exogenous shock to the competitive environment [J]. Journal of banking & finance, 2013, 49: 534-552.

[59] HILLMAN A J, DALZIEL T. Boards of directors and firm performance: integrating agency and resource dependence perspectives [J]. The academy of management review, 2003, 28 (3): 383-396.

[60] BARTON J. Who cares about auditor reputation? [J]. Contemporary accounting research, 2003, 22 (3): 549-586.

[61] PENG W Q, WEI K C J. Women executives and corporate investment: evidence from the S&P 1500 [Z]. Working Paper, Hong Kong University of Science and Technology, 2007.

[62] Bedard J, HOITASH R, HOITASH U. Chief financial officers as inside directors [J]. Contemporary accounting research, 2013, 31 (3): 787-817.

[63] HAESEBROUCK K, COOLS M, ABBEELE A. Status differences and knowledge transfer: the effect of incentives [J]. The accounting review, 2017, 93 (1).

[64] GUPTA P. A study of impact of corporate governance practices on firm performance in Indian, Japanese and South Korean Companies [J]. Procedia - social and behavioral sciences, 2012 (133).

[65] JENSEN M C, MECKLING W H. Theory of the firm: managerial behavior, agency costs, and ownership structure [J]. Journal of financial economics, 1976, 3 (4): 305-360.

[66] PFEFFER J, SALANCIK G R. The external control of organizations: a resource dependence perspective [M]. New York: Harper and Row, 1978.

[67] FAHLENBRACH R, LOW A, STULZ R M. The dark side of outside directors: do they quit when they are most needed? [J]. SSRN electronic journal, 2010 (30).

[68] FAHLENBRACH R, LOW A, STULZ R M. Why do firms appoint CEOs as outside directors? [J]. Journal of financial economics, 2010, 97 (1): 12-32.

[69] ETZION D, DAVIS G F. Revolving doors? A network analysis of corporate officers and U. S. government officials [J]. Journal of management inquiry, 2008, 17 (3): 157-161.

[70] LESTER R H, HILLMAN A J, ZARDKOOHI A, et al. Former government officials as outside directors: the role of human and social capital [J]. The academy of management journal, 2008, 51 (5): 999-1013.

[71] KIM Y, CANNELLA A A. Toward a social capital theory of director selection [J]. Corporate governance: an international review, 2010, 16 (4): 282-293.

[72] FAIRCHILD L, LI J. Director quality and firm performance [J]. Financial review, 2005, 40 (2): 257-279.

[73] FICH E M, SHIVDASANI A. Financial fraud, director reputation, and shareholder wealth [J]. Journal of financial economics, 2007, 86 (2): 306-336.

[74] KEYS P, LI J. Evidence on the market for professional directors [J]. Journal of financial research, 2005, 28 (4): 575-589.

[75] LI Y, AGUILERA R V. Target director turnover in acquisitions: a conceptual framework [J]. Corporate governance, 2008 (6): 492-503.

[76] MARKARIAN G, PARBONETTi A. Firm complexity and board of director composition [J]. Corporate governance: an international review, 2007, 15 (6): 1224-1243.

[77] CHEN G, HAMBRICK D C, POLLOCK T G. Puttin' on the ritz: pre-IPO enlistment of prestigious affiliates as deadline-induced remediation [J]. The academy of management journal, 2008, 51 (5): 954-975.

[78] BAZERMAN M, SCHOORMAN F D. A limited rationality model of interlocking directorates [J]. The academy of management review, 1983, 8 (2): 206-217.

[79] MIZRUCHI M S. What do interlocks do? An analysis, critique, and assessment of research on interlocking directorates [J]. Annual review of sociology, 2003, 22 (1): 271-298.

[80] SIMUNIC D A. The pricing of audit services: theory and evidence [J]. Journal of accounting research, 1980, 18 (1): 161-190.

[81] LYON J D, MAHER M W. The importance of business risk in setting audit fees: evidence from cases of client misconduct [J]. Journal of accounting research, 2005, 43 (1): 133-151.

[82] BALL R, JAYARAMAN S, SHIVAKUMAR L. Audited financial reporting and voluntary disclosure as complements: a test of the confirmation hypothesis [J]. Journal of accounting & economics, 2012, 52 (1-2): 136-166.

[83] ALLEGRINI M, GRECO G. Corporate boards, audit committees and voluntary disclosure: evidence from Italian listed companies [J]. Journal of management & governance, 2013, 17 (1): 187-216.

[84] BALSAM S, JIANG W, LU B. Equity incentives and internal control weaknesses [J]. Contemporary accounting research, 2014, 31 (1): 178-201.

后 记

本书是适应现代化新市场环境的需求而诞生的，力求将前沿的内部控制与风险管理的理论和方法呈现给读者。为了满足读者的知识需求，本书从基础理论到发展前沿，再至案例研究，系统化、多维度地构建内部控制与风险管理学习体系。本书将合规管理、数字化管理等新近的发展理论融合到内控领域，剖析其中蕴含的内控理论，帮助读者更好地认识内控存在形式，更好地意识到身边处处存在内控管理。本书在撰写时设置章前引例、复习与思考等专栏，并且将晦涩的理论赋予通俗的表达，使全书具有趣味性、可读性，以此丰富读者的学习体验。

本书在编写中得到了有关部门和专家学者的帮助及支持，同时，广泛听取经济、管理类领域的教师和大学生的意见与建议，力求更加严谨、贴合实际地呈现给读者。在这里，诚挚地感谢各位专家学者的帮助和支持，同时也要感谢孟琪森、俞啟润、孙佳雯、刘文欣、邱思甜、刘佳明、贺嘉文、赵来方等同志对书中信息数据所做的搜集和整理工作。另外，为了本书的全面性和准确性，我们在编写过程中参考引用了大量的文献与数据，在这里真诚地向各位作者表达感谢。

当书稿完成时，我们还是遗憾地发现，本书只能算是我们迈出的第一步，书中也存在些许不足之处，但是我们一定会在未来的教学与实践中不断地补充和提升。恳请大家赐教。